上海市“十三五”重点出版物出版规划项目

世界经济危机研究译丛

1987 年股灾纪实

（美） 戴安娜 · B. 亨利奎斯
（Diana B. Henriques） 著

纪小凌 译

上海财经大学出版社

图书在版编目(CIP)数据

1987年股灾纪实/(美)戴安娜·B. 亨利奎斯(Diana B. Henriques)著;纪小凌译. —上海:上海财经大学出版社,2020.6
(世界经济危机研究译丛)
书名原文:A First-Class Catastrophe: The Road To Black Monday, The Worst Day In Wall Street History
ISBN 978-7-5642-3497-3/F·3497

Ⅰ.①1… Ⅱ.①戴… ②纪… Ⅲ.①金融危机-研究-美国-1987
Ⅳ.①F837.125.9

中国版本图书馆CIP数据核字(2020)第048368号

□ 责任编辑 徐 超
□ 书籍设计 张克瑶

1987年股灾纪实

(美) 戴安娜·B. 亨利奎斯 (Diana B. Henriques) 著
纪小凌 译

上海财经大学出版社出版发行
(上海市中山北一路369号 邮编200083)
网 址:http//www.sufep.com
电子邮箱:webmaster @ sufep.com
全国新华书店经销
上海华业装璜印刷厂印刷装订
2020年6月第1版 2020年6月第1次印刷

890mm×1240mm 1/32 15印张(插页:1) 320千字
定价:87.00元

图字:09-2020-484 号

献给弗洛伊德·诺里斯(Floyd Norris)

敬仰的同事,信赖的导师,珍贵的朋友

主要人物表

华盛顿

银行监管者和白宫官员

小霍华德·H. 贝克(Howard H. Baker Jr.),白宫办公厅主任(1987—1988)

詹姆斯·A. 贝克三世(James A. Baker III),白宫办公厅主任(1981—1985),财政部部长(1985—1988)

尼古拉斯·F. 布雷迪(Nicholas F. Brady),总统市场机制专责小组主席(1987—1988),财政部部长(1988—1993)

C. 托德·康诺弗(C. Todd Conover),货币监理署署长,财政部内部的独立官员(1981—1985)

E. 杰拉尔德·科里根(E. Gerald Corrigan),纽约联邦储备银行副总裁,总裁保罗·沃尔克的特别助理(1976—1980),明尼阿波利斯联邦储备银行总裁(1980—1984),纽约联邦储备银行总裁(1985—1993)

艾伦·格林斯潘(Alan Greenspan),从 1987 年 8 月至 2006 年 1 月任联

邦储备系统主席

威廉·M. 艾萨克(William M. Isaac),联邦存款保险公司主席(1981—1985)

唐纳德·T. 里根(Donald T. Regan),财政部部长(1981—1985),白宫办公厅主任(1985—1987)

保罗·沃尔克(Paul A. Volcker),纽约联邦储备银行总裁(1975—1979),联邦储备系统主席(1979—1987)

证券市场监管者

理查德·G. 凯彻姆(Richard G. Ketchum),美国证券交易委员会市场监管部主任(1983—1991)

戴维·S. 鲁德(David S. Ruder),证券交易委员会主席(1987—1989),西北大学法学院前院长

约翰·S. R. 夏德(John S. R. Shad),证券交易委员会主席(1981—1987),E. F. 赫顿有限公司(E. F. Hutton and Co.)前副主席

哈罗德·M. 威廉斯(Harold M. Williams),证券交易委员会主席(1977—1981)

期货市场监管者

温迪·格拉姆(Wendy Gramm),商品期货交易委员会主席(1988—1993)

卡洛·A. 希曼(Kalo A. Hineman),商品期货交易委员会代理主席(1987—1988)

菲利普·约翰逊(Philip Johnson),商品期货交易委员会主席(1981—1983),芝加哥期货交易所长期法律顾问

苏珊·M. 菲利普斯(Susan M. Phillips),商品期货交易委员会委员(1981—1983),商品期货交易委员会主席(1983—1987)

詹姆斯·M. 斯通(James M. Stone),商品期货交易委员会主席(1979—1981),商品期货交易委员会委员(1981—1983)

华尔街

小 W. 戈登·宾斯(W. Gordon Binns Jr.),通用汽车公司养老基金投资经理(1981—1994)

罗伯特·J. 伯恩鲍姆(Robert J. Birnbaum),美国证券交易所总裁(1977—1985),纽约证券交易所总裁(1985—1988)

罗兰·M. 麦克霍尔德(Roland M. Machold),国家养老基金经理,新泽西投资分部主任(1976—1998)

小约翰·J. 菲兰(John J. Phelan Jr.),纽约证券交易所副主席(1975—1980),纽约证券交易所总裁(1980—1984),纽约证券交易所主席兼首席执行官(1984—1991)

芝加哥

威廉·J. 布拉斯基(William J. Brodsky),芝加哥商品交易所执行副总裁兼首席运营官(1982—1985),芝加哥商品交易所总裁(1985—1996)

利奥·梅拉米德(Leo Melamed),芝加哥商品交易所主席(1969—1973,1976—1977),芝加哥商品交易所特别顾问(1977—1985),芝加哥商品交易所执行委员会主席(1985—1991)

理查德·L.桑德尔(Richard L. Sandor),芝加哥期货交易所首席经济学家和副总裁(1972—1975),曾任加州大学伯克利分校商学院教授

伯克利

海恩·E.利兰(Hayne E. Leland),哈佛大学毕业的经济学家,1974年加入加州大学伯克利分校商学院

约翰·奥布赖恩(John O'Brien),与利兰和马克·鲁宾斯坦一起是利兰—奥布赖恩—鲁宾斯坦合伙人有限公司(Leland-O'Brien-Rubbinstein Associate,LOR)的创始合伙人及其首席执行官(1981—1997)

马克·鲁宾斯坦(Mark Rubinstein),期权定价理论家和金融教授,1972加入加州大学伯克利分校商学院

R.史蒂文·温施(R. Steven Wunsch),20世纪80年代任基德尔—皮博迪公司(Kidder Peabody)副总裁,专门从事衍生产品交易,LOR非正式顾问

作者按语

要向现代读者传递 20 世纪 80 年代或那之前的股市动荡所造成的情绪震撼并非易事，因为最常用的市场价值的衡量指标在这些年里有了大幅增长。

例如，1929 年大萧条时期，最糟糕的一天里道琼斯工业平均指数下跌 38 点，这在现代市场中是一个微不足道的波动。但在那一天，道琼斯指数开盘略低于 300 点，最终指数下跌 38 点，跌幅高达 12.8%，这是前所未有的纪录，这一纪录一直保持到 1987 年的股市崩盘。

同样，在道琼斯指数用五位数计算的时代，书中提到的指数每日的点数波动听来也许不足为奇。2017 年初作者撰写本书时，道琼斯指数已经超过 20 000 点，但在 20 世纪 80 年代初，指数长期在 1 000 和 1 500 点之间徘徊。如果要在现代背景下理解那个时代市场波动的影响，需要把当时的道琼斯指数乘以 2 再在结果后加一个 0。这样，1981 年年初看似仅为 50 点的损失大致相当于 2017 年年初 1 000 点的下跌。1987 年 1 月道琼斯指数第一次触及 2 000 点，在那之后的道指数值需要加一个 0。这样，1987 年年末 100 点的下跌就会放大成为现在 1 000 点的下跌。这一估算方法虽然不够精确，但可以帮助现代读者体会 20 世纪 80 年代市场的历史性波动带给人们的感受。当然,百分比的变化可以提供更精确的比较。

从1987年到现在,时间已经过去30多年,这也给准确理解书中所引货币额的规模带来困难。为了从现代意义上更好地把握这些数字,读者们需要把1985年前的美元数额乘以3,而由于通货膨胀的下降,1985年之后的美元数额需要乘以2。

目　录

CONTENTS

第二部分　巨神与奇才

第三部分 传 染

第四部分 反 思

0

开场白

在秋季那个历史性的周一，整个美国金融体系看似已在崩溃的边缘。到第二天，它显得更加风雨飘摇。

风暴不会从天突降。在周一之前，市场连续数年肆意扩张，焦虑情绪连续数月积累，危机连续数周不断迫近，而可供选择的对策却日益减少。然后，那个周一到来了——那是可怕的一天，与之相比，先前那些焦虑不安的数月、数周都显得平静如水。

全球市场摇摇欲坠。在数学模型的驱动下，电脑交易的速度超越了单纯人工操作的速度。未被透彻理解的金融衍生品引爆了各地的深水炸弹，华尔街银行、保险公司、大型投资机构和大型经纪公司之间的隐密联系由此曝光在公众面前。这些联系超出了相互竞争的政府机构所竭力捍卫的监管边界。在悬崖的边缘，一个关键的公司得到拯救，虽然措施的合法性存疑。如果该公司破产，危机会演变成灾难。

这一历史事件让人立刻联想到2008年9月15日周一雷曼兄弟经纪公司倒闭触发的金融危机。“雷曼星期一”后的第二天,美国财政部和联邦储备委员会开始疯狂地拯救大保险公司——美国保险集团(AIG)。AIG并不受美国财政部或美联储监管,但是它通过一系列被称为“信用违约互换”的金融衍生品与世界各地的大公司联系在了一起。这些事件引发了广泛的恐慌,与之相比,市场自1929年以来经历的任何波折都不值一提。

严格地说,是市场自1929年以来经历的几乎任何波折都不值一提,因为上文所提的这一历史事件,也就是本书的核心事件,并不是发生在2008年9月那痛苦的几周里,而是发生在1987年10月19日。那一天几乎立刻被称为“黑色星期一”。

那一天,全球最著名的股市脉搏——道琼斯工业平均指数下跌了令人心悸的22.6%,到目前为止那仍是华尔街历史上最大的单日跌幅。这相当于现在下午收盘时紧急快讯在尖叫:“道琼斯指数下跌近5 000点!”

22.6%的单日降幅对我们来说几乎无法想象,而这对1987年的人们来说更是不可思议。我们现在可以参考他们的经历,但是,他们并没有类似黑色星期一的情况可以对照——大萧条时期、战时甚至总统遇刺后都没有。1987年以前,就股市而言,一个非常糟糕的日子也只是4%或5%的跌幅,一个可怕的日子则意味着10%或11%的下跌,而超过11%的跌幅仅在1929年历史性的崩溃中出现过[1]。在黑色星期一,原本不可思议的事成为事实,令人难以忘记。市场的崩盘如此地猛烈、快速，以至于整个金融系统犹如一架坠向地面的飞机即将解体。

那一天，华尔街的新玩具——衍生品和计算机辅助交易让人们有理由担心早该下行的市场将经历无法控制的崩盘。卖方雪崩似的抛售直接导致芝加哥一个关键市场暂停交易，几分钟内纽约证券交易所正式宣布关闭。香港股市关门一周。东京和伦敦这两个几乎与纽约旗鼓相当的金融中心也遭受重创。几天、几周甚至几个月之后，市场仍有余震发生，最终经过了两年时间才回到 1987 年的高点。

黑色星期一的发生是因为前十年市场形态出现了深刻变化，但人们对此一知半解。华尔街（全国金融业的简称）力求规模更大、触角更广，在尽可能多的市场中寻求利润。与此同时，华尔街的客户群也发生了惊人的变化：他们呈指数式增大，要求也更高；他们更加同质化，坚信学术理论，这使得持有巨额资金的大量投资者在同一时间采用相同的投资策略。

由于这两个结构性的变化，华盛顿的政府监管机构面临一个全新的世界，在这个世界，金融危机会一次又一次地突然开始蔓延。由于存在多种经营的大公司和日益多元化的投资者，某个监管机构所管辖的市场一旦失灵，后果可能像瘟疫一样蔓延到受其他机构监管的市场。在经历了连续多年不断爆发的小危机后，“黑色星期一”这一极具传染性的危机几乎使整个系统濒于崩溃。

惊心动魄的黑色星期一史无前例，它将成为市场崩盘的卡珊德拉(Cassandra)[①]——它就金融版图中一些关键、永久的变化发出了警报,但这个警报数十年未受重视。

随着1987年成为历史,它的教训也被淡忘。神话很快取代了记忆:人们记忆中的黑色星期一只是一次没有产生严重后果的崩盘。20世纪80年代末期,破碎的市场似乎奇迹般地修复了自己,迈向一个繁荣富裕、监管更少的未来。随后的经济繁荣在20世纪90年代几乎一直在延续,这似乎证明1987年10月那天发生的一切无足轻重。

但是,当神话色彩褪去,不难发现,黑色星期一和2008年的危机似乎非常相似[2],这并不令人奇怪。2008年的关键隐忧——飞速发展的自动化、对借入资金所支撑的金融产品的一知半解、分散的监管、庞大的羊群式的投资者——已经在1987年作为风险第一次出现过。

毫不夸张地说,黑色星期一是第一个现代意义上的市场崩盘,它第一次让人们注意到这些全新的风险。包括1929年在内的以往任何一次崩盘在本质上都相似:从17世纪末的疯狂的郁金香热,到18世纪初伦敦南海公司的倒闭,到1962年5月下旬令美国股市动荡的暴跌。黑色星期一是新的危机,涉及之前股市崩盘中从未出现过的新参与者和新金融产品。

今天对金融体系构成威胁的最大危机并不是旧时阿姆斯特丹"郁金香狂热"泡沫的再现,而是黑色星期一的重演。

把本书叙述的事件称为"1987年股市崩盘"并不恰当;此次崩盘

① 卡珊德拉为希腊、罗马神话中特洛伊的公主,阿波罗的祭司,因神蛇以舌为她洗耳或阿波罗的赐予而有预言能力,又因抗拒阿波罗,预言不被人相信。——译者注

并不仅限于股市，也不是在 10 月 19 日周一这天突然爆发。为充分理解前因后果，我们的故事必须从近八年之前的 1980 年 1 月开始，那时吉米·卡特(Jimmy Carter)总统还在任，强大的计算机驱动的投资策略对华尔街的大多数人来说还很神秘，政治家和官僚对死板的监管界限深信不疑。

当故事的帷幕升起时，人们有一个明显的感觉——不受控的市场恐慌已经被扔进了历史的垃圾箱。虽然 20 世纪 70 年代中期曾出现过跌幅很深、持续很久的熊市，但自 1929 之后，美国还从未出现过一场突发的灾难性崩盘；经历过 1929 年崩盘的成年人都已经退休或已经离世。以证券交易委员会为基石的市场监管机构从 1929 年的废墟中拔地而起，并且已经稳定地运行了近 50 年。这个世人熟悉并尊重的监管机构似乎是整个政治格局中不可改变的一部分。

在 1980 年，每一个独立的金融集团，无论它经营的是农产品、公司股票、人寿保险还是银行存款，都希望在自己的势力范围内以自己的方式解决问题，而不考虑其他相关机构。金融风暴由孤立的事件构成——如果一家大公司倒闭了，股票市场会处理；如果一家银行陷入困境，联邦存款保险公司会介入；如果保险公司摇摇欲坠，一些州的监管机构会采取行动。这些事件似乎没有作为一个整体对金融系统构成威胁；确实，在市场的周边区域几乎感觉不到它们。

到 1980 年，对现实的认识已经是一种危险的幻觉。事实上，如果 1987 年 10 月的市场是一辆失控的火车，那么它的受害者本应看到它呼啸而来。随着始于 1980 年的陌生危机的滚动升级，金融体系经历了各种状况：大宗商品市场上的一次误伤到几家银行和经纪公司的决斗；国内最大银行之一的现金出血；引发银行恐慌挤兑的债券市场欺诈；几乎使国债市场陷入停顿的电脑故障，以及重创股市的收盘暴跌的恶性蔓延。

简而言之，从 20 世纪 80 年代初起，美国失灵的金融机器就开始颠簸着走向灾难。按理说，当那场灾难最终到来的时候，它应该被称为“20 世纪 80 年代的崩盘”，而不是 1987 年的崩盘。

走向崩盘的旅程始于得克萨斯州两个古怪的石油商人，他们对白银贪得无厌。

---

1. 一些市场历史资料显示，道琼斯工业平均指数在 1914 年 12 月 12 日下跌了 24.4%，但这一“崩盘”只是回溯产生的错觉，并未真正发生过。事实是，1916 年 10 月，道琼斯将原来的 12 只股票指数换成了新的 20 只股票指数，然后，道琼斯的统计学家对历史记录做了修改，以显示如果 1914 年 12 月 12 日使用的是新指数最后的数值会是什么。最后结果是 54 点，比前一天道指的报告值 71.42 点低了 24.4%。（一些记录显示，1914 年 12 月 14 日的跌幅为 20.5%，这是基于略有不同的逐日比较。）在现实的世界里，1914 年实际的道指在 12 月 12 日星期六上涨了 4.4%，在 12 月 14 日星期一又上涨了 3%。参见 *The Dow Jones Averages 1885－1970*（New York：Dow Jones & Company，1972）。这就是《纽约时报》当时没有报道 12 月 12 日和 14 日历史性暴跌的原因，而是在 12 月 15 日关注到股市已经反弹。

2. 这两次危机的许多亲历者在采访中自然而然地指出了这一点。这些人包括纽约联邦储备银行前总裁 E. 杰拉尔德·科里根、所罗门兄弟股权交易前主管斯坦利·肖普康恩（Stanley Shopkorn）、财政部前部长兼负责调查 1987 年大崩盘的布雷迪委员会主席尼古拉斯·F. 布雷迪、证券交易委员会市场监管部前主任兼金融行业监管机构（Financial Industry Regulatory Agency，FINRA）主席理查德·G. 凯彻姆、证券交易委员会前主席戴维·S. 鲁德，以及其他几位华尔街高层管理人员和监管者，他们与作者进行了保密谈话。

第一部分　消失的边界

1

银色星期四

联邦储备系统主席保罗·A. 沃尔克身高六英尺七，圆圆的秃顶脑袋一直被雪茄的烟雾围绕着。他看上去令人敬畏，即便在他心情愉快的时候。1980 年 3 月 26 日周三下午，他表现得怒不可遏。

当时他已经任职 7 个月，正在参加一个会议，但来自华尔街第二大经纪公司贝奇·哈尔西·斯图尔特·希尔兹(Bache Halsey Stuart Shields)公司董事长哈里·雅各布斯(Harry Jacobs)的一个消息让他不得不中途离开。美联储对经纪公司几乎没有管辖权[1]，但雅各布斯认为提醒沃尔克关注白银市场危机[2]“是符合国家利益的”，尽管美联储对白银市场也几乎没有管辖权。

雅各布斯的消息令人震惊。白银价格暴跌，贝奇·哈尔西·斯图尔特·希尔兹公司的两个最大的客户，得克萨斯的一对亿万富翁兄弟[3]——威廉·赫伯特·亨特(William Herbert Hunt)和纳尔逊·

邦克·亨特(Nelson Bunker Hunt),在前一天晚上告诉他,他们无法支付其在贝奇账户中1亿美元债款,那是他们过去用来买入数百万盎司的实物银和用于支付数百万盎司白银的纸面凭证的借款。如果白银价格进一步下跌并且亨特兄弟真的违约,那么他们用于抵押的白银不再足以支付他们的债务,而贝奇就会面临着毁灭性的损失,很可能威胁其财务生存。雅各布斯怀疑亨特兄弟在其他主要银行和华尔街公司还有欠款,很可能已经抵押了他们囤积的大部分白银。

沃尔克立即想知道哪些银行已经向亨特兄弟提供贷款。虽然华尔街的经纪人或白银投机者不是他的监管范围,但因为他确实监管美国银行体系中的大部分,所以至少在银行体系他显然有权力采取行动。

事实上,由于银行和储蓄贷款机构一直在对抗不断上升的利率,数周以来沃尔克一直忙于应对银行体系中的警报。高利率正是他在过去十年打击削弱经济的恶性通货膨胀的结果。当时市场对美国银行的信心就像吹制玻璃一样脆弱,沃尔克最不需要的[4]就是这样的"晴天霹雳"。然而,就是现在,华尔街第二大公司的负责人警告他说,一些大银行正在为得克萨斯富豪们的疯狂投机交易提供融资。

几分钟内,沃尔克就已经联系上了证券交易委员会彬彬有礼、经验丰富的主席哈罗德·威廉斯[5],证券交易委员会是贝奇和其他经纪公司的主要政府监管机构。威廉斯正在威廉斯堡殖民地(Colonial Williamsburg)参加一次会议,他躲进一间小屋,和沃尔克讨论了关于贝奇的事。他然后打电话让他的工作人员立即检查其他华尔街公司是否与白银投机商有交易。威廉斯随后立即返回华盛顿。[6]一位财政部高级官员和货币监理署署长(另一位银行监管者)也接到了有关潜在危机的警告,两人都前往宪法大道美联储总部[7]。或许,他们的补救措施能够覆盖这场不寻常的危机所涉及的所有部门。

为了做到这一点,他们需要一个对白银市场有一定管辖权的监管者。沃尔克打电话到詹姆斯·M. 斯通的办公室,不到一年前斯通被吉米·卡特总统任命为商品期货交易委员会主席。这是一个年轻的联邦机构,负责监管大部分白银投机活动发生的市场。

32 岁的吉姆·斯通(Jim Stone)①是知名电影制片人奥利弗·斯通(Oliver Stone)的表兄弟,曾就读于伦敦经济学院,后获哈佛大学经济学博士学位。他的博士论文已经作为一本预言书发表[8],它预测计算机将给华尔街的交易带来革命性的转变,首先计算机将完成文书工作,但最终将彻底扫除传统的证券交易所。斯通是一个瘦小、聪明、坚定的年轻人,他认为监管在市场中起积极作用。这个观点使他在他所监管的行业中深受冷落;在商品期货交易委员会,这个观点也与他那些推崇自由放任主义的同事的观点大相径庭。[9] 芝加哥一家主要商品交易所的一名脾气暴躁的董事会成员私下把他斥为"小蠢人"[10]。几乎所有政界人士(显然沃尔克除外)都知道年轻的斯通博士在商品期货交易委员会变得如此孤立,以至于要批准上次会议纪要他都几乎得不到支持。[11]

当沃尔克与斯通通电话时[12],他问了一个问题,这与他给证券交易委员会哈罗德·威廉斯的问题相似:亨特兄弟在他市场中投入的赌注有多大?

---

① 吉姆是詹姆斯的昵称。——译者注

"我不能告诉你，这是保密的，"[13] 斯通说。

彬彬有礼的回答突然阻止了沃尔克，他一时说不出话来。然后他失控了。

沃尔克后来承认，他对斯通拒绝分享重要信息的反应"不太好"[14]，虽然斯通解释说，1978年通过的一项法律禁止他的机构披露客户交易头寸，即使是向其他监管机构。也就是说，商品期货交易委员会主席斯通根本没有权力满足[15] 美联储主席沃尔克的要求。

和沃尔克一样，斯通立即发现白银危机对金融体系是一种危险[16]，因为这些隐蔽的贷款像一张网一样把银行和经纪公司与亨特兄弟联系起来。他迅速前往沃尔克的办公室。过了一会儿，证券交易委员会的哈罗德·威廉斯也来了。助手们进进出出，忙着打电话[17]，核对银价，敦促银行家和经纪公司财务人员直截了当地回答问题。

下午6:00，当暮色笼罩沃尔克办公室又高又深的窗户时，临时安排的特别小组终于确定[18]，包括美林(Merrill Lynch)和普惠(Paine Webber)在内的至少六家主要华尔街公司已经为亨特兄弟设立了交易账户；至少从前一年夏天开始，一些大银行已经放贷给这些公司或者直接放贷给亨特兄弟，这些交易都由不断增加的快速贬值的白银所担保。

8个月前，1979年8月1日，白银的交易价低于每盎司10美元，然后价格一路上涨，经过了劳工节、感恩节，直到圣诞节假期。当白银价格达到每盎司20美元时[19]，已经突破了与黄金的传统比价。当每盎司升至30美元时，白银的天价促使一些新婚夫妇因为担心窃贼偷窃他们的纯银餐具而将它们卖出。以白银为原料的印刷厂和胶卷制造商开始裁员，他们担心破产。在这一段时间里，亨特兄弟一直在买入[20]，而钱主要是借来的。

1980 年 1 月 17 日，白银价格停在了每盎司 50 美元并开始下滑。在那一点上，亨特兄弟的白银存货价值 66 亿美元。那天之后，价格急剧下跌。[21] 3 月 25 日周二，即贝奇公司的哈里·雅各布斯打电话给沃尔克的前一天，银价跌至 10.80 美元。按这样的价格，亨特兄弟所欠的钱远高出他们的白银存货在现货市场可以卖得的钱，他们的放贷者迫切要求提供更多某种抵押品。[22]

就在那个周二晚上，兄弟俩告诉雅各布斯他们再也付不起钱了。[23] 第二天，他们和其他经纪人分享了这个不受欢迎的消息。危机已经到来，如果一家大型银行或经纪公司因亨特兄弟违约而破产，恐慌可能很快就随之而来。

这就是保罗·沃尔克进入故事的地方。周三的作战室会议①之后，沃尔克和他的监管伙伴们更多的是出于人性和相互尊重，而不是通过权力线团结在了一起。在周四的交易日里，他们焦急地等待着，担心市场出现什么异常。斯通不顾商品期货交易委员会的立法限制，最终给他的监管伙伴们估计了亨特兄弟在市场上欠下的钱：8 亿美元。这一数字尽管后来被证明是低估的[24]，在当时却是令人震惊的，这促使受到惊吓的银行监管机构立即命令审查员造访各个金库，以确保亨特兄弟没有用同样的白银向多个贷款人重复提供担保。

到了周四，华尔街其余的人都听说了白银危机，股市经历了疯狂的一天[25]。道琼斯工业平均指数下跌 3.5%后才趋稳，因为交易员们

---

① 原文 war room conference，war room 指一个机构制定政策、计划的房间，里面配备特殊设备。——译者注

听到有谣言说亨特兄弟和一些债权人正在抛售股票以筹集急需的现金。

当然，出售的每一股股票会以某种价格被买入。当更多的人想要卖出而不是买入时，价格必须大幅下降，买家才会购买一些股票。[26]“抛售”这个词意味着股票只能以越来越低的价格出售[27]，而不是说每个人都在卖出、无人在买入。

有了这一说明，就可以理解“抛售”是股票市场害怕亨特兄弟违约而产生的反应。华尔街一位资深人士说，周四的交易令他想起了1963年约翰·F. 肯尼迪(John F. Kennedy)总统遇刺时的疯狂反应。[28] 财政部一位官员在周四几次致电纽约证券交易所领导层以评估其在这次抛售风暴中的表现。华盛顿和华尔街的恐惧是，亨特兄弟无力支付他们的债权人意味着这些债权人也将违约，从而导致问题的蔓延。

最脆弱的白银交易中心通过注资阻止了眼前的灾难，但事实是没有人真正知道所有的断层线都在哪里[29]，或者在下一次余震之前有多少时间。白银危机成为全国的头条新闻，“银色星期四”也被载入史册，成为华尔街非常糟糕的日子。

到3月28日周五，白银价格有所上升，危机似乎已经缓和，但亨特兄弟仍然欠很多人很多钱。3月30日周日下午，形势已经很明显：除非有人借钱给他们，否则他们将无法偿还贷款。这是一个荒唐的两难，但在这个问题上沃尔克的管辖权是明确的。他在观察美国金融基础上日益扩大的裂痕[30]，他在考虑再实行一到两年的高利率将给银行业带来什么压力，以及银行破产将如何损害美联储对抗通货膨胀的努力。周日晚上，一群在佛罗里达州博卡拉顿市(Boca Raton)参加行业大会的银行家们就为亨特兄弟提供11亿美元贷款的条件进行谈判[31]，沃尔克克制住厌恶的感觉，警惕地旁观着。这11亿美元的贷款大部分由亨特兄弟的家族石油公司担保，这将使他们有可能偿还所欠华尔街的惊人债务。

周一上午，银行家们仍在努力工作，商品期货交易委员会的吉姆·斯通出现在美国国会山的一个众议院听证会上，他坐在一张巨大的会议桌前，面对他的是一排麦克风。证券交易委员会的哈罗德·威廉斯和一名参与危机的财政部高级官员也出席了听证会。

小组委员会主席是一位资深的纽约民主党人，名叫本杰明·罗森塔尔(Benjamin Rosenthal)，他和5天前的沃尔克一样愤怒。[32]"少数大宗商品投机者的活动会对我国金融市场产生如此深远的影响，对此我们深感担忧，"他在开场白中说道。

最新、最可怕的情况是，危机涉及大宗商品市场、银行、经纪公司、股票市场，甚至包括石油公司，这些都是亨特兄弟财富的来源。罗森塔尔要求知道商品期货交易委员会、证券交易委员会、财政部、货币监理署和美联储之间是否有足够的协调。[33]

令人担忧的回答是：也许没有。[34] 但临时的努力(以及银价的幸运反弹)阻止了一系列多米诺骨牌违约。监管者承诺，如果他们再次面临同样混乱的危机，将做得更好。

在听证会的早些时候，斯通被问及亨特兄弟持有白银的细节。

"我不能讨论头寸信息，"斯通回答说，这和他给沃尔克的回应一样沮丧："这是国会所禁止的。"

罗森塔尔比沃克尔对禁令有更多的了解，他反驳说："这是禁止你把信息公开，但不禁止向国会披露这些信息。"

"不禁止向国会披露信息，"斯通承认，他显得有点尴尬。"我们的委员会已经投票决定——我自己是少数派，允许我补充一下——只有收到传票时才能披露相关信息。"[35]

罗森塔尔急忙与工作人员进行紧张的磋商。商品期货交易委员会不受罗森塔尔小组委员会的控制，而是受到众议院和参议院农业委员会的监督，这是因为它对诸如小麦、猪肚、大豆等农产品的生产者和使用者的重要性。罗森塔尔说："我们将把这个作为一个单独的问题来处理[36]。"显然，国会的指挥链和监管机构一样，是混乱的。

几分钟后，罗森塔尔说，斯通已经对商品期货交易委员会在白银事件中的很多决定投了反对票。他说："委员会中大多数人似乎在走一条路，而你似乎要走另一条路。"

"我们的想法当然有差异，"[37] 斯通回答。"我倾向于认为这些影响美国金融结构的市场需要更多的监管。即使这些市场本身并不构成实质性的危险，情况也是如此。"他补充说，"我不认为这是委员会的多数观点。"

确实，商品期货交易委员会的大多数委员几乎没有采取行动来阻止正在发展的白银危机，他们所做的唯一的事就是"不停呼吁"亨特兄弟开展交易的交易所使用"自我监管"权力去做一些事情。

一名商品期货交易委员会委员自豪地作证说："从一个非常真实的意义上说，市场治愈了自己。"他和另一名委员坚决否认市场上的这次骚乱对国家金融健康构成了任何威胁。[38]

然后轮到哈罗德·威廉斯作证。

这位证券交易委员会主席被问及他先前在有关商品期货交易委员会“有效性”的听证会上表达的担忧，他回答说：“我想我们今天的担心多于上周二，远多于上周二”。

从那刻起，斯通静静地坐在一旁，证券交易委员会主席和负责白银危机的财政部副部长在作证时先后重复提到商品期货交易委员会的管辖权之争，委员会在成立之初就受到这个问题的困扰，而在未来的几年里，这一问题将越发成为老生常谈，逐渐使人麻木。

1974 年，商品期货交易委员会的创立起初受到了应该受它监管的交易所的抵制，尤其是两个最大的期货市场——芝加哥期货交易所和芝加哥商品交易所。这两个交易所成立已经超过 100 年，它们非正式的座右铭是“自由人的自由市场”，因此长期憎恨对其交易大厅规则的任何干涉。[39] 他们不得不屈服于商品期货交易委员会，只是因为这两家交易所在起草成立该委员会的法律的过程中扮演了相当重要的角色，这项法律将在未来几十年里让法官感到困惑、让其他监管机构感到挫败。

在白银危机的时候，大多数美国人不知道以芝加哥为中心的“期货市场”实际上是做什么的。

这是他们所做的，现在仍然如此：他们允许各种各样东西的买卖双方保护自己免受破坏性的价格变化的影响。他们还做了另外这些事情：让买卖双方之间的交易者有机会从同样的价格波动中获利。转移价格风险（从那些不愿意承担风险的人转移到那些愿意承担风险的人)的金融工具被称为期货合约。在芝加哥,人们普遍称之为“期货”,例如“他们买入白银期货”或“他交易小麦期货”。

1980 年,当报纸和电视上的市场新闻几乎全部集中在蓝筹股上时,期货似乎非常复杂、令人发怵。在某种程度上,芝加哥市场鼓励了这样一种观点:期货过于复杂,以至于监管机构和国会的一般智囊都无法理解。事实上,要了解期货在这个故事中扮演的角色,不需要掌握期货合约是如何运作的,但一些基本细节将有助于解释期货市场为何存在。简单地说,期货就是标准化合约——在未来特定日期以固定的价格购买或出售固定数量的某个东西。传统上,“某个东西”是你可以吃的东西,比如玉米、小麦或猪腩,或者是至少你可以触摸得到的东西,如石油或白银。生产这些商品的企业和把它们作为原料的企业依靠期货市场来抵御不利的价格波动。

例如,麦农可以利用期货[40] 来锁定他刚刚种植的农作物的价格:设想农夫希望收获 5 000 蒲式耳的小麦,为了维持生意,每蒲式耳的售价必须达到 3. 50 美元,这样总收入为 17 500 美元。为了保证他能拿到这个收入,他可以以每蒲式耳 3. 50 美元的价格卖出一份涵盖 5 000 蒲式耳小麦的期货合约,6 个月后交付。(合约的购买者可能是一家谷物公司,它想要锁定下一次小麦收成时要支付的价格。)通过出售合约,农场主得到 17 500 美元——与小麦收成时他需要得到的金额相同。如果到那时小麦价格降到每蒲式耳 3 美元,那么他的收成只能达到 15 000 美元。然而,农场主现在只需用 15 000 美元就可以购回期货合约,平仓后获得 2 500 美元的利润。所以他的总收入是 17 500 美元,也就是他获得的 15 000 美元的小麦收入和 2 500

美元的期货交易的利润。实际上,正如他所希望的,即使小麦价格下跌,他也获得了每蒲式耳 3.50 美元的售价。反过来也是同样的计算方法:如果小麦价格升至每蒲式耳 4 美元,作物的收入将是 20 000 美元,但他将损失 2 500 美元的期货交易,而小麦的价格仍是每蒲式耳 3.50 美元。(是的,在后一种情况下,如果他没有对冲,会得到更多的钱,但他选择了锁定必要的利润[41],而不是在意外之财和毁灭性的损失之间赌博。)

期货合约对农户和谷物公司的效用显而易见。然而,这些合约可以像棒球卡一样交易。这一事实是庞大的芝加哥期货交易所以及全国范围内十几家较小的期货交易所的生命线。

绝大多数期货合约都用于交易:由那些无意交付或获得基础商品的交易者买入或卖出以获利。向谷物公司出售期货合约或从农场主手中购买期货合约的交易商被称为投机者,他们的目标是从对冲者想要避免的同样不断波动的价格中获利。

在美国,特别是在国会,有一个悠久而无知的传统,那就是祝福对冲者,但谴责投机者[42],当消费者面对面包或汽油的高价时,或当农场主无法从他们的收成中获利时,投机者就受到指责。事实是你不能在没有对冲者和投机者的情况下经营一个市场。投机者扩大了准备与市场套期保值者进行交易的交易者的规模,而且当剧烈波动的价格使那些胆小的套期保值者不敢入场时,他们仍然愿意进场交易。

这是另一个关于大宗商品市场需要记住的根本事实:对对冲者来说,幸运的是大宗商品市场的投机者在价格波动的时候壮大。他们享受价格的起伏不定——价格越是像过山车那样波动,他们能赚的钱就越多。股市投资者可能更偏爱小幅、稳定的价格波动，更喜欢价格上涨，但无论上涨还是下跌都不希望变动太剧烈。但是平静的海面在期货交易者中是不受欢迎的，狂风暴雨般的市场是他们存在的理由。如果市场是安静的、可预测的，就没有人去对冲，没有人能投机赚钱。

这种对波动性的容忍是投机者的本能，投机者大体上就是芝加哥市场的经营者，同时也是商品期货交易委员会努力监管的对象。

真正令证券交易委员会的哈罗德·威廉斯及其金融监管同僚担心的期货合约与小麦、玉米甚至白银等有形商品无关，这些监管机构担心的是“金融期货”，这是基于世界金融市场无形资产价格的变动而设计的新合约。

财政部和美联储担心政府债券期货；证券交易委员会关注的是基于抵押贷款证券的期货和（仍在计划中的）基于主要股票市场晴雨表（如价值线指数或道琼斯工业平均指数）的期货。所有这些担忧的根据是，这些新的期货合约将以某种方式损害长期以来为股票市场和债券市场定价的现货市场。现货市场的监管机构担心，投机性、自由的期货市场将逐渐篡夺定价权。反过来，这可能会扭曲通过资本流入股票市场来为美国经济融资的方式，美国出售国债以弥补预算赤字的能力可能会受到影响，美联储影响利率从而影响通胀的权力可能会减弱。

在金融期货的争夺战中，吉姆·斯通显然是商品期货交易委员会的另类。就在白银危机前几天，他被另一名委员在一次公开会议上训斥，而他只是质疑了堪萨斯期货交易所(Kansas City Board of Trade)提议的价值线指数期货是否能服务于任何有用的经济目的。

“为什么不给在新罕布什尔州购买彩票的人期货合约呢[43]?”斯通在会上问。他看不出一份“股指期货合约”有什么可能的目的，其唯一目的就是在股市赌博，但无需像在纽约证券交易所下赌注那样提供那么多现金。[44]

斯通的挑战者坚持认为，那将由市场决定。他继续谴责商品期货交易委员会在价值线期货提案上的“不可原谅的拖延”，并把“美联储、财政部和证券交易委员会的担心”怪罪于商品期货交易委员会。

同时还有其他的股指期货的提议，以及各种创新的期货合约，从基于银行存款凭证的期货到“欧洲美元”(即海外账户持有的美国货币)期货。其他委员认为这些新产品是芝加哥市场的福音，但斯通极不同意，而且不像他的同事，他愿意倾听其他监管机构所表达的担忧。尽管如此，他只有一张选票，一张民主党选票。1980 年，他在商品期货交易委员会主席的职位与卡特总统对白宫的掌控一样牢固①。

注释：

1. 美国联邦储备委员会确实有法定责任设定华尔街的保证金水平，即可以通过信贷融资的股票持有量的比例，但美联储长期以来一直将这一任务委托给华尔街的直接监管机构——证券交易委员会。

2. *The Silver Crisis of* 1980: *A Report of the Staff of the U. S. Securities and Exchange Commission*(以下简称 *SEC Silver Report*)(Washington, DC: the U. S. Securities and Exchange Commission, October 1982), pp. 91－92。哈里·

---

① 作者用了“firm”，牢固，但实际是反讽，含义是不牢固。——译者注

雅各布斯向证券交易委员会的工作人员承认，他的电话并非完全是出于公共利益："我想，从一个更狭隘的角度来看，我们认为这将有助于对纽约商品交易所(Comex)施加压力，雅各布斯以市场"极其缺乏流动性"为理由要求终止白银交易，但被纽约商品交易所拒绝。

3. 这些以及后面有关白银危机的细节都出自 *SEC Silver Report*，pp. 3—14；William Greider，*Secrets of the Temple*：*How the Federal Reserve Runs the Country*(New York：Touchstone，1987)，pp. 190—191；Stephen Fay，*Beyond Greed*：*How the Two Richest Families in the World，the Hunts of Texas and the House of Saud，Tried to Corner the Silver Market，How They Failed，Who Stopped Them，and Why It Could Happen Again*(New York：Viking Press，1982)，pp. 206—207，209—210；以及各次国会听证会的文字记录，尤其是 "Silver Prices and the Adequacy of Federal Actions in the Marketplace，1979—80"(以下简称"Rosenthal hearings")，Hearings Before a Subcommittee of the Committee on Government Operations，96th Congress，2nd Sess.，March 31，1980。

4. 2015年8月6日对保罗·A. 沃尔克的采访(以下简称"对沃尔克的采访")。

5. 哈罗德·M. 威廉斯律师出身，20世纪60年代曾是几家主要公司的领导，1970年成为加州大学洛杉矶分校商学院院长。1977年他被任命为证券交易委员会主席。1981年他下台后，经营洛杉矶的盖蒂基金会(Getty Foundation)。

6. Steve Lohr，"Silver's Plunge Jolts Hunts' Empire and Brings Turmoil to Wall Street，"*New York Times*，March 28，1980，p. 1。

7. Rosenthal hearings。

8 James M. Stone，*One Way for Wall Street*：*A View of the Future of the Securities Industry*(Boston：Little，Brown and Co.，1975)。正如他所见(pp. 8—9)："华尔街最严重的长期问题主要是在技术上。一个多世纪以来，纽约证券交

易所一直以一成不变的方式进行拍卖过程，并产生很多纸质文书。整个系统建立在口头命令、实物文件流程和参与者之间的诚信基础之上。……由于后台办公室的噩梦……最终交易大厅、专家系统以及证券公司一半的就业都必须淘汰。”

9. 新闻界对他的管理风格和“粗暴个性”有一些匿名的抱怨，这些抱怨无意中暴露了他从前主席威廉·巴格利(William Bagley)那里继承下来的不可思议的随意的机构文化。见 Jerry W. Markham, *The History of Commodity Futures Trading and Its Regulation*(New York: Praeger, 1987), pp. 119, 267n8, 267n9，注释提到了全美连载专栏作家杰克·安德森(Jack Anderson)发表于1979年8月22日 *Oklahoma City Journal* 专栏上的报道，称斯通“未经事先通知就去了各个办公室，然后下令把所有的海报、商业日历和帅男美女像都取下来。他还拆掉了巴格利在主席办公室里设立的私人酒吧”。在同一注释中，马卡姆(Markham)指出是记者约翰·爱德华兹(John Edwards)(“Profile: James Stone: Chairman with a Sense of Stern Purpose,” *London Financial Times*, January 16, 1981)在一篇报道中提到斯通“拒绝与业界建立社交联系，而且要求商品期货交易委员会的工作人员正式称呼他为‘委员’或‘斯通博士’，这一尊称在其他联邦机构是惯例”。

10. Chicago Board of Trade Archives, Part One, University of Illinois at Chicago Library (以下简称“CBOT Archives”); 参见 III. 1397. 3, Folder 3/13，标签为“Executive Committee Meeting, November 6, 1980”。

11. 这一点从华盛顿律师提交的大量报告中可以明显看出，这些华盛顿律师负责为芝加哥期货委员会监督商品期货交易委员会的公开会议。在一份备忘录中，芝加哥期货委员会驻华盛顿的律师报告说斯通“基本上是孤立的”。见 III. 1397, Folder 12/13, “CFTC Meetings—Speculative Limits (May 13, 1980),” CBOT Archives。

12. Rosenthal hearings, pp. 10—11。

13. 对沃尔克的采访,这也被其他一些保密的访谈所证实。

14. 同上。

15. 具有讽刺意味的是,在同样的亨特兄弟向国会抱怨商品期货交易委员会前主席于1977年在对他们实施纪律处分时公开披露了该家族在大豆市场大得惊人的(商品期货交易委员会认为是非法的)头寸后,法律又增加了对发布信息的限制。根据费伊(Fay)的说法(*Beyond Greed*, p. 213),如果沃尔克能够预见到,在第二天早上召开的紧急会议上,商品期货交易委员会的大多数人将决定"商品期货交易委员会不应向财政部、美联储或证券交易委员会披露有关市场头寸的机密信息",他会更加愤怒。费伊写道:"这是一个令人吃惊的决定,其背后的理由不寻常。有一名委员表示,'他们对市场表现出极大的无知。我们知道这么多合约存在风险意味着什么,但我认为他们不知道。'"

16. 事实上,斯通是华盛顿最早就此公开提出警告的监管者之一,后来它被称为"系统性风险",即一个市场的危机会扩散并破坏整个系统的风险。见他1981年9月30日写给众议员埃德·琼斯(Ed Jones)的信[以下简称"斯通致琼斯的信"]中关于白银危机的论述:

> 没有人能确定如果当时银价继续下跌会发生什么。大型经纪公司将会倒闭吗?银行会跟着破产吗?各种市场的追加保证金通知是否会呈现持续的势头?我们能看到信任和信用的解体,还是全面的恐慌?这些没有办法确定。不过,我敢肯定,不存在一个安全网可以让人们相信未来类似事件将不会产生这些影响。

这部分摘自"白银市场联合机构报告"(以下简称"联合白银报告听证会"),众议院农业委员会保护、信贷和农村发展小组委员会举行的听证会,第97届国会,第1次会议,1981年10月1日,第132页。今天很难相信他在1980年对大宗商品市场及其孤立的监管者发出的警告是多么令人毛骨悚然。参见Markham, *The History of Commodity Futures Trading and Its Regulation*, p. 267："在1980年白银期货市场的事件之后，他夸大的指控尤其激怒了该行业，即大宗商品期货投机威胁整个美国经济的金融结构。"与之形成鲜明对比的是，根据美国证券交易委员会1982年的白银报告(*SEC Silver Report*)第3—4页的评估："在1980年3月下旬的六天里，政府官员、华尔街和广大民众似乎认为，一个家族在白银市场暴跌中拖欠债务可能会严重扰乱美国金融体系……虽然最终结果避免了金融灾难，但白银危机反映出金融结构的脆弱性和相互依赖性，这是宝贵的教训，并对私人行业和政府做出回应提出了要求。"在黑色星期一之后，芝加哥的一些经济区域同样不认为相互联系的断层线是危机的根本原因。

17. Rosenthal Hearings, pp. 35—37。

18. 同上。

19. 见斯通致琼斯的信，第120页。

20. *SEC Silver Report*, pp. 3—9。

21. 无可争辩的是，这一急剧下跌的部分原因是芝加哥期货交易所和纽约商品交易所对白银期货交易收取更高的保证金，部分原因是有关亨特兄弟面临困难的传言。

22. *SEC Silver Report*, pp. 3—9。

23. 同上。

24. Fay, *Beyond Greed*, p. 219。

25. Lohr, "Silver's Plunge Jolts Hunts' Empire"; and Laszlo Birinyi Jr. and Jeffrey Rubin, *Market Cycles III: An Anecdotal History of Bull and Bear Markets*, 1961—2000(Westport, CT: Birinyi Associates, 2004)。证券交易委员会主席哈罗德·威廉斯后来会说交易大厅里面对面的交流遏制潜在的恐慌，这强化了他对交易所的信心。见 Judith Miller, "Regulators View Silver Aftermath," *New York Times*, March 31, 1980, p. D1。

26. 如果买家根本没有出价,即使在价格合理下跌之后,纽约证券交易所通常也会停止交易,直到找到一个可以再次交易股票的价格。

27. 一句古老的格言认为,股市崩盘就像在拥挤的剧院里大喊一声"着火了",只不过除非有人同意购买他们的座位,观众不能跳起来跑向出口。这并不是一个完美的类比,但它确实强调了股票交易的二元性,即每一个卖方都有一个买方,尽管买卖价格可能比前几秒钟的要高或低得多。

28. Birinyi and Rubin, *Market Cycles* III, p. 198。

29. Fay, *Beyond Greed*, p. 218。只有一个非常愚蠢的会计惯例才允许与亨特兄弟交易的经纪公司,特别是贝奇,在危机中继续经营。在监管者的默许下,公司常规地以任何形式的白银期货合约的报价而不是银条被出售的现货市场上的价格对白银进行估价。交易白银期货合约的交易所每天都施加"限价"限制;一旦价格出现一定的下跌,除非有更高的出价,否则交易就会停止。因此,最新的白银期货价格通常远高于现货市场价格。如果公司以更现实的现金价格对抵押品进行估价,那么亨特兄弟在主要公司的十个交易账户中除了三个以外,其余的都将在"银色星期四"那天有亏损。见 *SEC Silver Report*, pp. 10—11。

30. 这些印象得到了1979年10月至1980年4月期间联邦公开市场委员会会议和电话会议的文字记录的支持。网址是:http://www.federalreserve.gov/monetarypolicy/fomchistorical1980.htm。

31. Greider, *Secrets of the Temple*, p. 190; *SEC Silver Report*, p. 14。

32. Rosenthal Hearings, p1。

33. 同上,第4页。

34. 同上,第10—11、42—43页。

35. 同上,第9页,着重点为作者所加。

36. 同上。

37. 同上，第 32 页。

38. 同上，第 164—165、167—169 页。里德·邓思(Reed Dunn)委员作证说，他本人非常关心白银的情况，但承认商品期货交易委员会除了敦促交易所之外，没有采取任何行动。罗伯特·L. 马丁(Robert L. Martin)和戴维·G. 加特纳(David G. Gartner)委员作证时表示他们坚信(与斯通、美联储、证券交易委员会和财政部的观点相反)亨特兄弟囤积的白银不断增加，以及他们未能满足他们的巨额追加保证金的要求从未对国家金融体系构成系统性风险。加特纳委员表示，“除了大型投机者和他们不小心的经纪人之外，没有人利益受损……市场，在一个非常真实的意义上，治愈了自己”。马丁委员表示同意，他说：“我认为我们在这件事上采取的行为是负责任的。”

39. John V. Rainbolt II, “Regulating the Grain Gambler and His Successors: Symposium on Commodity Futures Regulation,” *Hofstra Law Review* 6, no. 1 (Fall 1977), p. 15。“历史上，大宗商品交易所一直抵制联邦监管……大多数交易所仍然认为自己是自律和自由企业的捍卫者。”雷恩博尔特(Rainbolt)先生是商品期货交易委员会的创始委员之一。

40. 这个例子来自商品期货交易委员会的网站：http://www.cftc.gov/consumerprotection/educationcenter/economicpurpose，2016 年 8 月查阅。

41. 这家谷物公司的处境就像一个镜像。该公司锁定了每蒲式耳 3.50 美元的小麦价格，在收获时，每蒲式耳 3.00 美元就可以买到。期货合约的损失使公司的成本上升到每蒲式耳 3.50 美元，这是公司最初想要锁定的价格。如果价格上涨到每蒲式耳 4.00 美元，这家谷物公司就可以每蒲式耳 50 美分的节余获得小麦。

42. Rainbolt, “Regulating the Grain Gambler and His Successors,” pp. 5—9。

43. III. 1398, Folder 9/9, CBOT Archives。虽然该文件夹标记为“1980 年 4

月商品期货交易委员会会议”，但这些引语来自1980年3月25日丽贝卡·J.里德(Rebecca J. Reid)给芝加哥期货交易所总裁罗伯特·威尔茅斯(Robert Wilmouth)的备忘录，该备忘录是对“商品期货交易委员会会议”的报告。该备忘录附有1980年3月24日委员会议程的副本。在每一次商品期货交易委员会会议之后，档案中类似的备忘录都在每次的商品期货交易委员会会议之后立刻交给芝加哥期货交易所，因此，可以合理地得出结论：本次交易所提取的备忘录是3月24日商品期货交易委员会会议的说明。

44. 在任何一个市场上，用自己少量现金控制大量股份的能力被称为“杠杆作用”，而股指期货合约给投机者的杠杆作用要比股市大得多。在股票市场上，想控制10万股道琼斯指数成分股股票的投机者所借款项不得超过购买这些股票所需资金的一半，而且其余部分必须用现金支付，这就是所谓的“保证金”。在期货市场上，代表相同股市股票的股指期货合约的成本要低得多，而投机者可以预先支付很小比例的金额。

2

聪明的想法

1980 年 3 月 19 日，开始在共和党初选中大幅领先的罗纳德·里根(Ronald Reagan)到访纽约证券交易所，这时距离“银色星期四”还有一周。带着领先者的轻松优雅，里根大步走向位于华尔街 11 号的交易所入口[1]，他身披棕黄色大衣，一头黑发整齐而光亮。他的个人魅力掩盖了这次访问的安排者赫顿公司(E. F. Hutton and Co.)副主席约翰·S. R. 夏德的粗鲁无理。

约翰·夏德，57 岁，身体健壮，看上去和蔼可亲。他戴着眼镜，耳垂硕大，下巴松弛，发际线后退。两年前，他第一次见到里根[2]，当时赫顿公司的一名同事邀请夏德到波希米亚森林，那是权贵和富豪们秘密的消夏之地，位于旧金山北部的红杉树森林。那时候夏德刚在激烈的公司主席竞选中失利[3]，与新的领导层共事不够默契。夏德很聪明，充满求知欲。从海军退伍后，受惠于《美国军人权利法案》，他获得哈佛大学的 MBA 学位。之后，或多或少是为了精神上的锻炼，当他在赫顿公司一步步晋升时，他和他的妻子帕特(Pat)还获得了纽约大学法律学位。[4]

当里根宣布竞选总统时，夏德同意负责他在纽约的竞选活动[5]，这次对纽约证券交易所的高调访问就是他的安排。参观了拥挤的散落着纸张的交易大厅后，他们乘电梯到了交易所的午餐俱乐部会所——一间木屋，工作人员是穿着白衣的服务员，他们比传统的服务员更喜欢股票小费。[6] 麦克风前的夏德从来就感觉不自在，他嘟囔地作了开场白："女士们，先生们，我向你们介绍美国的下一任总统。"[7]

那年夏天晚些时候，夏德安排里根与纽约的一些商业精英私下会面[8]，随后进行了竞选捐款。作为里根最早的华尔街支持者之一，夏德可能希望在里根政府中扮演一些角色[9]，这将减少一些失去赫顿公司主席职位的刺痛。他的雄心壮志伴随着一定的成本，他的华尔街薪水将是他在华盛顿所得的十倍，他复杂的投资组合必须被平仓。尽管如此，他仍然对公共服务感兴趣。

里根赢得了共和党提名，将在大选中与现任总统吉米·卡特对阵。现任总统的连任希望被困扰他和他两位前任的顽固的通货膨胀蒙上了阴影，他努力解救伊朗伊斯兰革命后被扣押数月的美国人质，但也宣告失败。释放人质的谈判毫无结果。然而，在通货膨胀的前线，卡特已经踏出迈向胜利的关键一步——提拔保罗·沃尔克为新的美联储主席——国家货币政策的管理员。不幸的是，沃尔克取得的抗通货膨胀的进展[10] 是以牺牲经济为代价的，这就导致卡特不得不在经济衰退期间竞选连任，等于给他的对手送去了弹药。

沃尔克在1979年8月宣誓就任美联储主席,当时大多数成年人都是在一个年通货膨胀率约为3%的时代长大。按照这个标准,通货膨胀在1966年以后一直没有“正常”过。沃尔克上任一个月后,尽管商业活动相当低迷,通货膨胀率仍达到12.2%。经过时间检验的抑制高通货膨胀率的方子是提高利率,但更高的利率对停滞的经济是毒药。沃尔克认为对工薪家庭来说通货膨胀的腐蚀效应[11]是一个更大的长期威胁,而不是高利率的影响,卡特总统支持他的看法。美联储让利率急剧上升[12],导致债券市场陷入混乱、股市疲软、经济下滑——这一切刚好都发生在1980年总统竞选开始时。

华尔街深感忧虑,而卡特总统并没有说太多安抚人心的话。

里根说了。他阳光般的乐观态度使他对政府官僚机构的严厉抨击显得温和。[13]监管对商业活动的限制是他演讲中的一个突出目标,这包括环境保护机构的反污染规定、证券交易委员会的公司贿赂调查。里根减税和精简程序的目标在商业界非常流行。正如卡特已经承认的那样,联邦政府在战后初期制定了许多不必要的规则,当时美国的工商业和银行也几乎没有外国的竞争,而这些规则正是日益全球化的商业环境的一个负担。里根的一名支持者建议,他的竞选活动邀请主要的商业游说团体提交他们认为的十个最不合理的法则,将它们列入“类似FBI十大通缉人员名单的‘打击对象清单’”[14]。

如果芝加哥期货交易所的领导人也接到关于他们最反感的政府监管的调查,商品期货交易委员会所做的几乎每件事情都将被列入清单。芝加哥期货交易所最直接的抱怨是吉姆·斯通对等待委员会批准的新金融期货的坚决反对。金融期货有望成为芝加哥期货交易所的金矿，芝加哥期货交易所的创新者们相信这些新产品将给美国企业带来真正的益处，因此急于将自己的新想法推向市场。

受挫的芝加哥交易者大军的头领是利奥·梅拉米德（Leo Melamed），他活力四射、执着坚定。

梅拉米德 1932 年出生于波兰，原名利奥·梅拉多维奇（Leo Melamdovich）。精力充沛的他有着乌黑的头发、黑亮的眼睛，眼皮内双，一张国字脸富有表情。他天生擅长辩论，这也是他一度打算成为出庭律师的原因。1939 年纳粹入侵波兰后，梅拉米德和从事意第绪语教育的父母向东逃往西伯利亚。1941 年，他 9 岁的时候，他的家人经由日本到达了芝加哥。年轻的梅拉米德就读当地的一所大学，在学校里他展现了十足的魅力。大学毕业后他继续攻读法学。大约在 1953 年的某个时候，他作为一名法学院学生寻找兼职工作，偶然发现了芝加哥商品交易所[15]，在那里，交易员们穿着宽松多彩的夹克，大声叫喊着交易，而文员们匆匆忙忙捡起散乱的文书。年仅 20 岁的利奥·梅拉米德被芝加哥商品交易所交易大厅的活力所吸引[16]，之后就再也没有离开过那个地方。

梅拉米德喜欢花哨的服装和喧嚣的跑车，很少看到他嘴里不叼着香烟或者手里不夹着香烟。1955 年他获得法学学位，然后开始一边做法律业务一边从事期货，直到 1966 年他成为全职交易员。[17] 第二年，35 岁的他成为有史以来被选为芝加哥商品交易所董事会成员的最年轻的交易员，开始了他富有想象力、时有争议的领导生涯。在长达半个世纪的领导生涯里他重塑了期货业。

梅拉米德加入董事会时，芝加哥商品交易所是芝加哥第二大期货交易所。几十年来，第一位的辉煌一直属于芝加哥期货交易所，它坐落在芝加哥金融区中心一座高耸的艺术装饰摩天大厦中。它的邻居是雄心勃勃的大陆伊利诺伊银行和强大的芝加哥联邦储备银行，它们就像对称的古希腊神庙。

梅拉米德决心改进他那散乱的排名第二的市场，当时它唯一的大合约就是猪腩。梅拉米德最初在董事会新产品委员会任职，1969年，作为董事会主席，他推出了一系列新的期货合约，想看看哪些会成功。一些想法(虾、火鸡和苹果期货[18])失败了，另一些(猪、牛、木材期货)成功了，交易量增在增长。

1972年，梅拉米德领导芝加哥商品交易所推出了第一个获得广泛成功的金融期货[19]，这一期货基于美国人在国外旅行时遇到的各种不熟悉的外币。根据他的叙述，60年代后期他从同行那里得到了这个灵感[20]，当时那位同行“是第一个尝试涉猎货币的交易员，但发现这几乎不可能”，因为大银行不会接受他的小额指令。此后不久，芝加哥大学货币政策专家、经济学家米尔顿·弗里德曼就在《华尔街日报》上提出了同样的抱怨。[21]

根据第二次世界大战后签订的条约，西方主要货币与美元挂钩，而美元与黄金挂钩。20世纪60年代末，这个体系崩溃了。弗里德曼，经济学研究人员中的明星，以自由市场的倾向而闻名，多年来一直主张汇率应该由交易者而不是条约确定。不过，如果这种情况发生，世界需要一种对冲汇率波动风险的方法，于是梅拉米德让芝加哥商品交易所的员工致力于开发与外币挂钩的期货合约。[22]

芝加哥商品交易所董事会在1970年初批准了他的想法。几个月后,《纽约时报》的一篇报道令梅拉米德感到恐慌,曼哈顿一家苦苦经营的期货交易所——国际商业交易所(ICE)[23] 已经开发出外汇期货[24],并于1970年4月23日在纽约开始交易。

"我的心情沉重," 梅拉米德回忆道。他立刻和一位同事飞去纽约了解情况[25]。到达百老汇大街2号的交易所后,他们找到交易大厅就溜了进去。

"交易大厅空荡荡的,并没有什么交易,"梅拉米德报告说。[26] 令他松了一口气的是,这些新合约太小,不足以吸引外汇市场的主要参与者——大规模对冲者和投机者[27]。

1971年8月15日,理查德·尼克松(Richard Nixon)总统宣布战后货币体制结束,梅拉米德准备好了一份商业对冲者和投机者可以轻易使用的合约。[28] 但首先,他必须就有关新产品通知他的华盛顿监管机构。1971年,芝加哥商品交易所的监管机构是商品交易局(Commodity Exchange Authority,CEA),一家位于农业部大楼地下室的大萧条时代的小型机构。该机构至少对外汇市场不太了解,而且对新合约也没有明确的管辖权。[29] "幸运的是,"梅拉米德后来说,"当时……在政府高层的一个部门里有一群人推崇自由市场。"[30]

1971年12月18日,西方政界领导人公布新的国际货币制度。[31] 在一周后的记者招待会上,梅拉米德推出了国际货币市场,这是一家芝加哥商品交易所的附属机构,将交易英镑、加拿大元、西德马克、意大利里拉、日元、墨西哥比索和瑞士法郎这些外币期货。

新市场于1972年5月16日开业。历史和利奥·梅拉米德都忽略了曼哈顿的小型货币期货交易所，对两者而言，公开交易的金融衍生品时代已经到来——在芝加哥。

芝加哥期货交易所（芝加哥商品交易所的同城竞争对手）在1975年也紧跟芝加哥商品交易所开始赶金融期货的时髦，这得益于加州大学伯克利分校商学院一位年轻的经济学教授理查德·L. 桑德尔。桑德尔个头虽小，但精力充沛，对实用创新有着无限热情，他是第一批从学术界走向金融领域的杰出人才。

1966年，纽约人桑德尔在明尼苏达大学获得经济学博士学位后来到伯克利校区。[32] 也许没有一个美国校园能像伯克利那样与携带标语牌、高喊口号这样不守规矩的60年代的刻板印象牢牢地联系在一起。在该大学山坡上的校园诞生了言论自由运动，这是反对校园限制政治激进主义的一次有影响力的抗议活动，伯克利也成为全国反战游行和民权运动的一个重要组织点。

到了20世纪70年代，校园里又出现了新的活力，它发生在商学院。伯克利的商学院可能不如哈佛大学那么富有和有威望，也没有芝加哥大学的凶猛自由市场主义，但它仍然处于金融工程革命的前沿。

伯克利以南不到50英里的地方，即后来的硅谷，正在生产能分析大量数据（比如美国股市的每日价格[33]）的电脑。在伯克利和其他地方利用这些数据总结股票市场走势的学者被称为"定量"理论家，或者叫"宽客"（quants）。他们已经使用数学思想来指导投资策略[34]，其中有些人还超越了那些想法，他们的创新将重塑整个市场。1962

年，一位伯克利教员为一个完全计算机化的股票市场设计了理论草图[35]，十年之后，现实世界中出现了最原始的自动化市场。1970年，理查德·桑德尔设计出一个全自动化的期货市场[36]，它将使利奥·梅拉米德在芝加哥的世界变得过时。20世纪70年代初，一位名为巴尔·罗森伯格(Barr Rosenberg)的大学明星教授[37]提出新的计算机建模工具，帮助大投资者的投资组合选择最佳的股票组合。在这个过程中，他建立了国际声誉，以及数百万美元的咨询业务。

这些想法对传统的投资经理提出了挑战，投资经理坚信设立投资组合的方法是研究特定公司发行的单个股票。20世纪50年代，对这种"选股"概念持怀疑态度的学者煞费苦心地收集过往几十年的股票价格；在60年代，他们在原始计算机上对那些价格进行分析，并得出一个令人震惊的结论：随机收集的股票，即向《华尔街日报》上的股票表格随机投掷飞镖选定的股票，通常胜过精心挑选的投资组合。这种所谓"随机游走"的投资方法在未来几年内将彻底改变[38]大型机构在市场上配置资金的方式。

另一组"宽客"学者松散地分布于芝加哥大学周围，他们研究同样的历史数据，所得出的关于华尔街的结论与伯克利大学的略有不同，但同样足以改变世界。这些学者把股票市场看作一台计算机(比他们支配的任何电脑都快得多，而且更高效)，它可以吸收所有股票的相关信息，并在一天中的任何时刻为股票生成合适的价格。

这些学者视股市为蜂巢，一部分人已知的信息被立即传达给所有人。在这个蜂巢里，价格是当时所有理性、知情的交易者做出的理智、知情决定的产物。在这些理论家看来，每个人都比其他任何人聪明。

关于股票市场如何运作的这一概念被称为“有效市场假说”，这可能是对美国市场影响最大的学术理论。[39] 那些信奉有效市场假说的人认为，市场应该被单独用来实践他们的蜂巢辉煌而不受政府干预。毕竟，如果每个人都比任何人聪明，那么每个人都比山姆大叔(指政府)聪明。这种想法也将影响未来的金融格局。

在 20 世纪 70 年代初的旧金山湾区，金融创新不仅仅是在伯克利。在旧金山富国银行(Wells Fargo Bank)的一个小单元里，一个杰出的电脑极客和不适应环境的银行家团队抓住了“随机游走”的概念，并试图为他们的养老基金客户建立跟整个市场有尽可能同样表现的投资组合。他们的努力被称为“指数化”，这激怒了银行里的传统股票分析师，但也帮助培育了在未来十年中崭露头角的大机构投资者。被称为富国银行投资顾问的这一创新团队测试了指数基金[40]，而先锋(Vanguard)共同基金家族在 1975 年才向零售市场引入这个概念。这支团队还开发了测算养老基金业绩的统计工具[41]，这在现在是很普通的一个概念，但半个世纪前的公司财务主管没有这个统计工具可用。

这两个创新被植入了有巨大潜在破坏力的种子。指数化导致巨型基金的产生，这些基金很可能同时将资产转向同一方向，因为他们在不断重新调整投资组合以跟踪相同的市场指数。他们的客户有能力衡量其跟踪指数的紧密程度，这意味着资金管理者不会轻易偏离群体，并且可能受到某种激励去寻找更好的结果——如果可能的话，从而吸引更多的大型养老基金作为客户。他们开发的寻求那些额外利润的工具将和指数基金本身一样具有破坏性。

谨慎的学者总是承认他们的每一个理论模型都是对现实的简化、提炼，无意复制现实世界的混乱和噪音。遗憾的是，他们的警告并没有像其理论那样广为人知。

当这些理论开始传播到华尔街和华盛顿的时候已经受到学术界一些人怀疑的审视。

早在1980年之前，一些聪明的思想家在有效市场假说中寻找漏洞。其中一个问题是市场知识的悖论。理论上，有效市场中的价格会立即反映任何新的知识，所以没有人能通过发现隐藏的宝石或被忽视的便宜货而获得“优势”。在互联网出现前的日子里，要想了解某个公司是一件费钱的事，通常意味着飞机票价和长途电话费，再加上租用电脑的时间。如果市场如此高效以至于投资者无法从他们来之不易的知识中获利，他们为什么一开始就费尽心思去收集这些知识呢？[42] 然而他们确实是这样做的。

其他持怀疑态度的人提出了更根本的问题：人类真的是有效市场理论所设想的冷静、理性的投资者吗？[43] 或者，事实上，他们容易产生恐慌性过度反应、羊群效应、顽固的误解和奇幻思维？任何观察到投资者在危机中表现的人都不会用冷静或理性描述他们。慢慢地，这些怀疑论者开始找到其学术追随者，他们的研究开始转向所谓的行为经济学。

然而，到了21世纪，关于有效市场假说缺陷的学术警告又将被立法者、政治家和金融决策者忽视。在没有政府干预的情况下“市场治愈自己”的观念在20世纪70年代牢牢扎根于华盛顿，在未来几十年它将像葛藤一样在决策领域蔓延开来。

在伯克利,理查德·桑德尔对电子期货市场的设想凋零了[44],因为委托这项研究的交易员选择了一个更传统的市场。然后他设计出伯克利商学院的第一门期货交易课程[45],并邀请了许多重要的行业人士来他的班级讲课。他的一位客座讲师是芝加哥期货交易所的高级主管沃伦·利白克(Warren Lebeck)。他们的关系由此得到发展,1972 年桑德尔开始一年的学术休假,成为芝加哥期货交易所的首席经济学家。利白克和桑德尔很快就设计出世界第二大金融期货合约[46]——基于抵押贷款支持票据的利率期货合约,华尔街称之为吉利美(Ginnie Maes),是由发行人即美国政府国民抵押贷款协会(the Government National Mortgage Association,GNMA)的首字母形成的昵称。

美国的银行和储蓄贷款机构拥有数百万美元的住房抵押贷款,他们本应该努力寻找一种方法来抵御利率的威胁。[47] 但他们没有,因为在 1972 年,他们无法想象一个利率会波动到需要对冲的时代。桑德尔与曼哈顿的储蓄贷款机构和商业银行进行了接洽,并警告说那几年的稳定利率是"历史的反常现象",在巨大的政府赤字的影响下很可能会消失。一位高管听他说完后[48],问了一句:"你疯了吗?"①

然而,事实证明,加利福尼亚的抵押贷款机构对新的合约感兴趣,芝加哥期货交易所也在迅猛发展。1975 年,桑德尔的吉利美期货合约已经准备就绪。与三年前推出的芝加哥商品交易所外汇合约

① 原文 What are you smoking? 字面意思:你嗑药了吗?——译者注

不同，桑德尔的想法必须由芝加哥新的监管机构——商品期货交易委员会批准，而位于华盛顿的商品期货交易委员会刚刚开始办公[49]。

注释

1. Matthew L. Wald, "Reagan Tour of City Draws Cheers, Some Boos and Forecast of Victory," *New York Times*, March 20, 1980, p. B13。

2. David A. Vise and Steve Coll, *Eagle on the Street: Based on the Pulitzer Prize-Winning Account of the SEC's Battle with Wall Street* (New York: Charles Scribner's Sons, 1991), p. 22。

3. Leonard Stone, "John S. R. Shad Dies at 71: S. E. C. Chairman in the 80s," *New York Times*, July 9, 1994, p. 11。

4. Vise and Coll, *Eagle on the Street*, pp. 23—26。

5. 同上。

6. Michael Walsh, "Insiders," *Life* (Collector's Edition), "The Big Board: An Inside Look at the New York Stock Exchange in Its Bicentennial Year," Spring 1992, p. 48。

7. Vise and Coll, *Eagle on the Street*, p. 23。

8. 同上。

9. 同上，第24页。

10. 以下两本书描述了沃尔克的通货膨胀之战，后一本书的描述更全面：David E. Lindsey, Athanasios Orphanides, and Robert H. Rasche, "The Reform of October 1979: How It Happened and Why," Federal Reserve Board, Washington, DC, 2005, p. 10; William L. Silber, *Volcker: The Triumph of Persistence* (New York: Bloomsbury Press, 2012), pp. 125—190。下面一段的信息来自这两本书。

11. 沃尔克闪电战般地开始了他的通货膨胀之战。1979 年 10 月 6 日，周六，在周一的哥伦布日市场休市之前，美联储宣布对其货币政策方法做重大改变。它将不再试图控制货币价格，即贷款利率，而会把这项任务留给市场。相反，它将把重点放在控制货币供应上，要求银行以资本储备的形式把更多的现金锁在金库里。剩下的事就交由供求定律，利率开始上升到历史水平。

12. "Transcript of Press Conference with Paul A. Volcker, Chairman, Board of Governors of the Federal Reserve System," October 6, 1979，可在圣路易斯联邦储备银行在线联储记录档案获取，网址：https://fraser.stlouisfed.org/scribd/?itemid=8201&filepath=/files/docs/historical/volcker/Volcker19791006.pdf。

13. 尽管卡特已经开始对美国航空公司、商业卡车运输业以及部分银行业放松管制的进程，里根仍坚定地致力于废除更多的联邦官僚机构，不再为它们提供资金。

14. Letter to Mr. Douglas S. Winn, Liaison for Small Business, Republican National Committee, from Thomas F. Renk, August 14, 1980, Securities and Exchange Commission Historical Society website（以下简称"SECHS website"），经 www.sechistorical.org 许可使用，http://3197d6d14b5f19f2f4405e13d29c4c016-cf96cbbfd197c579b45.r81.cf1.rackcdn.com/collection/papers/1980/19800814HitList.pdf。

15. David Greising and Laurie Morse, *Brokers, Bagmen, and Moles: Fraud and Corruption in the Chicago Futures Markets* (New York: John Wiley and Sons, 1991), p. 9。

16. Leo Melamed with Bob Tamarkin, *Escape to the Futures* (New York: John Wiley and Sons, 1996), pp. 3—87，该书也详细描述了梅拉米德的早年生活。

17. Greising and Morse, *Brokers, Bagmen, and Moles*, pp. 88—89。

18. Hal Weitzman, "Chicago's Decade of Innovation: 1972—1982," *Focus* (World Federation of Exchanges), no. 218, April 2011, p. 3。

19. 作者2015年6月3日对威廉·J. 布罗德斯基(William J. Brodsky)的采访(以下称"对布罗德斯基的第一次采访");2015年1月15日对利奥·梅拉米德的采访(以下称"对梅拉米德的第一次采访")。

20. Melamed, *Escape to the Futures*, p. 170。

21. Milton Friedman and Rose D. Friedman, *Two Lucky People: A Memoir* (Chicago: University of Chicago Press, 1991), p. 351。

22. Melamed, *Escape to the Futures*, pp. 171—172。

23. CFTC Industry Filings website, as of January 27, 2016。由纽约农产品交易所(New York Product Exchange)成员创建的这家现在已经不复存在的交易所不应与洲际交易所(InterContinental Exchange)混淆,洲际交易所是一家现代电子交易集团,其持有的股份包括纽约证券交易所和一系列大宗商品交易所。

24. "Exchange to Deal in Money Futures," *New York Times*, April 14, 1970, p. 71. See also Ellen Lambert, *The Futures: The Rise of the Speculator and the Origins of the World's Biggest Markets* (New York: Basic Books, 2011), pp. 75—76, and Richard L. Sandor, *Good Derivatives: A Story of Financial and Environmental Innovation* (Hoboken, NJ: John Wiley and Sons, 2012), p. 162。这个新产品是一个几乎被遗忘的先驱——国际商业交易所主席默里·博罗维茨(Murray Borowitz)的创意,他也构想了从未推出的第一张股票指数期货合约。桑德尔和兰伯特在书中都描述了博罗维茨的作用。两位作者表示有关博罗维茨的细节,他们参考了 William Faloon, *Market Maker: A Sesquicentennial Look at the Chicago Board of Trade* (Chicago: Board of Trade of the City of Chicago, 1998)。

25. Bob Tamarkin, *The Merc: The Emergence of a Global Financial Powerhouse*(New York: HarperCollins, 1993), p. 183。

26. Melamed, *Escape to the Futures*, p. 174。

27. 梅拉梅德的洞见是正确的。1973 年 2 月,默里·博罗维茨平静地去世后,风雨飘摇中的国际商业交易所很快就关门了。

28. Melamed, *Escape to the Futures*, p. 175。在这一历史性的转变中,尼克松财政部的一位关键成员是 34 岁的副部长保罗·沃尔克,他负责向欧洲中央银行家和政治家解释这一计划,这一工作首次将他推到了金融新闻的聚光灯下。见 Silber, *Volcker*, pp. 85—95。

29. 管理 CEA 的法律规定它对农产品明细表上的产品的期货交易有管辖权。很明显,法规中没有列出外币,因此 CEA 对其没有管辖权。

30. Melamed, *Escape to the Futures*, p. 195。梅拉米德还写道,1975 年,为推广国债期货他又一次飞赴华盛顿,其间与时任福特总统经济顾问委员会主席艾伦·格林斯潘进行了磋商,并得到了这位未来美联储主席的热情支持。梅拉米德写道:"因为这次会议,他和我成了朋友,多年来他一直保持着和我的这种关系。""在 1987 年股市崩盘时,我们的友谊尤为重要。"

31. Silber, *Volcker*, pp. 102—103。

32. Sandor, *Good Derivatives*, p. 17—18。

33. 同上。

34. 下面这些书里很好地描述了定量分析从学术专业到现代市场极具影响力的方法的演变过程:Justin Fox, *The Myth of the Rational Market: A History of Risk, Reward, and Delusion on Wall Street* (New York: Harper Business, 2011); Peter Bernstein, *Capital Ideas: The Improbable Origins of Modern Wall Street* (Hoboken, NJ: John Wiley and Sons, 2005); David Leinweber, *Nerds on Wall Street: Math, Machines and Wired Markets* (Hoboken, NJ:

John Wiley and Sons, 2009); Richard Bookstaber, *A Demon of Our Own Design: Markets, Hedge Funds, and the Perils of Financial Innovation* (Hoboken, NJ: John Wiley and Sons, 2007); Jeff Madrick, *Seven Bad Ideas: How Mainstream Economists Have Damaged America and the World* (New York: Alfred A. Knopf, 2014); Scott Patterson, *The Quants: How a New Breed of Math Whizzes Conquered Wall Street and Nearly Destroyed It* (New York: Crown Publishers, 2010); 当然还有 Roger Lowenstein 绝佳的 *When Genius Failed: The Rise and Fall of Long-Term Capital Management* (New York: Random House, 2000)。

35. Mark B. Garman, "Trading Floor/1: A Prototype of an Automated Securities Exchange," Working Paper No. 7, Research Program in Finance, Institute of Business and Economic Research, University of California at Berkeley, July 1972。有关纽约交易所用计算机取代交易员的观点，见 Nils H. Hakansson, Avraham Beja, and Jivendra Kale, "On the Feasibility of Automated Market Making by a Programmed Specialist," Working Paper No. 106, Research Program in Finance, Institute of Business and Economic Research, University of California at Berkeley, October 1980. 也可参见更早的一篇论文：Beja and Hakansson, "From Orders to Trades: Some Alternative Market Mechanisms," Working Paper No. 56, Research Program in Finance, Institute of Business and Economic Research, University of California at Berkeley, January 1977。

36. 见 "West Coast Looks to the Futures," by A Special Correspondent, *Financial Times*, June 25, 1970, np。

37. 罗森伯格是有趣且富有创造力的经济学家，他的故事可以毫不费力地用一章的篇幅来描写。在伦敦经济学院研究生毕业后，他回国加盟伯克利商学院，他曾在那里就读本科。他带回一笔经费，用以支付使用电脑的费用，他希望开发一个计算机公式来显示各种经济力量如何影响股票价格。20 世纪 70 年代初,他在伯克利家的地下室将公司数据输入一台笨重的计算机,尝试设计一个软件程序可以回答各种假设问题:如果油价每桶下跌 10 美元会怎么样?按照历史上的表现,这对通用汽车的股票有什么影响?这对德士古公司的股票意味着什么?20 世纪 70 年代末,罗森伯格的“定量模型”(华尔街对此的绰号是“巴尔的超级贝塔值”)使他成为百万富翁,并登上了《机构投资者》杂志的封面,该杂志刊登了克里斯·威尔斯(Chris Welles)的一篇对他的文章,标题是“谁是巴尔·罗森伯格?他到底在说什么?”(在金融领域,贝塔系数被定义为衡量一只股票对整个市场波动的敏感性的系数。)见 Bernstein, *Capital Ideas*, pp. 256—268, 275, 280—282; and Fox, *The Myth of the Rational Market*, pp. 127, 138—140, 151, 224, and 326—327。在经历了漫长而有影响力的职业生涯后,罗森伯格因涉嫌未能披露自己一个基金管理项目中出现的软件故障而触怒了证券交易委员会,震惊了量化领域。2011 年 9 月 22 日,证券交易委员会宣布,罗森伯格没有承认也没有否认指控,同意不再涉足证券业并支付 250 万美元和解费。(“In the Matter of Barr M. Rosenberg,” SEC Administrative Proceeding File No. 3—14559, September 22, 2011)这一事件不能削弱他对学术金融理论与华尔街实践融合的影响。

38. 这一概念通常与普林斯顿教授伯顿·马尔基尔(Burton Malkiel)的经典著作《漫步华尔街》(*A Random Walk Down Wall Street*)联系起来,该书首次出版于 1973 年。这一概念早在 60 年代初就已经出现在学术文献中,且有一定影响,见 Edward F. Renshaw and Paul J. Feldstein, “The Case for an Unmanaged Investment Company,” *Financial Analysts Journal* 16, no. 1 (January-February 1960), pp。也可参见 Michael J. Clowes, *The Money Flood: How Pension Funds Revolutionized Investing* (Hoboken, NJ: John Wiley and Sons, 2000), pp. 84—92 and 198—200; Kate Ancell, “The Origin of the First Index Fund,”

University of Chicago Booth School of Business, 2012, http://www.crsp.com/files/SpringMagazineIndexFund.pdf; and Fox, *The Myth of the Rational Market*, pp. 137—141。

39. 确实,马德里克(Madrick)在《七大糟糕主意》(*Seven Bad Ideas*)一书中,提名它为他的"七大糟糕的主意"之一。

40. Bernstein, *Capital Ideas*, pp. 234—235; and Fox, *The Myth of the Rational Market*, p. 127。

41. 对凯利·霍顿(Kelly Haughton)的采访,2015年7月8日。霍顿是20世纪70年代末WFIA的著名金融工程师,他与伯克利大学财务系的教授们关系更为密切:他年轻的妻子是该系的秘书,他经常与海恩·利兰和他的同事一起参加校园社交活动,偶尔还有一位为巴尔·罗森伯格工作的朋友邀请他到罗森伯格教授的地下室酿造啤酒。

42. Fox, *The Myth of the Rational Market*, p. 182。20世纪70年代中期,斯坦福大学的经济学家约瑟夫·斯蒂格利茨(Joseph Stiglitz)和桑福德·格罗斯曼(Sanford Grossman)在提出这一难题时尤为犀利。在他们看来,如果市场价格完美地反映了任何新的可用信息,"那些花费资源获得信息的人将得不到任何补偿",并且很快就会停止收集新的信息。因此,正如芝加哥学派的追随者所坚持的那样,市场并非完全高效。但是,贾斯廷·福克斯(Justin Fox)指出,其他学者对他们的论点基本置之不理。"当时大多数金融研究不再关注市场是否有效的问题,而只是假设市场是有效的,然后从那里开始。"市场效率低下,无法将投资组合保险公司的"无信息"交易与那些受负面消息影响的交易区分开来,这一点在"黑色星期一"之前的几年里被证明是危险的。

43. Fox, *The Myth of the Rational Market*, 特别是第186—300页对这一新兴"行为经济学"理论的发展做了很好的描述。想要对此有更深入的了解,可以参考 Daniel Kahneman, *Thinking, Fast and Slow* (New York: Farrar, Straus

and Giroux, 2011); and Michael Lewis, *The Undoing Project: A Friendship That Changed Our Minds*(New York: W. W. Norton and Co. ,2016)。

44. Sandor,*Good Derivatives*, pp. 40—46。也可参见"West Coast Looks to the Futures,"Financial Times,June 25,1970,np。

45. Sandor,*Good Derivatives*, p. 50。

46. 同上,第 90 页。

47. 同上,第 51 页。

48. 同上,第 95—96 页。

49. 委员会的第一任主席是一位和蔼的加州政治家威廉·巴格利,他对期货市场几乎一无所知。他和其四名委员由杰拉尔德·福特(Gerald Ford)总统任命。福特总统差点否决 1974 年成立该委员会的法令,而且在任命新的机构成员方面行动非常缓慢。见"10/23/74 HR13113 Commodity Futures Trading Commission Act of 1974 (1)," Box 10,White House Records Office: Legislation Case Files at the Gerald R. Ford Presidential Library,Grand Rapids,MI,pp. 1—12。

3

芝加哥对阵纽约

1973 年,尼克松政府曾一度考虑将期货市场置于证券交易委员会的管辖之下。证券交易委员会 40 年来一直是美国的主要市场监管机构。

当时如果这样做,就可以避免数十年的官僚争斗,但这一计划遭到证券交易委员会主席[1] 的断然拒绝。于是政府又成立了商品期货交易委员会,归国会农业委员会监管。[2] 国会农业委员会之前监管的是作为商品期货交易委员会前身的一家小机构——商品交易局。

期货市场产生的部分财富被用于培养农业带强大的国会代表,这意味着芝加哥的各交易所在 1974 年起草创建自己的监管机构的法律方面发挥了强有力的作用。考虑到理查德·桑德尔新推出的吉利美期货合约,芝加哥期货交易所告知交易所律师菲利普·约翰逊(Philip Johnson)要确保该法案对“期货合约”的定义尽可能宽泛,并赋予新机构对“期货合约”的独家管辖权。[3]

菲尔·约翰逊(Phil Johnson)①身材矮小、举止优雅,他肤色红润,有一双明亮的眼睛。20世纪60年代中期,他开始了律师生涯,在芝加哥的柯克兰与埃利斯(Kirkland and Ellis)律师事务所担任反垄断律师。在此过程中,他对期货市场的语言有了基本掌握。因此,当该律所派驻芝加哥期货交易所的合伙人退休后,约翰逊被选中接替他。

1974年,在围绕商品期货交易委员会成立的争论中,菲尔·约翰逊证明了雇用他物超所值。

设立商品交易局的旧法律将其触角限制在一些特定有形产品的期货合约。例如,小麦在产品清单上[4],但白银和外币不在。新监管机构的设计者的首要动机是可以预见的。

“有人建议我们把‘证券’加到清单上,”约翰逊回忆说,但他觉得这对证券交易委员会及其在国会的支持者来说是“一面示警红旗”[5]。相反,他建议赋予新机构对期货交易所本身的管辖权,而不仅仅是对期货交易所交易的特定合约的管辖权。[6]

约翰逊还帮助起草了一项条款,在未来的纷争中可以将证券交易委员会排除在外:新的商品期货交易委员会通过对期货交易所的监管,将对所有在交易所被买卖的期货合约拥有管辖权,不管是什么样的期货合约。合约可以基于所有“洋葱以外的货物、物品”,也可以基于“所有服务、权益和利率”。[7](因为几年前芝加哥商品交易所的洋葱期货交易丑闻,联邦法律禁止洋葱期货合约,这种奇怪的限制一直

① 菲尔是菲利普的昵称。——译者注

延续至今。)因此,新的商品期货交易委员会将监管所有期货合约,甚至包括那些抵押贷款证券和外汇的合约,除非国会明确取消这种管辖权。[8]

结果,芝加哥创造了它想要的监管机构,或者说它可以容忍的监管机构:一家配给不足却需要监管庞大市场的小机构;而且,这个委员会不得不每过几年就乞求国会[9]通过"再授权"法案来维持其存在,因而权力被进一步削弱。

新机构成立之初批准了芝加哥期货交易所交易吉利美期货的请求。吉利美凭证显然是"证券",因此新合约立即引起了证券交易委员会的强烈反对,这是一场漫长而激烈的司法辩论中的第一次争吵。

1975年,商品期货交易委员会的一名律师和代表芝加哥商品期货交易所的菲尔·约翰逊被传唤,与证券交易委员会意志坚定的年轻总法律顾问哈维·皮特(Harvey Pitt)会面。他们到达皮特的大办公室时,发现里面挤满了证券交易委员会的律师,有的坐在散热器盖上,有的坐在扶手椅的靠背上,有的靠在墙上,有的坐在地板上。皮特传达了坚定而明确的信息[10]:如果吉利美期货开始在芝加哥交易,证券交易委员会将诉诸法庭。

商品期货交易委员会的反驳很简单:创建商品期货交易委员会的法律赋予它对洋葱以外的任何期货合约的独家管辖权,而芝加哥期货交易所的新产品无疑是一种期货合约;它是基于证券交易委员会监管的抵押贷款证券这一点并不重要。

证券交易委员会辩称,1934年创立证券交易委员会的法律赋予了它对证券交易的管辖权,而吉利美抵押贷款凭证显然是证券!在这一点上商品期货交易委员会怎么可能胜出呢?

直到1975年7月芝加哥期货交易所开始交易吉利美期货时,这一争端依然没有得到解决。证券交易委员会大为恼火,也没有被说服,但除了对同是监管机构的商品期货交易委员会提起不合适的诉讼外,别无选择。最终,证券交易委员会决定不在法庭上进行斗争,从而失去了避免对两个紧密相连的市场进行分散监管的早期机会。

面对芝加哥期货交易所首个利率期货的意外成功,利奥·梅拉米德决心让芝加哥商品交易所保持在金融期货机构的领导地位。1976年5月,他获得商品期货交易委员会的批准,推出与短期国债利率挂钩的期货。作为回应,芝加哥期货交易所迅速推出了一张与十年期美国国债挂钩的期货合约,它将被证明更受欢迎。

不久,芝加哥的金融期货交易变得几乎和猪腩、小麦和大豆交易一样繁忙。几乎所有想要对冲利率风险的人——随着利率变得越来越不稳定,越来越多的人开始对冲利率风险——都必须与芝加哥做生意。

1978年,商品期货交易委员会不得不寻求国会的重新授权,以继续运作。在投票之前,国会要求审计署(General Accounting Office,GAO)[11] 审查商品期货交易委员会的运作情况。结果就像是一张没有人愿意带回家给父母看的成绩单,这份成绩单指出了该机构的弱点,而这些弱点在1980年白银危机期间变得格外突出并将在随后的数十年中持续存在。

审计署的结论是:商品期货交易委员会受到管理薄弱和人员流

动率高的困扰[12]，它没有推动期货交易所制定公平并得到执行的规则，这意味着交易所的自我监管“尚未成为现实”。商品期货交易委员会的监管也没有填补这一缺口。委员会的市场监督计划是其发现操纵或共谋交易的唯一途径，但由于缺乏来自大宗商品现货市场的准确价格数据，这一计划受到了阻碍。报告称，该机构在其监管的一些市场“人手不足、过度扩张，而且缺乏有效强制执行的能力”[13]。

审计署总结道，这个新机构在处理其许多监管任务上是如此无能，以至于国会应该将大部分金融期货（尤其是那些股票和债券期货）的监管权力移交[14]给更老练的证券交易委员会的监管者。

农业带的国会议员们对芝加哥的支持心存感激，对证券交易委员会对期货市场的掌控持怀疑态度，他们进行了激烈反击，阻止司法管辖权的任何转移。就这样，美国又失去了一个精简市场监管的机会。为了在1982年举行的下一次再授权听证会上提出更有力的论点，美联储与证券交易委员会和财政部联手，对这些刚刚开始被称为“衍生品”的新产品的经济影响展开正式的机构联合研究。

随着研究的进行，发生了两件事，它们点燃了监管摊牌的导火索。

首先，1979年3月新国债发售的推迟给芝加哥商品交易所的国债期货合约带来了突如其来、意想不到的压力。美联储和财政部对此感到震惊：正如亨特兄弟后来对白银所做的那样，是否有人试图通过控制市场上相当大一部分的国债供应来推高期货价格？最终这些国债合约顺利到期了，但1980年初发生了类似的事件，这次是在保罗·沃尔克任内。沃尔克备受震惊，他敦促商品期货交易委员会在联合机构的研究完成前暂停新的金融期货交易。[15]

当时,芝加哥商品交易所有四份短期国库券的合约将分别于 3 月、6 月、9 月和 12 月到期。芝加哥期货交易所的四份中期国库券的合约也将在这几个月到期。财政部和美联储希望商品期货交易委员会暂停其他任何同类合约[16]。档案文件显示,芝加哥商品交易所和期货交易所[17] 意识到商品期货交易委员会面临的压力,尤其是来自沃尔克的压力。

然后,另一个事态发展让梅拉米德相信,不管政治后果如何,芝加哥别无选择,只能违抗监管机构。

多年来,芝加哥一直忍受着纽约对大宗商品市场的蔑视,这主要表现为对这些市场的完全忽视,认为它们与“真正的”华尔街无关。然而,在 1980 年夏天,纽约证券交易所对芝加哥给予了最真诚的赞扬:它模仿芝加哥,开设了自己的金融期货市场。随后,它要求商品期货交易委员会允许新的交易所交易 2 月、5 月、8 月和 11 月到期的国债期货——尽管产品到期日与芝加哥的产品不同,但仍是一种竞争威胁。令芝加哥懊恼的是,商品期货交易委员会没有拒绝纽约的申请。

这就是 1980 年 7 月初芝加哥—纽约、芝加哥—商品期货交易委员会这两组对手的竞争现状。

芝加哥商品交易所和芝加哥期货交易所立即宣布,它们将给现存国债合约期限延长 4 个月。商品期货交易委员会首先要求,然后又告诉它们停止该计划。鉴于商品期货交易委员会愿意让纽约证券交易所参与其中,它的理由有些不可靠。尽管如此,它还是发出了最后通牒：芝加哥商品交易所必须在 7 月 7 日下午 5:30 之前宣布将撤销其新产品。

在发出最后通牒的第二天，芝加哥商品交易所董事会投票一致决定无视商品期货交易委员会的命令。[18] 芝加哥期货交易所也紧随其后。新合约于 7 月 11 日开始交易。

这是不同寻常的一次造反行为，也是对商品期货交易委员会的又一次侮辱。商品期货交易委员会的监管对手因此有了新理由怀疑其监管金融期货市场的能力。

保罗·沃尔克认为整个事件“令人不安”[19]，并认为美联储或财政部应该对任何新的国债券期货合约（或许还包括外汇期货合约）拥有“否决权”。他还认为，证券交易委员会应该有权否决股票期货合约和股指期货合约。

作为回应，芝加哥的交易所声称，在商品期货交易委员会最初批准其他到期月的国债合约的情况下，它们的新合约“适用旧的规定”。他们拒绝让步。

这场发生在白银危机几个月后的争斗引起了媒体的关注。商品期货交易委员会试图重申自己的权威，它迅速采用新规则，明确要求交易所在增加新合约时获得许可。然而，几个月后，当争议提交给联邦法官审理时，法官站在了芝加哥的交易所一边。剩下的只有令人不快的头条新闻和华盛顿的担心：粗野而会吵闹的芝加哥再次击败了它年轻的监管者。

当然，商品期货交易委员会并不是芝加哥在这场小冲突中的主要目标，芝加哥真正的敌人是纽约证券交易所。

“不管芝加哥能做什么，我们都能做得更好，”纽约市市长埃德·科克(Ed Koch)这么夸口，他顽皮地咧嘴一笑，在聚光灯下，他那谢顶的脑袋显得格外明亮。越来越多的双关语与陈词滥调从他口中涌出，人们开始欢呼雀跃。

“我们已经看到了期货，它们是我们的，”略显彬彬有礼的纽约州州长休·凯里(Hugh Carey)说，然后他停顿了一下，等待人群的欢呼声[20]，随后补充说：“你们永远不可小看纽约！”

那是 1980 年 8 月 7 日，纽约期货交易所的首日交易，交易所的英文简称为 NYFE，和英文“刀”的发音一样。新建的交易大厅被一排排巨大的电子显示器所包围，显示器闪烁着交易数据。打印机和电传打字机填满了大厅一边的壁龛。交易员们穿着短上衣，佩戴的超大名牌上写着他们的公司，他们兴高采烈地穿梭于身着西装的名人中间。

新期货交易所的创始人小约翰·J. 菲兰自豪地站在开幕日的人群中，满面笑容。

现年 49 岁的菲兰担任纽约证券交易所总裁兼首席运营官还不到一个月。他高大结实，一头乌黑光滑的头发，长着欧米伽下巴。他那爱尔兰人的智慧，能软化他在韩国当海军陆战队员时就采用的命令式的咆哮——他仍然沿用军人风格，戴手表时表面朝手腕内侧。

菲兰深受股市文化熏陶。[21] 他父亲在 20 世纪 60 年代曾在纽约证券交易所董事会任职两届，并在交易大厅工作了一辈子，大部分时间是一个“做市商”①。

---

① 原文 specialist，这是美国纽约证券交易所对做市商的叫法。——译者注

做市商对特定股票的交易拥有独家监管权，作为回报，他们可以从每笔交易中分得一小部分利润。这种利润丰厚的垄断地位也带来了一项义务，就是确保交易所开门营业时，那些股票都有一定的交易活跃度。证券交易所本质上是一个巨大的拍卖公司，股票不断被拍卖；从这个意义上说，做市商是拍卖师，是拍卖机器的关键驱动者。与苏富比和佳士得拍卖行不同的是，证券交易所的拍卖师可以举起他们自己的号码板来竞标，而且如果公开竞标出现疲乏或停滞，他们确实会这么做。

“市场是一个伟大的均衡器，”小菲兰曾评论说[22]。“如果你真的认为自己很聪明，你应该做一段时间的股票交易。”

约翰·菲兰的家庭是其职业生涯的基石，这与其他在交易所担任领导职务的人的故事类似，不管他们是犹太人、爱尔兰人、波兰人、意大利人，还是盎格鲁—撒克逊人。老约翰·J. 菲兰是一位骄傲而慷慨的爱尔兰天主教徒[23]，他是圣帕特里克友好之子会（Friendly Sons of St. Patrick）的会员，圣帕特里克是为该市的爱尔兰裔美国人社区服务的最老的兄弟会之一。他同时也是马耳他骑士团①的成员。老约翰在 15 岁左右开始工作，经历了 1929 年的大萧条，并幸存下来。1931 年，年仅 25 岁的他在长岛郊区花园城购买了一套两层楼高的荷兰殖民式住宅。同年，他唯一的儿子出生，儿子与他同名，在这个两层楼的房子里长大。老约翰夫妇在这栋房子里住了 35 年。

到 20 世纪 70 年代，菲兰公司处理了大约 50 只股票的交易[24]，其中包括凯泽铝业（Kaiser Aluminum）之类有名望的公司，这也证明菲

① 马耳他骑士团是一宗教及慈善组织。——译者注

兰公司在交易大厅享有良好声誉。[25] 从 16 岁开始，小约翰和他的父亲一起在交易大厅里度过了几个夏天，他抱怨说："工资很低，(从家)到交易所这段路很糟糕，工作也令人不愉快。"他告诉他爸，"一定有更好的赚钱方法。"[26] 高中毕业后，他在阿德尔菲大学(Adelphi University)读了两年书，于 1951 年退学加入美国海军陆战队。1954 年，他从韩国回来，在阿德尔菲报了夜校，并在家族公司工作。[27] 在接下来的十年里，他和父亲在他们最熟悉的世界里——交易大厅、爱尔兰社团、天主教慈善机构——并肩工作。1966 年，61 岁的老约翰·菲兰去世，追思弥撒在曼哈顿圣帕特里克大教堂举行。

连接父辈和子辈的传统是纽约证券交易所交易大厅的生命线。纽约证券交易所的历史可以追溯到 1792 年，24 位股票交易员制定规则，管理他们经常进行的交易。他们的交易地最初是在一棵传说中的梧桐树下，然后是附近的一家咖啡馆内。随着这个年轻国家的发展，纽约证券交易所成为其首要股票市场，它在从波士顿到旧金山的众多较小城市的交易所中排名第一。自 1903 年以来，纽约证券交易所的工作日就开始于交易大厅一端漂亮的石头阳台上持续不断的钟声。该交易所每年吸引大约 50 万游客，其标志性的大理石柱建筑位于曼哈顿下城的华尔街和宽街之交，1978 年纽约证券交易所被宣布为国家历史地标。

一年后，约翰·菲兰作为纽约证券交易所董事会的一名活跃但不领报酬的副主席[28] 和一个新的技术委员会的负责人，开始重塑公司。这项工作不会改变纽约证券交易所宏伟的希腊复兴风格的外观，但菲兰真诚地希望它能从根本上改变大楼内发生的一切——因为他亲历了十年前交易所濒临崩溃的境况。

纽约证券交易所在芝加哥竞争对手的眼里似乎坚不可摧，实力雄厚，但这种形象是非凡的保密工作和娴熟的公共关系的产物。事实上，强大的纽约证券交易所在1970年的金融危机中几乎没能幸存下来。

这场危机诞生于华尔街的“后台办公室”，在那里，办事员执行着记录交易，然后把钱交给卖家、把股票交给买家，这是枯燥但关键的职能。对当时的大多数公司来说，“后台办公室”是一种铅笔和纸张的操作[29]，工作效率因为几台破旧的打字机和电传打字机得到提高，但是工资低、人员流动率高。

这场危机的长导火索是始于1949年[30]，持续10多年，于1962年初短暂停顿，然后几乎不间断地延续到60年代末的市场反弹。那些年，经纪公司大量做广告，在更多的分公司雇用更多的推销员。华尔街变得圆滑、富有和粗心。到1968年，交易的步伐变得狂热起来，每隔几周就刷新新的交易量记录。[31]

随着交易者数量的增加[32]，出现了指令丢失、股票凭证丢失、现金和支票丢失等各种情况。一位幕后的访客报告说[33]，“一叠又一叠的股票证书摆在桌面上，上面夹着或钉着一张张纸”。华尔街的后台办公室正被这次惊人的牛市所产生的文书工作所掩埋，由此产生的错误给公司造成了很大损失。

道琼斯指数在1968年12月达到历史新高后持续下跌，到1970年5月下跌了36%。随之而来的是交易指令数量的减少，这缓解了后台积压的问题，但却削减了华尔街的收入以及合作伙伴的利润。这一退潮表明许多公司已经没有足够的资本继续交易。数百家成员公司面临破产的危险[34]，其中就包括 10 家最大的公司中的 6 家。1970 年，大约 16 500 名华尔街员工失去了工作，经纪公司在全国各地关闭了[35] 数百家分支机构。1970 年或许是纽约证券交易所自大萧条后所经历的最黑暗的一年。

通常情况下，在不景气的市场中，规模较小、不稳定的合伙企业要么关门，要么悄悄地并入实力更强的公司。不幸的是，到了 1970 年夏天，即使是非常出名的大公司[36] 也陷入了绝境。

纽约证券交易所负责危机处理的委员会的领导们担心，如果一家大公司倒闭，导致其客户流失[37]，将引发对其他公司的“挤兑”，从而导致交易所破产。如果投资者惊慌失措并关闭账户，较弱的成员就会破产。一旦出现这种情况，实力较强的成员可能会离开纽约证券交易所，而不是支付破产公司的损失，这样给纽约证券交易所留下的将是待付账单。

一位委员会成员后来回忆说[38]，“每个人似乎都做出决定，不能让一家大公司破产……如果我们真的让一家倒闭，就会引起恐慌”。纽约证券交易所动用了几千万美元[39] 来拯救公司或补偿谨慎的合并伙伴——然后危险慢慢消退了。

不知什么原因，这场危机在很大程度上被隐瞒了。一位亲历此事的人后来指出，公众不知道纽约证券交易所实际上离毁灭有多近。[40]

然而这场危机对约翰 · 菲兰来说并不是什么秘密。1967 年以后，他一直是该交易所交易大厅的官员，并帮助召集成员投票支持危机委员会。1971年，他被选为交易所董事会成员，这是他的第一个任期，也让他更接近痛苦的救援任务。1975年，他被选为副主席。在接下来的几年里，他的影响力越来越大。1979年，他的同事们央求他继续担任副主席，[41] 这是一个不同寻常的第二任期。

对纽约证券交易所来说，那是一个几乎持续不断的动荡时期。就在这场令人绝望的金融危机上演之际，华盛顿的监管机构越来越有决心[42] 要从根本上改变纽约证券交易所的经营方式。

自富兰克林·罗斯福(Franklin Roosevelt)20世纪30年代新政以来，民粹主义政客一直将纽约证券交易所视为一个特权和贪婪的俱乐部，认为它轻视“小人物”，他们的看法接近事实。20世纪60年代末，纽约证券交易所排外的传统导致了不受约束、不受交易所官员惩罚的违规交易。纸质交易单据积压的危机进一步激怒了证券交易委员会，尽管该委员会负有部分责任，因为它让公司忽视后台基础设施。

市场监管机构开始要求纽约证券交易所取消180年来实行的固定佣金率——司法部的律师们[43] 抱怨说这是“价格操纵”。监管机构还敦促它废除一项规定，即要求会员公司在交易大厅内只交易纽约证券交易所的股票——政府的反垄断专家所抱怨的“限制交易”，这一规定催生了为纽约证券交易所股票设立的场外交易市场，由非纽约证券交易所董事会成员的公司管理。这个非正规市场主要服务于大的专业投资者，他们有时能比小投资者在纽约证券交易所得到更好的价格。自由市场的倡导者表示这是“健康的竞争”。对华尔街持怀疑态度的民粹主义议员[44] 说这“对小投资者不公平”。

纽约证券交易所在华盛顿几乎找不到朋友[45] 愿意捍卫它珍爱的传统,或者辩称这个深度集中、每日股票交易占全国 90%的市场是值得保护的国家资产。

纽约证券交易所在华盛顿的形象问题有深远的影响。1975 年,急躁的国会命令证券交易委员会建立一个由电子连接的“国家市场体系”,以削弱纽约证券交易所的垄断。同年,纽约证券交易所屈服于多年的压力,废除了固定佣金,此举带来了一连串华尔街公司的破产,并大大增加了大机构投资者讨价还价的能力和交易活动,特别是养老基金和共同基金,它们占据的纽约证券交易所交易份额越来越大。这些大的投资者不愿意接受“传统”这个借口,而是希望以更便宜、更快捷的方式交易股票。国会似乎完全站在他们这边。

1970 年的金融大屠杀、1973 年至 1974 年的熊市、1975 年的佣金收入大幅下降,以及竞争对手的持续蚕食使华尔街的领导层大量减少。到 1980 年,纽约证券交易所的行政办公室里只剩下坚强、务实的幸存者。任何不能迅速适应彻底变革或过分拘泥于传统的人都被赶了出去。

1980 年 6 月,约翰・菲兰,一位务实的幸存者,成为第一个领工资的交易所总裁,与威廉・M.“米尔”・巴滕(William M. “Mil”Batten)密切合作。巴滕是 J. C. 彭尼(J. C. Penney)的退休首席执行官,自 1976 年以来一直担任主席,他是纽约证券交易所在公众面前、在华盛顿的友好面孔,同时依靠菲兰来领导交易所走向现代化。巴滕看得出，菲兰可以完成这项工作。

两人都知道纽约证券交易所未来有可能遇到什么样的困难。“没有人想要改变什么[46]，直到灾难从天而降，然后他们都开始到处逃窜躲避灾难，”菲兰说。他不想无所事事束手待毙[47]。

菲兰的一个方案就是学习芝加哥的经验。1979年，他为新的期货市场在纽约证券交易所附近的一栋办公楼里租了办公区域。纽约证券交易所的律师悄悄向商品期货交易委员会保证，新交易所将拥有经验丰富的监管人员和健全的交易规则。纽约期货交易所随后向商品期货交易委员会申请交易包括国债期货在内的一系列新合约，这引发了芝加哥的监管摊牌。

菲兰成为证券交易所总裁时，它巨大的中央交易大厅矗立着一个个精心制作的木制交易柱[48]，呈U形结构，每个都有几十个插槽、壁龛和黄铜装饰的小抽屉。亭子成对摆放，形成房间大小的椭圆形，非常适合上个世纪的面对面交易。

菲兰用14个光滑的层压板取代了这些传统的柱子。[49] 档案插槽和小抽屉都被搬走，取而代之的是电子屏幕和更多的电话。像蜘蛛腿的细柱从每个结构的顶部边缘长出，上面悬挂着电脑显示器，显示器正对交易大厅上方。对一些老前辈来说，新的柱子看起来就像外星飞船。

这是纽约证券交易所历史上最彻底的革新，尽管华尔街的一些人仍然认为纽约证券交易所相较它更年轻、更自动化的股票交易对手来说已经过时了，对手主要指的是竞争力日益强大的纳斯达克市场[50]。

纳斯达克宣称自己[51]是“今天的明日股市”。纳斯达克的交易员们并不是聚集在曼哈顿下城爱德华时代交易大厅里的售货亭周围，而是在全国各地的公司里，盯着办公桌上电视机大小的电脑显示器上摇曳不定的股价波动。在偏远的办公园区，大型计算机主机和巨大的电话电缆将它们的显示器与其他交易商和一些机构客户连接起来。羽翼未丰的苹果电脑公司是纳斯达克高科技上市公司之一，其他年轻、耀眼的科技公司也纷纷涌向纳斯达克上市。纳斯达克的交易员确信他们的市场[52]将很快取代老牌交易所。

菲兰坚决不认为纽约证券交易所将被纳斯达克所取代，这几乎是出于一种信念。他认为，纽约证券交易所以做市商为主导的“拍卖市场”，即面对面交易，是获得公平价格、维持市场秩序的最佳途径。在这个愿景里，他决心尽快推动纽约证券交易所沿着技术曲线前行，以保持其在美国股市的主导地位。

菲兰希望实现纽约证券交易所的现代化，但每天在交易大厅上演的现实限制了他的梦想，这个现实就是在那里交易股票的男士(和少数女士)和一个世纪前从事同样工作的人们做着差不多的工作。菲兰的改造将加快指令收集和文书处理的速度，虽然所有这些自动化的支流每天都在变得更大、更快，它们最终仍然流入一个大水库：一个完全由人类占据的交易大厅。

即使在纳斯达克市场，闪亮的新电脑显示器也只公布了当前的价格。为了进行交易，商人们仍然必须拿起电话，给另一个人打电话。尽管已经声称是太空时代，这些仍然是人类市场，以生命的速度在移动。

1980年8月，菲兰参加纽约期货交易所剪彩仪式时，科克市长开玩笑说，"我不知道你们如何在这个项目中赚钱[53]，但我希望你们能赚很多钱。"这句话无意间触动了菲兰，该交易所也不太确定这项新业务能否盈利。尽管纽约证券交易所声名显赫，但相较于新生儿纽约期货交易所来说，为争取特许经营权而斗争的叛逆的芝加哥交易所有很大的优势。

约翰·菲兰听了市长的笑话，只是微微一笑，又继续和人握手。未来必须从某个地方开始，而纽约期货交易所和任何地方一样，都是好地方。

注释

1. 作者2016年2月2日对哈维·皮特(Harvey Pitt)的采访(以下简称"对皮特的采访")。皮特是证券交易委员会未来的总法律顾问和主席。当时他担任证券交易委员会主席小雷·加勒特(Ray Garrett Jr.)的首席助理。他说，加勒特与他讨论了白宫的电话会议，提议证券交易委员会监管期货市场。根据皮特的说法，加勒特告诉白宫："不，谢谢。我们要管的事已经很多了。"

2. William Robbins, "Commodity Bill Voted by House," *New York Times*, April 12, 1974, p. 43; Associated Press, "Commodity Giant Seeks Regulation: Cargill Urges Bigger Agency with SEC-like Powers," *New York Times*, September 19, 1973, p. 71; H. J. Maidenberg, "Commodity Option Deals Coming Under Scrutiny," *New York Times*, May 21, 1973, p. 51; H. J. Maidenberg, "Futures Trading Is Defended: Uhlmann, Head of Chicago Board, Denies Responsibility for Food Prices Rise," *New York Times*, September 26, 1973, p. 53。

3. 作者,2015 年 6 月 23 日至 24 日对菲利普·约翰逊的采访(以下简称“对约翰逊的采访”)。

4. Sandor, *Good Derivatives*, p. 100, and Markham, *The History of Commodity Futures Trading and Its Regulation*, p. 61。

5. 对约翰逊的采访。

6. Sandor, *Good Derivatives*, pp. 98—99 and note 5。

7. 同上,着重点为作者所加。

8. 在财政部的坚持下,最终加入了一项条款从新法律中免除“外币交易、担保权证交易、担保权交易、分期贷款合同转售、回购期权、政府证券或抵押贷款和抵押贷款购买承诺,除非此类交易涉及在期货交易所交割的上述产品的销售”(Markham, *The History of Commodity Futures Trading and Its Regulation*, p. 67)。多年来,这被解释为银行和其他商业机构可以在不受监管的情况下,就这些项目达成定制化安排。因此,银行可以在未来某个时候签订购买国库券的合约,而不受法案约束,但基于国库券并在交易所交易的标准化期货合约将受到监管。这种模糊的排除,加上商品期货交易委员会的忽视,最终导致大量场外衍生品不受任何监管。

9. 这一“日落”条款在 20 世纪 70 年代中期的联邦监管机构中不寻常,而且可能是独一无二的。里根的第一任商品期货交易委员会主席菲利普·约翰逊表示,他认为日落条款使商品期货交易委员会在其生命周期中尤其容易受到政治压力的影响(对约翰逊的采访)。

10. 对约翰逊的采访,在对皮特的采访中得到证实,尽管皮特对他明确威胁要提起诉讼这一说法提出异议。他说:“我只会逐条列出我们的选择,显然我们的选择之一是诉讼。我原本将提到诉讼,但没有威胁要诉讼。”

11. 该机构现在被称为政府责任办公室(Government Accountability Of-

fice,GAO)[1]。

12. The Comptroller General,“Regulation of Commodity Futures Markets—What Needs to Be Done,” GAO 1978 report(以下简称“GAO 1978 Report”), May 17,1978,pp. i—iii。报告中没有明确提及,但梅拉米德在他的书中骄傲地详细说明了他芝加哥期货交易所同行们如何捕获了年轻的商品期货交易委员会并将其改造成符合他们需求的机构(Melamed,*Escape to the Futures*,p. 223)。举几个例子来说,梅拉米德吹嘘说,商品期货交易委员会的第一位执行董事工作了九个月就被他高薪挖走;早早把商品期货交易委员会委员、后成为代理主席的加里·L. 西弗(Gary L. Seevers)变成“盟友”,而且当他离任时,把他加入芝加哥商品交易所的受薪董事会;“说服”商品期货交易委员会任命芝加哥商品交易所的执行官马克·鲍尔斯(Mark Powers)为该机构首席经济学家。“这一任命不仅是马克职业生涯的踏脚石,而且是与商品期货交易委员会保持接触的一份保险。而这仅仅是一条将人才从期货业输送到政府的管道的开始……在商品期货交易委员会,许多有才华的工作人员付出了努力,取得了积极的成果,同样重要的是,保护期货市场不受证券交易委员会和其他组织机构侵入的影响”(第222—223页;着重号为作者所加)。

13. GAO 1978 Report,p. iv。证券交易委员会正与欺诈性证券期权交易展开斗争,并在等待更好的执行策略之前暂停了该市场。对理查德·G. 凯彻姆采访的第一部分,2008年4月17日,“Oral Histories,”SECHS website,经 www.sechistorical.org 许可,http://3197d6d14b5f19f2f440-5e13d29c4c016cf96cbbfd197c579b45.r81.cf1.rackcdn.com/collection/oral-histories/ketchumPart1041708Transcript.pdf。

14. GAO 1978 Report,pp. i—iii。

15 “March T-Bill Shortage Gained Attention of Fed/Treasury Study of Fi-

---

① 因为使用习惯和约定俗成原因,一般仍译为审计署。——译者注

nancial Futures," Securities Week, April 2, 1979。这一事件与另外一事件在提交给众议院农业委员会和众议院能源和商业委员会的报告"A Study of the Effects on the Economy of Trading in Futures Options"中被泛泛提到，该报告也被联邦储备委员会、商品期货交易委员会和证券交易委员会根据《商品交易法》第23(a)条款提交给了参议院农业、营养、林业和银行委员会(以下简称"1984年联合影响研究")，1984年12月，第VII—5和VII—6页。

16. Karen W. Arenson, "Chicago Exchanges Defy U. S. Request," *New York Times*, July 8, 1980, p. D4。

17. Letter to the CBOT board from Mahlon Frankhauser, Kirkland and Ellis, dated August 1, 1980, II. 1378, Folder 17, CBOT Archives。弗兰克豪泽(Frankhauser)在这封信里附上了沃尔克于1980年7月18日写给参议院银行委员会参议员威廉·普罗克斯迈尔(William Proxmire)的一封信(以下简称"沃尔克1980年7月信")，在信中，沃尔克提供了美联储对金融期货的持续研究的相关信息，表达了对期货市场可用杠杆的担忧，并敦促对投机者在金融期货中可积累的头寸加以限制。

18. Karen W. Arenson, "Commodity Regulators Challenged," *New York Times*, July 12, 1980, p. 25。

19. 沃尔克提到了"最近某些交易所推出新国债合约的一系列事件"，并写道，"美联储和财政部都反对推出这些合约，而商品期货交易委员会已经试图禁止这些新合约的交易。虽然这件事仍在司法审查中，结果尚不清楚，但很棘手。事实上，在我看来，它至少表明在法律上明确美联储或财政部有权否决在国债或外汇中引入任何新的期货合约也许是恰当的。同时也应该对政府(包括证券交易委员会)在新兴的股票期货和股指期货市场方面的潜在利益给予类似考虑。"

20. 无署名，"Futures Board: Day One," *New York Times*, August 8, 1980,

p. D4。

21. Peter Grant, "John Phelan vs. Program Trading," *Investment Dealers' Digest*, March 2, 1987, p. 23。

22. Floyd Norris, Profile of John Phelan, Associated Press, June 30, 1980 (以下简称"Norris, AP")。

23. 未署名的讣告,"John J. Phelan Sr. Is Dead at 61; Head of Stock Exchange Firm," *New York Times*, June 14, 1966。

24. Grant, "John Phelan vs. Program Trading"。

25. Robert J. Cole, "Big Board Implements Plan to Reward Specialists on Basis of Professionalism," *New York Times*, June 28, 1976, p. 41。根据科尔(Cole)的说法,"当股票经纪人谈到在纽约证券交易所交易大厅的专业性时",菲兰公司是"浮现在(他们)脑海中"的八家公司之一,"专业性的意思是对小投资者有序定价"。在几次合并之后,菲兰公司当时的名字是菲兰—西尔弗—韦瑟—巴里公司。

26. Laurence Arnold, "John Phelan, Who Led NYSE in 1987 Stock Crash, Dies at 81," *Bloomberg News*, August 6, 2012; and Megan McDonough, "John J. Phelan Jr., Ex-Chairman of New York Stock Exchange, Dies at 81," *Washington Post*, August 8, 2012。

27. McDonough, "John J. Phelan Jr., Ex-Chairman of New York Stock Exchange, Dies at 81," 引自《机构投资者》(*Institutional Investor*)杂志。

28. Sharon R. King, "William M. Batten, Ex-Chief of Stock Exchange, Dies at 89," *New York Times*, January 27, 1999, p. A23; and William M. Batten, "National Market System Developments—Change at the Exchange," 1979年7月26日在达特茅斯学院金融分析师联合会第十二届年度投资研讨会上发表的演讲。

29. John Brooks, *The Go-Go Years: The Drama and Crashing Finale of Wall Street's Bullish 60s* (New York: Weybright and Talley, 1973), pp. 182—205。

30. Birinyi Associates, *Bull Markets* 1945—1991 (New York: Birinyi Associates, 1991), p. 3。

31. Terry Robards, "Wall St. Asks: Can Crisis Happen Again? Most of Industry's Leaders Believe the Worst Is Over," *New York Times*, December 23, 1970, p. 35。

32. 持续依赖实物股票是危机的一个重要因素,它产生的压力最终导致今天的"无纸化"股票组合。但许多小投资者反对将华尔街清算所电子分类账上一个条目作为他们股票所有权的证明,这种转变花了很多年时间。

33. Robards, "Wall St. Asks: Can Crisis Happen Again?"

34. Alec Benn, *The Unseen Wall Street of 1969—1965—and Its Significance for Today* (Westport, CT: Quorum Book imprint of Greenwood Publishing Co., 2000), p. 29。本(Benn)将这些数据归因于 1984 年罗伯特 · M. 毕晓普(Robert M. Bishop)的口述历史,由毕晓普提供,毕晓普是负责会员公司的交易所副总裁。据本所说,20 世纪 80 年代曾出现过许多关于 60 年代和 70 年代的口述历史,但在 20 世纪 90 年代纽约证券交易所拒绝公开这些资料。他获得了其中两部,包括毕晓普的,并警告说:"这些历史中的信息在许多方面与纽约证券交易所发布的新闻稿、小册子和书籍的信息不同,也不同于基于这些来源的书籍和文章"(第 13 页)。这种差别是将这些口头历史公布给学者的一个有力论据。

35. 同上,第 23—41 页。另见 Robards, "Wall St. Asks: Can Crisis Happen Again?"

36. 通过与美林的合并而获救的古德博迪公司(Goodbody and Co.)与通过

H. 罗斯 · 佩罗(H. Ross Perot)的投资而获救的 F. I. 杜邦－格洛尔 · 福根(F. I. DuPont, Glore Forgan)是美国四大零售经纪公司中最大的两家。美国最大的零售经纪公司之一海登—斯通公司(Hayden, Stone, and Company)通过并入科根—伯林德—韦尔—莱维特(Cogan, Berlind, Weill, and Levitt)而获救。韦尔是桑福德 · 韦尔(Sanford Weill),他后来成为花旗集团的缔造者;莱维特是小阿瑟 · 莱维特(Arthur Levitt Jr.),证券交易委员会史上任职时间最长的主席(任期从 1992 年到 2001 年)。1971 年 1 月,纽约证券交易所报告称,它对近 200 家经纪公司的"事务进行了干预",这个数字相当于超过全国一半的零售经纪公司,预计成本超过 6 800 万美元。Terry Robards, "Failing Firms Cost Big Board ＄68-Million," *New York Times*, January 8, 1971, p. 39。

37. 当时经纪客户账户没有安全网;事实上,这场危机是成立证券投资者保护公司的主要推动力,它由华尔街评估公司(Wall Street Assessments)提供资金,以在经纪公司破产时保护客户账户。1970 年 12 月 30 日,就在国会任期届满前几个小时,看似法案即将流产的时候,尼克松签署法律成立该公司。见 Benn, *The Unseen Wall Street of 1969－1965*, pp. 39－41。然而,它的章程禁止它帮助任何在章程通过时已经资不抵债的公司,这使得一些大公司掌握在纽约证券交易所的手中。

38. Terry Robards, "Healer: Stanching a Wall St. Crisis," *New York Times*, January 24, 1971, sec. 3, p. 1。被提到的委员会成员菲利克斯 · 罗哈廷(Felix Rohatyn)是拉扎德联邦储备银行(Lazard Frères)合伙人,生于奥地利。五年后,作为市政援助公司(Municipal Assistance Corporation)主席,罗哈廷将在纽约市的财政危机中发挥关键作用。市政援助公司是一家私人债券发行机构,它是涉及 23 亿美元短期联邦政府救助计划的一部分,于 1975 年成立。

39. Benn, *The Unseen Wall Street of 1969－1965*, pp. 86－89, 98－99。

40. 同上,第 xi 页。

41. Karen W. Arenson, "They Wouldn't Let Him Go," *New York Times*, June 3, 1979, p. F7。

42. 那一年,在1929年交易量纪录被打破的同一天,司法部向证券交易委员会发送了一份67页的白皮书,谴责纽约证券交易所的固定佣金结构(即"限价")违反了《谢尔曼反托拉斯法》。这发生在1963年美国最高法院裁定交易所不受反托拉斯法的豁免之后,这是它长期以来的立场。白皮书是监管战争的第一枪,最终固定佣金在1975年5月1日取消。见Chris Welles, *The Last Days of the Club* (New York: Dutton, 1975), pp. 86—89。

43. 同上。

44. 这个新市场上最热门的新交易公司之一是伯纳德·L. 麦道夫投资证券公司(Bernard L. Madoff Investment Securities),该公司备受尊敬的所有者在2008年作为史上最大的庞氏骗局的架构师被曝光。见Diana B. Henriques, *The Wizard of Lies: Bernie Madoff and the Death of Trust* (New York: Times Books/Henry Holt, 2011), pp. 49—50。

45. 1972年,纽约证券交易所总裁詹姆斯·尼达姆(James Needham)最初认为华尔街的财务状况过于不稳定,因此不允许佣金率发生变化,但随后又提出,如果监管机构禁止纽约证券交易所的上市股票在其他地方交易,就将终止固定佣金。他的做法激怒了董事会,也使华盛顿感到困惑。见"The Way It Was: An Oral History of Finance 1967—1987," by the editors of *Institutional Investor* magazine (New York: William Morrow and Co., 1988), pp. 304—305。

46. Grant, "John Phelan vs. Program Trading"。

47. Karen W. Arenson, "New York's New Financial Markets," *New York Times*, November 16, 1980, p. 1。

48. 其中一个漂亮的交易柱——15号交易柱,被捐赠给哈佛商学院,在那里作者仔细查看过那个柱子。

49. 安装过程是一个惊人的壮举:工人们在交易大厅 72 英尺高天花板下的高空平台上一次一个组装新的交易柱。新的交易柱制作完成后,工人们会等到周五下午的收盘铃响,然后把旧柱子断开连接并移走,再把新柱子降到合适的位置。它将在下个周一开市铃响之前通上电。在连续 14 个星期五之后,新的太空时代的柱子都到位了,没有造成纽约证券交易所交易的任何中断。见 James E. Buck, ed. , *The New York Stock Exchange*: *The First 200 Years* (Essex, CT: Greenwich Publishing Group, 1992), pp. 212—213。

50. 与常识相反,纳斯达克并不是美国第一家"自动化"交易所。这个头衔可能属于极讯公司(Instinet),它于 1969 年开业,比纳斯达克早两年。到 1980 年,纳斯达克也不是一个完全自动化的交易所。它的计算机系统只显示和更新了自营商的买卖报价,实际的交易仍然需要人工通过电话进行。1980 年,辛辛那提证券交易所关闭交易大厅,将所有的交易转移到一台计算机上,这台计算机通过程序对指令做匹配,但交易所从未吸引足够的交易量来维持生存。

51. Eric J. Weiner, *What Goes Up*: *The Uncensored History of Modern Wall Street* (New York: Back Bay Books/Little Brown, 2005), pp. 187—198。

52. 同上。

53. "Futures Board: Day One"。

4

改变方法

1980 年 11 月 4 日，华盛顿选举日的天气就像国民情绪一样不稳定，乌云密布，狂风大作，还下了几场雨，甚至响过几声惊雷。[1]

在商品期货交易委员会位于 K 街的主席办公室，吉姆·斯通正在赶他的文书工作。他计划当天晚上和朋友一起看选举结果[2]，但到下午 4:00，他们已经可以看到选票的流向，于是决定在附近的酒吧见面。两人在慢慢喝着饮料的时候，电视记者在谈论着共和党压倒性的胜利，尽管投票率很低。罗纳德·里根赢得 489 张选举人票，吉米·卡特赢得 49 张。甚至连斯通坚定的民主党家乡马萨诸塞州也加入了共和党阵营。[3]

商品期货交易委员会委员吉姆·斯通的任期要到 1983 年夏季才结束，但该委员会主席一职是白宫授予的一个肥缺。按照传统，委员会主席要向新总统递交辞呈。当时还有一些悬而未决的问题摆在委员会面前，斯通非常关心这些问题：[4] 例如，基于股市期货的 6 个提案。他想知道，原则性分歧会不会成为他华盛顿的职业生涯中的下一段主旋律。毕竟，他是唯一有可能挑战芝加哥金融期货实验的委员。

在华盛顿另一端的证券交易委员会，哈罗德·威廉斯同样不确定这次选举对他意味着什么。他领导下的证券交易委员会已经像里根主张的那样，削减了小企业的监管负担[5]，但新总统不太可能让前总统卡特任命的人担任如此重要的职位。[6]

在芝加哥，利奥·梅拉米德和他在芝加哥商品交易所和芝加哥期货交易所[7] 的朋友们对选举结果欢欣鼓舞。里根的长衣尾①使共和党控制了参议院，从而控制了未来人员任命的听证会。当然，证券交易委员会将会有一位更温和的主席，他不会试图攫取金融期货的管辖权。更棒的是，商品期货交易委员会将有一位新主席，一位比"小蠢人"吉姆·斯通更能让芝加哥接受的人。在芝加哥豪华的美国中部俱乐部(Mid-America Club)举行的选前执行会议上，芝加哥期货交易所的董事们已经起草了一份可能角逐该职位的 21 人名单。名单上的最后一个人是长期担任他们律师的菲利普·约翰逊，1974 年创建商品期货交易委员会的法律中，措辞最有力的部分就是约翰逊撰写的。

"在里根的领导下，如果行业支持一位候选人，我们支持的人选有机会得到提名，"[8] 一位董事解释道，并补充说，他们应该"迅速出

---

① long coattail，出自 coattail effect，衣尾效应，在美国政治术语中，通常表示"拉抬候选人声势"。如果某位候选人(尤其是总统候选人)魅力十足，在大选年到各州造势时，与他同党派的参/众议员候选人也会同台造势。所到之处，沾总统候选人之光，总能号召大批仰慕者、支持者共襄盛举，达到"水帮鱼，鱼帮水"的效果。——译者注

击”。芝加哥这两家竞争激烈的交易所能否达成一致选择？

在曼哈顿，长期担任赫顿公司高管的约翰·夏德对其在里根总统取得压倒性胜利中所做出的贡献感到满意。3 月，他在纽约证券交易所安排的一场筹款活动是那个月总统候选人里根获得最多捐款的活动之一。[9] 夏德对获华盛顿任命的低调希望可能会成为现实——如果他能容忍确认过程的话。作为赫顿公司的副主席，他一年的收入将近 50 万美元，而且他是该公司最大的股东之一[10]——出售赫顿公司的股票将使他损失大约 250 万美元的资本利得税。不过，如果白宫打来电话，他真的会拒绝吗？

11 月 3 日周一，选举日前的最后一个交易日，赫顿公司的股票在纽约证券交易所创下新高。[11] 那天的交易清淡，只有大约 3 600 万股，约翰·菲兰没有什么可担心的，因为市场正在庆祝传统的选举日假期——事实证明，这是它最后一次这么做了。[12] 不过，日成交量通常比前一年高出 50%，纽约证券交易所的指令处理系统能处理这个负载吗？或者菲兰很快就将面对 12 年前使华尔街瘫痪的那种纸质交易凭证积压危机？

这个问题至少很快得到了解答。选举后的第二天，市场出现大幅上涨。随着开市钟响起，开始了一波买入指令的浪潮。上午 11:00，行情显示系统慢了半小时。午餐时间，一群人聚集在交易大厅入口，伸长脖子局促不安地看着显示每小时成交量的显示器，为每一次上涨欢呼。收市钟声敲响时，一项新的纪录诞生了[13]：8 410 万股易手。

尽管行情显示系统存在延迟，菲兰还是松了一口气。“华尔街似乎处理得很好，”他告诉一位来访的记者。也许华尔街公司的后台文件危机真的成为历史了。他补充称，纽约证券交易所做得也很好[14]：“这是繁忙的一天，但不是忙乱的一天。”

“忙乱”很快就会到来——在1981年1月初的一个下雪天，这归功于一位名叫约瑟福·E. 格兰维尔（Joseph E. Granville）的哗众取宠投资大师。

约瑟福·E. 格兰维尔和约翰·夏德一样，在赫顿公司建立了自己的声誉。作为一名技术分析师，他仔细研究交易统计数据，寻找未来市场走势的线索。《格兰维尔来信》（*The Granville Letter*）每周六会寄给[15]至少1万1 000名订户，这些订户会与没有订阅的几千个人分享。当格兰维尔说话时，他的订户不仅认真听[16]，而且服从。

1月5日，周一，新年的第一份简报被投递到订户的邮箱和证券公司。就像1980年春天以来格兰维尔的所有指示一样，它鼓励投资者积极购买。[17]1月6日，道琼斯指数自里根总统当选以来第二次收于1 000点以上，市场预测普遍乐观。然而，当晚某个时候，格兰维尔突然改变了主意。在他位于佛罗里达州代托纳海滩（Daytona Beach）的总部，为数不多的员工一直工作到深夜，给比订户数量少得多的客户打电话[18]、发电传，这些客户为不断更新他的建议支付了高昂的额外费用。他给那些精英追随者的信息是：“卖掉所有股票。”[19]

1月7日的开市钟敲响的时候，他们这样做了。由于卖方远远多于买方，一些主要股票甚至过了一段时间才开始交易。道琼斯工业平均指数下跌近24点[20]，跌幅超过2.5%。当日成交量约为9 300万股，超过里根当选总统后创下的纪录。

如果没有菲兰最近推出的新技术，纽约证券交易所不可能处理这种疯狂的、类似羊群效应的抛售。如果对格兰维尔的狂热崇拜包括大机构投资者[21]，他们仅仅因为一些投资理论认为他们应该抛售股票就卖出数百万股，那一天会更加疯狂。尽管如此，那一天还是让我们看到了现代抛售狂潮的景象。

1981 年 1 月 20 日，罗纳德·里根宣誓就任美国第 40 任总统。在与国会领导人举行的传统香槟酒午宴上，他宣布被伊朗扣押 14 个月多的 52 名美国人质[22] 将乘飞机回国。气象一新的感觉一直延续到当晚的就职舞会上[23]——总统穿着正式的礼服显得轻松自在，他的妻子南希身着一件白色串珠单肩礼服，举止优雅，他们参加了十个舞会，每次都在舞池里跳了几下。

里根的各个过渡团队已经在每个联邦机构中研究节约预算和改革官僚体制的方法，并私下提交了他们的报告。内阁提名已经完成，包括计划削减公共交通援助补贴的交通部部长[24]、支持更广泛地商业利用联邦政府土地的内政部部长[25]，以及公开表示希望得到这份工作从而可以"关闭能源部"的能源部部长[26]。

新任财政部部长[27] 唐纳德·T. 里根有金融从业经验，他说话强硬，长期担任美林首席执行官，曾与约翰·菲兰在纽约证券交易所董事会共事。约翰·夏德或许曾希望获得财政部部长这一职位，但仍被考虑担任一个副内阁职位。而芝加哥方面仍在悄悄游说，希望对商品期货交易委员会主席的人选施加影响。

里根就职典礼的第二天，在芝加哥，西北大学法学院院长戴维·S. 鲁德坐上了飞往南加州的飞机。作为一名颇受尊敬的法律学者他受邀在美国证券法学会（Securities Law Institute）年会上发表演讲，会议将在圣地亚哥湾的德尔科罗纳多（del Coronado）酒店举行，那是一座红顶白墙、维多利亚风格的度假胜地。

鲁德身材高大、性格外向，圆胖可爱的脑袋上头发稀疏。他对金融史充满热情，对委员会工作有着无尽的能力。他还认识华盛顿几乎所有著名的监管律师。几十年的法律行业志愿者工作给他留下了一本厚厚的地址簿和许多朋友，其中的一些人将出席年会。[28]

刚到酒店后不久，他就得知《华尔街日报》的一份报告令他的许多同事感到不安。[29] 这份报告是关于里根的一个过渡团队为证券交易委员会起草的机密蓝图。读了这篇报道后，鲁德很快就产生了和大家一样的担忧。[30]

证券交易委员会过渡小组敦促该机构三年内缩减35%以上的预算：立即削减17%，然后在接下来的两年内有比较小的削减，这就需要裁员40%。强大的执法部门将在很大程度上被关闭，其工作将外包给地区办事处。报告坚持认为，这不是“一项‘极简的’建议，该机构的使命仍需要被充分执行”[31]。

然而，根据该计划，那一使命将有所不同[32]。报告呼吁“减少政府对证券业自由市场活动的干预”，并“大幅放松”对华尔街的监管。报告指出，“过去，对一个可以并已经被市场力量纠正的领域的监管存在着过于激进的做法”，这符合一个不需要监管的高效、理性市场的理论。

报告确实承认，证券交易委员会“近年来已开始取消某些繁重的监管要求”，但显然，它做得还不够，速度也不够快。[33] 里根团队希望政府能够考虑到监管对商业的经济影响，而不仅仅是它们可能为公众带来的好处。过渡小组报告的作者厌倦了由律师管理的华盛顿监管文化，他们觉得是时候让一些商人和经济学家执掌证券交易委员会了。

不出所料，报告敦促在可能的情况下 2 月底前找到哈罗德 · 威廉斯主席的替代者[34]。报告还警告称，“几乎在每个领域，各部门的领导都不能令人满意，要么是因为哲学思想的不兼容，要么是因为能力(的缺乏)。”因此，新主席应该“迅速对高级职员进行大刀阔斧的改革”[35]。

由于证券法律会议和律师协会的工作，鲁德与证券交易委员会保持了十多年的密切联系。他偶尔会不同意该机构的一些法律结论，但他确实对金融监管有信心——足以遏制贪婪一族最坏冲动的公平、公正、强有力的监管，他根本不相信市场会或能够自我调节。他担心证券交易委员会的新任主席会因为过渡报告而做些什么。[36]

戴维 · 鲁德并非唯一感到沮丧的人。午饭时，恐慌像食物中毒一样传遍了德尔科罗纳多酒店的与会人士。[37] 华盛顿的一些律师给他们的办公室打了电话，要他们去获取自己的报告副本；酒店的传真机正不断吐出一页页文件，文件被放在铺着亚麻桌布的桌子上，大家一边喝咖啡，一边阅读。

那次会议的主席小 A. A. “阿尔” · 萨默(A. A . “Al” Sommer Jr.)是一位杰出的证券律师和证券交易委员会前委员。[38] 在走廊和会议室一片嘈杂声中，他在自己的酒店套间召集了约20来位律师，其中包括证券交易委员会前委员和各种政治派别的高级员工。[39] 经过许多讨论后，他们决定，那些有意写信给白宫表达担忧的律师就给白宫写信。

接下来的周一，阿尔·萨默回到华盛顿的律师事务所，他精心撰写了给新任白宫法律顾问埃德温·米斯三世(Edwin Meese III)的一封长达四页情绪激昂的信，信中说，他代表圣地亚哥的许多律师，尽管紧缩开支毫无疑问是可能的，但如果按照过渡报告中建议的规模进行削减，证券交易委员会的工作人员将会缩减到1962年的规模——那时候美国人口比80年代初少20%，纽约证券交易所的日交易量也不到400万股。

萨默警告说，对高级职员进行"实质上的大清洗"的呼吁将是"灾难性的"。报告对部门主管的意识形态和能力的"笼统判断""显然是错误的"。他还说，解雇所有这些人"只会对士气产生毁灭性的影响"。[40]

在证券交易委员会位于北国会街(North Capitol Street)的办公室里，大家对过渡小组的报告倍感震惊——过渡小组成员在11月中旬对证券交易委员会的礼貌拜访并没有让他们准备好面对如此严苛的建议。大多数资深员工认为，这些建议永远不会得到实施，而且证券交易委员会在国会并非没有支持者。然而，鉴于里根内阁中已经出现了一大批反传统人士，没人能完全肯定证券交易委员会在新政府的领导下会有什么表现。

带着大难临头的幽默，高级员工们互相询问："那么，你是什么情况——在哲学思想上不兼容，还是不称职？”[41]

1980 年 12 月 31 日，里根就职前三周，哈罗德·威廉斯向当选总统提交了辞职信[42]，表示他计划在 3 月 1 日之前辞职。不过，还有一些未完成的工作：美国最大的期权交易市场——芝加哥期权交易所要求开始交易吉利美抵押贷款证券的期权。

期货和期权的主要区别在于，期货是双向义务，而期权不是。与期货合约一样，期权合约允许[43] 其购买者以特定的价格在未来某个固定时间买入或卖出一定数量的商品。与期货合约不同的是，期权名副其实①，不需要购买者做任何事情。然而，出售期权的投资者有义务遵守其条款。如果期权购买者决定行使期权进行买卖，期权卖方必须成为交易的另一方，即使这意味着巨大的损失。作为承担这种高风险责任的交换[44]，期权卖方向期权买方收取一笔费用，称为“期权费”。

1980 年，期权对富裕的美国人来说比期货合约更熟悉一些，因为股票期权已经开始包含在高管薪酬中。这些股票期权相当简单。如果你有一份以每股 40 美元的价格购买 1 000 股 IBM 股票的期权，且 IBM 股价涨到每股 60 美元，你可以行权，以每股 40 美元的价格购买这些股票，然后立即以每股 20 美元的利润卖出。如果 IBM 股票的价格降至 20 美元，你显然不会行权。那些在薪酬方案中没有获得免费股票期权的投机者则可以买入或卖出公开交易的股票期权，其运作方式大致相同。

---

① 期权在英文中是 option，option 的另外一个意思是选择、选项、选择权。——译者注

用吉利美的抵押贷款凭证代替那些股票[45]，你就理解了芝加哥期权交易所提交给证券交易委员会的提案，证券交易委员会是负责管理期权市场的机构。

正如威廉斯所知，1975 年，证券交易委员会对芝加哥期货交易所有关交易吉利美期货合约的提议感到愤怒，该提议最终获得商品期货交易委员会的批准。虽然证券交易委员会已经放弃早先与商品期货交易委员会的司法管辖权之争，但这次有所不同，因为自芝加哥期权交易所 1973 年成立以来，证券交易委员会一直是其监管机构。

现在，在抵押贷款行业和银行业的热情支持下，芝加哥期权交易所提议交易吉利美的期权。期权比期货更便宜，投机者的收益也更大，因此该提议对期货市场显然是一个竞争威胁。

创新的鞋子现在换到了另外一只脚上。芝加哥期货交易所决心保护自己对吉利美衍生品的垄断地位，于是向证券交易委员会递交一封长信，对芝加哥期权交易所的创造性提议提出了法律上的反对意见。然而，在 2 月 26 日，也就是威廉斯离职前两天，证券交易委员会投票批准了吉利美期权的交易。

愤怒的芝加哥期货交易所领导人前往联邦法院，辩称证券交易委员会的行为是非法的[46]。令证券交易委员会懊恼的是，法院暂时禁止推出吉利美期权，直到问题能够得到解决。[47]

在证券交易委员会对期权进行投票的两天前，白宫宣布，总统选择约翰·夏德[48] 接替哈罗德·威廉斯出任证券交易委员会主席。证券交易委员会的律师不知道夏德是否同意证券交易委员会应该监管吉利美的期权。如果夏德真的决定开战，商品期货交易委员会为数不多的律师团队是不会被吉姆·斯通引入战争的。3月3日,白宫宣布了商品期货交易委员会主席一职的人选[49]:芝加哥期货交易所高效的外部法律顾问菲利普·约翰逊。

利奥·梅拉米德和他的同事们如愿以偿[50]——一位专栏作家评论说芝加哥"无法掩饰它的欢乐"。梅拉米德后来声称约翰逊的当选"主要是我强大的游说努力的结果",他还说"我厌倦了那些对我们的市场一无所知的政治任命者"[51]。约翰逊坚称他是他自己,不是芝加哥的傀儡。不过,很难想象在吉利美期权一战上芝加哥会支持约翰逊以外的人选。

但首先,夏德和约翰逊需要得到共和党控制的参议院的批准,才能就任新职务。在与参议员的私下会晤中,夏德显然已经表明,作为证券交易委员会主席,他将无视有争议的里根总统过渡团队的报告。[52] 在长达75分钟的听证会上,这个话题几乎没有被提及。[53] 相反,他被问及自己持有的大量股票,并因为表示愿意为证券交易委员会主席的职位做出财务牺牲而受到赞美,最后他被轻松地问及与芝加哥的冲突。

"就联邦监管机构而言,你对期货和期权交易管辖权有何看法?"马里兰州民主党参议员保罗·萨班斯(Paul Sarbanes)问道。

"在证券交易委员会和商品期货交易委员会之间做出选择?"夏德问。

这位参议员说:"很明显,我想到的就是这个问题。"房间里爆发出一阵笑声。

夏德说,他需要研究这个问题。"但在我看来,如果你负责监管现货市场,就应该对衍生品市场承担一些责任,"他补充道,"一个是另一个的结果。"他的回答无疑安抚了证券交易委员会的法律人员。[54]

对菲尔·约翰逊来说,事情进展得并不顺利。他在提名前缺乏明显的党派忠诚,因此冒犯了一些有权势的共和党参议员,他们推迟了批准他出任商品期货交易委员会主席的投票。[55]

与此同时,里根宣布他将从吉米·卡特之前提交的联邦预算中削减470亿美元。证券交易委员会的预算被削减了,虽然幅度没有其他许多联邦项目那么大[56],但也足以使其更加精简。

对于证券交易委员会和商品期货交易委员会来说,紧缩已经到来,并将持续数年。事实上,在放松管制方面,紧缩政策比约翰·夏德或菲尔·约翰逊更有效。

注释

1. 除非另有说明,否则所有天气描述均基于地下气象组织(Weather Underground)的历史档案。

2. 保密采访。

3. 其中一个出处是 Gil Troy,*Morning in America*:*How Ronald Reagan Invented the* 1980*s*(Princeton, NJ: Princeton University Press, 2005), pp. 48—49。从那时到1987年里根的预算政策将逐步加大联邦赤字。他自己对"供给侧经济"的坚定信念将稳步深化,即减税将刺激足够多的经济增长从而弥补减少的税收,但即便是他最亲近的金融和经济顾问也没有在这一点上达到统一。参见 Sean Wilentz,*The Age of Reagan*:*A History of 1974—2008* (New York: Harper Perennial, 2009), pp. 140—41。

4. 1980年2月,斯通在参议院农业小组委员会面前就围绕股指期货的混乱复杂的管辖权问题作证，他警告说，可能需要国会采取行动解决涉及美联储、财政部和证券交易委员会的争端。据一种说法，在听证会上，斯通表示，尽管他认为国会已经赋予商品期货交易委员会对所有期货合约的管辖权，他对证券交易委员会和美联储提出的观点表示同情。见 III. 1379, Folder 23/23, "Stock Index Futures 1980," Commodity News Service, February 21, 1980, CBOT Archives。

5. Jeff Gerth, "SEC Chief Is Inclined to Stay On," *New York Times*, November 17, 1980, D1。

6. 2006 年 1 月 19 日对哈罗德 · 威廉斯的采访，"Oral Histories," SECHS website, pp. 21—22，经 www. sechistorical. org 许可使用，http://3197d6d14b5f19f2f440—5e13d29c4c016cf96cbbfd197c579b45. r81. cf1. rackcdn. com /collection/oral-histories/williamsH011906Transcript. pdf。

7. 参见文件夹 6/13, III. 1397，对"CFTC 时段"冗长讨论的手写笔记(标记为"1980 年 12 月 2 日执行委员会会议")。另见芝加哥期货交易所档案，文件夹 3/13, III. 1397(标记为"1980 年 11 月 6 日执行委员会会议")，其中包含在大选后两天在美国中部俱乐部会议的手写笔记。该笔记援引一位董事的欢呼：他们很高兴能"给小蠢人斯通制造麻烦"。他们还讨论了选举将对国会金融和农业委员会产生什么影响。

8. 同上。

9. Vise and Coll, *Eagle on the Street*, p. 23。

10. Clyde H. Farnsworth, "Washington Watch; Battles Over Ex-Im Cuts," *New York Times*, February 2, 1981, p. D2。

11.《纽约时报》股票行情表，1980 年 11 月 4 日。

12. Alexander Hammer, "Dow Soars by 14. 91 to 1, 244. 15," *New York Times*, November 7, 1984, p. D1。

13. 无署名，"Reagan's Landslide Sets Off Surge," *New York Times*, No-

vember 6,1980,p. D16。

14. 同上。

15. Ann Crittenden,"Granville Promotes Market-Turn Flair," *New York Times*, January 8,1981,p. D6。

16. Christopher Drew,"Joseph E. Granville, Stock Market Predictor, Dies at 90," *New York Times*, September 18,2013。

17. 几个月前,1980 年 4 月,格兰维尔发布了同样戏剧性的周末"买入"建议。周一开盘时,道琼斯指数因交易量大而上涨了 30 点。见 Jerome Baesel, George Shows, and Edward Thorp,"Can Joe Granville Time the Market?" *Journal of Portfolio Management* (Spring 1982),p. 5。

18. Kristin McMurran,"When Joe Granville Speaks, Small Wonder That the Market Yo-Yos and Tickers Fibrillate," *People*, April 6,1981。

19. 从长远来看,格兰维尔是一个二流的选股人,但他在预测市场走向方面是不错的。《赫尔伯特金融文摘》(*The Hulbert Financial Digest*)跟踪投资通讯的编辑马克·赫尔伯特(Mark Hulbert)表示,1980—2005 年,他的预测的表现只略逊于买入并持有指数基金。见 Drew,"Joseph E. Granville, Stock Market Predictor, Dies at 90"; and Baesel, Shows, and Thorp,"Can Joe Granville Time the Market?"。

20. Alexander R. Hammer,"Stocks Decline Sharply as Trading Soars to Record," *New York Times*, January 8,1981,p. 1。相当于 2016 年跌幅将超过 460 点。

21. 同上。格兰维尔的狂热追随者们笑到了最后:11 月底,熊市悄无声息地到来了,并持续了 20 个月,随之而来的是一场严重的经济衰退,最终扑灭了美联储主席沃尔克自 1979 年 11 月以来一直在抗击的通货膨胀之火。

22. 卡特总统一直到总统任期的最后几个小时都在为释放人质而努力;事

实上,他在里根就职前两天里没有睡觉。伊朗在就职日上午接受了这项协议,但拒绝在卡特执政期间释放美国人,因此里根正式宣布了这一喜讯。

23. Ronald Reagan,"Remarks at the Inaugural Balls," January 20,1981,American Presidency Project website,at http://www. presidency. ucsb. edu/ws/?pid=43524。虽然有广泛的报道说里根参加了8个舞会,但实际数字是10个;它们在这些档案的评论中被列举出来。第一夫人的礼服是设计师詹姆斯·加拉诺斯(James Galanos)借给她的,后来捐给史密森尼博物院(the Smithonian),细节来自 Albin Krebs and Robert McG. Thomas,"Notes on People; Nancy Reagan Dress Becomes a Museum Piece," *New York Times*, November 5,1981, p. C24。

24. Ernest Holsendolph,"Reagan Designee Says He Supports Reductions in Aid for Mass Transit," *New York Times*, January 8,1981,p. B15。

25. Wilentz, *The Age of Reagan*, p. 140。

26. Robert D. Hershey Jr. ,"Energy: James Burrows Edwards," *New York Times*, December 23,1980,p. 13。

27. 里根在他的回忆录里讲述了他钦定财政部部长的过程, *For the Record: From Wall Street to Washington* (New York: Harcourt Brace Jovanovich,1988),pp. 139—141。

28. 美国证券交易委员会历史学会以及纽约证券交易所的档案中可以找到这次会议的发言,哈维·皮特当年也出席了会议,他确认了会议的许多细节。

29. 作者2016年12月27日对戴维·鲁德的采访(以下简称2016年12月对鲁德的采访)。

30. 作者2016年1月18日对戴维·鲁德的采访(以下简称2016年1月对鲁德的采访)。

31. 同上,第I—6页。

32. 同上,第I—4—5页。

33. 同上,第I—9—10页。

34. 同上,第VII—5页。

35. 同上,第VII—6页。

36. 2016年12月对鲁德的采访。

37. 2016年1月对鲁德的采访;对皮特的采访;小A.A.萨默(A. A. Sommer Jr.)致尊敬的埃德温·米斯三世(Edwin Meese III)的机密信,日期1981年1月29日(以下简称"萨默致米斯的信"),SECHS网站,经www.sechistorical.org许可使用,http://3197d6d14b5f19f2f440—5e13d29c4c016cf96cbbfd197c579b45.r81.cf1.rackcdn.com/collection/papers/1980/19810129SommerMeeseT.pdf。

38. 1977年,他发表了一篇广为报道的演讲,谴责证券交易委员会打击美国公司的海外贿赂行为,他表示这超出了其法定权力。见Eric Pace, "A. A. Sommer Jr., 77, Commissioner on the SEC in the 70s," *New York Times*, January 19,2002。

39. 萨默致米斯的信,第1页。

40. 另一封抗议信是参议员威廉·普洛克斯迈尔写给白宫的,他是参议院银行委员会的知名民主党人,这个委员会是证券交易委员会的国会监督机构之一。这名参议员写道,这份报告"击中了证券交易委员会的要害",并将使它成为"一只无牙老虎"。他表示,他将"以我所能支配的一切手段"反对任何有意执行报告建议的证券交易委员会提名人。1981年1月28日威廉·普洛克斯迈尔致总统的信,SECHS网站,经www.sechistorical.org,许可使用,http://3197d6d14b5f19f2f440-5e13d29c4c016cf96cbbfd197c579b45.r81.cf1.rackcdn.com/collection/papers/1980/1981 0128ReaganProxmireT.pdf。

41. 对证券交易委员会前高级职员的保密采访。

42. 1980 年 12 月 31 日哈罗德・M. 威廉斯致当选总统罗纳德・R. 里根的信，SECHS 网站，经 www. sechistorical. org 许可使用，http://3197d6d14b5f19f2f440-5e13d29c4c016cf96cbbfd197c579b45. r81. cf1. rackcdn. com/collection/papers/1980/1980-1231-WilliamsReaganT. pdf。

43. 购买某物的选择权是“看涨期权”，而卖出某物的选择权是“看跌期权”。将看涨期权视为赋予你从市场买入某物的权利，此时市场必须将它卖给你；而看跌期权则允许你卖出某物，市场必须从你那里购买。这样就好理解了。

44. 期货合约对交易双方都有义务：同意出售商品的一方和同意购买商品的一方。期权只对期权的卖方而不对买方施加义务。因此，对于买方来说，期权的风险远低于期货，但这并不意味着期权市场的总体风险低于期货市场。期权卖方面临的风险与期货合约中固有的风险相同，但上行空间仅限于他们在出售期权时收取的期权费。

45. 顽固的期货提倡者坚持认为，如果商品期货交易委员会在 1973 年就存在，那么芝加哥期权交易所将因期货和期权之间的相似性而被置于其管辖范围内。当然，这些相似之处也被认为是将金融期货置于美国证券交易委员会管辖范围内的一个原因，因为该委员会已经在监管一个金融衍生品市场。

46. 芝加哥期货交易所还认为，即使是商品期货交易委员会监管的交易所那时候也不能合法交易拟议的吉利美期权，因为商品期货交易委员会在 1977 年已经对“商品期权”实施了延期，而且在芝加哥期货交易所看来，吉利美期权是“商品期权”。

47. 见 *Board of Trade of the City of Chicago v. the SEC and CBOE*（以下简称“*CBOT v. SEC* ruling”），U. S. Court of Appeals for the Seventh Circuit，677 F. 2d 1137，No. 81－1660，March 24，1982。

48. 一个广为流传但不实的报道称，在 1934 年罗斯福选择约瑟夫・P. 肯尼迪(Joseph P. Kennedy)担任证券交易委员会第一任主席以后，夏德是又一位被任命为该机构主席的华尔街高管。然而，肯尼迪(约翰·肯尼迪总统的父亲)从未领导过华尔街公司，他只是 20 世纪 20 年代华尔街一个活跃的投机者。事实上，夏德是 1949 年以后第一位担任证券交易委员会主席的投资银行家。杜鲁门(Truman)总统在 1949 年选择了极不称职的投资银行家哈里·麦克唐纳(Harry McDonald)担任证券交易委员会主席，在成为投资银行家之前他是一位奶农。见 Joel Seligman, *The Transformation of Wall Street: A History of the Securities and Exchange Commission and Modern Corporate Finance*, 3rd ed. (New York: Aspen Publishers, 2003), p. 243。

49. 菲利普·约翰逊原名菲利普·弗雷德里克·约翰逊(Philip Frederick Johnson)，他被参议院提名确认时的名字是菲利普·F. 约翰逊，在被确认几周后，他与一位成功的律师劳丽·麦克布赖德(Laurie McBride)结婚，后者不愿意改变她的职场名字。本着性别平等的精神，约翰逊敦促两人都采用对方的姓氏作为中间名。因此，当他到达商品期货交易委员会的新办公室时，约翰逊的正式名字是菲利普·麦克布莱德·约翰逊(Philip McBride Johnson)，在他余下的职业生涯中也保持这个名字。(对约翰逊的采访)

50. H. J. Maidenberg, "Difficult Task Faces Chairman of C. F. T. C.," *New York Times*, June 15, 1981, p. D1。

51. Melamed, *Escape to the Futures*, p. 292。

52. Office of Public Affairs, U. S. Securities and Exchange Commission, "Press Coffee with Chairman John S. R. Shad" (以下简称"Shad press coffee"), July 13, 1981, p. 7, SECHS 网站，经 www. sechistorical. org 许可使用，http://3197d6d14b5f19f2f440-5e13d29c4c016cf96cbbfd197c579b45. r81. cf1. rackcdn. com/collection/papers/1980/1981 0713PressShadT. pdf。

53. "Nomination of John S. R. Shad," Hearing Before the Senate Committee on Banking, Housing, and Urban Affairs, 97th Congress, 1st Sess., April 6,

1981,p. 11。

54. 同上。

55. 对约翰逊的采访。

56. Wilentz, *The Age of Reagan*, p. 141。

5

在华盛顿的一场交易

1981 年 5 月 6 日，约翰·夏德宣誓就职，成为证券交易委员会第 22 任主席。菲尔·约翰逊直到 6 月 8 日才被确认为商品期货交易委员会的新主席，而当他最终安顿下来后，他最先采取的行动之一是安排与证券交易委员会主席共进午餐。[1]

华盛顿的单片眼镜(Monocle)餐厅有一种社区酒吧的氛围，只不过它服务的社区是国会山。偶尔，酒馆门口附近的电话会响起，召集正在吃午饭的议员们进行一次重要的投票。1981 年初夏的一个下午[2]，菲尔·约翰逊和约翰·夏德溜进了餐厅后面的一个隔间。

两人都是刚刚开始公共服务的工作。他们都同意里根总统的观点[3]，即美国企业比政府更聪明，对公共利益的贡献更大。就围绕金融衍生产品的地盘之争，他们都知道需要在法庭或国会强加一个双方都无法忍受的结果之前起草一份和平条约。[4]

所以他们就到了这里，浏览过单片眼镜餐厅长长的菜单，他们让服务员把点菜单送给后厨。

夏德说，如果他们能在不“引起重大争议”的情况下解决这些管辖权争端，不是更好吗？他补充说：“我真的认为，要是我们可以悄悄地这么做，那将是很理想的。”[5]

约翰逊表示同意。他想知道，要解决有关吉利美期权的争议，他们俩需要做什么？怎么能说服夏德接受商品期货交易委员会批准的其他衍生品[6]，尤其是芝加哥非常需要的股指期货？

好吧，让夏德担心的是股指期货，他仍然记得一年前发生的事情，当时亨特兄弟期货合约危机动摇了白银现货市场的稳定。如果这种情况发生在股市呢？夏德建议说，为什么合约不能用货币交易来结算？这样就能消除交易员买卖所有基础股票的需要。

约翰逊一定在暗自窃喜，夏德想要的是一种叫“现金结算”[7]的东西，他们坐下来吃午饭时他就希望说服夏德接受现金结算。

长期以来大宗商品市场对用现金结算期货合约持谨慎态度，他们认为实物交割是将期货市场与现实捆绑在一起的力量。小麦期货的价格必然会与小麦的价格趋同，因为有时——虽然很少会这样——交易者必须在某个谷物升降机上以现行价格买卖小麦。

然而，传统商品期货和金融期货有一个重要的区别：小麦期货的价格实际上变成了小麦的价格，因为小麦在其他任何地方都没有真正的交易。股票确实也在其他地方交易。每天，道琼斯工业平均指数中被公众接受的股票价格不是在芝加哥的交易大厅里确定的，而是在纽约证券交易所的交易大厅里确定的。

如果道琼斯指数为股市创造一个价值，而期货交易所为道琼斯指数创造另一个价值呢？如果没有实物交割，道琼斯期货合约的价格可能会低于或高于纽约证券交易所道琼斯股票的实际价格，然后会发生什么？在1981年夏天，这个会产生重大影响的问题的答案并不明确——事实上，它甚至没有被考虑过。

巧的是，期货市场的金融工程师们已经发现，现金结算是股指期货在场内交易的唯一方式，约翰逊和商品期货交易委员会的其他委员倾向于同意这一点。

若不是夏德和约翰逊的会面有深刻影响，这一幕可能会有些滑稽：在这里，吃午饭的时候，约翰·夏德正在敦促菲尔·约翰逊做他已经想做的事情。为了说服约翰逊，夏德准备做出一些重大（而且可能是不必要的）让步——将股指期货合约的管辖权让与商品期货交易委员会，并在期货合约的设计和批准方面放弃一切实质性的控制权。

一位消息灵通人士表示："他们都认为，两个机构员工之间的地盘之争是不合适的。"在夏德看来，这就像"两个孩子在分拣弹珠。你拿红的，我拿绿的"[8]。

约翰逊和夏德回到各自的办公室，向吃惊的员工下达了新的命令，他们为终于打破新金融衍生品申请的僵局而感到自豪。

同样在1981年夏天的一天，管理AT&T庞大的员工养老基金的高管来到了位于曼哈顿第五大道的通用汽车公司大楼，他穿过高挑、雪白的大理石大厅，乘坐电梯上升至25楼，映入眼帘的是木板镶嵌的墙壁、厚实的大厅地毯以及黄铜门把手。这位名叫戴维·P. 费尔德曼(David P. Feldman)的访客找到了他要去的套间,告诉接待员他受邀前来和通用汽车 120 亿美元员工养老基金的新任负责人戈登·宾斯共进午餐。

宾斯用一种微弱的弗吉尼亚拖腔问候他的客人,他很快就发现这位客人很讨人喜欢,既流露出南方人的谦恭有礼,又有朴实无华的热情。费尔德曼在一张可以俯视中央公园的小会议桌旁坐下[9],宾斯安排好手下把三明治送到办公室,然后就抓起一支钢笔和一本崭新的便笺,坐到费尔德曼对面,开始提问。

费尔德曼如何衡量使用不同投资策略的基金经理的业绩?他是否过于依赖银行信托部门?他是否研究过来自学术界的"定量"投资策略?他如何看待指数基金的?

两个小时后,宾斯已经做了好几页的笔记,而费尔德曼则在日益强大的养老基金经理群体中有了一个新朋友。

沃尔特·戈登·宾斯出生于 1929 年股市崩盘前几个月,在弗吉尼亚州里士满长大。他是一名天才学生,在威廉与玛丽学院(College of William and Mary)主修经济学,是美国大学优等生荣誉学会(Phi Beta Kappa)的一员[10],但他没有在南方逗留。[11]1949 年 8 月,在他 20 岁生日一个月后,他从大学毕业,随即前往哈佛大学就读并获得政府学硕士学位。后来他又在纽约大学获得工商管理硕士学位。1954 年从美国陆军退役后他加入通用汽车公司,并开始在公司财务部门步步高升。在这过程中,他开始酗酒,之后又戒了酒。余生他都是一个快乐的禁酒主义者。在旅行的过程中,他念念不忘在世界各地寻找机会参加匿名戒酒会。

1980年,宾斯成了通用汽车助理财务主管,他熟悉通用汽车养老基金运作的方方面面。他知道,通用汽车多年前就在养老基金投资组合中加入了一些普通股。该投资组合由7家主要银行管理。说得好听点,它的表现一直疲软。[12] 最近的排名显示,该养老基金在19家可比公司中垫底[13],通用汽车新任主席罗杰·B. 史密斯(Roger B. Smith)对此并不满意。

为了解决这个问题,史密斯求助于宾斯。这样,宾斯突然需要学习他所能学到的所有关于挑选、监控基金经理的知识——这个基金经理必须能够产生史密斯所要求的收益。由于宾斯正在探索如何让他的养老基金更深入地进入股市,AT&T的戴夫·费尔德曼(Dave Feldman)①不会是最后一位受他邀请共进午餐的养老基金高管。

1981年夏天,相较于留在债券市场这个"避风港",养老基金入市是一个更明智的选择,"债券市场"一直是保守型养老基金传统的停泊港湾。由于美联储在打击通货膨胀,高利率仍在攀升。这就降低了利率低得多的旧债券的价值,而一些传统的养老基金投资组合中充斥着这些旧债券,随着利率的上升,这些债券的价值都在缩水。

几年前,其他养老基金经理曾起锚退出债券市场。其中之一是罗兰·M. 麦克霍尔德,他是新泽西州投资部门的主管,也是该州员工养老基金事必躬亲的管理人。[14]

1975年麦克霍尔德在第一次担任投资部门的副主管时,新泽西州养老基金高达50亿美元,但只持有股票近50只——大部分是"债

① 戴夫是戴维的昵称。——译者注

券类"的公用事业公司的股票,股息很高,但很少增值。这种情况必须改变——在麦克霍尔德的领导下,情况确实发生了改变。

罗兰·M. 麦克霍尔德是费城社会和华尔街的产物。[15] 他的父亲是负有盛名的费城德崇投资银行公司合伙人。跟他父亲一样,麦克霍尔德毕业于耶鲁大学。之后他就读哈佛商学院,1963 年毕业后,在摩根士丹利找到一份工作。当时摩根士丹利员工仅 100 人左右,只为蓝筹股企业客户提供服务。

在接下来的十年里,华尔街发生了变化。华尔街珍爱的客户开始寻找更好的交易,绅士协约被毁,令人震惊;交易柜台越来越大、越来越吵闹。投资银行家似乎变得更加无情,工作时间更长,工作也变得不那么令人愉快。

当时麦克霍尔德和妻子把他们的新家安在了新泽西州普林斯顿。由于厌倦了乘坐最后一班火车回家的感觉,他 1975 年从摩根士丹利辞职,那时的他对接下去做什么并没有强烈的想法。

一个非常寒冷的周日上午,在历史悠久的贵格会(Quaker)会议厅里,麦克霍尔德找到了答案。这座小小的一层石砌建筑位于普林斯顿南面,独立战争之前就被使用,一直到现在。麦克霍尔德是那个月贵格会信徒冥想仪式的指定领袖,这意味着他要负责烧火为房子供暖,并在适当的时刻宣布结束仪式,为此他要做的就是站起来并和邻座的人握手。那天早上,炉子里的火不配合。正当麦克霍尔德默默地为如何在不提前终止仪式的情况下起身给它添加木柴拨旺炉火而烦恼时,靠近门口的一位和蔼可亲的老人引起了他的注意,老人溜到自己的车里,拿了几页皱巴巴的当天的《纽约时报》回来生火。

仪式结束后,麦克霍尔德走过去感谢这位救命恩人,老人叫理查德·斯托达德(Richard Stoddard),长期担任新泽西州投资部主任。在斯托达德的鼓励下,麦克霍尔德分享了一些自己的职业经历,并承认自己正处在一个十字路口。

斯托达德也处在一个十字路口。他已接近州政府规定的法定退休年龄,但仍没有能够找到愿意接受这份薪水的继任者,也许麦克霍尔德会考虑申请这份工作?

麦克霍尔德听从了斯托达德的建议,很快就被录用了。他前往特伦顿(Trenton)繁荣时期遗留下来的一幢富丽堂皇但略显寒酸的房子报到。大楼窗户的内框挂着印花棉布窗帘,窗户外面是常春藤。一间以前的卧室放着体积不大的市场新闻滚动屏幕,五六张小桌子挤在一起,形成了这个部门的"交易桌"。雇员名册读起来像联合国电话号码簿,许多员工都来自移民家庭,可能是获得当地大学的学位后在州政府找到了工作。这个地方肯定不是摩根士丹利,但麦克霍尔德喜欢。

1976年12月,斯托达德在新泽西州投资部工作12年后退休;这12年里,养老基金从14亿美元增加到50亿美元。在担任副主任期间,麦克霍尔德曾鼓励斯托达德将投资普通股的基金资产比例从他上任时的10%提高到20%左右。作为主任,麦克霍尔德把这个数字推得更高。他还聘请了一位退休的保诚高管积极管理债券投资组合。基金的表现越来越好,麦克霍尔德开始在养老基金界引起注意。1981年,尽管股市不太景气,债券市场也不太稳定,但该基金的规模还是增长到了83亿美元。

麦克霍尔德和宾斯是一支不断壮大的队伍的成员，这支队伍将在 20 世纪 80 年代重塑金融格局。1974 年以后，美国养老基金的股票持有量以每年近 20％的速度增长；截至 1980 年，他们的投资组合总额超过了 2 500 万亿美元[16]，并且仍在增长。他们迅速成为华尔街无法忽视的 800 磅的大猩猩客户①，这些巨头们集中的金融力量在美国市场上是前所未有的。

尽管约翰·菲兰承诺要精简纽约证券交易所的运营，但他对该交易所的看法很传统，而且问心无愧：他认为，股市的存在主要是为了服务个人投资者，这与银行主导的欧洲和日本股市形成了鲜明对比。在菲兰看来，个人投资者往往是长期投资者，是风暴来袭时的压舱石。他的员工定期监控个人投资者（而非机构投资者[17]）在纽约证券交易所交易中的比例。他煞费苦心地公开强调，小投资者与这些新兴巨头在他的交易大厅里有着同等的地位。

作为纽约证券交易所成员的华尔街主要经纪公司并不认同菲兰的观点。他们对个人投资者的兴趣越来越小，转而觊觎罗兰·麦克霍尔德和戈登·宾斯这类客户。前者直接管理着数十亿美元的资产，不断有新资金可以投资；后者雇用了一些经理人在市场转移数亿美元的资金。这些机构投资者渴望新思想、额外的研究服务和更快的反应。为了满足他们的需求，华尔街正将其交易部门连接到新的后台电脑上，这些电脑负责收集机构指令，并以人类从未见过，也无法匹敌的规模和速度将这些指令投入股市。

---

① 原文 eight-hundred-pound client，指强大的组织或个人。——译者注

对于经纪公司来说，如果他们想要争夺这些机构客户，做出这种转变是至关重要的。机构客户不单包括养老基金，还有庞大的共同基金、大学和慈善捐赠基金，以及大型基金会，他们都有兴趣在过去单调乏味的债券或抵押贷款投资组合中加入股票。

这些巨头以股市投资者的身份出现[18]，似乎并未令市场监管机构感到不安。相反，他们显然对一些过时的研究所得出的结论感到欣慰——机构投资者之所以没有扰乱市场，是因为他们倾向于采取各种不同的投资策略。监管机构没有考虑如果这种情况发生变化，或者说如果华尔街最大的客户们开始步调一致、采用相同的策略，会发生什么。

到 1981 年，这种转变已经开始，机构投资者正将越来越多的资金投入“指数基金”经理手中。基于理性市场如何运作的学术理论，这些庞大的投资组合——深达数百亿美元的资金海洋——在较小规模上复制了整个蓝筹股市场，这个市场以广泛的市场价值度量标准为代表，比如标准普尔 500 指数。甚至一些个人投资者也开始用这种方法寻找共同基金。

这些指数基金虽然在整个普通股市场中仍是一个相对较小的因素，但它们往往在同一时间买卖同一只股票。这种从众本能最生动的例子是，当一家公司从一个指数中被剔除，另一家新公司被加入，那么前者的股票将被大量出售，而后者的将被大量买进。一旦某只股票进入热门指数，大型指数基金就别无选择，只能买入。

这种趋势会不会变成乔·格兰维尔超速运作的“卖出一切股票”的一天？约翰·菲兰希望防范这种情况，因此他努力提高纽约证券交易所处理大幅飙升的交易量的能力，目标是安装日处理量达 1.5 亿股股票的计算机系统。[19]

菲兰成长于一个“小人物”占主导地位的时代，他看得出来，在他的市场，大部分的新客户可能是巨额投资者，拥有数百亿美元，由类似戈登·宾斯和罗兰·麦克霍尔德这样聪明、追求利润的经理人管理。他们需要赚钱，这样就可以信守对数以百万计的美国工人做出的养老金承诺。

在远处的阴影中，被称为“对冲基金”的新的私人资金池正在吸引世界上最富裕的投机者的资金[20] 引入美国股市。作为机构投资者，戈登·宾斯听说过对冲基金，而且很感兴趣，因为其中一些正在创造惊人的回报。罗兰·麦克霍尔德偶尔会从这样一个基金那里得到一个错误的推销宣传——但他所在的投资委员会非常保守，因此作为州养老金主任，他对此并不感兴趣。

所有这些人，尤其是纽约证券交易所的约翰·菲兰，都无法确定这些私人基金在做什么、规模有多大、投资策略可能是什么、在哪个市场投资——期权、期货、股票、国债、银行大额定期存单、抵押贷款？这些基金不需要向任何监管机构注册，更不用说报告其投资组合。在华盛顿的地盘争夺战中，这些都是被遗忘的领域。没有人在争取对它们的监管权。

商品期货交易委员会和证券交易委员会于 1981 年 12 月 7 日宣布休战。在美国国会大厦的一间会议室里，约翰·夏德和菲尔·约翰逊坐在一块深色天鹅绒幕布前的一张桌子旁，证券交易委员会的一位发言人解释了两家机构间的交易：商品期货交易委员会将不再反对芝加哥期权交易所交易吉利美期权的提议（尽管芝加哥期货交易所将继续为之抗争），证券交易委员会也不再质疑商品期货交易委员会批准股指期货合约的计划。

除此之外，两个机构之间的交易是一个大杂烩。商品期货交易委员会将继续监管所有的期货合约[21]，不管是猪腩期货还是股指期货。证券交易委员会将继续监管股票和单一股票期权[22]以及政府证券期权和股指期权（如果这些期权将出现的话）。夏德坚持认为，商品期货交易委员会批准的任何股指期货合约都应该基于一个公认的宽基指数。约翰逊同意在商品期货交易委员会批准新的股指期货产品之前将征询证券交易委员会的意见[23]，但他坚称，商品期货交易委员会有权无视证券交易委员会的任何反对意见。

根据"夏德—约翰逊协议"，一项已经很复杂的监管计划演变成了一个鲁布·戈德堡式的笨拙的方案①，它将困扰美国几十年。"由谁来监管期权"这个简单问题的答案只能是"看情况"。然而，"谁监管股指期货合约"这一点终于清楚了，那就是商品期货交易委员会。

夏德和约翰逊达成了他们的协议，使政府不再成为正在席卷市场的金融创新的阻碍。这种创新将期货市场和股票市场联系在一起，其紧密程度超出了两人的想象。

遗憾的是，夏德和约翰逊不是交易者，他们的协议忽略了交易者每天在股票市场上面临的情况：一日中股票交易并不是不间断地进行，也存在着中断或限制的情况。有时，出于各种原因，某只股票的

① 鲁布·戈德堡机械是一种被设计得过度复杂的机械组合，以迂回曲折的方法去完成一些其实是非常简单的工作。——译者注

交易不得不暂停。如果你的交易是基于保密的内幕信息，或者你押注下跌的股票会持续下跌[24]，就有规定禁止你买卖任何股票。这些规则都不适用于交易股指期货合约的市场，这些市场希望依赖纽约证券交易所不断刷新的股价作为它们交易的基础。

此外，股票市场和期货市场的结算时间完全不同。如果你在股指期货交易中获利，你会在当晚获得现金；如果你在股票交易中获利，你将在五天后拿到现金。如果你需要股票销售的利润来弥补期货头寸，最好能有一个友好的银行家或一个大银行账户来帮你渡过难关。

这些规则和惯例在股票市场上已经存在了几十年，在夏德—约翰逊协议中并没有要求对它们进行协调或更改。毕竟，是芝加哥想利用约翰·菲兰的市场，而不是纽约证券交易所想沾芝加哥的光。对芝加哥来说，要求股票市场改变规则以适应期货交易就像搭顺风车的人跳进汽车里并迅速给车载收音机换台——或者更糟的是，抓住方向盘。纽约证券交易所是历史悠久的股票现货市场；夏德和约翰逊显然预计股指期货只是沾现货市场的光，而不会影响它。因此，他们没有努力确保这些新的股票期货合约的设计适应股票市场的规则和习惯；而这一疏忽将再次困扰这两个市场。

然而，对芝加哥来说，这项新协议是天赐之物。关于股指期货的司法之争结束了，芝加哥赢了——好吧，从官方的角度来说，商品期货交易委员会赢了，但结果是一样的。

现在，芝加哥商品交易所和芝加哥期货交易所，以及所有地位较低的同行，都可以自由地开始交易他们认为每个机构投资者——那十年里市场的新兴巨头——都想要交易的期货合约。

菲兰并不是唯一关注大投资者崛起和华尔街投资人口结构变化的人，一些有先见之明的银行监管者也感到担忧。其中一位是面色红润、头发灰白的纽约人杰里·科里根（Jerry Corrigan）①，他是保罗·沃尔克在纽约联邦储备银行的年轻门徒。1979年沃尔克搬到华盛顿，科里根一直是他的亲密助手和盟友。

和菲兰一样，杰里·科里根也是爱尔兰人。两人都喜欢美酒、热闹的晚会和有趣的故事。和菲兰一样，科里根绝顶聪明，能够把握复杂的问题并找到解决办法，而且在这个过程中也不会疏远周围的人。

杰拉尔德·科里根出生在康涅狄格州的一个蓝领小镇沃特伯里。1967年，在福德姆（Fordham）大学接受耶稣会教育并获经济学博士学位后，他在纽约联邦储备银行找到一份研究工作。[25] 纽约联邦储备银行位于一栋庞大的佛罗伦萨风格的大厦内，距离纽约证券交易所三个街区。他回忆说，研究部门的“成员都是经济学家，都来自常春藤名校、斯坦福或伯克利。还有我”[26]。然而在一年半的时间里，他就成为国内经济研究的负责人。

1972年前后，纽约联邦储备银行的第二把手把科里根叫到十楼的行政办公室，他感到惊慌失措：“除非你是上帝的近亲，否则你从来没有见过十楼。”而且，当时是夏天，他选择了一件很花哨的棉质运动上衣。“这不太好，”他想。不过，他的名声比他的行头更重要，面试结束时，他发现自己成了纽约联邦储备银行的新任企业秘书，直接与

① 杰里是杰拉尔德的昵称。——译者注

该行董事会合作。两年后，当保罗·沃尔克成为纽约联邦储备银行总裁的时候发现了他[27]。

“我不知道发生了什么，”科里根后来回忆说，“但不知什么原因，他和我就像艾克和迈克一样合得来。”①

就像纽约证券交易所的菲兰一样，科里根不得不早早地着手对囿于传统的体制进行现代化改革，这是个不小的挑战。他要改革的是纽约联邦储备银行的会计部门。那个部门的领导已经在位 30 年，在他的指挥下，部门昼夜不停地工作。科里根做了一番研究后告诉这位经验丰富的会计总监，他将对该部门的总账实行自动化。

“不，你不能这么做，”老人平静地说。“我退休后，你可以让它自动化，但现在，我们将保留我的控制机制。”

科里根大吃一惊，担心他在研究中漏掉了什么。“请原谅我的无知，那是什么控制系统?”

这位年长的先生解释说，每天最后的现金流量记录[28] 都是“用自来水笔完成的，所以不能更改”。这就是纽约联邦储备银行的文化，以至于科里根不得不将自动化推迟一年半，直到钢笔捍卫者退休。

科里根后来回忆，沃尔克听到这个故事时“笑了半个小时”。这个不祥的自动化计划开启了他作为沃尔克的问题解决者的职业生涯。1979 年 8 月，卡特总统任命沃尔克为美联储主席，沃尔克把科里根叫到他的办公室说：“收拾行李。你将成为我在华盛顿的特别助理。”[29]

1980 年春，当贝奇的哈里·雅各布斯打电话向沃尔克发出白银

① 艾克和迈克(Ike and Mike)是水果味糖果品牌。——译者注

危机的警报时，科里根就在他的身旁。几天后，当焦虑的银行家们为亨特兄弟谈判一笔新的贷款时，他成了沃尔克在博卡拉顿(Boca Raton)的耳目、电话接线员。

那时，科里根已经开始担心华尔街的变化有多快。银行受到美联储、货币监理署和联邦存款保险公司的监管；保险公司由50个州的官员管理；共同基金和经纪公司都受到证券交易委员会的监管；而所有这些机构之间的联系也越来越紧密。金融期货交易将在所有这些市场之间建立新的、非常令人担忧的联系[30]，而对它进行监管的机构就是处于劣势的白银危机时的监管机构。

---

1. 对约翰逊的采访。

2. 有关此会议何时召开的证据存在冲突。约翰逊在上任的第一周告诉《纽约时报》记者，他将在1981年6月15日的那一周与夏德第一次会面(Maidenberg，“Difficult Task Faces Chairman of C. F. T. C.”)。在1981年7月13日的一次新闻发布会上，夏德告诉记者，“菲尔·约翰逊和我之间已经有了一次会面。”(Shad press coffee，p. 3)。然而，外斯(Vise)和科尔(Coll)做了大量的研究，他们在《华尔街之鹰》(*Eagle on the Street*)一书里称两人在8月某个时候进行了午餐会，但可惜他们没有提供原文件。菲尔·约翰逊记得外斯和科尔所描述的午餐会，但他无法说明午餐会举行的时间(对约翰逊的采访)。

3. Vise and Coll，*Eagle on the Street*，p. 25。

4. 对约翰逊的采访。

5. Shad press coffee，pp. 3—4。当然，这段对话没有文字记录，但是菲尔·约翰逊回忆说，它们准确地反映了夏德对他说的话。后来在新闻发布会上夏德用这段话来描述他们的对话，因此被插在这里。

6. 对约翰逊的采访。

7. 至少在美国市场，在现金结算问题上吹嘘的权利是模糊的。理查德·桑德尔肯定地说(*Good Derivatives*, p. 162)，自期货交易在中世纪的日本开始以来，现金结算期货合约一直在使用。他将1972年推出的第一个现代现金结算合约确定为芝加哥期货交易所的冰冻肉鸡合约，尽管现金结算对该合约不是强制的。利奥·梅拉米德称芝加哥商品交易所于1981年12月8日批准的欧洲美元合约是美国第一份强制性现金结算合约(Melamed, *Escape to the Futures*, p. 293)。菲尔·约翰逊认为，在欧洲美元的例子中，现金结算毫无意义，因为实物结算和现金结算的结果将是一样的：美元的交换。因此，他认为是堪萨斯期货交易所推出了美国第一个强制性现金结算合约，因为价值线合约本来也可以按现金以外的条款结算(对约翰逊的采访)。不管怎样，现属于澳大利亚证券交易所的悉尼期货交易所在1980年交易了一份强制现金结算的期货合约，比价值线指数合约的首次发行早了两年。

8. Vise and Coll, *Eagle on the Street*, p. 40。

9. 2016年2月12日对戴维·P. 费尔德曼的采访；2016年2月29日对阿曼达·宾斯·梅勒(Amanda Binns Meller)的采访(以下简称"对阿曼达·宾斯·梅勒的采访")。梅勒详细描述了她父亲的办公室，她小时候经常去那里。

10. 无署名，"Gordon Binns Jr. Dies-Advised VRS," *Richmond Times-Dispatch*, April 5, 2002。

11. 无署名，"Grandson of Late W. H. Matheny Has High Scholastic Record," *Highland Recorder* (Monterey, VA), May 13, 1949, p. 3。宾斯的母亲结婚前名叫弗吉尼娅·马西尼(Virginia Matheny)，是《高地记录器》(*Highland Recorder*)报创始编辑W. H. 马西尼(W. H. Matheny)的女儿。有关宾斯大学时代的活动的细节出自*Colonial Echo*，威廉与玛丽学院1949年学生年鉴。

12. Mercedes M. Cardona and Michael J. Clowes, "Reed Takes Over GM Fund; Successor to Gordon Binns Shares Many of His Views," *Pensions & In-*

vestments, May 30, 1994, p. 2。

13. 同上。

14. 1982年,新泽西投资部实际上管理着76个独立基金,其中包括6个养老基金和年金基金,那是其管理的最大的资产。简单起见,这些基金被总称为"国家养老基金"。此外,该部门还为各种州立机构和当局管理着166个小账户。这些基金中的资金不包括在"国家养老基金"投资组合的总额中。

15. 麦克霍尔德的名罗兰来自他的外祖父罗兰·S.莫里斯(Roland S. Morris),一名律师,曾在威尔逊总统时代任驻日大使。他的母亲来自知名的贵格会教徒希彭(Shippen)家族。这个家族最初于1693年在费城定居,与美国独立战争时的叛徒贝纳迪克特·阿诺德(Benedict Arnold)的第二任妻子玛格丽特·"佩姬"·希彭(Margaret "Peggy" Shippen)是远亲关系。

16. Clowes, *The Money Flood*, p. 6. 克洛斯(Clowes)报告说,"1974～1980年,私人养老基金持有的股票从2 350亿美元增加到6 360亿美元,以19.7%的复合增长率增长"。他还声称到20世纪60年代,"养老基金已经取代了个人投资者成为股市的驱动力",但他承认,"直到20世纪80年代中期,人们才注意到养老基金已经变得非常强大"。

17. "机构投资者"一词20世纪60年代在金融界已经为人熟知,因此在1967年它被选为一本新杂志的名称,该杂志的服务对象是正在重塑市场的投资巨头。

18. Clowes, *The Money Flood*, pp. 1—2。

19. 1976年推出的基础指令转送及成交回报系统(DOT系统)负责处理小额零售指令,但在之后的多年里,其容量不断扩大,能够接受高达2 099股的市价指令或限价指令。对流动性更强的股票,可以提交更大的指令,但除非事先与做市商达成协议,否则无法保证指令将被执行。此外,纽约证券交易所还扩大了DOT系统,以便处理买卖整个证券清单的指令。DOT系统列表指令处理特征被简单地称为列表(LIST)系统,它可以处理多达 500 种不同证券的交易。见"The October 1987 Market Break" (以下简称"证券交易委员会股灾报告"),a report by the Division of Market Regulation, the U. S. Securities and Exchange Commission, February 1988, p. 1. 6。根据这个报告,随着时间的推移,所有这些后来出现的功能也被涵盖在 DOT 系统这个术语中。

20. 这个名字最终被缩短为"对冲基金"(hedge fund),尽管这些私人投资组合中的很多实际上并没有像原先的基金那样进行对冲。

21. 它还将根据这些期货合约来监管微小的新期权领域。

22. 两家机构都同意暂停与个人股票或市政债券挂钩的期货合约,禁令将持续数十年。

23. 本规定仅适用于协议达成之后提出的新申请,它不适用于堪萨斯期货交易所、芝加哥期货交易所和芝加哥商品交易所提交的待决的股指期货合约的申请。

24. 当时,只有在"上涨"之后才能进行卖空(出售借来的股票,希望在价格下跌时获利),也就是说,价格高于之前的价格。上涨的规则使得在下跌的市场中卖空变得困难,并在某种程度上抑制了下跌。

25. 2015 年 5 月 26 日对 E. 杰拉尔德·科里根的采访(以下简称"对科里根的采访")。

26. 同上。

27. 同上。

28. 同上。

29. 同上。

30. E. Gerald Corrigan and Evelyn F. Carroll, "Meeting the Challenges of a New Banking Era," Federal Reserve Bank of Minneapolis Annual Report 1981, January 1, 1982。

6

监管困境:股指期货与国债市场

1982年2月26日,华盛顿寒冷灰暗的一天,菲尔·约翰逊早早来到拉塞尔(Russell)参议院办公大楼,那是国会山对面的一座梯形建筑,距离单片眼镜餐厅只有几个街区。1981年的夏天,他和约翰·夏德就是在单片眼镜餐厅开始和平谈判的。几分钟后,约翰逊将向参议院农业委员会解释这一交易,该委员会正在权衡是否延长商品期货交易委员会的期限。

约翰逊将是第一个作证的人,所以他直接就坐在证人席上。在他身后为观众预留的第二排座位上,坐着吉姆·斯通,他仍然是商品期货交易委员会的委员。

当参议院农业委员会主席、印第安纳州参议员理查德·卢格(Richard Lugar)宣布听证会开始时,约翰逊亲切地提到了斯通也在场[1],称他是"委员会非常宝贵的财富"。

三天前,斯通致信参议院农业委员会,详细阐述了他对证券和大宗商品的界限“迅速消失”的担忧。[2] 他指出,商品期货交易委员会监管的三个最大的大宗商品公司中最近与证券交易委员会监管的华尔街公司合并了。受证券交易委员会领导的纽约证券交易所成立了一个新的期货交易所[3],将由商品期货交易委员会监管。10 天前,也就是 2 月 16 日,商品期货交易委员会批准了第一个股指期货合约:堪萨斯期货交易所的新价值线期货合约。

斯通投下了唯一的反对票,他认为新合约的首次亮相是“证券和大宗商品界限已经变得模糊的最终证明”。

价值线期货合约的批准是约翰逊在华盛顿娴熟外交能力的明证。保罗·沃尔克对股指期货十分担忧,尤其是在保证金问题上,这些担忧可以归结为投机者在这场游戏中应该拥有多少保证金。使用股指期货,投资者控制大量股票①所需要的现金远远少于控制纽约证券交易所相同股权所需的现金。这种不平衡的杠杆对沃尔克来说无法接受,尤其是在白银危机之后。约翰逊曾多次与联储主席会面,试图说服他相信期货市场的保证金足以防止过度投机。沃尔克最终同意不公开反对新合约[4],但他仍心存疑虑。

当时,在商品期货交易委员会,至少有 16 份新的股票期货合约的申请悬而未决,其中包括约翰·菲兰旗下纽约期货交易所提出的交易纽约证券交易所综合指数期货的申请。“如果这种趋势继续下去,维持两个独立监管机构的理由、两种截然不同的哲学的争论都将消失,”斯通在信中写道。“如果这两个行业合并,商品期货交易委员

① 原文 a block of stock,一般超过一万股股票。——译者注

会和证券交易委员会也应该进行整合。”

在重新授权听证会上，菲尔·约翰逊只是希望议员们祝福他与夏德达成的协议并尽快将其编入法律。如果国会不采取行动，法院无疑会采取行动。商品期货交易委员会和证券交易委员会正在等待芝加哥期货交易所诉讼的裁决，该诉讼是为了阻止证券交易委员会批准吉利美期权交易。

当天参加听证会的人并不多，在进行了几分钟后，参议员卢格被加利福尼亚州参议员S. I. “萨姆”·早川一会(S. I. “Sam” Hayakaw)礼貌地打断了。早川谦和有礼的外表下是同样引人称道的聪明头脑。卢格点了点头，早川将目光转向约翰逊：“我知道商品期货交易委员会已经批准了股指期货交易。这似乎是一种工具，通过它，股市上的投机者可以对冲他们在期货市场上的赌注。”[5]

约翰逊点点头。“是的，”他回答说。

早川似乎很困惑：“我不明白这份合约的经济目的。”他接着说，股指期货似乎“离农业有数千里之遥。主席先生，我必须说，这使我非常不安”。

之后堪萨斯州参议员罗伯特·多尔(Robert Dole)也谈到了股指期货。“实际上，我们授权的是赌博合法化，”[6] 他以不赞成的口吻说。

对菲尔·约翰逊来说，幸运的是，两天前当价值线指数期货开始交易时，多尔和早川都不在堪萨斯期货交易所。人群中有乔·格兰维尔，这位浮夸的市场大师曾于1981年1月在纽约证券交易所引发了一场小规模的踩踏事件。“这就像拉斯维加斯的一场新游戏，”他很高兴地表示。“现在,你可以押注整个市场,而不是押注某只股票。它将告诉我人们对市场未来的看法。”[7] 这观点无法让参议员多尔安心。

那天大约有 2 000 份合约成交,淘金热开始了。仅一周后,商品期货交易委员会的一位经济学家在一次期货行业会议上表示,该委员会正在审查 57 项新的股指期货以及与期货相关期权产品的申请。[8]

在期货市场上,第一个开发新合约的交易所往往在未来的合约交易中占有最大的份额。因此,堪萨斯凭着第一份股指期货合约击败芝加哥从而载入史册,这让芝加哥有些懊恼。

这并不是因为芝加哥没有努力尝试,没有人比理查德 · 桑德尔更努力了。[9] 他曾是伯克利大学的教授,现在是芝加哥期货交易所新产品委员会的主席。至少从 1978 年起,他就开始研究股指期货合约了。[10]

在经历了最初的一些挫折后,桑德尔和他的团队决定寻求基于道琼斯工业平均指数这一可能是全球最广泛使用的股市晴雨表的期货合约。他飞到纽约向道琼斯高管推销这一想法,答应每年向公司提供 100 万至 200 万美元的资金,用于使用该公司的名字[11],但《华尔街日报》和《巴伦周刊》的出版商道琼斯对此不感兴趣。

桑德尔并没有气馁。回到芝加哥,他向期货交易所的官员们做一个新的推销——奇怪的是,这个广告词一开始就提到了阿司匹林的历史。阿司匹林曾作为乙酰水杨酸的拜耳版本而成为拜耳的品牌,但拜耳没有捍卫这个商标,于是阿司匹林逐渐成为一个通用术语。桑德尔认为,道和阿司匹林一样,已经成为一个通用术语[12],任何人都可以免费使用。

交易所测试了一下桑德尔的理论。价值线指数上市两天后,芝加哥期货交易所要求商品期货交易委员会批准 CBT 指数——道琼斯公司的复制品。道琼斯公司提起诉讼,诉讼持续了几个月,最终芝加哥期货交易所败诉。

与此同时,芝加哥商品交易所的利奥·梅拉米德则选择了另一个方向:标准普尔 500 指数。散户投资者对该指数的熟悉程度远不及道琼斯指数,但芝加哥商品交易所的研究显示,大的股票投资组合经理,即戈登·宾斯正在招聘的管理通用养老基金股票投资的那种人,几乎都将该指数作为他们业绩的基准。梅拉米德觉得他们是股指期货合约的天然对冲者,所以他把芝加哥商品交易所的筹码放在了标准普尔 500 指数上。

尽管道琼斯拒绝了芝加哥期货交易所的收购请求,但麦格劳—希尔出版公司旗下的标准普尔至少愿意与芝加哥商品交易所谈判。在与标准普尔高管共进晚餐时,梅拉米德解释说,他想要一笔独家交易,并表示他愿意为每份被交易的合约向标准普尔支付一角钱,最高可达每天 1 万份。据梅拉米德所知,这大大超过了历史上任何期货合约的最大日交易量。交易达成后,芝加哥商品交易所比堪萨斯晚两个月推出股指期货。

4 月 21 日,梅拉米德自豪地看着一群交易员涌进芝加哥商品交易所的一个交易场,开始交易新的标准普尔 500 指数期货合约,很快它就被称为 spooz(与 booze“酒”押韵[13])。第一天的成交量轻松超过

1 万张合约。[14] 在接下来的四个月里,随着股市遭受熊市的最后一击,标准普尔 500 指数期货合约的交易将会出现些许波动,但梅拉米德确信,当下一次牛市站稳脚跟时,这种新产品将成为有史以来最成功的期货合约之一。

1982 年 3 月 24 日,正当芝加哥商品交易所准备标准普尔 500 指数期货合约首演时,来自芝加哥联邦上诉法院的一颗重磅炸弹击中了华盛顿。

1981 年 11 月,美国联邦第七巡回上诉法院就芝加哥期货交易所对证券交易委员会批准吉利美期权的质疑听取了口头陈述。之后,证券交易委员会总法律顾问办公室一直在观察和等待。1982 年 3 月 24 日他们在芝加哥的律师接到了法院的电话,并迅速取回了判决。当判决书被宣读给证券交易委员会在华盛顿的律师时,他们感到震惊。

芝加哥期货交易所的法律理论[15] 引人注目,它声称,在芝加哥开始交易吉利美期货合约的那一刻起,吉利美证书就神奇地转化成了商品。多亏了这种神秘变化,吉利美证书上的期权是一种商品的期权,而不是一种证券的期权;而商品期权,像商品期货一样,完全属于商品期货交易委员会的专属管辖范围。这场争论向其他监管机构提出了一系列令人担忧的问题:在芝加哥商品交易所开始交易美国国债期货的那一刻,美国国债是否也变成了商品?如果有人开始买卖 IBM 股票的期货合约,会不会突然把股票变成一种商品?商品期货交易委员会的管辖权是否仅受芝加哥想象力的限制?

法官们对商品期货交易委员会极具弹性的法规做了字面解读，并且无视夏德—约翰逊协议的条款，最后裁定证券交易委员会无权批准吉利美的期权合约。在法院看来，该法律的措辞意味着，“洋葱以外的任何东西都可以成为‘商品’[16]，因此只要在某些交易所进行期货交易，就要受到商品期货交易委员会的监管。”

事实上，上诉法院发现，创立商品期货交易委员会的广义的法律甚至可能被解读为完全剥夺证券交易委员会在股票期权市场的任何权力。法院对立法者提出了挑战，法院写道，“鉴于‘商品’的概念可能会扩大，甚至包括传统上由证券交易委员会监管的标的为公司证券的期权，商品期货交易委员会的专属管辖权条款必须有一些限制。”显然，法官们认为界定这些限制是国会，而不是法院的职责。[17]

这一裁决引发了一场惊慌失措的抗议狂潮，连商品期货交易委员会的菲尔·约翰逊也对它的影响力感到惊讶。他仍在等待证券交易委员会的正式重新授权，而这可能激怒证券交易委员会在国会的盟友，毁掉他所有谨慎的外交努力。[18]

对罗斯福新政抱有强烈同情的密歇根州民主党众议员约翰·丁格尔(John Dingell)迅速呼吁就修正案举行听证会，以确认证券交易委员会在股票期权市场的管辖权。丁格尔还对整个金融期货领域提出质疑，尤其是股指期货。修正案很容易通过，丁格尔对股指期货的极度不安则不会。

虽然就证券交易委员会对股指期货和吉利美期权的管辖权存在明显争议，但绝对可以肯定的是，证券交易委员会对美国国债市场没有管辖权。[19] 从实际意义上讲,没有哪个机构对国债市场具有管辖权,它是金融景观中隐秘的峡谷,在这里,一场森林大火几乎可以毫无预警地爆发并蔓延到其他市场。

当证券交易委员会于 20 世纪 30 年代成立时,相对较小的美国国债市场被明确地置于其监管范围之外。尽管政府现在依赖规模大得多的国债市场来借钱,以弥补不断扩大的联邦赤字,情况依然是这样。

在这个市场上,每天有数百亿美元的美国国债在公司财务主管、大银行的交易员、地方储蓄和贷款部门的高级副总裁,以及全国各地市、县和州机构的政府财务官员之间易手。尽管大投资者们已经到来,但国债市场仍然由绅士协议和古怪的会计概念所统治。

美联储在这个市场上有一点权力,应该说"影响力"比"权力"更准确。

保罗·沃尔克曾经执掌的纽约联邦储备银行将 36 家主要的华尔街机构指定为"一级交易商",当财政部拍卖新国债券时,这些机构享有令人垂涎的投标权。作为交换,这些一级交易商自愿定期向纽约联邦储备银行通报自己的财务状况。

当然,几乎所有的一级交易商也处于某种正式的监管制度之下。大型国民银行受美国货币监理署(Office of The Comptroller of The Currency)和联邦存款保险公司(FDIC)的监管,它们的控股公司受到美联储的监管,而大型华尔街经纪公司则受到证券交易委员会的监管。

然而,如果一家金融公司将其国债交易部门拆分成一个单独的业务部门，那么该部门不受任何人的监管。这就是德赖斯代尔(Drysdale)证券公司所做的。[20]

德赖斯代尔是一家小型的纽约经纪公司，其历史可以追溯到[21]1890年加入纽约证券交易所的一家公司。1982年初，德赖斯代尔成立了德赖斯代尔政府证券公司(Drysdale Government Securities)，这是该公司的明星债券交易员戴维·海威特(David Heuwetter)控制的一个独立部门。[22] 海威特最近利用美国国债市场会计的一些非同寻常的特点[23]，以极少的现金建立了至少50亿美元的高风险交易头寸[24]，这对德赖斯代尔这样规模的公司来说是一个惊人的数字。当然，其假设是海威特的借贷和交易策略是有利可图的——只要利率持续上升，在这个过程中债券价格被压低，这就是一个很好的赌注。[25] 在公司内部，"有传言"该交易员"正在使用一种秘密的、复杂的基于计算机的交易策略"[26]。

德赖斯代尔证券公司是纽约证券交易所的一员，这项高风险的债券业务也没有逃过约翰·菲兰的员工的注意。纽约证券交易所坚持认为，德赖斯代尔要么将自己与海威特的敞口隔离开来[27]，要么关闭这家公司。其结果是1982年初的分拆。

单是分拆就可能足以让德赖斯代尔的一些交易伙伴感到担忧。[28] 然而，德赖斯代尔的许多交易都是通过大通曼哈顿银行(Chase Manhattan Bank)进行的，这是洛克菲勒家族的银行，也是美国第三大银行；小部分则由两家规模较小但仍相当可观的机构处理。[29]

较老的国债交易的巨大市场充斥着随意的商业行为，至少对市场来说，大通和其他银行只是在交易中作为德赖斯代尔的代理经纪人还是作为以某种方式确保交易的结算所就无法确定了。许多把债券借给德赖斯代尔的人显然认为他们是和大通银行在做生意,储蓄和贷款界或内陆地区的县财政办公室的一些债券出借人可能从未听说过德赖斯代尔。

1982 年 5 月 17 日周一之前,在这个巨大的不受监管的市场上,所有这些不负责任的传统(一位资深银行家后来承认这些传统"不合理")似乎没有让任何人感到担忧。[30] 就在那天,海威特本应向大通曼哈顿支付 1.6 亿美元,以偿还德赖斯代尔所借债券的部分到期利息,然后大通再将现金转给债券的不同所有者。遗憾的是,就在前一天晚上,海威特给大通打电话,问是否愿意借钱给他偿还第二天的利息,否则他将无法支付这笔钱。

无数通紧张忙乱的电话后,消息很快传到了大通的 CEO 威拉德·C. 布彻(Willard C. Butcher)那里。银行律师向布彻保证,大通只是德赖斯代尔的代理人,没有法律义务为违约埋单,因此大通拒绝向这家陷入困境的债券交易商提供贷款。[31]

当然,德赖斯代尔的债权人肯定拿不到这 1.6 亿美元[32],违约实际上可能会让一些较小的公司陷入危险。因此,周一上午,布彻相当负责地联系了对形势至少有一点管辖权的政府机构:纽约联邦储备银行。下午 2:30,纽约联邦储备银行的一些高级职员与他会面[33],听他解释情况。布彻提议召集所有相关的大公司开会,在会上大通将建议他们共同承担德赖斯代尔的违约责任,以保护处于风险中的小公司。

纽约联邦储备银行的官员立即通知了保罗·沃尔克,后者立即召唤了自己的特警队员杰里·科里根。他们都知道,美国国债市场很快就会听到德赖斯代尔问题的风声——太多公司受到影响,他们不会保持沉默,而美国国债价格已经在大幅下跌。如果其他交易商开始担心,由于他们的交易对手方没有得到德赖斯代尔的付款,他们的交易也将得不到付款,那会怎样?这可能会使市场瘫痪,而市场是无数企业和政府实体日常营运资金的重要来源。如果德赖斯代尔破产,数十亿美元的债券可能会被冻结数月,甚至数年。

尽管美联储在这场危机中没有明确的管辖权,沃尔克同意纽约联邦储备银行应该召开大通要求的会议,目的只是为了了解更多情况。然后,他试图集中精力为第二天上午的会议做准备,他将主持美国关键的货币政策小组——联邦公开市场委员会(FOMC)——的会议。按计划科里根将去纽约参加有关德赖斯代尔的会议。[34]

周一晚上6:00左右,七家华尔街大公司的高管们涌入位于曼哈顿下城的纽约联邦储备银行堡垒般的总部。坐在大通高管旁边的一名美联储官员做出了解释,他言辞谨慎:美联储担心“这个问题的潜在市场后果”,但没有对大通可能提出的任何计划表示支持。[35]

大通提出的由银行共同承担德赖斯代尔债务违约的建议就像不新鲜的水果蛋糕一样摆在桌面上。对在座的大交易商而言,这是大通的问题,因为它处理了德赖斯代尔的交易。由于确信自己的法律地位,布彻敦促交易员们晚点再做决定,第二天早上7:00在几个街区之外的银行总部将再次开会。

在华盛顿的美联储已经向财政部官员、货币监理署和证券交易委员会工作人员发出警报,要他们警惕德赖斯代尔违约可能带来的多米诺骨牌效应。虽然证券交易委员会对德赖斯代尔的证券有一定的管辖权,但事实很快就清楚了,这家经纪公司并不是这场混乱中的实体。货币监理署监管着大通曼哈顿银行,但该机构主要关心的是大通的底线,即它的"安全和稳健",而不是它对市场的道德义务。财政部官员除了担心不到两天之后的下一次两年期国债拍卖外,几乎无能为力。如果德赖斯代尔的违约仍悬在市场上空,可能会推高纳税人为这些票据支付的利率。

就像两年前的白银危机一样,科里根再次发现自己身处一个没有整洁清晰的监管边界的世界——在这个世界里,似乎每个人都在黑暗中疯狂地摸索一种可以防止崩盘的杠杆。

周二上午在大通曼哈顿银行总部举行的会议进行得并不顺利。根据一种说法,30 位愤怒的经纪人和银行家挤进了会议室[36],他们通过华尔街极其高效的小道消息得知,大通不会为违约埋单。

随着德赖斯代尔还拖欠另外两家银行利息的消息传开,美国国债市场继续动荡。不可思议的是,在德赖斯代尔宣布违约 36 个多小时后,杰里·科里根还不能确定这个问题有多大,也不能确定还有多少银行和债券交易商可能受到影响。

当天余下的时间里,科里根和其他美联储官员与大通银行和另外两家需要为德赖斯代尔收拾烂摊子的银行的高管发生争论。科里根告诉他们,决定权在他们手里,但他认为"支付利息的决定会起到平静市场的作用"[37]。

在华盛顿,科里根的老板沃尔克大声抱怨德赖斯代尔的崩溃。

他在上午 9:15 宣布当天的联邦公开市场委员会会议开始，但解释说，他会时不时离开会场，因为要接听来自纽约的紧急电话。

“至少可以这么说，市场出现了相当异常的发展，”[38] 他对委员会成员表示。他解释称，一家政府证券公司“无法支付账单”。

“这是一家交易商吗？”一位美联储理事问道，他指的是纽约联储指定的主要大型交易商。

“这不是一个公认的交易商，”沃尔克回答说。“这是一家边缘运营商”，显然是在利用“某种下等骗局”筹集的资金“进行大规模运营”。

他的担心是显而易见的。大通曼哈顿作为中间人，被牵涉其中。沃尔克说，与德赖斯代尔交易的一方“声称大通应该承担法律责任，而大通则声称它不应该，所以我们陷入了困境。仅在这一组交易中，损失就远远超过 1 亿美元，我们不知道还牵涉到什么。我们正在努力寻找答案”。

沃尔克最担心的是破产法官冻结其他由德赖斯代尔经营证券的交易商的资产，他略述了如果这一担忧成为现实美联储可能在市场上采取的稳定措施。

沃尔克说，德赖斯代尔的大多数贷款机构是“纽约主要的证券商——有七八家，都是知名公司”。他说：“据我们所了解的损失情况，如果事情解决了，他们应该能够承受损失。”“但这并不意味着它此时不会在整个市场引发非常严重的担忧。”

他停了下来，环顾四周，看到的都是焦急的面孔。

“在座各位有什么要说的，或者有什么我不能回答的问题吗？”

有一个人提问。圣路易斯联邦储备银行总裁劳伦斯·K. 鲁斯(Lawrence K. Roos)问:“保罗,作为美联储,在这种情况下我们的责任是什么?只是为了维持市场秩序?”

沃尔克回答说:“拉里(Larry)①,我们的总体责任是最广泛意义上的经济。在这种情况下,就像在所有情况下一样,对此负有责任的人只是问题的最小部分,而如果政府证券市场的所有融资安排都被打乱,我们将面临一个重大问题。”[39]

旧金山联邦储备银行总裁约翰·J. 巴利斯(John J. Balles)随后讲话:“看另一个方面:如果我们帮助私人交易商摆脱困境,有没有被控告的风险?”

“有,”沃尔克突然回答。“这是无法避免的。”过了一会儿,他又说,“这就是最后贷款人的本质。”

第二天早上,德赖斯代尔违约事件中牵涉到的另外两家银行[40]宣布,它们将支付债券的利息。周三 11:45,大通也宣布将支付德赖斯代尔债券的到期利息。沃尔克接到电话:成功了。就这样,一场没有人有明确监管权可以处理的危机靠着游说和美联储的一点道德压力得到解决,这是一场没人预见到的危机,一场甚至没有人能够在可用时间内准确衡量的危机。

随着白银危机的爆发,科里根看到金融断层线向新的方向延伸,向芝加哥大宗商品市场延伸。现在,在无人监管国债市场一个不受监管的神秘角落出现了一道裂缝,动摇了几家受美联储和货币监理

① 拉里是劳伦斯的昵称。——译者注

署监管的大银行，以及一些受证券交易委员会监管的华尔街公司。

一个敢于冒险的美国国债投机者——或者，就此而言，得克萨斯州的两个白银投机者——可以制造一场地震，撼动美国金融版图的任何一个角落，甚至每一个角落，这就是1982年的美国。

注释

1. "Commodity Futures Trading Commission Reauthorization"(以下简称"Senate CFTC Reauthorization 1982"), Hearings Before the Subcommittee on Agricultural Research and General Legislation of the Senate Committee on Agriculture, Nutrition, and Forestry, 97th Congress, 2nd Sess., February 26 and March 1,2,10,and 11,1982,p. 3。

2. 同上，第45—62页。

3. 同上，第47页。

4. 同上，第33—34页。在2015年的采访中，有关他与沃尔克在股票指数期货保证金问题上的往来，约翰逊给出了一个不同版本，Tamarkin, *The Merc*, pp. 272—273也引用了该版本。在塔马金(Tamarkin)的版本中，堪萨斯期货交易所总裁在价值线指数合约推出24小时前拜访了约翰逊，并告诉他，沃尔克"不会允许保证金低至3%至5%"。据说约翰逊直接打电话给沃尔克，他"没有翻出美联储和商品期货交易委员会之间到底谁对保证金有管辖权这个旧账"，而是问10%的保证金是否可以接受。沃尔克同意了，并且"就保证金控制权争吵多年以后，问题已经解决了，正如约翰逊后来所说，'在一个五分钟的私下沟通中'"。虽然这种权宜的妥协可能已经发生，但依靠几天后约翰逊在国会委员会听证会上的宣誓证词似乎更明智。这一证词以及后来的事态发展清楚地表明，沃尔克仍然对股指期货合约的保证金水平有很大担忧，而这一问题在约翰逊的"五分钟的私下沟通"中并未得到解决。

5. 同上,第 24 页。

6. 同上。

7. Associated Press,“KC Board of Trade Hails Stock Futures' First Day,” *Lawrence*(Kansas) *Journal-World*,February 25,1982,p. 2。

8. H. J. Maidenberg,“Commodities: Emerging Index Futures,” *New York Times*,March 8,1982,p. D8。

9. 1982 年,桑德尔在一家商品交易公司工作,不再是芝加哥期货交易所的经济分析师,但他仍然是交易所“金融工具委员会”的主席,该委员会在 1975 年为历史性的吉利美期货合约做了基础工作。

10. 桑德尔后来声称(*Good Derivatives*,pp. 163－164),两个芝加哥交易所做出了战略决定,让堪萨斯期货交易所带头争取商品期货交易委员会的批准,尽管后者只是“一家与参议员罗伯特·多尔有关系的小型交易所”。但已有记录不能证实他的说法。首先,多尔并不是密苏里州的参议员,所以不清楚他为什么会“与”密苏里州的商品交易有联系。多尔在国会听证会上的评论也没有表明他是堪萨斯期货交易所新产品的支持者,他把这种产品比作“合法赌博”。最具决定性的证据是,芝加哥期货交易所的档案显示,它至少在 1979 年 12 月 17 日就开始开发自己的股票指数产品,当时它的成员批准了桑德尔的提议,并于 1980 年 2 月 25 日首次向商品期货交易委员会提出申请——比芝加哥商品交易所的申请早三天,但是在商品期货交易委员会否决堪萨斯期货交易所之后。有关 1980 年 3 月 14 日关于“商品期货交易委员会提交的主要特征的投资组合期货陈述”的备忘录,见 III. 1373, Folder 6/16, labeled “Economic Analysis and Planning 1980,” CBOT Archives, for a memo dated March 14, 1980, about “Portfolio Futures—Presentation of Salient Features of the CFTC Submission”。

11. Sandor,*Good Derivatives*, p. 164。

12. 同上。

13. 金融指数显示板上标准普尔500指数本身的代码是SPX。标准普尔500期货合约符号中的最后一个字母表示合约到期的时间。因此,SPU于9月到期,SPZ于12月到期。几十年后,标准普尔500指数期货合约被统称为"spoo"合约,但此时,它们被称为"spooz"。拼写显然是灵活的;塔马金授权的芝加哥商品交易所的历史使用spooz,从语音上看,这似乎更符合语音,而利奥·梅拉米德的回忆录*Escape to the Futures*,将它拼写为s-p-u-z,这似乎有点混乱,因为这个词的发音可以和ooze或和fuzz押韵。

14. 两年后,对合约启动了重新谈判,结果对标准普尔更为有利,见Melamed,*Escape to the Futures*,p. 295。

15. 对商品期货交易委员会主席来说,这可能有点尴尬,因为裁决中持异议的法官大量引用了约翰逊自己关于商品法的法律著作,认为多数意见是错误的。因此,在这个有争论的问题上,约翰逊被卷入两难:在商品期货交易委员会的意见书中他支持芝加哥期货交易所;同时,他以前的学术研究又成为想要拒绝芝加哥期货交易所的法官的事实依据。

16. Decision in *CBOT v. SEC* ruling,677 F. 2d 1137。法院承认,吉利美本身确实是有价证券,但裁定吉利美期权属于商品期货交易委员会的专属管辖权。见John D. Benson,"Ending the Turf Wars: Support for a CFTC/SEC Consolidation," *Villanova Law Review* 36,no. 5 (1991),p. 1187。

17. *CBOT v. SEC* ruling。

18. 由于这一点和其他政治原因,重新授权法案直到1983年1月才签署成为法律。几个月后,约翰逊从商品期货交易委员会辞职。

19. 短期国库券和中长期国库债也在国债市场交易,国债市场也被称为政府证券市场。简单起见,这一解释说明将使用"国债市场"一词来泛指这些相关证券被交易的市场。

20. "Death Notice: Benedict,Coleman H.," *New York Times*,April 22,

2005。Coleman H. Benedict 是公司创始人的孙子,与他祖父同名。

21. 1982 年 4 月,德赖斯代尔宣布花 350 万美元购买美国商会大厦,这是位于曼哈顿下城自由街 65 号的一座布杂艺术风格的建筑。为此,德赖斯代尔挽回了一点形象。见无署名文章,"Postings: Leaseback," *New York Times*, April 18, 1982, sec. 8, p. 1。

22. Barrie A. Wigmore, *Securities Markets in the 1980s: The New Regime 1979—1984*, vol. 1 (New York: Oxford University Press, 1997), p. 236. 参见 Scott E. D. Skyrm, *Rogue Traders* (New York: Brick Tower Press, 2014), chap. 1. According to Skyrm (at p. 39), Heuwetter died on August 4, 2012, at the age of seventy-one。

23. 1982 年公司倒闭促使国债交易员和交易商为他们的会计和文书工作确立固定体系,以结束德赖斯代尔交易员采用的一些做法。这些交易实际上是名义上的证券销售,同时附带回购协议,因此就有了"回购协议"的术语。但那年夏天晚些时候另一家交易商伦巴第 · 沃尔货币市场(Lombard Wall Money Markets)申请破产之前整个市场都认为它们是贷款。破产法院裁定,该交易商向其贷款人抵押的债券不能作为其拖欠贷款的抵押品被扣押,但必须作为债务人财产的一部分处理。这些证券在破产过程中被冻结了几个月,投资者成群结队地逃离回购市场。在业界的紧急要求下,国会通过联邦破产法修正案做出澄清:如果一家交易公司倒闭,法院应将回购协议视为抵押品。

24. 这是股市卖空行为的美国国债市场版本。在这种情况下,投机者要支付一笔费用,借来一只被认为估值过高的股票,然后再将其出售。投机者认定股票价格会下跌,他将能够回购,还回借来的股票,并赚取利润。在这里,债券交易者是在赌利率的上升会压低他所借和所卖的债券的价格,因此他能够以较低的价格回购这些债券,并从中获利。

25. Skyrm, *Rogue Traders*, p. 25。交易员的策略利用了回购市场的一种过时的习惯，那就是在计算交易者借入债券所需的保证金时忽略欠息的价值。这样，交易者可以通过发布未反映应计利息的保证金来借入债券，以确实反映应计利息的价格出售，并用他筹集到的现金进行交易，直到他需要退还借入的债券。斯克姆(Skyrm)指出“无论利率如何，它是获得无息贷款的绝佳方式”，由于利率处于十几年的高位，如果不出错，这项技巧就是一笔财富。

26. 同上，第 24 页。

27. 在一个刑事案件中，海威特后来认罪并承认过分夸大了分拆公司的财务实力，该公司声称拥有 2 050 万美元的资本，而实际上是有 1.5 亿美元的赤字。见 *U. S. v. David J. Heuwetter*, 84－CR－188, U. S. District Court, the Southern District of New York; and *SEC News Digest*, April 9, 1984, p. 2。

28. 斯克姆断言(*Rogue Trader*, p. 18)，纽约联邦储备银行也对德赖斯代尔在美国国债市场的头寸规模发出过早期警告：“美联储得到了一些市场参与者提供的内幕信息，他们认为德赖斯代尔的交易量远超公司的资本金，许多交易商已经因为其出名的风险交易而拒绝与该公司合作。”但他未提供此声明的来源。参议院关于该丑闻的证词只披露了德赖斯代尔在其违约三周前于 1982 年 4 月 23 日向纽约联邦储备银行递交了初级交易商地位申请，并被告知其申请“过早”。见“Disturbance in the U. S. Securities Market”(以下简称“参议院德赖斯代尔听证会”), Hearing Before the Subcommittee on Securities of the Senate Committee on Banking, Housing, and Urban Affairs, 97th Congress, 2nd Sess., May 25, 1982, pp. 39－40。

29. 根据参议院德赖斯代尔听证会，它们是制造商汉诺威(第 26 页)和美国信托公司(第 28 页)。

30. Michael Quint, “Financing Quirk at Drysdale Studied,” *New York Times*, May 25, 1982, p. D5。

31. Skyrm, *Rogue Trader*, p. 27。

32. 今天,这笔钱将达 4.8 亿美元。

33. 这些细节来自纽约联邦储备银行总裁安东尼·所罗门(Anthony Solomon)为参议院德赖斯代尔听证会准备的一张官方年表,第 24—28 页。

34. 在这紧张的数小时里,科里根离开华盛顿前往纽约,但时间并没有反映在随后的证词或官方年表上。

35. 参议院德赖斯代尔听证会,第 25 页。

36. Skyrm,*Rogue Trader*,chap. 1。

37. 参议院德赖斯代尔听证会,第 27 页。

38. 联邦公开市场委员会会议记录(以下简称"FOMC 会议记录"),1982 年 5 月 18 日,第 1 页,美联储网站,https://www.federalreserve.gov/monetarypolicy/files/fomc19820518meeting.pdf。

39. 同上,第 3 页。所有 FOMC 的引用都来自相同的会议记录。

40. 参议院德赖斯代尔听证会,第 28 页。

第二部分　巨神与奇才

7

来自俄克拉荷马的瘟疫

1982 年美国国庆周末前，芝加哥大陆伊利诺伊银行的会议室内[1]，一位主管正难以置信地盯着对面的联邦银行审查员。

审查员拍着芝加哥大陆伊利诺伊银行从宾州广场银行（Penn Square Bank）所获一笔贷款的全部材料，说那是一笔不良贷款，没有足够的抵押，因此大陆伊利诺伊银行将不得不注销它。宾州广场银行是俄克拉荷马市一家激进的油田贷款人。

不！银行主管表示抗议。那笔贷款得到了一位与该钻井公司有关联的富人的无限担保。

“不，你所得的只是小额有限担保，”审查员说，担保不足以完全偿还贷款。

这位主管大惊失色。大陆银行向宾州广场银行支付了近 10 亿美元购买贷款，他是负责人之一。宾州广场银行首席石油与天然气主管曾亲自打消他对这个有争议的贷款条款的疑虑，而他则把这个充满活力的年轻主管视为密友。

审查员早已开始讨论下一套文件，就其他贷款提出新问题。

主管很快赶往自己的办公室，他知道联邦银行审查员也在俄克拉荷马的宾州广场银行里，因为当时的新闻报道暗示宾州广场银行有一些问题。对此，他的密友，也是他在宾州广场银行的主要熟人坚持认为银行只是在经历快速成功之后正常的发展阵痛。联邦银行审查员只要求宾州广场银行寻找到3 000万美元的新资本——而他的朋友已经向他保证正在争取新的投资人。

愈发焦虑的芝加哥大陆伊利诺伊银行主管给他在俄克拉荷马市的朋友打电话，急切地对他说，"你必须去你的办公室，或者派人去你的办公室，让联邦银行审查员解封你们的文件。你必须把你那笔贷款的无限担保书寄给我。"

"抱歉，我从来没有得到过那个担保"，他的朋友回答说。[2]

没有那份无限的保证，如果那笔贷款还值钱，它值不了大陆伊利诺伊银行支付的钱。在大陆伊利诺伊会议室桌上还堆放着宾州广场银行的其他贷款，审查员对这些贷款的判断都是正确的吗？

审查员对大部分贷款的判断是正确的——而且，这足以毁掉这位主管的事业、极大动摇市场对大陆伊利诺伊银行的信心。

而且足以动摇芝加哥的金融基础。

可以说芝加哥期货市场爆炸性的金融创新一直得益于芝加哥主要银行提供的财力资源及承担的经济责任，这包括芝加哥第一国民银行、哈里斯银行和信托公司(Harris Bank and Trust),尤其是大陆伊利诺伊银行。

1971年,当利奥·梅拉米德为其新的外币期货市场大力争取支持的时候,他担心大型国民银行会把芝加哥商品交易所视作他们外币期货市场的竞争对手从而加以排斥。而事实上很多银行确实是这样表现的:纽约的一位银行家警告梅拉米德说,外币期货市场“除了满足比去赛马场、赛狗场赌博更高级一点的投机者”[3]没有其他目的。

但芝加哥的银行家及其交易员同样具有创新精神[4],他们很快就集合起来支持新的外币交易市场。通过向他们机构的顾客推荐货币期货并将他们的高管纳入芝加哥商品交易所的顾问名单,他们给了这个项目全球性的可信度[5]。

大陆伊利诺伊银行的全球野心与芝加哥商品交易所旗鼓相当。到1982年夏天,大陆伊利诺伊银行已经发展成为全国第六大银行,在商业和工业贷款方面排名第一。1978年,权威的《邓氏评论》(*Dun's Review*)发表关于大陆伊利诺伊银行首席执行官罗杰·F.安德森(Roger F. Anderson)的人物简介,盛赞这位首席执行官并把银行称为全美“五大管理最佳公司之一”[6]。

当然银行也存在问题——整个银行业面临的大问题。极高的新贷款利率,意味着高质量的公司不热衷于借款。同时,联邦储备委员会的条例限定了银行和储蓄贷款机构可以支付给小规模储户的利息[7],这样就促使很多人从银行取出现金投入货币市场共同基金以获取高利息。联储不愿意解除利率限定,担心这样会给已经不稳定的储蓄与贷款业带来灭顶之灾,当时的储蓄与贷款业每周平均有五家机构关门。

类似大陆伊利诺伊银行罗杰·安德森这样的银行家相信要度过这场风暴的最佳办法是做大做宽——挤进监管部门对他们开放的每个新市场,同时在市场承受范围之内扩张传统的借贷业务。有一些市场,特别是经纪和证券承销业务,基本是不对他们开放的,但他们正在敲这个门。

显然,这需要立法举措,当1982年的夏天变得非常糟糕的时候,国会正在低效地考虑该怎么做。[8]

被视为美国银行业圣经的《美国银行家》(*American Banker*)杂志有一位警觉的记者对宾州广场银行做了报道,问题很快地就为公众所知。[9] 银行的危机让储户感到震惊,但他们也许是唯一觉得意外的人。宾州广场银行从20世纪70年代中期的一家"拥有3 000万美元资产、了无生气的郊区零售银行"扩张成为一家资产5亿美元的银行,其贷款组合充斥着[10] 高风险的石油和天然气贷款,与它竞争的石油银行家们一直用怀疑的眼光看着它。

这家银行的问题同样也至少被一家监管机构察觉到。在两年多的时间里,货币监理署达拉斯局的审查员们一直在谨慎地督促其收紧贷款标准、遏制其惊人的扩张。银行的高层管理人员做出了真诚的承诺和短暂改进;同时,继续向少数几家上游大银行销售其贷款,这些大银行就包括大陆伊利诺伊银行。

审查员们已于1982年4月到达宾州广场银行进行审查。他们花了一两周时间仔细审阅几抽屉的文件,包括部分完成的贷款和不可靠的贷款,最终意识到他们面临着一场全面的灾难:注销他们已经看到的银行的坏账将耗尽银行的资产，而且还有更多的文件柜没有被打开。5 月 11 日他们给华盛顿发去警报。[11]

这一警报最终送到了他们老板 C. 托德·康诺弗的手上，他曾是加州银行业的一位咨询师，获里根总统委任主管财政部下属的一个独立机构——货币监理署。该机构对大约 12 000 家国家特许银行实施监管[12]，包括宾州广场银行。

6 月 23 日，康诺弗发布一项命令，给宾州广场银行一周的时间找到 3 000 万美元新资金。他提醒和他同为银行监管者的两位同事中的一位，已为宾州广场银行存款提供保险的联邦存款保险公司主席威廉·M. 艾萨克。第二天，康诺弗致电给第三位监管者，联储的保罗·沃尔克，告诉他宾州广场银行在接下来的几天里需要某种紧急贷款。在危机发生一周后的 6 月 30 日，联邦存款保险公司一行人突袭俄克拉荷马市，控制了宾州广场银行，而联储则给予 2 000 万美元贷款来支持宾州广场银行，避免发生监管人员担心的挤兑，而且也勉强避免了挤兑。

在 1982 年，联邦存款保险被限制在 10 万美元。受到宾州广场银行高定存利息的诱惑，许多客户，包括 170 家银行及其他金融机构，在宾州广场银行存入了远多于联邦存款保险公司保险可以赔付的资金。事实上，未被保险的存款总额大约有 2.5 亿美元，那将是自大萧条后银行储户最大的损失。[13]

对比尔·艾萨克(Bill Isaac)①来说这是一个严峻的考验，他被吉米·卡特总统任命为联邦存款保险公司委员会成员，被罗纳德·里

① 比尔是威廉的昵称。——译者注

根总统提升为主席。在他看来,除非这家身处困境的银行可以以某种方式找到新的所有者[14] 或者合并入一家现有的银行,不然联邦存款保险公司将不得不对它进行清算,这样,储户将获得联邦存款保险公司保险所给予的最高赔付,这家银行则逐渐倒闭。账户资金超出联邦存款保险公司限额的储户获得剩余存款的欠条[15],这些欠条将由银行破产后被挽救的贷款组合支付。债权人,在这个案子里包括大陆伊利诺伊和其他上游银行,将获得剩余的少量资金。

俄克拉荷马市这家银行的倒闭将危及近两百家金融机构。对保罗·沃尔克来说,这个坏消息到来的时间不能更糟糕了。

沃尔克的团队早就保持高度警觉。8 月,墨西哥政府需要偿还一笔巨额的银行贷款,而其他拉美的债务国看着也日益不牢靠。[16] 与此同时,洛杉矶的另外一家小型政府债券公司受德赖斯代尔危机的影响已经在 6 月初开始衰退,而且对信贷的担忧依然让国债市场感到不安[17]。现在沃尔克他们不得不应对银行倒闭可能引起的对所有大银行信贷安全的怀疑。

脆弱的银行系统几年来一直令美联储担忧,但在急速且深度衰退的第十个月,这些担心升级了。银行希望更大规模能使其更安全,而实际上这也使得大银行的问题更加成为对整体金融体系的威胁。过去往往只是少数大银行会是威胁,但宾州广场银行的情况显示一家小规模、不知名的银行同样可以。新的问题已经形成,因为银行越来越多地将其当地的贷款远销到其他地方的银行。只有交易地图才会揭示哪些银行在呆账出现时会被危及,但这张地图是不可能画出来的。

所以,当保罗·沃尔克听说宾州广场银行的状况时,他坚决反对联邦存款保险公司的清算计划,而是主张债务重组,这将避免给储户和上游债权人带来任何损失。

最初康诺弗同意沃尔克的意见——毕竟,那是一家问题银行获得解救的常规方法——但是,他们两个谁都说服不了艾萨克,艾萨克令人信服地表示,如果不知道银行的债务规模,没有一家理智的银行会同意与宾州广场银行合并。出于同样原因,联邦存款保险公司不可能接管这家银行并代为运营。所以,尽管联邦存款保险公司从没有为“任何一家规模稍微接近宾州广场银行的机构”做清算,对艾萨克来说,这看上去是唯一的选择。[18]

鉴于所有这些原因,1982 年 6 月 30 日周三下午当沃尔克在 12 位成员组成的联邦公开市场委员会击锤宣布开会时,他表现暴躁,这并不令人奇怪。

当天会议的一项主要议程是墨西哥,因为难以偿还它所欠银行的 200 亿美元债务,墨西哥处于金融危机的边缘。[19]

墨西哥无法偿还银行贷款对美国的银行业将是一次重击。美国国内五大银行将因为墨西哥不履行债务损失 1/3 到 3/4 的资产,其次的五家大银行,包括大陆伊利诺伊银行,将损失 1/4 到一半的资产。[20] 而那只是墨西哥,还有很多不安全的债务国排在墨西哥后面。美联储、财政部以及国际货币基金组织正在为墨西哥起草秘密的紧急融资一揽子计划,沃尔克为此事争得了委员会的同意,然后宣布会议休会至第二天。

第二天委员会继续开会时,沃尔克跟与会者分享了宾州广场银行的冒险故事。

他说:"笼统地讲,我们面临一个潜在的严峻问题,这源自俄克拉荷马的一家岌岌可危的银行,也许情况比岌岌可危更严重。"

这家银行本身并不是"那么重要",他说。没人会把它当作是对金融体系系统性的威胁,但是,它给石油产业冒险地提供贷款反映出"一种心理,我想,这种心理就是保证任何一个现在正在钻井甚至是在地上挖洞的人会暴富——因为人们相信油价将永远上涨。然而,一旦油价突然不再上涨了,那么所有这些贷款看上去就很糟糕"。

除非油价继续疯涨,否则美国银行账目上的多少其他贷款是可靠的?有多少贷款仅仅是因为没有人预见到沃尔克可以打败困扰美国十年的通货膨胀而发放的?

7月4日国庆日周末[21],沃尔克召集了联邦存款保险公司和货币监理署的官员一起讨论宾州广场银行的情况,与会人员决定咨询财政部部长唐纳德·里根。衣着休闲的里根到了以后坐在沙发上聆听对立双方的论证。[22]

沃尔克和康诺弗认为如果按照联邦存款保险公司的条件关闭这家俄克拉荷马的银行,金融市场很可能会发生混乱。比尔·艾萨克则支持严肃市场纪律、对宾州广场银行采取坚定的立场,以表明态度:对冒险激进的银行不存在无限制的安全网。根据一种说法,里根支持艾萨克的意见[23],但这一点并不清楚,也不清楚是不是因为康诺弗认为里根支持艾萨克[24],使得最后投票时沃尔克的意见输了。不管怎样,7月5日凌晨,联邦存款保险公司接到命令开始对宾州广场银行进行清算。[25]

一次可怕的信心危机已经由俄克拉荷马宾州广场银行以特快专递送达大陆伊利诺伊银行的台阶，而且不会就此停止。

纽约证券交易所在 7 月 6 日开市的时候，大陆银行的股价因为来自俄克拉荷马的消息下跌近 10%。银行在宾州广场银行贷款的损失使其在 1982 年第二季度亏损 6 100 万美元。[26]

在数周内，大陆银行的高级主管承认他们最早在前一年的秋天就知道从宾州广场银行购买的一些贷款存在问题，但他们坚持表示没有理由怀疑俄克拉荷马银行的整体健康。[27] 遗憾的是，一家信用评级公司降低了大陆银行的级别。

这一病毒继续扩散，超出了芝加哥的范围。在西海岸，西雅图第一国民银行(Seattle First National Bank)从宾州广场银行购买了超过 4 亿美元记录不完整的石油贷款。[28] 在联邦存款保险公司采取行动后一周，该银行裁员 400 人，并警告其投资者银行将有重大损失。[29] 在东海岸，大通曼哈顿银行还未从一个月前的德赖斯代尔危机的混乱中恢复，很快他们就报告了在宾州广场银行贷款上令人尴尬的损失。[30] 在中西部，密歇根国民银行(Michigan National Bank)拥有从俄克拉荷马购买的价值 1.9 亿美元的贷款。[31] 宾州广场银行的损失导致一家储蓄贷款银行被宣布无清偿能力、一家受到重创，另有几家受损严重。[32] 130 多家联邦特许的信用合作社在宾州广场银行有未被保险的存款，因此将不得不等待联邦存款保险公司寻找到额外资产后才能完全收回现金。

7 月 15 日，沃尔克在一次电话会议中告诉联邦公开市场委员会委员，宾州广场银行危机发生后，“市场弥漫着对整体金融机构的紧张不安”，“因为这次危机出现了大量谣言，这些都有人定期向我汇报”。

最近刚被任命加入联邦储备委员会的前储蓄业监管者普雷斯顿·马丁(Preston Martin)表示赞同。他已经听到人们“说接下去哪家银行将破产”。和沃尔克一样，他认为在那个时候加强对通货膨胀的控制力度将向每个人表明“我们对不稳定、缺乏流动性的市场存在的内在负面风险不重视”。

顽固坚持立场让委员会里的“通货膨胀鹰派”感到不安，但是他们都同意“当前的情况过于脆弱，没有其他选择”。

第二天上午，10:00刚过，两年前主持激烈的白银听证会的纽约民主党国会议员本杰明·罗森塔尔击锤，开始了国会就宾州广场银行召开的第一次听证会。

“宾州广场银行的破产戏剧性地提醒了我们需要一个有效的银行监管体系”，罗森塔尔说，“尽管有联邦监管，尽管有联邦存款保险，储户和其他金融机构的损失仍高达数亿美元。”[33]

罗森塔尔继续施压：为什么货币监理署的银行监管人员在知道宾州广场银行存在问题的两年时间里没有向其他金融监管机构发出警报？答案显而易见，如果货币监理署与其他金融机构分享相关细节，几乎肯定会发生他们想要努力避免的银行挤兑。

随后罗森塔尔传货币监理署署长托德·康诺弗和联邦存款保险公司主席比尔·艾萨克作证。

艾萨克的坦率似乎安抚了罗森塔尔。联邦存款保险公司负责人直言不讳地承认,宾州广场银行的结果不是最好的。理想的状况是,在联邦存款保险公司的帮助下,一家陷入困境的银行可以被出售给一家更健康的银行,这样所有客户的存款都会等到保护。遗憾的是,在这个案例中,宾州广场银行发放贷款的做法极其可疑,无法安排与其他银行的合并。[34]

艾萨克巧妙地制止了罗森塔尔的攻击。“很多人在问:怎么可能发生这种事?这家银行为什么会破产?其他金融机构又是如何被卷进去的?这次的问题是不是证明了金融体系还存在其他问题?”这些确实是罗森塔尔想要问的问题。

“一个简短的回答是:往好的方面说,这家银行从事奸诈、投机性的交易”。艾萨克说,“它的问题源自发放了不该发放的贷款。”

艾萨克表示,他确定的是,尽管金融舞台上可能有一些其他类似宾州广场银行这样的漏洞[35],可以说那些少之又少。

至于受宾州广场银行倒闭影响的大陆伊利诺伊及其他大银行,它们可以承受可能的损失。艾萨克乐观地表示,“如果说宾州广场银行之祸有什么福的话,那就是我们可以期待金融机构在未来会表现得更为谨慎”。但他显然是过于乐观了。

如果说可以从这次风暴得出一个教训、找到一项改革的目标,艾萨克进一步表示,那就是美国应该改变其在监管银行方面所采用的分割的方式。美国全国有五家单位监管接受存款的机构,这么做是出于什么目的?为什么有三家独立的存款保险基金:一家负责国有银行,一家负责储蓄贷款银行,另一家负责信用合作社?有没有可能向公众披露更多被保险机构的情况和商业行为?

在结束陈词中,艾萨克说:“我坚信我们的监管机构需要重大改革。我真诚希望过去两周发生的事将为我们朝这个方向迈进提供动力。”[36]

在1982年那个漫长而又不稳定的夏天,银行系统所经历的每个焦虑都在纽约证券交易所交易大厅被感受到。

里根当选总统之后的一个月内,道琼斯工业平均指数已经两次突破1 000点的历史关口,但在夏天的时候一直在800点附近徘徊。

在1981年、1982年艰难的两年里,唯一的好消息是保罗·沃尔克反通货膨胀的苦药好像在起效果。通货膨胀率从12%猛降至6%以下,而且看起来会继续下行,这使得债券投资者少了一些担忧,也使股市不那么难看。

尽管如此,1982年8月12日周四,股市连续第八天下跌,道指收盘776.92点,与8月初比,跌幅超过5%。交易量为5 000万股,比前一天略涨。但这也没有什么值得激动的。熊市已经持续了一年半,你还能期望什么呢?[37]

注释

1. 所有这些细节都出自 Testimony of John R. Lytle, "Penn Square Bank Failure," Hearings Before the Committee on Banking, Finance, and Urban Affairs, House of Representatives, 97th Congress, 2nd Sess., Part 2, September 29—30, 1982, p. 6。

2. 同上。

3. Tamarkin, *The Merc*, pp. 189—190。

4. 同上,第 191 页。正如塔马金所说,"许多交易员、经纪人和结算所成员是银行的好客户,而且银行理解对对冲和期货的需求"。

5. 同上,第 192 页。

6. Wigmore, *Securities Markets in the 1980s*, p. 43。

7. 在 20 世纪 70 年代早期尼克松政府时代,一个政府委员会建议取消最高利率限定,但互助储蓄业反对这一做法,因为取消最高利率限定将提高获得存款的成本,从而减少行业利润。联邦政府最终屈服了,允许限定继续存在,从而使纳税人遭受巨大损失成为可能。

8. 在放宽条例、促进金融竞争的压力下,国会在 1980 年卡特政府时期制定了一项法律,成立一个委员会监管利率限定的逐步退出。但到 1982 年初的时候,尽管有新政府的施压,取消利率限定并没有取得任何进展。根据法规,沃尔克是新的解除管制委员会的成员,但他对此缺乏热情,这从他在 1981 年后期和 1982 年早期参加联储私人会议的文字记录中可见一斑。参见 Robert A. Bennett,"Banks Square Off Against the Fed," *New York Times*, June 14, 1981, sec. 3, p. 1。

9. Phillip L. Zweig, "FDIC Said to Launch Review of Oklahoma's Penn Square Bank," *The American Banker*, July 2, 1982。茨威格(Zweig)在下面这本书里记录了银行倒闭的长篇故事:*Belly Up: The Collapse of the Penn Square Bank* (New York: Crown Publishers, 1985)。马克·辛格(Mark Singer)在 *Funny Money* (New York: Knopf, 1984)一书中也有描写。

10. Phillip, L. Zweig, "Oklahoma's Penn Square Bank, Maverick Oil Patch Lender," *American Banker*, April 26, 1982.

11. 货币监理署 C. T. 康诺弗的证词,"Federal Supervison and Faliure of the Peen Square Bank, Oklahoma, Okla.", Hearing Before a Subcommittee of the

House Committee on Government Operations, 97th Congress, 2nd Sess., July 16, 1982, pp. 44—53; and "Chronology of OCC Supervision of Penn Square Bank N. A., January 1, 1980, to July 5, 1982," Penn Square Hearing, p. 54—57。

12. 长期以来货币监理署的经费来自向其监管的银行征收的审查费以及进行的评估。与证券交易委员会和商品期货交易委员会不同，货币监理署是联邦政府一个"非拨款"机构，这意味着它既不从纳税人那里获得财政收入，又不向财政部上缴其任何收入。

13. Penn Square Hearing, p. 1，引用自纽约州民主党众议员本杰明 S. 罗森塔尔。

14. Irvine H. Sprague, *Bailout: An Insider's Account of Bank Failures and Rescues* (Washington, DC: Beard Books, 2000), pp. 116—117。

15. 这些被称为"接管人证书"(receivers' certificates)。参见 Penn State Hearing, p. 41。

16. FOMC Meeting transcript, June 30—July 1, 1982, p. 29。

17. Sprague, *Bailout*, p. 157。

18. 同上，第116页。

19. Silber, *Volcker*, pp. 219—221。沃尔克已经默默地帮助墨西哥粉饰了其4月、6月的金融报告；事后他告诉西尔伯(Silber)他后悔在报告里"报喜不报忧"，因为这么做"掩盖了墨西哥所面临压力的程度"。他说，当时给自己的借口是这样可以给墨西哥时间来和国际货币组织协商一个紧急援助计划。

20. 同上，第220页及398页注释20，书中提供了不公开的联储文件，这些估算正是基于联储文件所做。

21. 格雷德(Greider)和斯普拉格(Sprague)就这次会议的具体时间有不同的看法。斯普拉格，会议的直接参与者，说是周日，7月4日。格雷德说是周一，7月5日，他借助了二手资料。这个日期不是太合理，因为银行的破产是在当晚宣布的。

22. Sprague, *Bailout*, p. 119。

23. Greider, *Secrets of the Temple*, pp. 500—501。

24. Sprague, *Bailout*, p. 119。

25. 同上。

26. Robert A. Bennett, "Continental Posts $60.9 Million Loss," *New York Times*, July 22, 1982, p. D7。

27. Robert A. Bennett, "Continental Knew in '81 of Problem," *New York Times*, August 5, 1982, p. D4。

28. Wigmore, *Securities Markets in the 1980s*, p. 46。

29. Special to the *New York Times*, "Seafirst Loan Loss Causes Layoff of 400," *New York Times*, July 16, 1982, p. D3。

30. 未署名, "Two Officials Quit at Chase," *New York Times*, July 20, 1982, p. D16。

31. Special to the *New York Times*, " 'Assurances' on Penn Square Recalled by Michigan Banker," *New York Times*, September 30, 1982, p. D4。

32. Jeff Gerth, "Banks' Collapse Is Said to Impair Thrift Units," *New York Times*, July 23, 1982, p. D1。

33. 同上, 第 2—9 页。

34. 同上, 第 41—42 页。

35. 同上。

36. 同上, 第 43—44 页。

37. Maggie Mahar, *Bull: A History of the Boom and Bust*, 1982—2004 (New York: Harper Business, 2004), pp. 46—47。

8

牛市与银行

1982 年 8 月 25 日，周三，9：00 不到，消息传到了纽约证券交易所、道琼斯通讯社，乃至整个企业界：奔德士(Bendix)，底特律附近一家多元化的制造商正在对马里兰州贝塞斯达(Bethesda)的国防工业巨头马丁·玛丽埃塔公司(Martin Marietta Corporation)发起不请自来的收购[1]。现代市场历史上最激烈的公司争斗之一[2]开始了，这是 20 世纪 80 年代收购战的第一炮，此战将定义那个年代，而且将分散立法者和监管者的注意力，使他们无法关注金融市场正发生的更重要的结构改革。

股票市场频繁地成为控制美国公司的战场——从 19 世纪时的大铁路战[3]到 20 世纪 50 年代后期小规模的战后公司袭击[4]到十年之后所谓的企业集团的购物狂欢。[5]在所有上述这些战役中，纽约证券交易所都坚持着它的传统标准：在对公司未来进行投票时，这家公司的每一股股票对应一次代理投票。这一直是大董事会的原则——一股代表一票。这一原则坚持了多年，直到这次被奔德士和马丁·玛丽埃塔公司胡乱、破坏性地使用。

证券交易委员会主席约翰·夏德的职业生涯始于赫顿股票经纪公司，负责处理企业并购——那些“获得谨慎资助且具备商业合理性的友好的交易”[6]。他认为，证券交易委员会无权告诉股东如何投票，也无权告诉公司如何使用现金——或者运用借款能力。随着国会议员对威胁国内主要企业的敌意收购越来越感到不安，夏德做好了应对政治压力的准备。

但是奔德士之战对那些关注的人传递了另外一个信息：华尔街真正的大钱在骚动，在活动其肌肉，在考验其力量。规模很关键：公司越大意味着能承受更多风险[7]、赚更多的钱。由于政府放松国家反垄断相关法律的执行，那些无法靠自身内部发展的机构可以通过收购的游戏来抓住竞争对手从而做大做强。

养老基金经理们，如新泽西的罗兰·麦克霍尔德和通用汽车的戈登·宾斯都是大股东，持有美国数百家公司的股票，他们当中任何一家都可能成为明天的收购目标。突然间，股票不只是可以跑赢通货膨胀的投资，它们也是可以帮助决定一家大公司和数万美国工人命运的选票。在奔德士事件之前，投票似乎不是很重要的事——宾斯习惯性地把投票决定交给他雇用的基金经理，而麦克霍尔德则把这个任务交给一个内部委员会。

现在每个人都很清楚，从 70 年代后期就稳步增加持股的大机构投资者可以是收购战中决定性的力量，而企业主管和咄咄逼人的“袭击者们”都急于招募他们作为一个投票集团为一方或者另一方投票。

在奔德士事件的推动下，10月初股市像火箭一样飙升。10月7日周四道指升至965.97点，不断上涨的股市成为第二天早上《纽约时报》的头版头条新闻。当然，股市止跌回升是新闻，因为没有人能肯定它会持续下去。

10月7日开盘时，纽约证券交易所接到的指令创下了历史新高，在第一个小时内就有4 360万股的交易，这使得交易所屏幕上的信息滚动放慢了几乎40分钟。每个小时交易量都在增加，交易厅里庆祝的热烈程度也随之增加。到交易的最后一小时，交易员们开始向参观廊台上的新闻摄影师们挥手、将碎纸片扔向天空、吹哨，像快乐的孩子一样。收盘时，欢呼声响彻交易大厅。[8]

新的纪录诞生了：成交1.471亿股，几乎是道指8月最低点时日成交量的3倍。据《纽约时报》报道，那晚位于纽约大中央车站里美林公司股价屏幕前的队伍“比通勤信息板前的人流还长”[9]。

开市时的庞大交易量对约翰·菲兰更新升级后的指令处理设备造成了一定的压力，但屏幕上的信息滚动在闭市前开始跟上节奏。如果说上午交易量激增导致滚动信息的滞后令菲兰感到焦虑，那么在晚上接受采访时他的不安已经烟消云散。

菲兰欣喜若狂地说，“我们建了几个模型并对设备进行测试，最高到达3亿股、25笔交易，是今天交易量的2倍、成交笔数的5倍。”[10]

菲兰的骄傲显而易见：如果牛市回归了，纽约证券交易所已经做好准备。

12 天后,10 月 19 日,当杰里·科里根在亚特兰大举行的美国银行家协会年会上致辞时,股市的止跌回升依然在持续。科里根现在是明尼阿波利斯联邦储备银行总裁,但他仍然在沃尔克那里说得上话,因此他的讲话格外受关注。他这次在亚特兰大是要讨论减少金融监管[11],但这并不是美国银行想听的。

近几年,银行说服国会[12]以及银行的监管者批准新的产品,这些新产品与受证券交易委员会监管的货币市场的共同基金非常相似。经纪公司获得监管部门的许可直接收购银行,他们表示只是希望给投资者提供一些有用的服务。服装和家居用品零售商西尔斯(Sears)①最近开设了第一家"金融超市",提供其子公司好事达(Allstate)的保险服务、子公司科威国际不动产(Coldwell Banker)的房产服务,以及子公司迪安·维特·雷诺兹(Dean Witter Reynolds)的经纪服务。在每个州都受保险业监理专员监管的保诚保险已经拥有受证券交易委员会监管的保诚-巴赫证券公司(Prudential-Bache Securities),而且正在谈判收购佐治亚州的一家大银行。

正如一位法律学者所指出的,新的现实是如此混乱,以至于任何一家银行都"可以选择自己想要服从的监管体系"[13]。

大银行们可以做得更大,享受之前不对其开放的新业务。金融活动愈发混乱,其中的一些金融组合是监管部门从未碰到过的。面对着这些变化,科里根希望亚特兰大的银行家们能问一些"尖锐的问

① 美国百货公司,成立于 1893 年,在 1980 年之前是美国最大零售商。——译者注

题,例如:银行是什么?我们希望它成为什么"[14]。

银行从储户那里收钱,向借款人发放贷款,并通过向借款人收取高于支付给储户的利息来赚钱。在科里根看来,银行吸纳存款几乎有着神圣的一面;把钱存入银行是一种信任,这就使银行在本质上不同于西尔斯或一家卡车公司。他说,"公众对个别银行机构的信任和信心——在某个时候——取决于大众对整个银行体系的信心。"

假设有人决定开一家鞋店,他在数英里内的每一家购物中心都租用了店面,但随着时尚的改变积压了大量库存,再加上没能提供令人满意的服务,鞋店最终倒闭了。但购物者仍将在同一条街的另外一家店里买鞋,信心丝毫不受影响。

科里根确信,同样的情况不可能发生在美国的银行身上。

芝加哥的金融领袖们从未喜欢过政府的监管机构,特别是如果后者的指导方针遏制了经济增长、抑制了创新或限制了利润。

但1982年7月,在宾州广场银行倒闭的余波中,大陆伊利诺伊银行被迫依靠联储的紧急贷款。经历了夏季一系列接踵而至的危机,沃尔克愈发担心这家芝加哥银行,而银行的首席执行官罗杰·安德森似乎并不像他那样忧心忡忡,这也令他很困惑。8月中,在处理墨西哥日益严重的问题时,沃尔克召集了安德森及其董事会全体成员在华盛顿开会。趁着宾州广场银行的记忆依然清晰痛苦,是时候做一些严肃的说教了。

工作人员所做会议记录可以帮助我们了解沃尔克的讲话风格。他说,因为宾州广场银行事件提出了"银行管理上的重要问题"[15],"重要的是尽快处理大陆伊利诺伊银行的信誉问题”。在他看来，大陆伊利诺伊银行应该表现出改革的诚意，改革其管理和贷款政策、采取所有必要的冲销、节约现金、建立一个更健康的资本基础。

安德森的回应并没有记录在案，但几周后他满怀信心地宣布，“银行已经解决了困难，现在可以一如既往地自信前行。”[16] 而实际上银行所做的一切就是让一些高管退休、一些中层管理人员离职(包括一位与宾州广场银行过于友好的银行家)。

沃尔克并没有被这些表面的变化所欺骗。他一直试图说服大陆伊利诺伊银行采取更有实质意义的措施。他亲自到芝加哥拜访安德森和董事会成员，就像西哥特巨人(Visigoth giant)一样大步穿过银行的罗马大厅。他又向安德森提出了之前所提建议，但得到了同样的回复；他和董事会争辩，认为安德森应该被替代[17]，但没有成功。

从理论上讲，美联储是一个强大的监管者，它本可以威胁拒绝为大陆伊利诺伊银行提供贷款，或者寻求法院命令阻止它支付股息，以迫使其改变路线[18]，但正如美联储一位律师在事后所承认的那样，上述措施可能会触发美联储想要努力避免的危机。

那是沃尔克面临的根本性冲突。在他看来，美联储的首要职责是维持金融体系的稳定，其作为银行审查员的职责通常排在更重要的事情后面——例如全球债务危机、通货膨胀速度审查或者金融市场的流动性。此外，还有其他监管机构监管着美国的银行。如果发现问题，想必这些监管机构会对激进发放贷款的做法或不计后果的管理进行处理。

然而，面对这家芝加哥最大、美国最不安全银行之一的大陆伊利诺伊银行傲慢无礼、不负责任的高管们，这些机构似乎都不知道该拿他们怎么办。

在1982年那个动荡不安的夏天，各种新闻标题中有一条让加州大学伯克利分校商学院两位年轻而又雄心勃勃的经济系教授感到欣喜："组合损失的限制策略"，这是6月14日《财富》杂志上一篇长文的标题。[19]

文章扉页的下方是两位教授迷人的照片：个子矮小的马克·鲁宾斯坦看上去顽皮淘气，他留着黑色胡须，眉毛浓密而坚硬；海恩·利兰则身材高挑，举止优雅，身形瘦长、浅棕色卷发。他们着装休闲，盘腿坐在草坡上。

《财富》刊登的这篇文章开头旨在引起读者的注意："这听起来好得难以置信。"总的说来，文章积极评价教授们提出的一个概念，一种保护股票组合免受巨大亏损又不失去太多未来市场收益的方法。文章也提到教授们已经在实践中运用这想法并成立了一家小公司管理总值约1.5亿美元的6个养老基金。

而两年前，这一切似乎都不可能。

在1980年初的几个月里，海恩·利兰在上课和研究之余打了一些推销电话，向纽约和芝加哥的银行与经纪人推销新的对冲策略。每次回家时他都是满怀信心，但每次他都没有等到期待的回复电话。[20]

在一些推销会议上，个别具备足够的统计学知识或数学知识的人能听懂他的公式，但多数情况下，人们都是茫然地望着他，这完全不同于他在伯克利所遇到的热切的眼神。在那里有着各种投资理念，它们融合了数学和市场、计算机和现金、物理和金融等各种学科。

向华尔街兜售研究想法[21] 或许不是海恩·埃利斯·利兰想象中的学术生涯。他衣着休闲，看似一位加州的冲浪者，但人们看不到的是他优雅的出身。[22] 他父亲的家族来自波士顿地区；他外公，海军上将海恩·埃利斯(Hayne Ellis)是威尔逊总统海军部长助手，后来又成为富兰克林·罗斯福的海军情报局局长。他母亲用他外公的名字给他起名。20 年代，埃利斯家族拥有首都华盛顿具有历史意义的伍德利庄园，那是一栋雅致的佐治亚式砖石建筑，曾是四位美国总统的夏季白宫。利兰的母亲和她的父母很自然地就进入华盛顿上流社会的最核心圈。

利兰于 1941 年生于波士顿[23]，但在西雅图长大。后来他回到东部，在菲利普斯埃克塞特学院(Phillips Exeter Academy)就读四年，之后按照家族传统就读哈佛大学，主修经济学。在校期间，他是校园精英俱乐部成员。[24] 1964 年他以排名前 10％的优异成绩毕业，随后在巴黎的美国大教堂迎娶了法国的一位贵族千金。[25] 婚后他在伦敦经济学院攻读硕士学位，度过了激动人心的一年。之后他又回到哈佛，于 1968 年获得经济学博士学位。[26]

毕业后利兰加入了斯坦福大学经济系，但经济系并不适合他，最吸引他的研究在商学院。他没有在斯坦福获得经济学的终身教职，而学术政治又使他未能得到商学院的终身教职[27]，于是在 1974 年他转而去了加州大学伯克利分校。

伯克利的商学院充满着各种具有显著实用价值的理论创新，每一篇工作论文的封面都印着同样的附加说明：论文展现的是初步的研究成果，目的是激发讨论、获得评价。而事实的确是这样——在伯克利，不管是在学术年会上，还是在教师晚宴、教授聚会时，甚至是路边，都有各种学术讨论，年年如此。在感受到斯坦福的限制和压抑后，利兰被伯克利的氛围深深吸引着。

1976年9月的一个早餐，利兰确信他找到了对现实世界里的投资管理者很有价值的一个想法[28]——在晚上无法入睡的几个小时里他灵机一动，想起了他兄弟最近跟他说的话。

他兄弟是一位投资顾问，曾抱怨说：你可以为房子购买火险，但无法为一个股票组合购买保险使其免受市场损失的影响。这当然无法完全像保险那样运作。哪家明智的保险公司愿意制定可以同时产生索赔的保单？[29] 股市的下跌不同于某一栋房子起火，如果一个投保人遭受巨大市场损失[30]，所有其他投保人也很可能面临重大损失。

也许有其他什么办法。在昏暗的卧室里，海恩·利兰突然灵光闪现，他立马起身，走到书房里开始工作：如果把他的想法写下来，是否依然可以理解？

当时已经有一些金融产品，如果使用得当，就可以像保单一样起作用：股票期权，它允许持有人在将来某个时间点以某个价格买入或者卖出股票[31]。股票期权已经存在多年，大部分公司高管都知道其原理。如果你的股票组合里只有一种股票，就可以用股票期权来保护你免受未来损失，这在利兰看来是显而易见的。如果你的股票价格最近从20美元涨到40美元，可以购买一个看跌期权，这样就可以(不是必须)在将来某个时候以40美元的价格卖给他人。如果股票又降至 20 美元甚至更低,期权仍将允许你以每股 40 美元的价格售出,从而避免任何损失,锁定你之前的获利。这样做你没有放弃股票继续上涨的可能,比如涨至 60 美元,但同时确保了 20 美元的利润——事实上,你给自己"投保",不受未来股价下跌影响。

股票的看涨期权允许你在将来以一个固定的价格购买股票。从 1973 年开始,看涨期权就一直在芝加哥期权交易所交易。但在 1976 年,个股的看跌期权(你可以在未来某个时候以特定价格出售股票)只能在有限的基础上获得,通常必须在非正式的场外交易市场逐个协商。

利兰认识到,他需要一种方法能将看跌期权的逻辑运用到整个股票组合。[32] 这种宽基期权并不存在,但那晚令他从床上爬起来的灵感就是他可以运用股票与现金的变换组合创造一个"合成看跌期权"的概念。[33] 他想着先把背后的数学演算出来,然后抓紧时间睡上几个小时。

第二天早上,他意识到他需要一个比他更懂期权运作和理论的人,具体地说,他需要马克·鲁宾斯坦,他所信任的一位商学院的朋友[34] 和同事。

鲁宾斯坦不修边幅,他那几乎是孩子般的好奇心掩盖了他令人敬畏的才智。他高中就读于西雅图的湖边中学(Lakeside School)[35],一个"数学怪人的天堂"。这所学校还培养了比尔·盖茨,微软的创始人之一。鲁宾斯坦在哈佛经济系就读本科,比利兰低两届,之后在斯坦福获得硕士学位、在加州洛杉矶分校获得博士学位。他很早就对计算机语言产生强烈的兴趣[36],因为它吸引了他内在的数学逻辑感。

鲁宾斯坦不仅比利兰更熟悉期权理论,而且甚至曾在旧金山太平洋证券交易所做过一些实际的期权交易。作为交易员他赔钱了[37],但收获了宝贵的经验。

利兰的想法给鲁宾斯坦带来了智力上的愉悦,他笑着表达惊讶:“我自己从来没有这么想过。”[38] 两位年轻的教授立刻决定,待想法得到完善后成立一家咨询公司,向专业投资者推销他们的策略。

鲁宾斯坦看上去兴致很高,对他们的整个计划很有兴趣,但利兰不确定他是否真的意识到他们可能有一个重大发现而且可能会是很大的规模。有一天,当他们在返回校园的路上经过电报大街上的各种商店时,他转向鲁宾斯坦说:“你知道,这可能是一个巨大的市场。”

鲁宾斯坦看上去有点茫然,他耸了耸肩。

“养老基金!”利兰说。

那一瞬间,鲁宾斯坦恍然大悟:“养老基金!”[39] 他突然明白了。

由于工作和家庭的重压,两位年轻的教授花了几年时间解决各种问题、完善他们的想法,并在市场上进行了小规模的测试,[40] 结果大获成功。[41] 1979年,他们已经准备好要将其“组合保险”的理念推向世界。[42]

海恩·利兰和马克·鲁宾斯坦都没有华尔街交易的经历,但他们确实得到了伯克利明星教师巴尔·罗森伯格的支持[43]。罗森伯格的咨询公司在年轻的“量化”投资策略市场是一个新兴的巨头,他的支持帮两位敲开了不少大银行和信托部门的大门,但都没有下文。

然后,在 1980 年春天,利兰终于接到了想要了解投资组合保险的电话,但打电话的不是一个潜在客户,而是一个未来合伙人。

来电者说话轻声细语,他叫约翰 · W. 奥布赖恩,中西部人,就职于芝加哥的 A. G. 贝克尔公司(A. G. Becker),全美最大的养老金咨询公司之一。数月前组合保险的概念第一次问世时,利兰曾在伯克利的那间小会议室见过奥布赖恩,当时奥布赖恩所提问题很有洞见,给他留下了深刻的印象。

奥布赖恩 40 出头,一头赤褐色的卷发,梳着整齐的胡子,红润的脸上经常带着迷人的笑容。他在金融界有非凡的发展。[44] 毕业于麻省理工学院和哈佛商学院的他还曾是空军军官。1969 年他进入华尔街,入职一家不知名但受尊敬的公司——杰斯 · H. 奥利芬特公司(Jas. H. Oliphant and Company)[45]。奥布赖恩帮助公司开发并销售所谓的贝塔序列——显示特定股票对整体市场波动的敏感性。[46]

1972 年,他和一些同事离开老东家成立了奥布赖恩合伙人公司(O'Brien Associates),这是一家开创性的金融分析公司,在洛杉矶威尔夏(Wilshire)大道上设有办公室。公司的创新包括测量股票组合表现的工具、帮助养老基金创造资产与负债模型的软件以及一个叫作奥布赖恩 5 000 的全新的市场指数,这比标准普尔 500 指数更广泛。1975 年,因为担心公司的运营模式在华尔街的固定佣金制度下无法生存,奥布赖恩很不明智地把公司卖给了一位合伙人[47],合伙人把公司改名为威尔夏合伙人公司,并最终成为亿万富翁。

之后约翰 · 奥布赖恩加入了 A. G. 贝克尔公司,极大地扩充了该公司为其养老基金客户提供的量化工具,与此同时,他还一如既往在全国各地的学术会议寻找新的想法。[48] 不可避免地他最终到了伯克利——也就在这个时候，利兰和鲁宾斯坦推出了其投资组合保险的概念。

因为有数理背景，奥布赖恩很轻松地听懂了利兰和鲁宾斯坦理论中的数学。在华尔街打拼数年后，他知道这个概念将会吸引大的养老金基金经理人，因为他们正在增加其股票投资组合，但他们也担心增加风险。最棒的是，奥布赖恩擅长沟通[49]，可以很轻松地将教授们的思想转化成公司养老金基金高管能够理解的语言。

在那次通话后不到一年的时间里，利兰、鲁宾斯坦和奥布赖恩创立了三方合作关系，称为利兰—奥布赖恩—鲁宾斯坦合伙人有限公司(Leland O' Brien Rubinstein Associates)，或者简称 LOR。根据他们的商业计划，利兰和鲁宾斯坦继续全职在商学院工作，新公司的首席执行官约翰·奥布赖恩则在洛杉矶工作，这离他家位于太平洋帕利塞德(Pacific Palisades)的海滨房子更近。

奥布赖恩的地址本里都是养老基金和信托部门的高层熟人。他在洛杉矶西部世纪城里的一家单人律师事务所找到了一间闲置的办公室，新公司的地址听上去很吸引人，明星大道 1900 号[50]。事实上，这间位于 10 楼的小办公室只有几位员工：奥布赖恩、一位乐于助人的律师和两位兼职秘书，其中一人是奥布赖恩的妻子，办公室里仅有一台电脑和几部电话。[51]

公司成立不久，奥布赖恩揽到了一位客户，是他曾在 A. G. 贝克尔公司共事过的投资经理人。按华尔街的标准，那是一个很小的账户，仅 50 万美元，但这是个开始。然后，在一个不同寻常的周五，约翰·奥布赖恩这间小办公室里的电话响了三次:有三位客户[52] 签约“投保”5 000 万美元:他们是霍尼韦尔公司、盖茨公司和南加州汽车俱乐部(Automobile Club of Southern California)这三家公司的养老基金。

霍尼韦尔养老基金和戈登·宾斯管理的通用汽车基金一样,雇用了超过 6 个不同的基金经理,他们并不急切希望 LOR 修改他们的投资组合。有一位经理人同意尝试一下 LOR 的组合保险概念,并给予了好评。不久,霍尼韦尔将 2 亿美元的基金委托给 LOR 的行动计划。

1982 年 3 月,LOR 在颇具影响力的行业刊物《养老金与投资年代》[53] 发了一则戏剧化的广告解释公司的策略[54],它“具有确保股票投资组合免受损失的效果——一种有担保的股票投资”。LOR 开始把他们的产品称为“动态资产配置”,广告声称,根据该策略于 1971 年投资的 1 美元到十年后将增加至 2.61 美元,而投资标准普尔 500 的回报是 1.89,投资国债的回报是 2.18 美元。

《养老金与投资年代》的首任编辑迈克尔·克洛斯(Michael Clowes)对这一新策略做了非常简单的解释[55],“利兰和鲁宾斯坦开发了一套电脑程序,将在股票价格下跌的时候告诉养老基金或者养老基金的经理人谨慎地抛售股票、增加现金持有。当股价跌至养老基金可以承受的最大限度时,养老基金已经全部兑现。例如,如果养老基金愿意接受其股权组合资本 5%的损失,那么当股价开始下跌,这个程序将开始抛售股票,到投资组合的价值下跌 5%的时候它将全部兑现。当股价开始回升时,这个程序将控制股票的购买直至投资组合再次全部投入。”

这听起来很有说服力，但不少基金管理人仍然不愿意让伯克利聪明的大教授们掌管其投资组合。一提起电话就成为史上最迷人的销售员之一的奥布赖恩不停地打电话、发广告、主持研讨会。

1982年后期在曼哈顿第五大道和61街华丽的皮埃尔酒店召开了这样一个研讨会。[56]听众席里有一位留着小胡子的年轻人，他叫布鲁斯·I. 雅各布斯(Bruce I. Jacobs)，宾州大学沃顿商学院博士[57]。他最近刚辞去沃顿商学院的教职，加入了保诚保险的资产管理团队。

当雅各布斯了解到LOR策略时，他立即发现了一个漏洞。这一策略的假设是到卖出股票持有现金的时候，那些股票就能被售出。这个假设现实吗？“从宏观的角度看”，他在1983年1月给客户的备忘录里这么写道，“如果有很多投资人利用投资组合风险隔离技术，价格的波动会加剧”。这一想法是很有先见之明的。上涨的价格会触发更多的买入，这将使股价进一步上升；下降的股价会导致更多的抛售[58]，起到相反的效果。

雅各布斯意外发现了投资组合保险令股市传统交易员困惑的地方，这些人和约翰·菲兰一样都曾就职于纽约证券交易所，他们都有着相同的直觉，信奉“低买高抛”的传统原则。现在有了投资组合保险，你应该刻意反向为之，在股价涨的时候买入，跌的时候卖出。这样的做法让人觉得不对头。

确实，只有当其他很多人认为LOR的策略是错误的时候，投资组合承保人才可能成功。LOR的策略假设永远有一大群富有、淡定、追求低价的投资者坚持低买高抛，他们会在股市不振的时候进场购买投资组合保险策略的实施者抛售的股票。

这些投机的逢低买进者当然不会来自快速增加的指数基金的群体，他们只购买帮助他们的投资组合跟踪类似标准普尔 500 这类指数的股票。指数基金投资者坚信市场是理性、高效的，他们不会在 LOR 的客户抛售股票的时候去寻找低价股。确实，股价下跌时，指数基金也许也在抛售，以应对紧张的散户投资者的赎回。

的确，如果“芝加哥学派”是正确的，即市场是理性高效的，现在的价格反映出所有理性投资者都知道的信息，那么这种低价股寻求者怎么生存呢？在一个真正高效的市场，他们很快会破产。[59] 而发生这种情况时，谁将在一个下跌的市场上从 LOR 的客户手中购买股票就不清楚了。

幸运的是，对 LOR 来说，仍然有一些养老基金经理相信在价格合适的时候买进便宜股票，比如新泽西州养老基金的罗纳德·麦克霍尔德(Roland Machold)。这样的情况还能持续多久呢？

在享受了皮埃尔酒店的精致咖啡、聆听了 LOR 的销售广告词后，布鲁斯·雅各布斯没有多考虑“雪球”问题。市场使用投资组合保险的账户里只有很少的资金，雪球问题更像是一个学术上要考虑的问题，而非真正的危险。6 月 14 日《财富》杂志刊登了一篇关于鲁宾斯坦和利兰的文章，文章称 LOR 指导的投资总额为 1.5 亿美元，几乎是类似保诚和通用这样几十亿美元投资者的舍入误差。

也许它只是个学术上的问题，但“雪球”的场景是一个谜、一个警告。

注释：

1. Hope Lampert, *Till Death Do Us Part*: *Bendix vs. Martin Marietta* (New York: Harcourt Brace Jovanovich, 1983), pp. 1—4。

2. 马丁·玛丽埃塔公司对奔德士发出恶意收购的要求，目的是对抗来自奔德士的敌意收购。另一位国防巨头，联合技术(United Technologies)，也介入了纷争，出价收购马丁·玛丽埃塔公司，但未获成功。而联盟公司(the Allied Corporation)则向奔德士发出了友好收购，从而将其从马丁·玛丽埃塔公司的敌意收购中拯救出来。

3. 参见 John Steele Gordon, *The Scarlet Woman of Wall Street*: *Jay Gould*, *Jim Fisk*, *Cornelius Vanderbilt*, *the Erie Railway Wars*, *and the Birth of Wall Street* (New York: Weidenfeld and Nicolson, 1988)。

4. 参见 Diana B. Henriques, *The White Sharks of Wall Street*: *Thomas Mellon Evans and the Original Corporate Raiders* (New York: Lisa Drew Books/Scribner, 2000)。

5. 参见 Isadore Barmash, *Welcome to Our Conglomerate—You're Fired!* (New York: Delacorte Press, 1971)。

6. Vise and Coll, *Eagle on the Street*, p. 100。

7. 在奔德士之战中，基德尔—皮博迪公司的年轻投资银行家马丁·西格尔(Martin Siegel)领导马丁·玛丽埃塔公司的防御战，他从股票交易员伊凡·博斯基那里获得了 15 万美元的现金"奖金"，作为交换，他提供这次收购交易进展的内幕消息。这一犯罪行为最终导致博斯基被捕，德崇证券垃圾债券创始人迈克尔·米尔肯(Michael Milken)下台。见 James B. Stewart, *Den of Thieves* (New York: Simon and Schuster, 1991), pp. 94—97。

8. Robert J. Cole, "Euphoric Day for Wall Street," *New York Times*, Octo-

ber 8,1982,p. D1。

9. 同上。

10. 同上。

11. 明尼阿波利斯联邦储备银行主席 E. 杰拉尔德·科里根在美国银行家协会年会上的讲话,亚特兰大,佐治亚州,1982 年 10 月 19 日。

12. 这里引用的例子在其他地方都被广为引用,它们出自 Rebecca A. Craft,"Avoiding the Glass-Steagall and Bank Holding Company Acts: An Option for Bank Product Expansion," *Indiana Law Journal* 59, no. 1 (Winter 1983), p. 89n3。

13. 同上。

14. 科里根在美国银行家协会年会上的讲话,第 2 页。剩下的引用同样出自那次演讲。

15. Greider, *Secrets of the Temple*, p. 523。

16. 同上。

17. 格雷德(Greider)在《圣殿的秘密》(*Secrets of the Temple*)的第 527 页表示,在 1983 年的年度成员轮换中罗杰·安德森进入了联邦咨询委员会,这是"由 12 位商业银行高管组成的特别小组,每个季度与联储委员会秘密会面"。格雷德把这称为"最后的令人愤怒的羞辱"。

18. Greider, *Secrets of the Temple*, p. 524。

19. Mary Greenebaum, "A Strategy for Limiting Portfolio Losses," *Fortune*, June 14, 1982。

20. Interview with Hayne E. Leland and John O'Brien, April 25, 2014 (以下简称"Leland—O'Brien interview 2014")。

21. 同上。

22. 不少文章对埃利斯上将职业生涯中的辉煌成就做了描述,包括 "New

Navy Ordnance Head," *New York Times*, June 2, 1931, p. 27; and "Admiral in New Post," *New York Times*, October 26, 1940, p. 6。《纽约时报》和《华盛顿邮报》的社交新闻版几十次提到埃利斯家族,他们的社会地位可见一斑,这些报道包括"Dinners Precede Newport Concert," *New York Times*, July 24, 1936, p. 14; and "Lucia Long Ellis Engaged to Wed," *New York Times*, March 16, 1941, p. 46。利兰自己的家世详见"Engagements—Leland－de Bresson," *New York Times*, July 16, 1964, p. 31; "Other Wedding Plans—Ellis-Leland," *New York Times*, June 5, 1932, p. 31; and "New Home Acquired by Secretary Stimson," *New York Times*, June 29, 1929, p. 7。

23. Andrew Kupfer, "Leland, O'Brien, and Rubinstein: The Guys Who Gave Us Portfolio Insurance," *Fortune*, January 4, 1988。

24. "Engagements—Leland-de Bresson"。

25. "Annie-May de Bresson Bride of Hayne E. Leland in Paris," *New York Times*, December 5, 1964。

26. 他的博士论文令人印象深刻,并于1969年发表在久负盛名的《金融期刊》(*Journal of Finance*)上。见 Hayne E. Leland, "Dynamic Portfolio Theory," *The Journal of Finance* 24, no. 3 (June 1969), p. 543。

27. 对海恩・利兰、约翰・奥布赖恩和马克・鲁宾斯坦的采访,2016年4月1日(以下简称2016年对LOR的采访)。

28. 同上。这是一个被传诵的故事,在下面这些书或文章中也有详细叙述: Bernstein, *Capital Ideas*, pp. 269－73; Fox, *The Myth of the Rational Market*, p. 151; and Kupfer, "Leland, O'Brien, and Rubinstein"。

29. 遗憾的是,在20世纪90年代末和21世纪初,对于出售大量信用违约互换的美国国际集团(AIG)等公司来说,这种想法似乎并不荒谬。掉期交易实质上是保护买家免受企业违约损失的保单。由于企业违约很可能与动荡的经济状况高度相关,所有这些"保单"很可能同时产生巨额索赔——2008 年金融危机就是这样发生的。

30. Bernstein, *Capital Ideas*, 在第 271 页也表达了这一想法。

31. 期权与期货合约(类似在芝加哥交易的那种)的区别在于,期权不一定需要交易,只是允许交易。因此,期货合约的持有人有义务在期货合约规定的日期买入或卖出标的商品,而期权持有人则无需行动。

32. Bernstein, *Capital Ideas*, p. 272。

33. 他后来指出,他的想法是建立在其他研究基础上的,特别是费雪·布莱克(Fischer Black)和迈伦·斯科尔斯(Myron Scholes)的工作,他们的期权定价模型是新兴期权市场的基础。摘自 2016 年 12 月 26 日对海恩·利兰和约翰·奥布赖恩的采访(以下简称"2016 年对利兰—奥布赖恩的采访")。

34. 同上。

35. Bernstein, *Capital Ideas*, p. 274。

36. 同上,第 277 页。

37. 同上,第 276—278 页。

38. 同上。

39. 2016 年对 LOR 的采访。

40. 同上。

41. Clowes, *The Money Flood*, pp. 210—211。

42. 后来这一概念被称为"动态对冲""动态资产配置",但"组合保险"是最初用到的名称,相关证据是无可置疑的。利兰发表的第一篇关于此概念的论文是 Who Should Buy Portfolio Insurance? (工作论文第 95 号,商业与经济研究所,加州大学伯克利分校,1979 年 12 月)。而且,这一术语多次在该论文中出现。

43. 罗森伯格和利兰在 1964/65 学年度一起就读于伦敦经济学院。他们还同时于1968年回到哈佛大学并最终获得博士学位。利兰回忆说，虽然罗森伯格很富有，但乐于帮助他的同事。

44. 除非另有说明，所有细节都出自网络上奥布赖恩的简历以及他在哈斯学院①的个人介绍。

45. 到那个时候，该公司专注于向其他经纪公司出售机构研究；奥布赖恩是其分析服务部的主任。1975年随着固定佣金的结束，华尔街的收入大跌，奥列芬特公司受到重创。

46. Clowes, *The Money Flood*, pp. 52—53; and John Ilkiw, "Missing Persons Found: Jenson Coined Beta and Alpha but Tito Cashed Out," *Canadian Investment Review* (Winter 2006), p. 7。这些"贝塔系数的书"是伯克利的巴尔·罗森博格几年后大获成功的增强版"贝塔"评估的先驱。

47. Clowes, *The Money Flood*, p. 111。他的合伙人是他之前在奥列芬特公司时的雇员丹尼斯·蒂托(Dennis Tito)，蒂托曾经就职于美国宇航局喷气推进实验室。2001年，他花了2 000万美元乘坐俄罗斯宇宙飞船前往国际空间站，成为第一个"买票"进入太空的普通公民。参见丹尼斯·蒂托在在线大英百科全书里的词条。

48. 2014年对利兰－奥布赖恩的采访。

49. 一位观察人士指出，"有些人说他是终极推销员。"但他确实是一位有耐心的老师。他愿意花几个小时用简单的英语描述所有的细节……而不是用复杂的数学。参见 Hal Lux, "LOR's Big Gamble on SuperShares," *Investment Dealers' Digest*, November 30, 1992, p. 14，被芭芭拉·基里洛斯(Barbara Kyrillos)所做的哈佛案例研究引用，该研究收录在 *Cases in Financial Engineering: Applied Studies of Financial Innovation*, ed. Scott P. Mason, Robert C. Merton, Andre F. Perold, and Peter Tufano (Upper Saddle River, NJ: Prentice

① 加州大学伯克利分校的商学院。——译者注

Hall,1995),p. 767。

50. 这个社区的名字来源于它的传统:它曾是二十世纪福克斯公司的外景地,但在 20 世纪 60 年代发展成为一个密集而独立的建筑群,由写字楼、酒店、购物中心和公寓组成。

51. 2015 年 6 月 10 日对海恩 · 利兰和约翰 · 奥布赖恩的采访(以下简称 2015 年对利兰、奥布赖恩的采访)。

52. 2014 年对利兰、奥布赖恩的采访。

53. 1990 年该出版物更名为《养老金与投资》(*Pension & Investments*),它在 1973 年首次出版时的名字。但 20 世纪 80 年代,其刊名为《养老金和投资年代》(*Pensons & Investment Age*)。

54. 该广告在 Bruce I. Jacobs,*Capital Ideas and Market Realities*: *Option Replication*,*Investor Behavior*,*and Stock Market Crashes*(Malden,MA: Blackwell Publishers,1999),p. 37 中得到重现。着重号出自原文。

55. Clowes,*The Money Flood*, p. 210。

56. Jacobs,*Capital Ideas and Market Realities*, p. 8。雅各布斯对这次研讨会的时间不太确定;他说研讨会之后他为保诚的客户和销售人员写了一份备忘录,所署日期是 1983 年 1 月 17 日。备忘录称这种新的对冲策略是"投资组合隔离",并指出基德尔一皮博迪和威尔夏已经提供了他们自己的版本,这样看来研讨会是在 1982 年末举行的。

57. 同上。

58. 同上,第 303 页。

59. 1985 年,投资者沃伦 · 巴菲特(Warren Buffett)在给他的旗舰公司伯克希尔 · 哈撒韦(Berkshire Hathaway)股东的信中就"理性市场假说"说了很多有趣的话。"20 世纪 70 年代……著名商学院的学者……正在宣扬一种新形成的投资理论:股票市场是完全有效的,因此计算商业价值——甚至思考本身——

在投资活动中并不重要。我们非常感谢那些学者。设想在一场智力竞赛中——无论是桥牌(这是巴菲特参加的竞技比赛项目)、国际象棋还是股票选择——有人教导你的对手:思考是浪费精力的行为,还有什么比这更对你有利呢?" Leinweber, *Nerds on Wall Street*, p. 97。莱茵韦贝尔(Leinweber)也在第96页完美地阐述了桑福德·格罗斯曼和约瑟福·斯蒂格利茨在有效市场假说中发现的悖论,该假说被芝加哥大学的经济信徒所喜爱。"*如果市场是有效的*,那么它反映了所有的信息,利用信息进行交易则无任何利润可言。""如果没有利润,拥有信息的交易员就不会进行交易,所以市场不会反映(这些信息),*也就不会有效*。"

9

芝加哥雄起

1983年6月16日周四是《格拉斯－斯蒂格尔法案》(Glass-Steagall Act)通过50周年的纪念日，这一大萧条时代标志性的法案旨在将美国的银行业与充满风险的华尔街隔离开来。为了纪念这一日子，科罗拉多众议员蒂莫尼·E. 沃思(Timothy E. Wirth)在那天下午召开了一个听证会[1]，检查《格拉斯－斯蒂格尔法案》是否存在很多漏洞，如果有漏洞，又该采取什么措施。

联邦存款保险公司对这件事的做法尤其令沃思恼火。在1969年以来的几个案件中，联邦存款保险公司的律师们私下认定《格拉斯－斯蒂格尔法案》只适用于联邦储备体系内的银行。到1983年，许多国家特许银行并不是联储系统的成员，但还是从联邦存款保险公司购买联邦存款保险；这些银行急切地想利用《格拉斯－斯蒂格尔法案》的这一漏洞。联邦存款保险公司认为它只是在为任何一家受保于联邦存款保险公司且想拓展新业务的州立银行制定明智的规则，在联邦存款保险公司看来，这些业务的拓展是合法而且不可避免的。

沃思表示强烈反对，他在宣布听证会开始的时候说，“对我们来说，这像是个立法问题，不应让一家无名的监管机构做决定。”“由联邦存款保险公司做解释的这一提议令人震惊，它完全没有考虑国会的意见。”

那天他的证人包括证券交易委员会主席约翰·夏德和另一位委员贝维思·朗思特雷思(Bevis Longstreth)。

虽然天气闷热潮湿，身形瘦削的朗思特雷思看上去清爽利落，与大腹便便的证券交易委员会主席形成鲜明对比。他是纽约州的民主党人，1981 年由里根总统任命进入证券交易委员会，根据法律规定，里根总统在这个五人委员会中最多只能提名三位共和党人。

1983 年早些时候，朗思特雷思与证券交易委员会因为夏德下一个财政年度的预算提议陷入尴尬的分歧。虽然在 1981 年和 1982 年证券交易委员会的工作量显著增加，夏德在这两年提交的预算里都没有要求增加员工。[2] 现在，夏德的 1983 年预算请求裁员 6%。[3] 反对裁员的众议员沃思曾经征求过夏德在委员会的同僚的意见。朗思特雷思和其他三位委员在给国会议员的私人回复中表示，他们认为实际上应该增员 4%。沃思立刻向媒体公布了这些往来信件。[4]

但是，在《格拉斯一斯蒂格尔法案》上，约翰·夏德和蒂莫尼·沃思几乎可以说是盟友。夏德多次在国会听证会和公共演讲中表示，在明确监管范围并制定相关规则之前应遏制银行业涉足传统华尔街的经营活动。

夏德所描绘的局面正处于一片嘈杂混乱之中。虽然美国国内的银行受到州和联邦监管机构的监督，这些监管机构对证券市场没有任何司法权。[5] 主要的证券公司在大宗商品市场(由商品期货交易委员会监管)和几乎无人监管的国债市场与大银行竞争，它们也越来越多地在快速发展的私人市场与银行竞争、争夺场外“掉期交易”。掉期交易是一种新型衍生品合约，当面临来自银行与经纪公司的阻挠时，期货交易市场希望商品期货交易委员会对这种新的衍生合约进行监管。

当时，国会监管委员会的大部分成员，例如沃思领导的小组委员会，似乎都不知道掉期合约是什么、如何运作。简单地说，掉期合约是双方同意交换各自有权获得的两笔未来现金流的合同。在 80 年代中期增长最快的利息掉期交易中，被“交换”的现金流是贷款未来支付的利息。假设 A 银行在未来 10 年将获得 1 亿美元贷款的固定利息支付，对同样的另一笔贷款，B 银行将收取可变利息，即利息随市场波动。假设 A 银行担心利率会上升，这将使它所获利息低于本可以得到的利息。另一方面，银行 B 确信利率会下降，并希望在此之前锁定更高的利率。掉期交易允许它们双方得到自己想要的，它们只是交换这两笔贷款的未来利息。(当然，它们对利率的判断不可能都是对的，因此其中一家银行的掉期策略可能会出现巨额亏损。[6])

随着掉期交易市场的成熟，大银行和经纪公司开始占据这些交易的两边，就像是清算所一样，从一家收取利息支付给另一家，同时在这个过程中赚取一定利润。当然，和清算所一样，它们也承担着未来的债务——即使掉期交易的一方违约，也必须继续支付。更聪明的银行家与经纪人试图用利率期货对冲掉期风险，这给期货市场带来了新的隐忧。但如果这些掉期交易都在交易所而不是私人机构市场进行，期货市场可能具有更大的流动性。

虽然这些晦涩难懂的金融衍生品并不是一夜之间冒出来的，但并没有针对它们的统一的监管机构。约翰·夏德认为，留给国会行动的时间已经不多了。

"从去年8月以来，我们见证了史上最强的牛市，新的金融期货和期权交易量上升，以及前所未有的资本流动。"夏德作证说。"总而言之，市场围绕着《格拉斯—斯蒂格尔法案》在怒吼。"

这样的结果就是一个更加不公平的竞争环境。夏德注意到联邦存款保险公司的提议将允许联储体系之外受联邦存款保险公司担保的8 800家银行承销证券，而联储体系内的5 600家银行则不可以。这些联储体系内的银行将不可避免地受到诱惑希望转向国家特许经营。显然，联邦存款保险公司的政策有一个很大的漏洞，涉及整个银行业[7]。

夏德认为，部分解决办法是由国会采用财政部的提议，允许银行参与更具风险的华尔街的业务，但只能通过控股公司。控股公司可以为自己的证券业务成立单独的部门，受华尔街传统监管者的监管。同样，也将允许华尔街经纪人参与银行业务，但也只能通过由银行监管者监管的类似独立实体。[8]

小组委员会给贝维思·朗斯特雷思五分钟的陈述时间，他表示同意夏德的意见[9]，即金融格局的剧变"已经使《格拉斯一斯蒂格尔法案》成为一堆碎石"。但是他强烈怀疑一些立法方面的改变能有用。[10]

贝维思·朗斯特雷思认为，“市场约束这个概念现在很时尚，但只能在允许机构破产的环境下保证市场的健康”。但现实是不能再允许金融机构破产了——“机构之间存在广泛的关联，一家倒闭势必将引发另一家破产。”因此，在一家公司的失败足以危及整个系统的金融大环境里，“市场约束”作为一个监管工具完全不够。

朗斯特雷思说，需要“一个新的安全网”，它足以覆盖整个金融体系，但又“具有足够的灵活度，允许财务全面披露和市场约束这两股力量发挥其作用，但我认为，这还不够”。

朗斯特雷思指出，由于“资金流动的速度”以及机构之间出乎意料的联系[11]，留给监管机构应对威胁的时间正日益减少。他说，“这就像是高速公路上的事故，如果每个人都在以每小时 60 英里的速度行驶、几乎是一辆车贴着一辆车，这时发生的事故与时速为 5 英里时发生的事故完全不同”。

当时并没有一套既定的、连贯的体系来处理快速发生、冲击巨大的金融危机。不管什么时候发生危机，美国的金融体系都会团结起来。“这是因为有保罗·沃尔克这样的人，他之前也经历过危机”，朗思特雷斯在结束陈词中这样说道，“但所有这些都在沃尔克的脑子里——而不存在于任何一条法律里”。

但是无法确定保罗·沃尔克作为美国金融危机处置工具箱里最重要的一个工具还能持续多久。

沃尔克美联储主席的任期将于 1983 年 8 月期满；当时是 6 月中，里根总统还没有表明保罗·沃尔克是否会连任。有报纸报道说两位共和党人是该职位的人选——联储委员会成员的普雷斯顿·马丁(Preston Martin)和艾伦·格林斯潘。格林斯潘当时在纽约经营一家咨询公司,他曾经是福特政府经济顾问委员会主席。对于谁将担任美联储主席,华尔街的气氛同样很紧张,并在股市得到反映:一有相关谣言,道指就开始波动。甚至连财政部部长唐·里根(Don Regan)①都承认,市场"以压倒性多数"支持沃尔克连任。[12]

6月初,沃尔克在白宫私人厅和里根会面,并告诉他,如果获得连任,他预计在一年半后下台。里根当时没有答复[13],但到了6月18日周六上午11点,沃尔克接到里根总统的电话,说继续任命他为联储主席,开始第二个四年任期。一小时后,里根开始了他每周的广播讲话,开场白是他戏称的"新闻快讯"。

总统说,与一个头顶软呢帽报道热点新闻的记者不同,"我没有戴着帽子,也没有抓着电话","但在今天的广播之前,我要宣布一项重要声明。"里根总统以这种与传统完全相悖的不拘礼节的风格向华尔街和全世界宣布他将继续任命保罗·沃尔克为联储主席。[14]

美国首要的金融危机应对机制——保罗·沃尔克的大脑——得以保留更长一段时间,但下一次动用这一机制的时间来得比任何人想象的更快。

"利奥建造的房子。"

这可能是芝加哥金融界大部分人对全新的芝加哥商品交易所的认识。该中心于1983年感恩节后的周一开业。一家苦心经营的猪

① 唐是唐纳德的昵称。——译者注

腩市场华丽转身成为繁荣的金融创新中心,交易所任劳任怨、富有创造力的领导利奥·梅拉米德发挥了关键作用,这才有了新的交易所。

这栋造价 5 700 万美元的建筑有 100 万平方英尺的办公空间[15],4 万平方尺的交易大厅,是世界上最大的无柱交易厅。大厅铺设了约 1.4 万英里的电话线。这个巨大的长方形交易综合楼的南面[16] 耸立着一座 49 层的办公楼,另一座楼将最终矗立在北面,形成双子楼。

把新的芝加哥商品交易所中心称为标准普尔 500 交易大厅(Spooz pit)也同样准确。

自 1982 年 4 月 21 日首次亮相以来,标准普尔 500 期货合约已达到了利奥·梅拉米德的期望。它是期货市场历史上最热门的发行,4 月底前交易的合约达 2.7 万份。1982 年剩下的几个月里,只有 2 个月没有创新纪录。[17]

这正演变成一场不平等的对抗。在堪萨斯交易的价值线期货合约的设计缺陷正在显现,交易量持续低迷。在纽约期货交易所,纽约证券交易所综合指数期货合约比其他纽约期货交易所的产品更有吸引力,但同样也很难找到市场。与此同时,标准普尔 500 指数期货合约交易量往往是其他活跃的股指合约的 5 倍。

1983 年秋,标准普尔 500 交易大厅人头攒动、人声鼎沸。梅拉米德在 8 月曾经向一个记者表示[18]:"大部分商品会有平静的片刻,但标准普尔不同。""几乎可以说如果你想喝杯咖啡或者抽支烟,你不得不先结清头寸。"

标准普尔 500 指数期货合约不断增加的交易量得益于纽约证券交易所的牛市。到 1983 年 6 月,道指比一年前涨了 50%[19],这又是一个纪录。经过夏初的原地踏步,从 8 月指数稳步上升,直至 10 月开始下跌。任何想对道指未来走势做投机的人都可以用少量资金买卖芝加哥商品期货交易所的标准普尔 500 指数期货,而很多投资者正是这么做的。有一种说法是:"全世界的指数期货和期权使投资者可以在不拥有一股的情况下参与股市交易。"[20]

到 1983 年年中,美国近 12 只养老基金和 300 家大银行有一半在利用期货市场对冲利率风险[21] 和股市头寸,大保险公司也已经进入期货交易,包括纽约在内的至少 10 个州修订了保险法,允许使用金融衍生品。对保险业界的债券投资组合经理人来说,对在芝加哥交易的利率期货的依赖很快已经变得司空见惯。华尔街银行和经纪公司正快速地扩大对掉期交易的私人营销,其中更多的在期货市场通过冲销头寸来对冲风险。因此,金融期货占 1983 年所有期货市场交易的三成以上,同时标准普尔 500 指数期货交易占芝加哥商品交易所总交易量的 20%以上[22],也就不足为奇了。

这种成功只是增加了芝加哥对新的金融期货的胃口。截至 1983 年 6 月,除了与大受欢迎的国债期货竞争的首批利率期权,监管机构已经批准了 25 个新的股指期货、股指期货期权和股票市场指数期权。

3 个月之前,在 3 月,芝加哥期权交易所有了新创新,推出了自己的股票市场指数期权。最初这一股指期权被称为"芝加哥期权交易所 100 期权"。7 月,它被重新命名为标准普尔 100 期权,交易代码为 OEX。与标准普尔 500 指数期货合约(Spooz)一样,OEX 有一个盛大的面世,很快成为市场上交投最活跃的期权。在此成功基础上,芝加哥期权交易所直接把一个期权引入标准普尔 500 指数，表面上看是芝加哥商品交易所基于标准普尔 500 指数期货的期权的竞争对手。

大量新的复杂的金融衍生品来势又快又猛，以至于证券业联盟——华尔街最主要的游说集团——已经在 6 月呼吁监管者暂停新产品，以便使华尔街公司有时间对销售员进行培训并调整文书工作程序，但这一努力未获成功。而且即使监管者把握了这些新的衍生产品的复杂性和风险[23]（在 1983 年乃至以后的几年这都是一个有争议的假设），国会的立法者们正快速地落后于金融创新曲线。

注释：

1. "FDIC Securities Proposal and Related Issues," *Hearings before the Telecommunications*, Consumer Protection, and Finance Subcommittee of the House Committee on Energy and Commerce（以下简称"1983 FDIC Hearing"）, 98th Congress, 1st Sess., June 16 and 28, 1983, p. 1。

2. Seligman, *The Transformation of Wall Street*, p. 576。

3. Anne M. Khademian, *The SEC and Capital Market Regulation: The Politics of Expertise* (Pittsburgh: University of Pittsburgh Press, 1992), pp. 172—173。

4. Nancy L. Ross, "Four Members Urge Bigger Staff for SEC," *Washington Post*, March 22, 1983, p. C7。

5. 如前所述，美联储有法定权力为股票购买设定保证金限额，但一般情况下，这一问题应提交给美国证券交易委员会和证券交易所。

6. 同样，如果一家美国放贷机构将收到日元还款，外汇掉期将允许其把未来这笔款项兑换成美元，从而避免日元兑美元贬值的风险。随着时间的推移，掉期交易将发生变化,涵盖各种变数,从不断变化的大宗商品价格到暴跌的信用评级,而后者在2008年的金融危机中将是灾难性的。

7. 1983 FDIC Hearing, p. 15。

8. 奇怪的是,夏德并没有建议国会通过修订《格拉斯—斯蒂格尔法案》使其适用所有银行,从而来弥补联邦存款保险公司所确定的漏洞。而国会中的许多议员和大多数公众都认为国会已经这样做了。

9. 1983 FDIC Hearing, p. 69。

10. 同上,第70页。

11. 同上,第123页。

12. Silber, *Volcker*, p. 233。

13. 同上,第232页。

14. 同上,第233页。

15. Tamarkin, *The Merc*, pp. 289—290。

16. "长期以来,利奥·梅拉米德的梦想是把芝加哥商品交易所搬到一座能反映它新的全球声誉的建筑中去——这座建筑'至少有芝加哥期货交易所所在大楼的声望'。"芝加哥期货交易所的艺术装饰摩天大楼是芝加哥的标志性建筑之一,其银白色的谷神星雕像镶嵌在拉塞尔街的长廊上。芝加哥期货交易所的大楼"是一个城市地标",梅拉米德说。"除非芝加哥商品交易所也有属于自己的地标性大楼,否则我是不会满意的。"参见 Melamed, *Escape to the Futures*, p. 302。

17. Tamarkin, *The Merc*, p. 273。

18. 同上,第274页。

19. Birinyi and Rubin, *Market Cycles III*, p. 265。

20. Tamarkin, *The Merc*, p. 273。

21. Tamarkin, *The Merc*, p. 295。这一养老基金的计算并不包括依赖外部经理人的基金,比如通用汽车养老金。如果加上使用期货合约的这些外部基金经理,肯定会将总额推得更高。

22. Tamarkin,*The Merc*,p. 295。

23. 这些细节和结论出自商品期货交易委员会主席苏珊·菲利普斯所做陈述,见“Review of the Commodity Futures Trading Commission”(以下简称“CFTC 1984 Review Hearing”),Hearing Before the House Agriculture Committee's Subcommittee on Conservation,Credit,and Rural Development,98th Congress,2nd Sess. ,February 8,1984,p. 8。

10

套利和与人方便

出席芝加哥商品交易所中心开幕典礼的重要人物中，有一位不到 40 岁的黑发女士，苏珊·M. 菲利普斯，她看上去令人敬畏，但衣着轻柔服帖，脸上带着让人放松戒备的微笑。菲利普斯曾是大学教育工作者，拥有经济学博士学位。她从 1981 年起任职于商品期货交易委员会。10 天前，里根总统委任她为该机构的第一位女性掌门人，这也是所有联邦金融监管机构中的第一位女性掌门人，而在之前的 6 个月她已经是这家机构的实际负责人。

菲尔·约翰逊已于 5 月下台，转到私人律师行业就职，政府的工作经历意味着他可以有赚大钱的机会。不到一年之后，他加入了纽约的世达律师事务所(Skadden, Arps, Slate, Meagher and Flom)，专门负责金融衍生产品相关的法律问题，正是因为他，金融衍生产品呈现出勃勃生机。

苏珊·菲利普斯正式成为商品期货交易委员会主席，此事在白宫备受关注，她也因此获得各种溢美之词。里根总统以一种罕见的方式，直呼她的名字“苏珊”，并以崇拜的口吻详细介绍了她的学术成就。

总统对商品期货交易委员会同样给予了热情洋溢的评价[1]，“这是我最喜欢的委员会”，里根总统表示，“因为它表明政府无需耗费纳税人的钱或者对市场进行过度监管就可以做好工作”，而且因为这个委员会“可以在不阻碍行业发展和创新的基础上行使自己的职能”。

正当总统讲这番话的时候，最受他“青睐”的监管机构正准备与它的老对手——证券交易委员会——开战。与往常一样，争端起源于芝加哥的创新。这次，争议的焦点是芝加哥商品期货交易所要求商品期货交易委员会批准特定行业的股指期货。交易所希望可以交易与标准普尔能源指数、高科技指数、公共事业指数和金融业指数挂钩的期货合约。美国证券交易委员会则反对这些新产品。1982 年夏德-约翰逊协议正式成为法律，根据这项法律，如果商品期货交易委员会无视证券交易委员会的担忧，后者有权诉诸法庭。

苏珊·菲利普斯正试图就这一新的冲突与约翰·夏德协商谈判。根据夏德-约翰逊协议的要求，她给证券交易委员会的工作人员提供了四份新提议的合同的详细信息。这两家机构的高级职员从 10 月争吵到 11 月。当菲利普斯参加完芝加哥商品期货交易所的豪华庆典后回到华盛顿时，约翰·夏德的回复正等着她。[2]

不出所料，夏德提出的反对意见和他手下在过去数周向商品期货交易委员会提出的意见一样。[3] 首先，他认为单一行业指数过于狭窄。根据夏德与菲尔·约翰逊达成的协议,股指期货只能与宽基市场指数挂钩。其次,期货市场没有禁止根据内部消息进行交易的行为,夏德担心有人会利用任何窄基指数从指数股票的“内幕消息不公平地获利”,例如,当两家石油巨头在秘密考虑合并的时候。此外,夏德表示,他无法为基于单一行业指数的期货合约找到任何相关的法律支持,无论这一指数包括多少只股票。[4]

然而,在 1984 年 1 月 11 日,商品期货交易委员会批准了芝加哥商品交易所提出的标准普尔能源指数期货合约。

按照法律,证券交易委员会唯一的手段就是在法庭上挑战商品期货交易委员会的行为,但约翰·夏德对起诉另一家监管机构没有兴趣,就像两年半前他接受菲尔·约翰逊的午餐邀请时一样。他还是希望可以通过协商达成一个和平的结果。但一旦表明不愿意上法庭,夏德在后面的谈判中就没有什么影响力了。

夏德在争议的每一点上都做出让步,并向商品期货交易委员会的理念低头[5]:让新产品开始交易,然后再解决未来可能出现的问题。两家机构在私下谈判后达成的新的“指导方针”,列出了单一产业股指期货的要求,并向期货市场与国会宣布。

市场和国会对两家机构之间的这个交易都不满意。

在伯克利,了解青年史蒂文·温施的人当中,没有人会认出他就是在 1983 年年中某个时候被介绍给约翰·奥布赖恩的那个外表整洁的年轻人。当时,温施是一位衍生产品专家,就职于基德尔-皮博迪公司,这家公司西海岸的销售部职员正在寻找一些 LOR 的股票交易业务。十年甚至更早前,温施一头浓密的褐色长发被一根吸汗带束着,他那桀骜不驯的胡子几乎掩盖了他的笑容。温施一直和一帮随心所欲、自由自在的朋友一起自驾游、攀爬陡峭的岩壁。他在攀岩时表现出来的自如让同行的攀岩者感到惊讶,其中一个就是基德尔—皮博迪公司的一位高级主管,他最终聘用了温施。

温施在那些攀岩者中可以说是个传奇人物[6],在东部甚至有一块以他的名字命名的垂直岩石,是为了纪念他多年以前做的一次抗拒地球引力的攀登。人们拿他的名字开玩笑,他觉得很开心,他的最爱是"没有免费的温施(许愿)"①。1983 年,令这位来自基德尔—皮博迪公司的前冒险家着迷的是约翰·奥布赖恩和他的伯克利合伙人在市场上所做的事情。

或者,更准确地说,他们没有做的事情。

"你为什么不把标准普尔 500 期货合约用于你的投资组合交易?"在他与奥布赖恩早期的一次会面时他这样问道。[7]

要是奥布赖恩不理会温施,他也会被原谅的,因为当时基德尔—皮博迪公司在推进它自己的组合保险产品与其他组合保险产品是竞争关系,尽管并没有获得太多成功。但想要不喜欢史蒂文·温施很难,所以奥布赖恩就认真听着。

当时奥布赖恩不再在世纪之城那个小小的共用办公室套间工作,LOR 已经飞黄腾达,搬入了威尔夏大道的新办公室。公司有自己的套间——内有六间宽敞的隔间、一间小会议室、奥布赖恩自己的一间私人办公室,一些桌子上放着高级的个人电脑。这一套房位于

① 温施(Wunsch)在德语里是许愿(wish)的意思。——译者注

第一州际银行(First Interstate Bank)大楼的第13层,那是加州最高的大楼之一。如果对13这个数不忌讳,你会同意新办公室令人印象深刻。第一州际银行已经持有LOR的股份,这才有了公司的新办公场所。三个街区以外是镀金的比尔特摩(Biltmore)酒店,海恩·利兰和马克·鲁宾斯坦频繁造访办公室的时候就住那里。[8]

奥布赖恩慢慢懂得模仿不仅讨人喜欢,也有利可图。在1983年后期LOR将其投资组合保险概念授权给安泰保险公司(Aetna),作为其"担保股权管理"(GEM)战略的基础。该产品的一个广告提到[9],让GEM策略"如此非凡"的原因就是利兰、奥布赖恩和鲁宾斯坦三位合伙人"完美"的资历:"他们提供的唯一的服务就是动态资产配置。现在,他们在为20个投资组合服务,总值高达6亿美元。"

1982年春天《财富》杂志发表了那篇充满溢美之词的文章,之后的短时间内,受LOR公司及其授权公司的资产组合保险保护的资产总额从1.5亿美元增加到6亿美元。这听起来有点不可思议,但这是真的。直接收费和许可使用费为LOR创造了收入,因此才会有威尔夏大道上的升级版办公室套房。

实施投资组合保险的机制依然很笨重,它依赖于市场下跌时股票的抛售以及价格反弹时的重新购入。为LOR的养老金大客户工作的投资组合经理人依然对那么多的交易没有热情,传统主义者也仍然抗拒这一策略。奥布赖恩记得他与芝加哥第一国民银行学术顾问的一次激烈对话,他对奥布赖恩说"交易过多,这太疯狂了"[10]。

史蒂文·温施现在告诉奥布赖恩,不管交易那么多股票是否是一种疯狂的行为,但显然是没有必要的。他表示基德尔-皮博迪公司为投资组合“上保险”的策略虽然看上去很相似，但实际上是不同的：“我们不交易股票，我们用期货。”[11]

奥布赖恩当然知道标准普尔 500 指数期货已于 1982 年春天在芝加哥商品交易所上市，但这一合约在秋天股市转牛之前并没有得到广泛交易。现在有了一年的经验，标准普尔 500 指数期货合约交易大厅里喧闹的交易员们每天都在处理大量的指令。

如果养老金客户的组合与那些 500 只股票不完全一致，那基于标准普尔 500 指数的投资组合对冲基金能否充分服务于这些客户？奥布赖恩开始往伯克利打电话。

马克·鲁宾斯坦对这个想法很感兴趣。他知道，最有效的方法是广义股市指数的看跌期权。[12] 这样的期权将使 LOR 有权在未来以特定价格出售整个股票组合，如果它愿意的话。因此，在股票市场下跌时，LOR 可以为整个投资组合的损失设定一个下限。

到 1983 年后期，实际上有两只类似的期权在芝加哥期权交易所交易：一只是基于标准普尔 500 的交易，但活跃程度不够，无法发挥作用。另一只是更受欢迎的基于标准普尔 100 的 OEX。遗憾的是，芝加哥期权交易所对每位投资者一次拥有的期权数加以限制，LOR 已经在为规模大的账户提供保险，但这些账户很难控制在这些限制范围内。

温施认为，芝加哥商品交易所对在标准普尔 500 指数期货合约交易中持有大量头寸的投资者更为友好，前提是他们在对冲，而不是投机。

海恩·利兰很快意识到使用期货合约将大幅减少对冲策略的交

易成本。当然问题是“我们不是确保每个组合、每个定制的投资组合”,利兰警告说。“但只要我们的客户对总体市场保护感到满意,我们就可以用期货合约。”[13]

所以,答案最终不取决于数学计算,而取决于市场营销。LOR的客户们会说什么?一开始他们如释重负,因为对他们各种基金经理来说新方法的成本更低,破坏性也更小。不久,很多养老基金客户开始觉得,因为有了这个简单的组合保险[14],他们可以在繁荣的股市中安全地持有比过去更大的股份。

所以,奥布赖恩当然对年轻的史蒂文·温施充满感激。由于基德尔公司的交易席位从LOR及其主要授权商那里获得的交易佣金中获利颇丰,温施在纽约的老板不反对他与LOR这家加州公司的密切联系。他与奥布赖恩的对话激发了他的各种想法[15]:LOR如何进一步优化其产品?如何更容易地融入市场?

一个快速增长的新策略对投资组合保险可能很重要,这一策略同样依赖于芝加哥商品交易所的标准普尔500期货合约——确实,正如史蒂文·温施所认识到的那样,当LOR的客户不得不按要求购入或抛售股票时,这个新策略可以给市场提供镇流器,这被称为“指数套利”。

它的工作原理是这样的。

在交易日的每一秒,标准普尔500指数的每只成分股的价格都在波动,指数的价值也因此不断变化。由于芝加哥商品交易所的标准普尔500期货合约应该是忠实跟踪指数,它的价值因此也是不断变化的。

在一个井然有序、理性、高效的市场，这两个指数的价值总是步调一致。然而在混乱的现实世界，情况往往不是这样。有时，因为纽约证券交易所临时中止交易、芝加哥商品交易所投机需求的突然爆发、短暂的情绪不安，或者由于其他什么情况，标准普尔500指数的股票的价值与标准普尔500指数期货价格会出现背离，有的时候差距还很大。如果期货价格低于股市价格，交易员们会说标准普尔500指数期货在“以折扣价”交易；如果期货价高于现金价格，标准普尔500指数期货就是在溢价交易。

两年前，当约翰·夏德和菲尔·约翰逊在就股指期货谈判协商他们的和平协议时，他们未曾想过芝加哥期货合约的价格与纽约市场指数的价格会存在巨大差异。但在现实世界里，这种情况经常发生，而且不管什么时候发生，它都提供了一个经典的套利机会。

简单地说，套利就是在一个市场购买某物，但同时在另一个市场以更高价将其卖出。如果你可以在伦敦购买黄金，而且同时在纽约以更高价出售，这就是一个能获利的套现机会。[16] 当然，假设这个黄金达到了同样的纯度标准，伦敦和纽约的黄金是一模一样的。

人们巧妙地认识到，虽然标准普尔500期货与标准普尔500股票并不完全一样，它们足够接近，这时就产生了指数套利。如果可以在芝加哥商品交易所以一种价格购买标准普尔期货，同时在纽约以更高的价格出售所有的标准普尔500股票，就可以从这次套利中很快获利，虽然利润小，但没有风险。其他一些时候，人们也许有机会从反向交易[17] 中获利，即在芝加哥出售标准普尔500期货而同时在纽约购入标准普尔500指数的股票。不管用哪种方式,你都保留了指数基金的股份,这就使得这一策略对指数基金尤其具有吸引力。

这可不是小人物的游戏。要获取那些套利的利润,你需要三样东西:能够实时监控两个市场价格并在价格走势不同的时候提醒你的电脑,一个可以立即交付必要指令并以几美分一股的价格执行指令的交易席位,以及可以一次性购买大量股票和期货合约的大笔资金。

日复一日做这种交易被称为指数套利,对精明的基金经理来说这是一种低风险的方法,可以为一只指数基金多赚点钱,不然这一指数基金只会获得与市场同步的回报。

指数套利者对LOR来说有其重要性,因为他们的交易将是投资组合保险所要求交易的镜像。如果股票价格下跌至比期货价格更便宜,指数套利者将购买股票——而LOR将抛售它们。同样,指数套利交易员在期货交易所受追捧,在那里他们可以承接那些对冲策略依赖标准普尔500期货的投资组合保险者的抛单。

指数套利对股票市场和期货市场——乃至整个金融系统——存在重要意义,更大的原因是它有助于在两个市场的价格出错的时候将它们恢复到正轨。

所有的套利,不管买卖的是什么,都是为了这个目的。在价格低的市场购买产品会推高产品的价格,在一个更贵的市场抛售它会让那里的价格下跌,这样就可以确保产品价格在两个市场达到相同的水平。同样,在低价时购买期货、在高价时抛售股票,指数套利交易员有助于使期货和股票市场恢复平衡,即期货价格准确地反映股票价格。

多年来,指数套利是一种神秘的市场力量[18],在股市引发怀疑,在媒体引发混乱。许多传统的监管者和投资者仍然认为股市价格是标准普尔500指数的真实价格,也不在意标准普尔500期货价格是溢价还是折价。他们忽视这一新生事物实在是大错特错;指数套利和投资组合保险是无形链条中的连接器,它们在历史上第一次无法阻挡地将股票市场和金融衍生产品拉到了一起。

但是,还有一个恼人的问题:指数套利的增长速度是否能赶上投资组合保险? LOR采取某一行动时,总会有投资者反向为之吗?

如果没有那么拥挤,国会山朗沃思众议院大楼的1300号房间是很可爱的。浅灰色的墙壁上是精美的白色大理石壁炉,水晶吊灯投射出温暖的光。这是众议院农业委员会的办公室,所以并不是证券交易委员会约翰·夏德频繁光顾的地方,夏德的国会监管者是能源与商业委员会的委员。

1984年2月8日这个寒冷的周三上午,快到10:00的时候,夏德庞大的身躯落座在证人席,他抬头看了看挤满人的房间:15位农业委员会的成员到了12位,另外还有委员会主席、全体委员会的其他3位成员,以及5位工作人员。

当日的议程将是一场全面的唇枪舌剑战,听证会开始时的客套也无法掩盖房间里的紧张气氛。[19]

证人席上坐在夏德旁边的是苏珊·菲利普斯,她对这个房间和里面坐着的众议院农业委员会的人相当熟悉,因为该委员会是商品期货交易委员会在国会的监管者。她在担任商品期货交易委员会委员三年多的时间里，众议院农业委员会对她所在机构的态度是友好的。

但今天不是这样。议员们是要拷问菲利普斯和夏德，问他们如何解决最近管辖权方面的纷争——关于芝加哥商品交易所提议的单一产业指数期货的争议。

众议员格伦·英格利希(Glenn English)，来自俄克拉荷马州西部的保守派民主党人，是第一位发表开场陈词的小组委员会高级成员。他支持商品期货交易委员会对股指期货拥有管辖权的声明，但对原先夏德—约翰逊的妥协方案表示谨慎，他认为方案在很多方面还存在争议。因此，他对商品期货交易委员会和证券交易委员会又陷入激烈争论并不感到吃惊，但冲突的解决方式令他愤怒，而且他很确定商品期货交易委员会从交易中得到了最坏的结果。

"在任何时候当商品期货交易委员会和证券交易委员会之间存在管辖权的争议时，争端都将在法庭或国会解决，而不是在某个密室。这当然是我的理解，而且我认为也是委员会成员的理解。"[20] 英格利希说，"我感到非常失望的是，在第一次分歧的时候，我们发现两个委员会在密室里开会，达成了某种协议，我认为这对商品期货交易委员会的确是个损害。"

来自堪萨斯州的民主党众议员丹·格里克曼(Dan Glickman)解释了一个根本的问题："我认为在国会大厅和全国金融中心的大厅里正发生着全国范围的地盘争夺战，事关哪个机构应该对什么样的金融工具拥有司法管辖权。"然而，当国会在1982年重新对商品期货交易委员会进行授权时，他说，"对这些问题拥有管辖权的是国会，而不是其他人。”[21]

委员会主席、田纳西州众议员埃德·琼斯(Ed Jones)属于温和派,在他同事开场的攻击后,他对夏德和菲利普斯表示欢迎,感谢他们的到来。

先发言的是苏珊·菲利普斯,“虽说(夏德—约翰逊)有关管辖权的协议已经成为法律,它也是一个过程。随着新产品的开发,委员会认识到必须准备好做出灵活的反应。”[22]

接下来轮到约翰·夏德发言。他说,夏德—约翰逊协议虽然是“证券交易委员会的一个重大让步”,但还是为商品期货交易委员会批准的新产品设立了标准。夏德继续表示,芝加哥的单一产业期货合约并没有达到那些标准,与商品期货交易委员会的官司看来是不可避免了。但实际情况刚好相反,“这些机构认为更好的方法是利用他们共同的专长[23] 来解释这个法律,而不是让期货产业因为诉讼遭受旷日持久的不确定性[24]。”

众议员英格利希所提第一个问题瞄准了苏珊·菲利普斯,他非常地直截了当,“菲利普斯小姐,我想请你向小组委员会解释一下你在和夏德先生的秘密会议中到底放弃了什么。”

在这个问题上争论了一阵后,菲利普斯回答道,“我们不认为我们放弃了什么。事实上,我们认为有相当的收获。”[25]

英格利希并不相信。“菲利普斯小姐”,他回答说,“你是想告诉小组委员会,在与证券交易委员会的协议中你没有以商品期货交易委员会的名义放弃任何司法权、管辖权?”

她立刻回答,“是的,先生。”

英格利希转而怒视坐在菲利普斯旁边的那个有点邋遢的人，“那么，夏德先生，你放弃了什么？”

夏德回答，“我同意菲利普斯主席的看法。”[26]

英格利希看上去很震惊，“那你一定是放弃了一切，她得到了交易的好处，而坏的结果都被你得到了。是这样吗？”英格利希不依不饶，“在这个私下交易中，证券交易委员会完全屈服于商品期货交易委员会，是不是？”

夏德回避了这个问题，“我认为期货业和大宗商品业从我们的协议中获利无数，因为不确定性和诉讼可能引起的长期不确定性都被消除了。”尽管英格利希继续穷追猛打，夏德无法解释为什么最终的交易结果完全是按照商品期货交易委员会的意图在走。

夏德的沉默背后是他的默认，即在金融衍生产品的演变中证券交易委员会的作用已经比他预期的小，而且还在变得更小。商品期货交易委员会现在掌握着主动权，而夏德不愿意就这些司法问题开始公开战争，只能随波逐流，让市场驶向令他愈加不安的未来。

注释：

1. “Ronald Reagan: Remarks at the Swearing－In Ceremony for Susan M. Phillips, Chairman of the Commodity Futures Trading Commission, November 17, 1983,” American Presidency Project website, http://www.presidency.ucsb.edu/ws/index.php? pid=40785&st=&st1=。

2. CFTC 1984 Review Hearing, p. 8。

3. 同上。

4. 同上，第9页。

5. 这一评价得到了约翰·夏德和苏珊·菲利普斯在听证会上所提供证词的支持,菲利普斯在正式声明中所描述的新指导方针的公告也清晰地反映了这一点。参见 CFTC 1984 Review Hearing, pp. 9, 93—96。

6. Leslie Wayne, "A Rock Climber's Reach for the Top of Wall St.," *New York Times*, January 24, 1991, p. D1。

7. 2014 年对利兰—奥布赖恩的采访。

8. 2016 年对 LOR 的采访。

9. 这个广告在 Jacobs, *Capital Ideas and Market Realities*, p. 38 被重现。

10. 2015 年对利兰—奥布赖恩的采访。

11. 同上,在对温施 2015 年 6 月 25 日的采访中得到确认(以下简称 2015 年对温施的采访)

12. 确实,对鲁宾斯坦来说,这一概念有一种似曾相识的感觉。在 20 世纪 70 年代末,他与费城证券交易所的高管们合作提出了股票指数期权这一产品,但在一场大规模的期权交易丑闻中,这项提议被断然否决。那次丑闻促使证券交易委员会在 1977 年暂停了新的期权产品,鲁宾斯坦则开始了新的探索。参见 Donald MacKenzie, *An Engine, Not a Camera: How Financial Models Shape Markets* (Cambridge, MA: MIT Press, 2006), p. 176。

13. 2016 年对 LOR 的采访。

14. 2016 年对利兰—奥布赖恩的采访。

15. 2016 年 11 月 28 日对温施的采访。

16. 很显然,价差必须大到足以支付跨越大西洋运输黄金的成本。

17. 指数套利也通过使用其他股指期货甚至是指数期权来进行。一种流行的套利策略涉及道琼斯指数中的 30 只股票,以及芝加哥期货交易所的主要市场指数期货,后者是基于类似于道指的一些股票。一些套利者在标准普尔 100 指数和芝加哥期权交易所交易的 OEX 期权之间转移现金。

18. 现存记录并不清楚谁首先提出了指数套利的想法。在接下来的几年里，指数套利将对纽约证券交易所和芝加哥商品交易所产生越来越强大的影响，并在"黑色星期一"之后受到关注。有一种说法是，纽约的一家小型专业公司米勒·塔巴克·赫希公司(Miller Tabak Hirsch and Co.)于1982年年中开始利用堪萨斯交易所价值线指数期货合约提供的套利机会。参见 Jennifer Lin, "Programmed for Dispute," Philly.com, December 3, 1989。另有一些人则表示，指数套利的想法诞生于富国银行投资顾问公司(Wells Fargo Investment Advisors)，该公司的一些人才想象力丰富，但这一想法直到公司三位创新者进入梅隆银行(Mellon Bank)并于1983年8月成立了梅隆资本公司，才得到确立。这三人是传说中的"金融行业中使用数学方法的人"——威廉·福斯(William Fouse)、托马斯·洛布(Thomas Loeb)以及玻莉·肖斯(Polly Shouse)。见"The Way We Were: 1982—1989," *Pensions & Investments*, October 29, 1998, accessed on its website; and Testimony of Thomas Loeb, chairman of Mellon Capital Management Corp., "Program Trading"(以下简称"1987 Program Trading Hearing"), Hearing Before the Telecommunications and Finance Subcommittee of the House Committee on Energy and Commerce, 100th Congress, 1st Sess., July 23, 1987, p. 224。

19. CFTC 1984 Review Hearing, p. 1。

20. 同上，第4页。

21. 同上。

22. 同上，第9页。

23. 同上。

24. 同上，第12页。夏德接着警告小组委员会说，证券交易委员会和商品期货交易委员会已经于两天前被好斗的芝加哥期货交易所起诉。芝加哥期货交易所反对新的行业指数的指南，无论指南有多么宽松，理由是这两个机构没有权力起草或者执行指南。夏德说:“在我们有足够的机会对起诉做出回应之前,我将非常感谢委员会在不损害案件的前提下所能采取的任何克制态度。”

25. 同上,第 17 页。

26. 同上。

11

危机边缘的银行

如果某天一位银行行长接到记者的电话，向他求证银行准备申请破产的传言是否属实时，这对他来说不是一个好日子。如果有第二位记者给他电话询问同样的问题时，那将是很糟糕的一天。

那天是 1984 年 5 月 8 日，周二[1]，应付这两个电话并极力否认谣言的银行总裁是芝加哥大陆伊利诺伊国家银行的爱德华·S. 博顿(Edward S. Bottum)。遗憾的是他的上司不在芝加哥附近。戴维·G. 泰勒(David G. Taylor)，银行主席兼首席执行官，正在巴哈马群岛的一艘船上度假。

泰勒是大陆银行的忠实员工，他父亲也曾在该行工作了数十年。在数月之前，银行董事会终于替换了罗杰·安德森，由泰勒继任银行的首席执行官。罗杰·安德森之前一直负责处理 1982 年宾州广场银行倒闭这个灾难性事件。

宾州广场银行的破产暴露出大陆银行在内部控制和信用判断方面的严重缺陷，现在银行正为了生存努力地吸引存款。虽然芝加哥交易所结算公司和芝加哥商品交易所依然是其忠实的客户，对风险充满警惕的货币市场基金很快就撤出了。

宾州广场银行危机发生时，泰勒是大陆银行的首席融资官，他仓促地用国外存款和其他银行非常短期的贷款——在银行停留短短 24 小时的现金——来取代失去的国内存款。[2] 大陆银行每天需要 80 亿美元新的现金[3] 来维持运营，泰勒找到了这些资金，尽管大陆银行从全美银行的排名从第六位降至了第八位。

6 天前，也就是 5 月 2 日，泰勒和他的主要监管者、货币监理署署长托德·康诺弗会面，会面气氛紧张。那年 3 月，大陆银行出售了其盈利的信用卡运营业务以向股东支付第一季度的股息。一些监管机构对他们为一次性的股息支出而出售稳定利润的做法暗暗感到震惊。康诺弗要求泰勒加快出售银行的不良贷款，然后他才会考虑同意在二季度给股东支付股息。[4]

所以，当疲惫不堪的泰勒和夫人在之后的周日(5 月 6 日)开始事先计划好的假期时，他做了谨慎的安排，每天给银行打电话。周二，当他从船上打来电话时，埃德·博顿(Ed Bottum)①敦促他飞回芝加哥。[5]

那天深夜，博顿在家中接到了一个高级经理的电话，从东京传来了令人恐慌的消息，那时东京已是周三的中午。那天中午过后没多久，定期为大陆银行提供短期贷款的日本大银行的交易席位突然关

① 埃德为爱德华的昵称。——译者注

闭了，当天晚上将不会有从日本来的贷款。

关联密切的交易员们紧盯着自己的新闻专线[6]和电话控制台，他们做数百万美元的交易只依赖信任和信誉。也许日本的交易员推测他们不会因为不与大陆伊利诺伊银行做生意被解雇，但如果把钱借给银行却不能收回，他们肯定会被解雇。这样的考虑将他们推到了即将成为经典的银行挤兑潮的前线，这一挤兑穿越了时区，从东京到芝加哥都在发生。

《芝加哥论坛报》(*Chicago Tribune*)的一组记者们之后拼凑出了所发生的一切[7]，那是一场结局糟糕、错误百出的搞笑剧。

周二，商品新闻社(Commodity News Service)一位驻纽约的记者发了一篇简短、猜测性的报道，引用“银行业消息人士”的话说，日本的一家金融巨头将会收购大陆伊利诺伊银行。他还说“联邦货币当局”计划“就大陆伊利诺伊银行财务表现召开特别会议”。这个故事传到东京的时候，被时事新闻社(Jiji)所报道。时事新闻社是日本的一家新闻专线机构，与商品新闻社有协议，在日本翻译、编辑并传播其新闻。但他们的翻译有误，把收购的“谣言”翻成了收购的“披露”，还把“联邦货币当局”翻译成了“货币”部门，这也许引发了恐慌，让人误以为所指是货币监理署，他们的介入往往意味着出现了更严重的问题。

东京时间周三上午10:57，这个错误报道传到了时事新闻社的客户那里，其中包括许多日本主要的金融机构。一小时后，这家新闻机构发出了有关埃德·博顿早先否认破产谣言的新闻的翻译稿。

《芝加哥论坛报》的报道总结道：“据美国和日本的消息，日本银行的交易员们看到时事新闻社的报道后,大陆银行的挤兑就真正开始了。恐慌跟着太阳往西跑,消息很快传到欧洲的银行中心,就这样,“大陆银行生存需要的欧洲资金也不复存在了”。

当芝加哥迎来 5 月 9 日、周三的时候[8],谣言也随之到来。芝加哥期货交易所的一家附属机构警惕、敏感的人们注意到这个谣言[9],他们立刻从其在大陆银行的账户里提取了 5 000 万美元。

大陆银行所在的芝加哥也上演了挤兑。

两天后,5 月 11 日周五中午之前,联邦存款保险公司主席比尔·艾萨克接到来自托德·康诺弗的紧急电话。

“你可以停下手上的事,到沃尔克的办公室来吗?”[10]

这并不是一个请求。艾萨克取消了午餐会演讲,立即坐车前往宪法大街上美联储的白色建筑群。当他到达沃尔克的办公室时,康诺弗正对两位监管同僚和一些高级职员介绍芝加哥日益糟糕的情况。

周四银行的电子提款几乎没有减少,晚上的贷款没有得到续期,即将到期的定期存款也没有被续存。戴维·泰勒已经从巴哈马回国,也已经给两百家外国银行发了电传,否认从日本向西快速传播的谣言,但这样反而加剧了恐慌。[11] 周三,康诺弗做出了很不平常的举动,发布了新闻稿,表示他不知道任何“银行运营方面的重要变化”可以支持这些谣言,但这对不断加剧的恐慌没有任何影响。

大陆银行的现金快用完了。

所有人都知道阻止情况继续是多么重要。数千家更小的区域和地方银行将没有保险的存款委托给了大陆伊利诺伊银行，如果失去这些资金，一些银行将摇摇欲坠或者直接倒闭——而那将进一步传播恐慌。其他大银行的储户很可能将把大陆银行的破产视为把资金转移到安全的国债市场的信号，使其他银行处在风险中。那样的话也会进一步传播恐慌。

这些人可能还不知道，恐慌的反应可能比他们担心的更深远。戴维·泰勒在过去一年从许多货币市场基金吸引了存款的回流，如果大陆银行破产，这些存款中的部分也许将不得不“跌破1美元”。也就是说，他们也许不能兑现他们总是以1美元赎回股票的承诺。这将导致恐慌涌入共同基金行业，而上述市场没有受到这些人的监管。货币市场基金受证券交易委员会的监管，大量现金的突然逃离[12]将加剧整体金融市场的困境，因为货币市场基金正成为其他银行和金融机构（甚至是大公司）短期信贷的来源。

沃尔克、艾萨克和康诺弗看到了他们在国会的许多监管者没有理解的问题：对美国金融体系的信心很脆弱，脆弱到可以被东京毫无根据的谣言一击就破。芝加哥银行的大溃败就像一把大锤敲击着金融体系的信心。你可以（辩）说储户是否会真的变得恐慌并带着同样的恐慌看待所有的银行，但如果这种情况确实发生了，你面临的将是令人震惊的混乱，这种混乱可以导致经济脱轨数月、触发全国的企业倒闭，并且就像30年代那样，令一代人对任何金融风险保持警惕。

所以，虽然拯救大陆伊利诺伊银行几乎肯定会招致对监管者的严苛指责，说他们“只救助大银行”，而置小银行于不顾，听任它们每周都在破产，但是否这么做并没有任何悬念。如果一些小的滞留池在渗漏,而胡佛大坝有一个在快速变大的漏洞,你选择支撑胡佛大坝,问题是,怎么做?

联邦存款保险公司有权向银行注资 20 亿美元,但鉴于大陆银行的亏损巨大,他们三位都担心这一姿态不足以平息恐慌。他们决定等到康诺弗再次与大陆银行高管面谈以后。为了给他时间,沃尔克确保芝加哥的联邦储备银行快速处置大陆银行紧急贷款 36 亿美元的请求。这笔资金将帮助银行渡过难关,直至周末——同时也将为每个人争取一些时间。

在芝加哥,戴维·泰勒致电纽约摩根担保银行的主席刘易斯·T. 普雷斯顿(Lewis T. Preston),寻求他的帮助,从大型"货币中心"银行组织一项紧急信贷额度。这些银行都有理由确保大陆银行的有序生存,因为它们中的任何一个都有可能成为下一家出问题的银行。为了吸引资金,有几家银行已经不得不提高其支付给固定存款的利息。[13]

那个周末泰勒和普雷斯顿都忙于联系他们在全国 15 大银行的同僚,到周日晚,看起来好像不需要政府的帮助了。泰勒给他最大的海外储户发去电传,说由摩根担保银行领头的全国 16 大银行已经为大陆伊利诺伊银行创立了价值 45 亿美元的"安全网"信贷额度。

私营部门的反应令人赞叹,5 月 14 日周一上午大陆银行高调宣布了这一安排。虽然银行没有明确说明,每个人似乎都知道必要时强大的美联储也准备贷款给大陆银行。[14]

令银行家和监管官员恐惧的是,这一历史性姿态的影响是零。周一全天,全球的资金大逃亡都在继续,在短短 9 天里,银行失去了之前资助的30%,这一损失是2008年金融危机之后最严重的银行挤兑的三倍多。[15]

戴维·泰勒只剩华盛顿可以求助。

5月15日周二上午10:00,托德·康诺弗和比尔·艾萨克回到保罗·沃尔克的办公室。[16] 他们对银行集团所做努力的失败感到震惊,于是同意联邦存款保险公司应立即开始给大陆银行注资20亿美元,并开始讨论细节。大约一个半小时后,三位监管者应里根召见前往财政部大楼。[17] 里根希望在第二天前往欧洲之前听取相关情况的汇报。他不反对他们的计划,但后来建议要求集团里的银行为注资做出贡献。[18]

会见之后,沃尔克回到美联储,准备前往纽约,按计划第二天他将获得哥伦比亚大学的荣誉学位。

刘易斯·普雷斯顿谨慎地召集"安全网"集团中的其他银行于周三上午9:00在中曼哈顿的摩根担保银行大楼开会。因为担心这次会议会引发更有破坏性的谣言,很容易被人认出的沃尔克从运送装甲车的装载码头溜进了摩根大楼。当一队精英银行家和他们的助手进入会议室的时候,沃尔克也到达会场,艾萨克、康诺弗以及纽约的联储主席安东尼·所罗门已经到场。总共约有30多人参加了这次秘密会议[19],大家都深感忧虑。

沃尔克很巧妙地避免坐在上座,而是坐在了旁边,他发表了简短讲话,敦促银行"快速果断地行动,向全世界展示我们有能力应对重大问题"。[20] 比尔·艾萨克就联邦存款保险公司的计划做了报告,并提议银行家们为拯救计划出资5亿美元，这也是唐·里根所建议的。据一种说法，几位银行家发表了“爱国演说”，表示要为了更好的大局齐心协力——虽然沃尔克事后回忆说，花旗集团的副主席提了一个问题，令人印象深刻，“我为什么要帮助一个竞争者呢？”[21] 谈判持续到下午，沃尔克中途离开会议去领取他的荣誉学位——如果他不这么做，肯定将引发新的市场担忧。

银行家和监管者一直工作到晚上，最终达成协议。5月17日周四上午10:00，戴维·泰勒从纽约得到消息，他现在可以召集一场新闻发布会宣布历史性的一揽子拯救计划：联邦存款保险公司将注资15亿美元，七大银行出资5亿美元，以及来自原先“安全网”集团的信贷额度，最终出资的银行近30家。当然，如果有需要，联储准备好成为最后的贷款人。

该计划最关键的部分是联邦存款保险公司保证它所用于稳定大陆银行的手段将充分保护“所有储户和其他一般债权人”。换句话说，与宾州广场银行不同，大陆银行将不会通过偿付而倒闭，也就不会导致债权人和未被保险的储户受损。事实上，联邦存款保险公司在处理之前大部分银行倒闭事件时并没有依赖银行偿付——宾州广场银行是一个例外。比尔·艾萨克曾经反对对宾州广场银行给予更常规的拯救方法，但现在也同意对大陆银行采用常规的办法。他刚刚经历了一次危险、极具传染性的银行挤兑，这次事件危及一家仍有偿付能力的银行，对他来说现在的首要任务是金融稳定。

至关重要的是，这次的一揽子拯救计划能给围绕大陆伊利诺伊银行的恐慌以致命一击，而保证联邦存款保险公司将找到避免储户和债权人受损的方法也许能起到这样的效果。艾萨克当然希望是这样。

让华盛顿和芝加哥都如释重负的是,这一保证起作用了。

大陆伊利诺伊银行拯救计划实施一周之后,随着扣人心弦的谈判细节浮出水面,外汇市场变得极度混乱[22],"作为市场担心美国银行体系稳定的反应",神经过敏的投资者们开始抛售美元。也许外国银行家并不真正理解美国的鲁布·戈德堡式(Rube Goldberg)监管体系,因此也不能完全信任它所做的有关大陆伊利诺伊银行的承诺。在这种情况下,由沃尔克授意,美联储三年里首次在一天内秘密地给市场注资1.35亿美元,以稳定美元汇率。

显然,大陆伊利诺伊银行危机还远未结束。

有联邦存款保险公司和联储在背后的支持,再加上大陆伊利诺伊银行提供的利率高于市场利率,它本应成为吸引投资者的磁石,但是在踩踏中逃离的外国投资者并没有回归,货币市场基金依然与它保持距离,大的机构投资者还在持观望态度。要实现永久稳定的唯一途径[23]好像就是与另一家大银行合并,在6月中的时候,戴维·泰勒将全部注意力转向寻找合适的合作伙伴。

大陆伊利诺伊银行靠着借来的时间苟延残喘。[24]随着6月结束,7月开始,股市在等待大陆银行下季度的财务报表。在继续卖出小型子公司的同时,大陆银行宣布推迟二季度公告,同时继续与潜在的并购合伙人谈判。但是,不久情况就很明了了,大陆伊利诺伊银行——直至最近还被认为是芝加哥最强大的银行、全国最大的期货市场的承销商以及全国十大银行之一,并没有可靠的买家。

7 月初，联邦存款保险公司的比尔·艾萨克以及他在联储和货币监理署的同僚已经放弃大陆伊利诺伊银行和另一家银行合并的希望，并制定了一项维持大陆伊利诺伊银行永久稳定的创新性计划：联邦存款保险公司将向银行注资几十亿美元并购买其不良贷款的大部分，以换取优先股，使它成为大陆伊利诺伊银行最大的股东。这一史无前例的协议预计将于 7 月 26 日周四宣布。

然后，在最后一刻，这一交易几乎被另一场管辖权之争撕毁[25]：财政部部长里根后知后觉、公开地表示出犹豫迟疑[26]，他认为计划的某些细节“不合适”，是“糟糕的公共政策”。

这到底是怎么回事呢？为什么 5 月还支持拯救大陆银行的里根突然变得充满敌意？这个问题困扰着欧文·H. 斯普拉格（Irvine H. Sprague），他是华盛顿一名资深官员，也是联邦存款保险公司董事会的第三位成员，另外两位是托德·康诺弗和比尔·艾萨克。

在一次特别艰难的会议后，斯普拉格问财政部在做什么。“财政部一位高级官员对我说，‘这是 1984 年，在其他年份我们也许会用不同的方式看待这一切’——这是一个暗示：美国政府在总统选举年里正设法与史上最大的银行拯救计划保持距离。”[27]

但是，对财政部来说还有另外一个痛点。与约翰·夏德、托德·康诺弗一样，里根支持一项悬而未决的法案，该法案将允许银行扩张进入新的业务范围，前提是它们通过控股母公司的独立子公司进行扩张。当时的想法是控股公司的结构将保护银行免受新业务带来的风险，但是由于有限制性的债券条款，向大陆银行注资的唯一可行方法是通过控股公司。斯普拉格事后推测，里根“担心这一先例会削弱"控股公司将使银行与危险隔离这一论点的"合法性"[28]。

当里根公开抨击对大陆银行的拯救计划时，比尔·艾萨克公开保持沉默，但斯普拉格说，私下他"极其恼火"，而斯普拉格自己也是愤怒之至。

斯普拉格事后说，"不同的问题需要不同的解决方法"。在他看来，联邦存款保险公司和财政部可以"允许控股公司倒闭，这样可以按摩我们的偏见①。或者我们可以来拯救银行。"[29] 通过拯救大陆伊利诺伊银行，联邦存款保险公司和财政部这两家机构可以降低高度传染性的恐慌蔓延到整个金融体系的风险。

最终，僵局在 7 月 25 日周三晚上被打破。头脑冷静的人显然在财政部——也许是白宫——占据了上风。财政部坚定地拒绝了里根的要求。一位不具名的财政部官员向《纽约时报》表示，"他们是银行的监管者"[30]，他几乎难以察觉地耸了耸肩。

那晚在联邦存款保险公司，比尔·艾萨克在与沃尔克、康诺弗及众议院和参议院银行委员会领袖举行的电话会议中概述了一揽子拯救计划。[31] 艾萨克也提醒他们，拯救计划中不会动用"纳税人的钱"，因为联邦存款保险公司的资助来自银行业支付的保费。与此同时，为了可以在周四上午在芝加哥宣布这个计划，他的手下整夜都在准备相关文书。

《纽约时报》是这么描述的：这是"银行业的非同寻常的干预"[32]。为此专门设立了新的管理团队，戴维·泰勒回到他的金融岗位，他那惊险刺激的使命已经完成。9 月底，大陆伊利诺伊银行的股东批准联邦存款保险公司购买他们银行 80％的股份，这是避免银行垮掉的

① 作者的意思是大家有个偏见，都倾向于让控股公司倒闭，允许控股公司倒闭相当于给大家的偏见做了按摩，是一件令人舒服的事。——译者注

代价，不然他们将彻底破产。

那时，全世界已经对整个事件先前的危险性有了更多的了解——美联储需要在 5 月介入外汇市场，7 月拯救计划前大陆银行需要巨额贷款，自从年初开始大陆银行损失了令人瞠目结舌的 120 亿美元存款。

类似这些事本不应该发生，但几乎就发生了。而且那些努力阻止危险发生的参与者知道它们很容易就会再次发生。

注释：

1. 这些细节在以下两本书中出现过：Greider, *Secrets of the Temple*, p. 624，和 Silber, *Volcker*, p. 242，但大陆银行所在地的报纸就银行的拯救做了更全面、更吸引人的报道。参见 R. C. Longworth and Bill Barnhart, "The Panic Followed the Sun," *Chicago Tribune*, May 27, 1984, p. 1。

2. Robert A. Bennett, "Chilling Specter at Continental," *New York Times*, May 20, 1984, sec. 3, p. 1。

3. "History of the Eighties—Lessons for the Future," Federal Deposit Insurance Corporation, p. 242, at https://www.fdic.gov/bank/historical/history/。

4. C. 托德 · 康诺弗的书面陈述，"An Inquiry into Continental Illinois Corp. and Continental Illinois National Bank"（以下简称"House CINB Hearing"），Subcommittee on Financial Institutions Supervision, Regulation and Insurance, House Committee on Banking, Finance, and Urban Affairs, 98th Congress, 2nd Sess., September 18 and 19 and October 4, 1984, p. 273。

5. Longworth and Barnhart, "The Panic Followed the Sun"。

6. 同上。

7. 这些细节中的部分也被 Peter T. Kilborn, Winston Williams, and Robert

A. Bennett 所报道:"The High-Stakes Scramble to Rescue Continental Bank," *New York Times*, May 21,1984,p. 1。《纽约时报》将时事新闻列为突发危机的因素之一,但没有报道其制作和翻译过程中的细节。这两种说法有一些区别:在涉及日本当地细节的地方,《芝加哥论坛报》的报道似乎更权威;而《纽约时报》的报道有助于了解纽约发生的事。

8. 这一表述与大陆银行一高管的说明相似,后者的说明出自 Kilborn,Williams,and Bennett,"The High—Stakes Scramble to Rescue Continental Bank"。

9. 据 Kilborn,Williams,and Bennett 在"The High-Stakes Scramble to Rescue Continental Bank"中的报道,大陆银行"被其街对面的期货交易所所恼怒。银行向清算公司提出请求,部分款项被退回"。确切地说,清算所是独立于期货交易所的。

10. Longworth and Barnhart,"The Panic Followed the Sun"。

11. 同上。

12. Mark Carlson and Jonathan Rose,"Can a Bank Run Be Stopped? Government Guarantees and the Run on Continental Illinois," Finance and Economics Discussion Series 2016—003,Washington,Board of Governors of the Federal Reserve System, http://dx. doi. org/10. 17016/FEDS. 2016. 0003, p. 1。货币市场基金与更广泛的经济之间的联系在2008年金融危机中变得清晰,即货币市场基金是企业商业票据的现成市场。商业票据是非常短期的一种票据,评级最高的企业可以通过出售这些票据来满足其现金流需求。2008年,雷曼公司破产,引发了货币市场基金挤兑,致一家大型货币市场基金在雷曼的商业票据上亏损,几乎使商业票据市场瘫痪。

13. Robert A. Bennett," $4. 5 Billion Credit for Chicago Bank Set by 16 Others," *New York Times*, May 15,1984,p. 1。

14. Carlson and Rose,"Can a Bank Run Be Stopped?" p. 3。

15. 同上,第 1 页。卡尔森和罗斯(Carlson and Rose)指出"在两周内,华盛顿互助基金损失了 10%的存款,印第麦克银行损失了 8%。因此,即使在一个数字化程度更高且快速变化的时代,这些挤兑也没有大陆银行的挤兑那么剧烈,但仍足以导致两家机构被联邦存款保险公司接管"。

16. Silber, *Volcker*, p. 244。

17. Kilborn, Williams, and Bennett, "The High－Stakes Scramble to Rescue Continental Bank"。

18. Silber, *Volcker*, p. 245。

19. 同上。

20. 同上第 245 页。

21. 同上和"对沃尔克的采访"。

22. 无署名, "Fed Intervention Disclosed," *New York Times*, September 8, 1984, p. 40。

23. Longworth and Barnhart, "The Panic Followed the Sun"。

24. 同上。

25. Sprague, *Bailout*, pp. 190－191。

26. Kenneth B. Noble, "Continental Plan Set Despite Regan," *New York Times*, July 26, 1984, p. D1。

27. Sprague, *Bailout*, pp. 189－190。

28. 同上,第 189 页。

29. 同上,第 190 页。

30. Noble, "Continental Plan Set Despite Regan"。

31. House CINB Hearing, p. 414。

32. Robert A. Bennett, "U. S. Will Invest $4.5 Billion in Rescue of Chicago Bank, Vowing More Aid If Needed," *New York Times*, July 27, 1984, p. 1。

第三部分　传　染

12

合并和突变

1984 年夏初对大陆伊利诺伊银行疯狂而脆弱的拯救,向银行监管者展示了危机爆发的速度有多快,且一旦爆发,阻止它的难度有多大。处理这场危机的监管者至少认识到了他们在应对的是什么:银行挤兑,虽然这是一种速度特别快、持续时间特别长的挤兑。银行挤兑是一种常见的问题,自从有了银行就有银行挤兑。

但当杰里·科里根从明尼阿波利斯联邦储备银行总裁的角度观察其他金融领域时,他看到了监管机构以前从未处理过的新风险:金融体系中几乎任何地方都可能在毫无预警的情况下爆发危机。在世界各地,大银行和经纪公司都在创造新的混合衍生产品,这些衍生品是经私人谈判个人定制,且很少进行交易。这些金融衍生品几乎无法估值,甚至无法计算其总数,因为它们没有清楚地显示在银行资产负债表或经纪公司保存的档案中。作为私人合同,它们在各种金融机构之间创造了无形的合约,这些债务可能突然变成坏账,让合同一方蒙受巨大损失。

1984 年 5 月,芝加哥金融危机爆发之际,科里根在联邦公开市场委员会的一次会议上表达了他的担忧。科里根对委员会的保罗·沃尔克及其同事们说,这些花招——“利率互换和其他金融衍生产品”——正在银行体系中堆积,对它们的关注和了解少之又少。而且这些风险“可能无法被完全理解,甚至对那些金融市场的玩家来说也是这样”。[1]

他补充说:“更糟糕的是,我们都可能无法完全理解它们。显然,如果现在被偷袭,我们承担不起损失。”

6 月,在费城出席国际货币会议时,科里根向与会的银行家们重申了这一警告。[2] 他表示,他并不反对未来银行、折扣经纪商和保险公司都能涉足彼此的业务,但这一局面将包含一系列令人生畏的风险[3],包括系统性风险,他称之为“永远存在的雪球效应”。由于大银行和其他金融公司以及与海外同类机构存在紧密而无形的相互联系,系统性风险日益成为人们关注的焦点。

他表示;“我想到的是类似期货、期权、期货期权、利率掉期合约的产品”以及一系列其他或有负债[4]。这些衍生品通常是通过华尔街的经纪公司组织在大型保险公司被大量使用。而且,由于大多数衍生品交易对审计师和监管机构来说都是隐形的,因此,如果衍生品交易一方的一家大公司倒闭,没有办法估算出有多少华尔街公司和保险公司会处于危险之中。

科里根担心的新金融衍生品之一的掉期交易,已经成为金融领域最热门的产品之一。[5]《欧洲货币》(*Euromoney*)杂志的一位作者曾在1983年末指出,“掉期市场已经把全球资本市场变成了全球奥运会。每一天都有障碍被打破、纪录被打破”。[6]

没有人能确定私人掉期市场到底有多大。[7] 据说花旗银行在1983年处理了70亿美元的掉期交易。另外一种估计是1984年底,掉期交易的债务总额约为700亿美元[8],是一年前的三倍。保险公司(其中许多都受到州法律关于期货和期权使用的限制)已经成为一个特别渴求掉期交易的市场;据估计,仅保险公司在1984年内完成的掉期交易就高达约1 000亿美元。[9]

科里根在费城发表演讲的前一周,纽约一家大银行的副总裁告诉《纽约时报》:“从来没有人走进我的办公室说,‘嘿,我刚刚贷款给了一家叉车公司。’今天他们谈的都是那些我无法理解的花里胡哨的融资。”[10] 华尔街一位高管在评估保险业对掉期交易的兴趣时,曾敦促人们保持谨慎:“保险公司应该考虑这个不受监管的市场所涉及的内在风险。”[11]

不受监管?确实,围绕掉期交易的一个棘手问题是它们是否受到监管——如果是,受谁监管?警告保险公司注意“不受监管”的市场的华尔街高管是在重复有关掉期交易的常识,但没人能确定那是正确的。

1977年,商品期货交易委员会的总法律顾问在劝告信中声称,这些新型衍生品中的一些似乎与期货合约极其相似,足以归入商品期货交易委员会扩大的管辖范围。[12] 该机构的律师最初为这些混合金融产品设计了一个四阶段测试。但随后,在接下来的两年里,他们说他们的新测试实际上不是最终的测试,每一种产品都将“在特定背景下”进行测试。

当然,期货交易所一直呼吁商品期货交易委员会取缔这些场外衍生品,而快速发展的掉期行业这个由银行、经纪公司和保险巨头组成的强大集团则坚决表示反对。他们之间的争论远未结束。[13] 正如一位法律学者所指出的,商品期货交易委员会似乎缺乏必要的威望使人相信其立场是正确的。“它是一个相对较新的机构,按联邦标准是一个小机构,有点像立法木偶,在拨款权与管辖权方面它较大程度上受制于它监管的机构。”[14]

商品期货交易委员拥有国会赋予的弹性法规,又受到它所监管的具有强大政治影响力的交易所的支持,却无法为监管掉期和其他场外衍生品提供更有力的理由,这一点不同寻常。是不是银行和大型经纪公司太强大了?抑或是商品期货交易委员会的工作人员认为他们已经有太多的事情要做?或者,该机构只是对监管一个似乎在没有监管的情况下也能保持良好运转的市场表现出谨慎?

不管出于何种原因,甚至当市场规模呈指数级增长时,商品期货交易委员会也未能明确表明并执行其管辖权。结果,金融期货市场无法获得大量流动性,这是他们在未来危机中亟须的支持,而且监管机构几十年来一直对连接大型金融机构且掉期协议具有潜在危险性的网视而不见。

华盛顿的监管机构或它们的国会监督者似乎并不像杰里·科里根那样担心这一点。

1984 年夏末,约翰·菲兰出任纽约证券交易所主席。在担任第二把手四年之后,他于那年春天被提拔为主席兼首席执行官,这一职位将他的职责和即将退休的主席密尔·巴腾(Mil Batten)自 1980 年以来承担的职责结合在了一起。

5 月 24 日是他上任的第一天,但那是动荡的一天。当天某个时候,谣言在交易大厅里传开:据传纽约市银行中实力较弱的制造商汉诺威银行(Manufactures Hanover)试图在伦敦筹资,因为紧张的投资者把它挡在了美国市场之外。该行及其监管机构均否认了这一传言,但股市开始快速下跌,这种担忧也迅速蔓延至其他金融市场。[15]

当时距离联邦存款保险公司对大陆伊利诺伊银行的拯救仅一周时间,银行家和投资者敏锐地意识到,尽管联邦存款保险公司公开做出保证,但对这家银行的挤兑仍在继续。《纽约时报》将制造商汉诺威银行的处境诊断为“严重的恐慌”,但这并没有描绘出迎接约翰·菲兰就任第一天市场强烈的不安气氛。

在他担任交易所高管的四年时间里,菲兰稳步扩大了指令转送及成交回报系统(Designated Order Turnaround system,DOT)的容量,该电子网络系统旨在加速处理来自个人投资者的小额订单。接着在 1984 年,菲兰屈服于那些为大型机构投资者提供服务的公司的要求——这些投资者的交易对纽约证券交易所来说变得日益重要——对规则做了一个简单但灾难性的改变。他逐渐向越来越大的订单打开了 DOT 系统的内部资料,这一措施使“超级 DOT”系统成为华尔街首选的工具,用于快速提交大型、复杂的交易,包括由投资组合保险和指数套利产生的交易。

这些需要同时买卖一长列股票的大规模交易在纽约证券交易所的交易大厅里被称为"程式交易"。程式交易并不是新事物。在十几年的时间里,共同基金或养老基金经理想要迅速购买或抛售各种股票时,华尔街的交易席位使用了一种低技术含量的方式为他们提供便利。他们只是简单地把大量的多股股票订单发送到交易所大厅,然后依靠一队一队的职员尽快地将它们分发到正确的交易席位。一些公司有指令,上面印有他们的客户在交易中最常涉及的股票清单,这样他们的职员就可以更早地成扇形散开将这些指令送出。

交易大厅的做市商们已经学会了留意这些"程式买盘"或"程式卖盘",即一群职员拿着预印好的指令突然散开。这是一个明显的信号,说明正在发生疯狂购买或疯狂抛售。

同样的事情现在正在发生——成交量更大,速度更快,频率更高,但是它不再那么明显了,因为越来越多的程式交易通过扩展的超级 DOT 系统以电子的形式到达交易大厅。这些秘密的指令令做市商和其他交易员感到不安,因为它们反映不出交易规模。由于不可能知道有多少大指令进来,交易大厅的紧张程度显著增加。

纽约证券交易所交易大厅一位精明的普惠公司(Paine Webber)高管[16] 用"简单朴素的英语"撰写了一本关于这种新型程序交易方式的入门指南,随后就接到来自其他市场专业人士的铺天盖地的索书请求。他的指导手册列出了养老基金和其他大型机构投资者使用程序交易的各种方式。有些人只是减少做出投资决定和实施决定之间的时间;另一些人则是在做指数套利策略,买卖某一指数中的股票,而且同时在期货或期权市场进行相反的交易。其他一些,如新泽西州养老基金的罗兰·麦克霍尔德将其作为“种族隔离撤资”(为抗议南非种族隔离政策而撤资)努力的一部分,出售了在南非拥有业务的公司的大量股票。还有一些,例如通用汽车养老基金的戈登·宾斯等人需要进行程序化交易来实施组合保险策略,这些基金使用这些策略来对冲其不断增长的股票持有量。

对专业人士来说,这些都是对程式交易的独立、独特的使用,有不同的目的和后果。但对于大多数局外人和许多记者来说,他们都被归为一类。随着这种做法越来越普遍、越来越有争议,将造成很多混乱和误解。

到 1984 年底,扰乱股市的其他因素相对更容易界定。大量有争议的收购交易爆发,有关下一个收购目标或即将达成的交易可能会流产的谣言四起,有的公司因此赚了钱,有的则赔了钱。

早在惊心动魄的奔德士公司的收购战中,约翰·菲兰就已经清楚地意识到不能在这些争论中袖手旁观。他认为交易所有义务保护公司股东[17],而高管们用来保护公司免受潜在袭击者攻击的做法对股东民主是致命的打击。

然而,越来越多的收购交易正使菲兰受到其两个重要支持者的挤压。在纽约证券交易所上市的公司希望纽约证券交易所允许其发行投票权可能超过普通股投票权的股票,有了这些“超级投票权”的股票在手,这些公司就不会受到企业的攻击。但许多大型养老基金和其他大型机构——纽约证券交易所增长最快的交易来源——坚决反对“超级投票权”股票,因为这削弱了它们作为普通股股东的权利。

这种反对体现出投资社区的结构变化。按照传统,失望的机构投资者会"用脚投票",即抛售股票,而不是去挑战管理层。但指数基金的经理们从来没有这样的选择:如果一家公司的股票在其基金跟踪的指数中,他们就必须拥有它。类似由麦克霍尔德和宾斯经营的大型养老基金不得不尽可能做到多样化,减少他们的持有品种以避免收购战增加养老金资产的风险。

尽管证券交易委员会主席夏德认为并购战一般不会成为监管机构的问题,但他就一种被称为"绿票欺诈"(greenmail)的做法表达了担忧。[18] 按这种做法,一家公司会以溢价回购潜在袭击者的股票,让他走人。而市场上的其他股东——包括那些认为受到不公平对待的大型机构投资者——都无法获得如此高的股价。

虽然罗兰·麦克霍尔德的本性并不是默默忍受,但他本可能会在收购辩论中沉默更久一些,然而迪士尼公司和德士古公司(Texaco)连续两笔绿票欺诈交易点燃了他的怒火。事实上,这些交易也激起了加州一位资深政治家的愤怒。作为加州庞大的公共养老基金的受托人,他拥有巨大的影响力。

他就是加州财政部部长杰西·昂鲁(Jesse Unruh),他致电麦克霍尔德,表达自己的观点,并表示他正在联系其他州的公共养老基金经理。"一定有比什么都不做挨宰更好的办法,"[19] 昂鲁气愤不已。他说,养老基金"一直被动地袖手旁观太久,与此同时他们的股东利益却受到了侵犯"。

一些基金经理保持克制,他们或对昂鲁毫不掩饰的政治激进主义持谨慎态度,或者容易受当地政治压力的影响,但罗兰·麦克霍尔德则不然。1984 年夏末,他计划参加昂鲁希望秋天在芝加哥举行的组织会议。[20] 他们的想法是,组建一个能够拥有足够财力的集团要求企业经理和潜在的袭击者坐下来,向他们的大股东做解释。组织者考虑将其称为机构投资者委员会。

该委员会也将对私营部门的退休计划开放,一些工会养老基金已经报名参加,但戈登·宾斯显然对昂鲁的想法感到不放心。[21] 通用汽车的高管们已经决定发行"超级投票权"的股票,希望袭击者能望而却步。宾斯怎么可能与其他养老基金联合起来试图禁止这种保护性策略呢?

罗兰·麦克霍尔德不受公司政治的约束,他衷心支持昂鲁。他们一起帮助建立了一个组织,这个组织将很快证明这些巨头投资者已经变得非常庞大和强大。

在实际操作层面上,这些收购战还有另一个不受欢迎的副作用。在越来越多的交易日里,约翰·菲兰在纽约证券交易所的监控团队注意到,就在一笔新交易或正在进行中的交易成为头条新闻之前,会有一些异乎寻常的有先见之明的交易。在华盛顿的证券交易委员会的监管人员也注意到了同样情况,尤其是在期权交易方面。约翰·夏德尤其反对内幕交易,为打击内幕交易,他将稀缺资源转移到了自己的执法部门。

在接下去的两年里,收购以及收购引发的内幕交易阴谋[22] 将激起公众的愤怒。这些收购行动深刻地改变了全国无数社区的公民生活,而且往往是以不幸的方式,而内幕交易则加剧了公众和国会对华尔街的怀疑。

尽管收购战和随之而来的调查风暴及戏剧性发展都是可见的，但它们不为人知的后果却可能具有更持久的意义，因为它们分散了人们对美国市场正在形成的结构性风险的注意力，而这几乎是灾难性的。美国的金融稳定并没有受到恶意收购的直接威胁，但它肯定受到了无形的锁链的威胁。这些无形的锁链如今将很多迥然相异、盲目好胜、日益自动化的市场捆绑到了一起。新市场结构性风险的加剧并非因为贪婪的律师和不道德的银行家，而是因为规模庞大、想法越来越一致的机构投资者。这些新风险的出现并非因为监管系统未能监督收购行为或犯罪交易活动；相反，风险出现在这一监管团体中，这支队伍缺乏能力、各自为政、技术落后、专注于保护各自的地盘而非整个市场内部机制。

尽管如此，恶意收购和内幕交易成为监管机构和立法者关注的首要问题。面对持续的预算压力，证券交易委员会通过减少市场监管开支等方法找到资源来打击内幕交易。银行监管者担心银行为高风险的收购交易提供融资，担心储蓄和贷款机构购买与交易关联的"垃圾债券"，但未能对产生新型金融巨头的银行合并构成有力挑战。整个监管机构都忽视了不受监管的掉期交易，这种掉期交易充斥着市场，并以新的、看不见的方式将各庞大的参与者联系在一起。而国会已将注意力转移到引人注目的针对华尔街富豪的刑事案件上，并在很大程度上放弃了应对这些深刻市场变化的努力。

简而言之，在收购战和刑事调查的干扰和要求下，华盛顿基本忽略了金融领域正在形成的真正风险。大投资者的规模呈指数级增长，他们的投资策略变得更加相似，也因此变得更加危险，对每日市场交易的影响也变得更加显著。华尔街投资者计算机技能的提高超过了监管机构和传统交易员。股票、债券、期权、期货和类似掉期交易这种不受监管的衍生产品之间的联系变得更加紧密、更难察觉，也愈发危险。

不可否认，越来越多的人视新的衍生产品为降低风险的工具，而且对交易的逐笔审查显示，它们确实已经成为降低风险的工具。但从整个金融领域来看，它们并没有起到这一作用。正如杰里·科里根向费城的银行家们所指出的那样，全球无法在同一时刻对冲同样的风险。风险可以传播，但无法消除。

10 月 3 日，周三，一大早某银行主席兼总裁的电话让全国各地的高级银行家首先听到了这个坏消息。[23] 电话提醒他们准备迎接艰难的一天。

尽管如此，银行家们还是感到吃惊——事实上他们备感震惊。电话是令人敬畏的芝加哥第一国民银行(First National Bank of Chicago)打来的。这是美国第八大银行，夏天大陆伊利诺伊银行因危机变得黯然失色后，它成了芝加哥的主要银行。[24] 该行宣布将注销价值数亿美元的不良贷款，并宣布长期以来首次出现季度亏损。华尔街分析师立即开始担心，这只是银行业第三季度一连串巨额亏损中的第一波。当天，几乎所有主要银行的股票都大幅下跌。[25]

市场的焦虑并没有阻止众议员弗纳尔德·“弗雷德”·圣杰曼(Fernand “Fred”St. Germain)，一位来自罗得岛的银发民主党人，他也是众议院银行委员会主席。9 月,圣杰曼举行了两次听证会,强烈质疑对大陆伊利诺伊银行的救助。在第一场听证会开始时,他宣读了一份长达七页的报告,谴责那些无能的监管机构和鲁莽的银行家[26]导致了危机的发生。然后,他花了一天时间对四位前任和现任高级银行审查员展开问询。第二天,他又对货币监理署署长托德·康诺弗进行了长达五个小时的问询。[27]

10 月 4 日,周四,随着芝加哥第一银行的亏损成为当天最重要的财经新闻,圣杰曼的小组再次召开会议,等候接受聆讯的是联邦存款保险公司主席比尔·艾萨克。在听证会之前,他曾向记者强调,第一芝加哥国民银行不会成为下一个银行救助目标。[28]

在拥挤的会议厅里,圣杰曼敲下木槌,宣布听证会开始,他在最初的一个小时里花大部分时间宣读了员工撰写的一份报告,质疑托德·康诺弗在去年 9 月的证词,即如果大陆伊利诺伊被允许破产,还有多少其他银行可能会倒闭。小组委员会的工作人员给出的数字要比康诺弗的小得多。

基于这一点,圣杰曼断言,监管者“很清楚地知道多米诺骨牌理论是捏造出来的。实际上前景没有那么悲观,最多可能有六家机构将处于破产边缘”[29]。

考虑到金融体系自 1980 年以来不断累积的可怕风险,以及 5 月大陆伊利诺伊银行危机期间席卷银行业的恐慌,圣杰曼的论点奇怪而天真。如果大陆伊利诺伊银行破产之后,紧接着其他 12 家银行倒闭,会是什么反应呢?如果当时只有 6 家银行倒闭,反应会明显不那么强烈吗?谁又说得清楚呢?没有人能自信地保证,在当天的听证会休会之前,芝加哥第一国民银行不会陷入困境。

意想不到的日程冲突迫使圣杰曼将比尔·艾萨克的证词推迟到下午。当联邦存款保险公司主席重新回到证人席上时,他很愤怒。

“坦率地说,有些话我不吐不快,”艾萨克说。“今天早上我在这里目睹的一切令我感到非常气愤。”他表示,攻击监管部门就大陆伊利诺伊银行危机可能对多少家银行构成威胁所做的估计是对他和他团队的“智慧和诚信”的质疑。“委员会的工作人员对整个过程更清楚。他们和我们的工作人员见过面,他们知道我们做了什么。也知道我们为什么这么做。坦率地说,我们今天早上听到的观点是可耻的。”[30]

他解释说,5 月,当一家大型银行快速走向倒闭,他没有办法来确定在那家银行拥有存款的数千家银行中的每一家将面临什么后果。此外,处于风险中的银行的确切数量与他拯救大陆银行的决定无关。他表示,监管机构已经采取行动拯救了这家芝加哥银行巨头,因为如果它倒闭了,整个后果可能是“灾难性的”。

如果联邦存款保险公司对大陆伊利诺伊银行采取与对待宾州银行相同的路线,会发生什么?艾萨克生动地描绘了他认为可能的后果。[31] 如果采取同样方法,联邦存款保险公司将按公司上限还清 85 万储户的保险,然后逐步关闭银行,并给予其他人一张欠条。凭这张欠条,他们可能在长期的破产过程结束后获得一定赔偿。

他指出,那些被保险的储户,那些幸运的储户,将不得不等上几个月才能拿到他们的钱。“没有生活费,没有工资,没有钱还贷款。这 85 万储户的账户将被冻结一个月或两个月。”他说,“然后你再处理那些没有保险的储户——那些人有超过300亿美元的风险敞口。这些钱在破产程序中会被冻结很多年。”

如果大陆伊利诺伊银行被清算,受联邦存款保险公司担保的2 300家其他银行将被冻结58亿美元的资产。他们也会收到欠条,这些欠条的最终价值可能是每一美元值70或80美分。“但这需要很长时间,在兑现前,他们只有一张欠条。”

艾萨克表情严肃地接着说,然后就会有公司的损失。大陆伊利诺伊银行一直是美国企业最大的国内贷款机构,如果它被联邦存款保险公司关闭,“我们就将对它的每一笔贷款都采取催收模式。每一个借款人的信用额度都会被切断,到处都会有企业破产。”

此外,他表示,“这还会动摇人们对其他主要机构的信心……如果我们关闭了一家有偿付能力的银行,(只是)偿还有担保的储户,那我们给想与美国银行打交道的世界其他地区传递了什么样的信息?”5月的金融危机期间,艾萨克和其他银行监管者也在处理全国各地陷入困境的其他银行和储蓄贷款机构。他问道:如果大陆伊利诺伊银行破产了,它们当中有谁能坚持24小时?

民主党众议员弗兰克·安农齐奥(Frank Annunzio)是该小组委员会中唯一的芝加哥议员,他懊悔地表示,其实艾萨克描述的灾难也有好的一面。这些灾难如果发生,这位议员打趣道:“民主党可能已经赢得了(即将到来的)大选。”

“我不会触及那个底线,”艾萨克说,他是忠诚的共和党人。“我想说的是,后果可能是灾难性的……我想我可能和这个国家的任何人一样,对银行系统的纪律约束持坚定的态度,但坦率地说,我没有勇气表现出强硬。”[32]

安农齐奥似乎对艾萨克因为拯救芝加哥最大的银行而遭受的批评攻击感到有点羞愧。“我只是想知道,”他说,“如果大陆伊利诺伊银行破产了,你今天会不会坐在这里,在这个委员会面前,受到表扬?”

如果联邦存款保险公司允许这样的事情发生,艾萨克回答说,“我认为这个委员会可能会考虑对我处以私刑,并且认为他们是有道理这么做的。”

对艾萨克拷问又持续了几个小时,但艾萨克从未动摇过,他坚持认为,在同样的情况下,他会做出完全相同的决定——拯救大陆伊利诺伊银行。

当时,他和这些对他紧咬不放的国会议员们都不可能知道,如果他没有这样做,三年后的事件可能会比现在更具有破坏性。

注释:

1. 联邦公开市场委员会会议记录,1984 年 5 月 21 日至 22 日。

2. E. Gerald Corrigan, “New Frontiers in Banking—1984 and On: Regulation and Deregulation,” 国际货币会议上的发言,费城,PA,1984 年 6 月 5 日,p. 3。

3. 同上,第 12 页。

4. 同上,第 14 页。

5. Henry T. C. Hu, “Swaps: The Modern Process of Financial Innovation and the Vulnerability of a Regulatory Paradigm,” *University of Pennsylvania Law Review* 138, no. 2 (December 1989), p. 333。这是早期对掉期市场崛起的最好的法律评估。作者在文章表明,除非另外注明,分析适用于 1989 年 10 月 1

日前。

6. David Shirreff,"The Way to Any Market," *Euromoney*,November 1983, p. 60,cited in Hu,"Swaps," p. 336。

7. 由于监管者在20世纪80年代未能处理掉期交易和类似的"混合"衍生产品,尽管有无数警告,这些私人交易的衍生产品将在随后的几十年的欺诈案和金融危机里出现。

8. Fred R. Bleakley,"Rate Swaps Draw Concerns," *New York Times*,February 7,1985,p. D1。

9. H. J. Maidenberg,"Futures/Options: Insurers' Own Risks," *New York Times*,October 22,1984,p. D5。

10. Robert A. Bennett,"Risky Trend in Business Borrowing," *New York Times*,May 27,1984 sec. 3,p. 1。

11. Maidenberg,"Futures/Options: Insurers' Own Risks"。

12. Alton B. Harris,"The CFTC and Derivative Products: Purposeful Ambiguity and Jurisdictional Reach," *Chicago-Kent Law Review* 71,no. 4 (January 1996),pp. 1117—1119。

13. 同上。

14. 同上,第1118页。

15. Robert A. Bennett,"A Growing Case of Market Jitters," *New York Times*,May 25,1984,p. D1。

16. Tim Metz,*Black Monday: The Stock Market Catastrophe of* 1987 ... *and Beyond* (New York: William and Morrow,1988),pp. 69—71。交易员是小阿瑟·D. 卡欣(Arthur D. Cashin Jr.),他也是纽约证券交易所交易大厅的主管。卡欣称他的小册子为"程式交易的门外汉指南",并吹嘘(据Metz,第70页)在1984年12月开始发行之后,它"连续四个月"成为"华尔街拷贝最多的文件"。

17. Michael Blumstein, "The Big Board's New Leader," *New York Times*, May 25, 1984, p. D1。

18. John S. R. Shad, "The Leveraging of America," Address to the New York Financial Writers' Association, June 7, 1984, p. 8, John S. R. Shad Papers, Baker Library, Harvard Business School, Cambridge, MA。

19. Fred R. Bleakley, "Tough State Treasurer: Jesse Unruh; A Trustee Takes on the Greenmailers," *New York Times*, February 10, 1985, sec. 3, p. 6。

20. 对麦克霍尔德的采访。

21. 同上。

22. 1986 年 5 月,伊万·博斯基(Ivan Boesky)在伯克利商学院毕业生的毕业典礼上为企业收购年代的精神辩护,这一精神因奥利弗·斯通 1987 年电影《华尔街》(Wall Street)而出名。博斯基说,"顺便提一下,贪婪是可以的。我想让你知道这一点。我认为贪婪是健康的。你可以很贪婪,而且自我感觉良好"。

23. Robert A. Bennett, "Loss Takes Industry by Surprise," *New York Times*, October 4, 1984, p. D5。

24. 同上。

25. 同上。

26. 众议院 CINB 听证会,第 1 页。

27. 同上,第 88 页。

28. Robert D. Hershey Jr., "No Danger to Chicago Bank Seen," *New York Times*, October 5, 1984, p. D5。

29. 众议院 CINB 听证会,第 396 页。

30. 同上,第 470 页。

31. 同上,第 478—479 页。

32. 同上,第 479 页。

13

伯克利崛起，银行倒闭

几年来，约翰·奥布赖恩一直在与总部位于丹佛的约翰斯—曼维尔(Johns-Manville)公司的高管们谈论投资组合保险[1]，他勤劳的拜访终于在 1984 年获得了回报，其结果让投资组合保险和 LOR 成为人们关注的焦点，显著加速了美国金融市场的变化。

因约翰斯—曼维尔公司最初的旗舰产品石棉绝缘材料而患病的人正提出法律申诉，因此产生的潜在的债务已经导致公司于 1982 年申请破产保护。随着其债权人间的争论，8 月开始的牛市将其养老基金的价值推得越来越高。到 1984 年，该养老基金的资产总额达到 3.5 亿美元，远高于它所需要支付的退休金。[2] 这些盈余可以用来支付生病工人的赔偿——除非这些收益突然被股市低迷冲走。许多代表债权人的律师希望该基金收回收益并退出股市，但该养老基金的经理们表示，这将使该基金无法获得未来市场收益，而这可能会为债权人产出更多资金。[3]

对奥布赖恩来说，这看起来像是推销 LOR 的一个案例研究，但他没能把这个论点卖给公司。

然后，在 1984 年初的某个时候，奥布赖恩接到了约翰斯－曼维尔公司助理财务主管的电话：在去除投资组合保险成本的基础上，LOR 到底将如何建立对冲策略来保护养老基金的收益，并获取一些未来的利润？因为这个电话，才有了奥布赖恩与约翰斯－曼维尔财务主管在丹佛的会议，主管问奥布赖恩是否可以在两周后向债权人委员会解释这个策略。

会议当天，奥布赖恩到达公司总部，被带到了会议室，在座的是债权人委员会成员和为他们提供咨询建议的摩根大通的代表。他们告诉奥布赖恩，“你有 15 分钟时间。”一场暴风雪即将来临；有几个人要赶飞机[4]，想避开坏天气。

奥布赖恩吃了一惊，他在规定的时间内尽了最大的努力，但这次他的推销与 1981 年以来一直采用的略有不同。在基德尔－皮博迪公司史蒂文·温施的指导下，LOR 的新对冲策略是在芝加哥商品交易所买卖标准普尔 500 指数期货合约，而不是在纽约证券交易所买卖股票。

养老基金、捐赠基金和银行已经越来越流行使用标准普尔 500 指数期货。1984 年 1 月，推出不到两年，证券交易委员会就同意让共同基金使用新的衍生品[5]“作为对冲市场环境变化影响的工具”。当天在座的没有人会因为 LOR 使用期货合约而非股票交易明智地反对其提议。

奥布赖恩做完报告后[6]，有人说："我觉得这听起来很有道理。"

奥布赖恩怀疑是摩根大通的顾问说了算。他中途离开了一会儿，奥布赖恩认为他是去和总部沟通的。回到会议室后，摩根大通的顾问告诉委员会成员，LOR的方法"理论上可行"，但之前没有经过如此大规模的尝试。在座的对奥布赖恩表示感谢，接着他就去了机场，搭乘航班回到洛杉矶。

接下来的星期一，约翰斯－曼维尔的财务主管给奥布赖恩打来电话，向他汇报了一个初听起来像是"一个好消息，一个坏消息"的笑话：他们决定雇用LOR实施其标志性战略，但LOR将不得不与摩根大通共同承担这一任务。这位高管说，摩根大通曾试图说服约翰斯－曼维尔，让它处理3.5亿美元投资组合的一半。"我告诉摩根这是不公平的，"这位高管继续说，"但他们可以拥有20%的投资组合。"

奥布赖恩很高兴LOR能管理约翰斯－曼维尔公司80%的资产，但他仍然对纽约的大银行参与这项交易感到"有些恼火"。但是几周后，养老金行业一份主要刊物报道称，约翰斯－曼维尔正在使用由摩根大通和LOR提供咨询的投资组合保险。突然之间，LOR和华尔街最负盛名的公司之一出现在同一句句子、同一笔交易中。一时间，新业务开始涌入，由LOR管理的资产也增加到了7亿美元。奥布赖恩承认，"看起来像是失败的事情变成了巨大的有利条件"。这在机构投资者群体中为公司及其策略带来极大的信誉。

当然，这也意味着强大的摩根大通加入了向庞大的养老基金市场出售投资组合保险的机构行列。

当芝加哥准备迎接 1985 年新年之时,芝加哥商品交易所的利奥·梅拉米德收到了一份非常受欢迎的节日礼物。

两年里,在财政部的协助下,他一直在准备美联储、商品期货交易委员会和证券交易委员会进行的一项新的金融期货和期权市场研究的结论部分。

在数人头时,梅拉米德担心商品期货交易委员会的最后研究结论会以 3 比 1 的票数被否决,除非财政部站在商品期货交易委员会一边,这样就将以平局告终。围绕谁监管金融期货这一问题的斗争持续了很长时间,因此证券交易委员会很可能对金融期货怀有敌意。而保罗·沃尔克长期以来一直对金融期货和芝加哥大多数其他金融创新持谨慎态度。

当这份厚达一英寸半、重达四磅多的报告最终于 1984 年 12 月提交国会时[7],梅拉米德兴奋不已。确实,报告的主要结论本可以由他自己撰写[8]:通过允许经济风险从"不愿意承担风险的公司和个人转移到更愿意承担风险的公司和个人",期货和期权市场起到了"有益的经济作用"。研究人员得出的结论是,新的市场"似乎对资本形成没有显著的负面影响",而且实际上可能提高了市场流动性。

这项新研究夹杂着投资者调查、复杂的定义以及"理性"的经济学理论,它没有为商品期货交易委员会和证券交易委员会之间的地盘争夺战提供任何有用依据。这项研究注意到金融期货(由商品期货交易委员会监管)与期权(由证券交易委员会监管)之间的相似之处:它们有相似的功能,有许多相同的玩家,而且"如果运作不恰当,都有潜力制造伤害"[9]。因此,"对这些市场的联邦监管需要密切协调”。

研究报告的作者们相信——尽管有将近十年的相反证据，这两家机构可以通过沟通和合作来实现和谐，因此没有必要制定新的立法[10]来“建立一个适当的监管框架”。

不可思议的是，美国国内最大和最活跃的投资者对期货和期权的广泛使用和快速增加所导致的市场结构的根本变化几乎没有给予任何关注。该研究用简短的篇幅承认投资组合保险和指数套利等晦涩难懂的策略在市场上造成了反常表现，但它建议，只需对“这种破坏性交易的潜在可能”加以监控。

1985年1月2日，周三，雪花和纽约曼哈顿新年之夜留下的垃圾混杂在一起，这天也是纽约联邦储备银行总裁杰里·科里根上任的第一天。这是某种意义上的回家，自9月宣布任命科里根担任此职务以来，人们就一直期待着这天的到来。他现在坐在原来保罗·沃尔克坐过的办公桌。

科里根的第一项任务是解决收购交易和债务推动的管理层收购，这些令国会议员感到愤怒。在这当中，花旗集团这样的曼哈顿银行控股公司是唯一受美联储直接监管的参与者。科里根知道，许多引起愤怒、造成沉重债务的交易都是由纽约的银行提供资金，坦率地说，这些银行本不该那么笨。

与此同时，在华盛顿，他的导师保罗·沃尔克正注意着一项可能对他的任期构成风险的工作变动。财政部部长唐纳德·里根和詹姆斯·A. 贝克三世正在交换工作。贝克是白宫办公厅主任，也是

1984 年 11 月里根再次当选总统的设计师。沃尔克知道贝克是一位极具魅力和效力的政治学者，但这位新任财政部部长几乎肯定会关注他的密友、副总统布什可能参加的 1988 年的总统竞选。贝克十有八九希望确保美国经济不会因为高利率而在选举年带来任何令人不快的意外。

贝克是一位务实的保守派人士，他的主要任务是重塑里根监督下起草的税制改革提案，并使它在国会获得通过。他和里根的职位交换意味着在未来几年里，财政部的掌门人将专注于政治和总统议程，而不是专注于监管体系的缺陷，而这种缺陷随着每一次的金融危机正变得日益明显。

1985 年的情人节，罗兰·麦克霍尔德从他位于普林斯顿的家出发[11]，来到曼哈顿下城，他的目的地是纽约市审计长哈里森·J. 戈尔丁(Harrison J. Goldin)的办公室。戈尔丁还在等加州养老基金权力经纪人杰西·昂鲁的加盟。昂鲁长得又高又壮，不喜欢旅行[12]，喜欢从萨克拉门托打电话来开展他的组织工作。不到一个月前，机构投资者委员会在华盛顿举行了第一次正式会议，今天该组织将首次采取行动。

麦克霍尔德、昂鲁和戈尔丁与正在上演的菲利普斯石油公司(Phillips Petroleum)收购大戏中的关键人物进行了一天的接触。[13]1984 年 12 月，该公司支付了绿票讹诈的费用，以阻止企业突袭者 T. 布恩·皮肯斯(T. Boone Pickens)，最终皮肯斯卷走了 9 000 万美元利润。现在公司计划“调整资本结构”：将 1/3 的股份给员工，并向其他股东(包括麦克霍尔德、戈尔丁和昂鲁经营的养老基金)提供一揽子新股票和债券,华尔街对这些股票和债券的价值存在争议。

这一资本重组计划促使另一位企业掠夺者卡尔·伊坎(Carl Icahn)发起对菲利普斯的收购,他召集投行德崇证券(Drexel Burnham Lambert)以及德崇证券的几位客户为他81亿美元的收购竞价融资。他还得到了收购投机者伊万·F. 博斯基(Ivan F. Boesky)的支持,后者对菲利普斯提出的一揽子证券计划感到不满。菲利普斯公司向皮肯斯支付绿票讹诈的费用在机构投资者中非常不受欢迎,那以后公司的股票就像坐过山车一样大起大落。

伊坎和博斯基希望大型机构投资者会站在他们一边,而菲利普斯的高管们则希望他们不会。这次情人节的会议是各方向新成立的机构投资者委员会陈述自己观点的一次机会。一个接一个他们表明了自己的立场。

麦克霍尔德想,这比任何一部百老汇剧都好看[14],但它真的不只是戏剧。在即将到来的收购大潮中,这是新兴力量的首次亮相——持有价值数百亿美元股票的公共养老基金主管们正在争夺收购桌上的一个席位。

要看清市场正在形成的新格局,最好的办法是向前快进两周,看看就一系列收购问题举行的国会听证会。[15] 会议最初的焦点是菲利普斯之战。戈尔丁仔细解释了新的机构委员会的由来和待办事项,而卡尔·伊坎、布恩·皮肯斯和几位菲利普斯的高管正坐在他身边,努力克制着情绪。戈尔丁说,掌管超过1 000亿美元的近24位公共养老基金董事现在是新委员会的成员。作为最初的优先事项,他们决心公开反对“常被讽刺为绿票讹诈”的做法“对我们的受益人造成的危害”的观点。

戈尔丁解释说，当管理层用公司的钱支付绿票讹诈的费用时，这笔钱是所有股东拥有的资产，但只让少数做出敌意收购决定的人受益。必须有人为所有股东大声疾呼，而这正是新成立的大投资者委员会要做的事情。在菲利普斯案中[16]，他们的反对最终会导致公司资本重组计划的失败。

“显然，我们所扮演的角色可能会越来越大，因为养老基金所拥有的资产在美国经济中呈指数级增长，”戈尔丁就事论事地表示。“这些基金所代表的庞大力量才开始被视为一个独特而强大的经济因素。”

这种“庞大力量”的影响将不仅限于收购战。国会不能说它没有得到警告。

随着时间一年一年地过去，似乎任何地方都可能发生潜在的灾难性金融爆炸——冲击波能传播多远则难以断定。

这一点可以从 1985 年 3 月 13 日周三保罗 · 沃尔克在他那高挑的会议室里召开的一次特别的会议中看出。[17] 在巨大的中央桌子周围，皮椅上坐着俄亥俄州议会代表团的成员，他们还带来了当地储蓄贷款银行的高管们，他们都心急如焚：在他们家乡，惊恐的储户突然开始排起长队提取现金。

一个不太可能的导火索引发了这场危机[18]，9 天前在千里之外的佛罗里达州劳德代尔堡，当地一家小型债券交易公司 ESM 政府证券

(ESM Government Securities)破产。ESM 最大的交易伙伴之一是辛辛那提的本州储蓄银行(Home State Savings Bank)。这家大型储蓄银行估计,当 ESM 在 3 月 4 日周一破产时,银行有价值约 1.5 亿美元的政府债券在 ESM 手中。

与俄亥俄州的其他大约 70 多家储蓄机构一样,本州储蓄银行也没有联邦存款保险。相反,其存款由俄亥俄州存款担保基金(Ohio Deposit Guarantee Fund)担保。尽管这家基金听起来有官方背景——其座右铭是"所有储蓄都有充分保障",但实际上,这家基金是一家定价低廉的私人保险公司,与州政府毫不相干。这一担保基金资产达 1.3 亿美元,应该为没有受联邦储蓄贷款保险公司(Fedaeral Savings and Loan Insurance Corporation, FSLIC)保险的州内 50 亿美元储蓄承保。联邦储蓄贷款保险公司是联邦存款保险公司的姐妹机构,服务于储蓄业。

短短几天内,ESM 倒闭给本州储蓄银行带来的风险成了辛辛那提的头条新闻。储户们争先恐后地去取钱,银行则陷入挤兑。克利夫兰联邦储备银行和沃尔克在华盛顿办公室的高级助手迅速向该银行提供紧急贷款。[19] 3 月 6 日,俄亥俄州宣布将"保障"私人保险基金担保的所有存款。从理性角度讲,这应该是恐慌的结束。

然而,就像一年前大陆银行危机时一样,惊恐的储户根本就没有注意政府的这些保证。那一周余下的几天,银行的挤兑在继续。截至 3 月 8 日周五晚该银行关门之时,估计有 1.54 亿美元的现金被提取 。

3 月 10 日,周日,因为无法为本州储蓄银行找到买家,俄亥俄州的官员将其列入破产管理程序。接下来的周三，在私人保险基金承保的其他储蓄机构，人们排起了长队，尽管它们对这家位于佛罗里达的破产公司没有敞口。有关银行挤兑的新闻报道在俄亥俄州以外的地方也开始引起注意。

这就是储蓄银行的高管们在那天早上飞往华盛顿，聚集在沃尔克办公室的原因。

这位身材高大的中央银行家已经做了他所能做的一切来显示他的关切，但他可用的工具有限。他可以提供紧急贷款应对银行挤兑，但这些储蓄机构真正需要的是联邦存款保险，而美联储并没有出售这些保险，储蓄机构必须从联邦储蓄贷款保险公司那里获得保险。在国会的压力下，或许还有美联储的一些声音，联邦储蓄贷款保险公司主席同意第二天会见俄亥俄州的来访者。

那次会议进行得并不顺利。联邦储蓄贷款保险公司的母机构——联邦国内贷款银行委员会（Federal Home Loan Bank Board）——多年来一直在疯狂地为储蓄贷款业不断上升的赤字埋单。该委员会的主席没有兴趣为这些俄亥俄州的储蓄机构提供保险，更不用说在恐慌中迅速为它们提供保险了。他说，要花几个月的时间来审核这些银行，而且必须有十天的强制等待时间。此外，据报道，在紧张的会议期间他曾告诉储蓄机构的高管们[20]，这是一个州的问题。

3 月 15 日，周五，俄亥俄州州长宣布该州所有受私人保险承保的储蓄机构开始“银行假期”，要求商家耐心对待突然失去现金的客户。大辛辛那提地区受到的打击最为严重，有 40 多家机构关闭，也不知道何时或是否会重新开业。

对老年储户来说,“银行假期”这个词勾起了大萧条时期的令人焦虑的回忆,尤其在另外四个州:马里兰州、宾夕法尼亚州、马萨诸塞州和北卡罗来纳州。在那里也有部分储蓄机构由私人保险公司承保。这些州的官员私下开始担心,尽管在公开场合他们表达了信心。当时的新闻充斥着俄亥俄州惊慌失措的储户彻夜在冰冷的人行道上露宿取款的场景。

周六早上到周日晚,美联储高级职员、联邦存款保险公司的助手以及政府官员聚集在克利夫兰联邦储备银行,试图应对这场始于美国国债市场的危机。危机跨越的监管边界比俄亥俄河穿越的州边界还多。

美联储和联邦存款保险公司空运了 200 名银行审查员,以帮助资金紧张、资金不足的联邦储蓄贷款保险公司,处理财务状况良好的俄亥俄州储蓄机构提交的联邦存款保险申请。人们曾努力寻找全国性银行来收购本州储蓄银行或者其他储蓄机构,这将使它们立即有资格获得联邦存款保险公司的保险,但是州和联邦一级的监管障碍[21]搅乱了这一努力。

周一,外汇市场对不断扩大的混乱局面做出了判决。美元兑英镑和德国马克大跌;黄金价格飙升至数周来的最高水平。许多外汇交易员将矛头直指俄亥俄州的储蓄危机[22],称担心更脆弱的市场会让美联储在货币政策上束手束脚。华尔街的担忧更为广泛——投资者担心危机会继续蔓延。一位金融分析师表示:“如果这种情况持续太久,那些有私人存款保险的州会出现系统性风险。这就是每个人都想结束这种情况的原因。”[23]

保罗·沃尔克也想结束这一切。3 月 19 日，周二，他邀请俄亥俄州州长到华盛顿与联邦储蓄贷款保险公司主席会面。沃尔克虽然是代表了官方，但并没有实权，当着他的面，联邦储蓄贷款保险公司主席向州长保证，确实正在加快处理来自俄亥俄州储蓄机构的申请。

这似乎让俄亥俄州的储户放心了，但沃尔克如何才能让市场放心呢？他不能只站在麦克风前发表安抚人心的声明，因为在如此紧张的时刻，即便这位全球资深的中央银行家只是宣布召开新闻发布会也可能引发市场反应。幸运的是，他计划在周三向全国养牛协会(National Association of Cattlemen)发表演讲。沃尔克的讲话更多是针对市场而不是困惑的农场主，他表示，美联储正在“与俄亥俄州当局合作”，“将准备好向它们放贷，因为它们状况良好，可以重新开门营业”。

但依赖美联储承诺的金融体系的稳定正变得越来越不确定。

注释：

1. 约翰·奥布赖恩 2016 年 4 月 24 日和 25 日的电子邮件(以下简称“奥布赖恩 2016 年电子邮件”)。

2. Joel Chemoff, “Manville Forming Contingency Plan,” *Pensions & Investment Age*, March 5, 1984, p. 45。

3. Kyrillos, *Cases in Financial Engineering*, p. 773。

4. 奥布赖恩 2016 年电子邮件。

5. Joint Impact Study 1984, Appendix IV－A, pp. 18－19。

6. 2015 年对利兰－奥布赖恩的采访。

7. Leo Melamed, *Leo Melamed on the Markets* (New York: John Wiley and Sons, 1993), pp. 122, 130。

8. Joint Impact Study 1984, p. I. 2。不清楚该报告实际提交给国会的时间。梅拉米德引用了保罗·沃尔克于 1985 年 1 月 11 日写给参议员杰西·赫尔姆斯的一封信(*Leo Melamed on the Markets*, at p. 128)。

9. 同上。同样,报告中有一个很生动的例子说明了可能出现的问题:1984 年 4 月 19 日是 OEX 期权合约到期前的最后一个交易日,那天大部分时间里,看起来期货在到期时将一文不值,因为它给了交易员以比该指数目前价值更高的价格购买标准普尔 100 指数的权利。下午,不少 OEX 交易员进行了一些交易,当 OEX 到期时,这些交易将使他们获利。但在最后 15 分钟的交易中,购买标准普尔 100 指数一半股票的买入指令到达纽约证券交易所交易大厅,推高了标准普尔 100 指数的最终价值。突然间,预期将在芝加哥一文不值的 OEX 期权不再一文不值。结果,下注它将一文不值的期权交易商亏本;反向下注的期权交易商获利。有人立即要求进行调查,但从未采取过纪律处分。(参见 Winston Williams, "S. E. C. Studying Trades on the S&P 100 Index," *New York Times*, April 26, 1984, p. D1。更多细节摘自 Joint Impact Study 1984, pp. VIII. 8 and VIII. 9)

10. 同上,第 I. 3 页。

11. Machold memoir, p. 193。

12. Bleakley, "Tough State Treasurer"。

13. 这些细节出自 Bruce Wasserstein, *Big Deal: The Battle for Control of America's Leading Corporations* (New York: Warner Books, 1998), pp. 195—196。

14. 对麦克霍尔德的采访。

15. "Corporate Takeovers (Part 1)," Hearings before the Subcommittee on

Telecommunications,Consumer Protection, and Finance, of the House Committee on Energy and Commerce, 99th Congress, 1st Sess. , February 27, March 12, April 23, and May 22, 1985, pp. 51—52。

16. Wasserstein, *Big Deal*, p. 479。

17. Monica Langley, "Bank Board Chairman's Cool Initial Response to Ohio Crisis Linked by Some to GOP Politics," *Wall Street Journal*, entered into the record (without a date or page noted), of "Ohio Savings and Loan Crisis and Collapse of ESM Government Securities" (以下简称"Ohio S&L Hearing"), Hearing Before a Subcommittee of the House Committee on Government Operations, 99th Congress, 1st Sess. , April 3, 1985, p. 53。

18. 这些事件的描述摘自俄亥俄州储蓄和贷款危机听证会的证词和补充材料,第 56—58 页。

19. 同上,第 178—179 页。

20. 同上。

21. Gary Klott, "Governor of Ohio Asks U. S. Coverage for Savings Units," *New York Times*, March 17, 1985, p. 1。

22. Associated Press, "Currency Markets: Dollar Drops Sharply over Banking Worries," *New York Times*, March 19, 1985, p. D18。

23. Robert A. Bennett, "Ohio Crisis Has Others Worried," *New York Times*, March 18, 1985, p. D1。一个月后,1985 年 4 月,另外一系列的银行挤兑发生在马里兰州由私人公司承保的储蓄银行,加剧了监管机构对类似危机可能传播速度的担忧。

14

巫术时间

1985 年 3 月 28 日，周四，也就是罗纳德·里根作为总统候选人访问纽约证券交易所差不多五年后，他回来了，这是第一位访问纽约证券交易所的现任总统。

在他身边是新任白宫办公厅主任唐纳德·里根，他像老朋友一样与约翰·菲兰打招呼。当他们穿过交易大厅时，总统与众人握手，向大家挥手。唐纳德·里根和菲兰坚定地让总统朝着石质小阳台走去，在那里里根总统将发表他准备好的讲话[1] 并鸣响开市铃。

总统一走上阳台就开玩笑地说："从这里看出去风景很好，这有点像是在周六晚上观看在花园球场举行的标记队摔跤比赛。"

他详细介绍了他的政府如何在第一任期帮助恢复了股市健康，并承诺在第二个任期做更多的工作。"那是我们未来四年的经济计划,"他总结道。"我们要给公牛松绑①!"开市铃声准时响起,现场响起了欢呼声"罗尼!罗尼!罗尼②!"

菲兰护送里根和他的白宫办公厅主任到六楼镀金的爱德华七世时代风格的董事会会议室,在那里总统巧妙回答了在场嘉宾的各种礼貌提问并讲了一些熟悉的故事。

然后他就离开了纽约证券交易所。[2]

虽然这次访问为菲兰组建的团队带来了声誉,但他还需要一个得力助手,一个能承担行政职责的人,这样他就能培养当天早上收获颇丰的政治关系。简单地说,他需要一个人,就像他对密尔·巴滕那样对待他。

几周以来,菲兰一直在暗暗地讨好美国证券交易所能干的总裁兼首席运营官罗伯特·J. 伯恩鲍姆,希望他能出任纽约证券交易所的二号人物。伯恩鲍姆于 1967 年加入美国运通,并在那里工作了 8 年。工作上他务实严谨[3]、冷酷无情的作风让一些人想起一位对病人不够关心体贴的外科医生。

在自己的私人餐厅与伯恩鲍姆共进午餐讨论纽约证券交易所的工作时,菲兰提到自己正在与四位候选人交流。"他们都很棒,"菲兰说,"但我们也在关注你。"他期待地微笑着。

伯恩鲍姆说:"那当然,除非你们都是弱智,不管谁在我现在的位置上,你们当然都会感兴趣的。"[4]

也许是他直率的风格吸引了菲兰那颗海军陆战队员的心。无论

① 公牛:bull;牛市:bull market。——译者注
② 罗尼是罗纳德·里根的昵称。——译者注

如何，不久之后，鲍勃·伯恩鲍姆(Bob Birnbanm)①同意成为菲兰的高级副手，他的举动引发了纽约证券交易所和美国证券交易所合并的传言，这一传言很快被美国证券交易所主席阿瑟·莱维特(Arthur Levitt)[5]制止。合并传闻反映出纽约证券交易所正面临的商业压力：为支持自己新的金融战略，大型机构投资者在推动更快、更廉价的交易服务以及与最新衍生品更紧密的配合。

为了与芝加哥期权交易所竞争，美国证券交易所和其他一些地区性证券市场开发了健康的期权市场，但纽约证券交易所在这方面并没有获得成功。它的下一代——纽约期货交易所——从1980年剪彩开业那一刻起就一直举步维艰。

也很难看出，在纽约证券交易所位于曼哈顿下城的交易大厅里围绕蓝筹股面对面交易展开的简单业务能有什么未来。一些大投资者已经开始昼夜不停地在世界各地交易，肯定会有更多的企业效仿。华尔街的公司已经配备好电脑网络，可以让其大客户在“楼上”自己的交易席位上完成最大的股票指令，而不需要把指令送到交易大厅。为了防御这种“楼上交易”，纽约证券交易所制定规则限制这种远离交易大厅的交易，努力为纽约证券交易所上市的股票保持一个最有深度和最透明的市场。在这里，所有人都能看到公开的交易价格，做市商都愿意使用自有资本来维持一个有序的市场。

如果有一天，大型机构客户更关心保密和速度，而不是透明度和价格，或者纽约证券交易所的做市商在羊群效应导致的踩踏事件中无法维持秩序——那又该怎么办？

---

① 鲍勃是罗伯特的昵称。——译者注

约翰·菲兰正在尽可能地实现纽约证券交易所的自动化,但如果纽约证券交易所不保留其蓝筹股,这些投资就会白白浪费。

收购狂潮对纽约证券交易所的股票上市构成了生死存亡的威胁。1984 年 7 月,三家著名的纽约证券交易所上市公司——通用汽车、道琼斯公司和海岸公司——创建了“超级投票权”的股票类别,以抵御公司袭击者,这违反了纽约证券交易所的条例。此举本应导致这些公司在纽约证券交易所的上市资格被取消。

如果纽约证券交易所坚持自己的立场,对公司袭击者保持谨慎态度的公司可以将上市地点转移到一个更安全的市场。美国证券交易所和纳斯达克市场都允许其上市公司拥有多种股票。

所以,菲兰没有把三个蓝筹股踢出纽约证券交易所。相反,他任命了一个咨询委员会来研究各种应对的可能。1 月,该委员会建议,只要获得普通股东批准,纽约证券交易所就允许上市公司持有一种以上的股票。

反对纽约证券交易所改变上市标准的力量强大:机构股东、企业掠夺者、监管机构和国会中有影响力的议员认为,“一股一票”是股东民主的本质,绝不应被抛弃。国会计划举行听证会,菲兰预期将出庭作证。

在菲兰心中,他认为现行的反对“超级投票权”股票的规定[6] 是正确的。问题在于,为大机构投资者维护“股东民主”最终是否会摧毁纽约证券交易所。

与此同时,纽约证券交易所每天都面临压力,要跟上交易量的增长。交易量纪录不断被创造和打破,以至于人们已经懒得提起它们。

最初是为了加快小额零售指令而建立的自动化 DOT 系统已经在处理大额指令，其中许多是由机构投资者复杂的指数套利策略所引起。这种套利交易正迅速将纽约证券交易所与芝加哥期货和期权市场拉近。

这些新的联系需要华尔街的关注。那年早些时候，在 3 月的第三个周五，道琼斯指数曾在白天小幅上涨，但在最后一个小时因交易繁忙而突然下跌了整整一个百分点。交易大厅内的交易员表示，市场尾盘出现戏剧性的下跌，是因为几家证券经纪商需要平仓，以利用股票与那些股票在本月第三个周五到期的期权之间的价差。为了做到这一点，他们建立了自动抛售程序，在交易的最后一小时抛售股票。[7] 在过去至少一年的第三个周五，类似最后一刻的暴跌也时有发生。

随着 4 月第三个周五的临近，《纽约时报》提前发出了警告。[8]“不管是否迷信，许多股票投资者已经将每月第三个周五的最后一个小时视为‘巫术时间’，在这个时间里，市场似乎毫无理由地暴跌”，商品市场专栏作家这样写道。4 月第三个周五是美国运通的主要市场指数期权(MMI)的到期日。MMI 是一种密切跟踪道琼斯指数的期权合约。

芝加哥期货交易所也有一份 MMI 期货合约。股票指数期货与股票指数期权同一天到期的日子被称为“双巫术时间”。但是，一年中各种指数所包括的公司股票期权与指数期权和指数期货一起到期会出现四次(3 月、6 月、9 月和 12 月的第三个星期五)，从而创造一个“三巫时间”。这就是 6 月即将要发生的。

“不管4月19日发生什么,”一位交易员说,“我们认为6月的巫术时间将是最有趣的。”[9]

股市4月巫术时间的良性程度出人意料:收盘时几乎没有波动,道琼斯指数基本持平。5月的交易也相对平静,尽管在收盘前有几次剧烈抛售。

但所有人的目光都集中在6月的第三个周五的三巫小时。在交易的最后时刻,股价飙升,使道琼斯指数接近新高[10],成交量超过1.25亿股,比前一天增加50%。

对大多数投资者来说,突然的反弹总是比突然的暴跌更令人愉快。在这里,令专业人士担忧的是收盘前的疯狂交易。一位分析师指出:“通常情况下,有产品到期的周五是市场上精神错乱的一天。”[11]但这一天的爆发疯狂到令人担忧的程度,还使纽约证券交易所的电脑容量受到巨大压力。

显然,市场的新陈代谢正在发生变化。很难看出,在一个“有效”市场中,投资者情绪的“理性”变化可以解释这种周期性的上涨和下跌。

1985年春天,利奥·梅拉米德看到了扩大芝加哥商品交易所在华盛顿影响力的机会。[12]3月中旬,里根总统的首席贸易谈判代表威廉·布罗克(William Brock)被任命为美国劳工部部长,为美国贸易代表的位置留下空缺。梅拉米德在前往亚利桑那州度假屋的路上从汽车广播中听到了这个消息。“这个想法像闪电一样击中了我,”[13]

他回忆道。芝加哥商品交易所总裁克莱顿・尤特(Clayton Yeutter)曾在福特政府中担任同样的职位,如果他可以回到华盛顿,这将为芝加哥商品交易所的声誉增光添彩。

梅拉米德整个周末都在电话旁[14],给 30 多位首席执行官打电话,敦促他们为尤特游说。这是对政治权力的娴熟运用,他的努力得到了回报,尤特很快就宣誓就任美国新任贸易代表。

尤特到了华盛顿,为威廉・J. 布拉斯基担任芝加哥商品交易所总裁打开了大门。布拉斯基离开美国证券交易所,加入芝加哥商品交易所,留下了深深扎根于曼哈顿市场的根基。他的父亲在华尔街工作了近 60 年,布拉斯基高中时在纽约证券交易所的交易大厅里轻松地找到了暑期工作。在雪城大学,他是男大学生联谊会的主席。从法学院毕业后,他去了他父亲是合伙人的证券经纪商工作。

随着 1973 年的熊市逼近,布拉斯基的妻子琼(Joan)鼓励他做一些研究,这些研究可能可以发展成一篇法学评论文章,以给他的资历增色。他选择研究刚刚开业的交易所芝加哥期权交易所,从而在期权领域获得了坚实的法律基础。与此同时,他在美国证券交易所的法律部找到一份工作,不久他就开始监督交易所雄心勃勃的期权交易业务。几年后,他被任命为期权结算公司的董事,该公司起中央结算所的作用,结算所有的期权交易,为此,他定期前往芝加哥参加董事会会议。

对于这名毕生的纽约人来说,这些旅行已经成了一种浪漫经历。他后来回忆说,“我被自己在芝加哥所发现的独创性、创造力和敢于冒险的精神深深吸引。在芝加哥有一种开放的精神、一股清新的气息,但没有一丝傲慢。在这里,人们关心的问题是'你聪明吗?',而不是'你是什么出身?'"[15]

因此,1982 年夏天,当一名招聘人员就芝加哥商品交易所执行副总裁的职位打电话给布拉斯基时,他想接受。他飞到芝加哥去拜见梅拉米德和交易所的执行委员会。他看到芝加哥商品交易所的新楼正在建设中,而且惊讶地发现,交易所非常繁荣,建造新楼的资金大部分来自最近出售的会员资格。不久他签约上任,在接下来的一年里,他组织管理人员在 1983 年秋天成功地搬入了新楼。

尽管布拉斯基热爱芝加哥,但他并没有切断与纽约的关系。他轻松地与被芝加哥商品交易所的同事认为是对手的一些人保持着友好关系,包括纽约的证券交易所的官员、华盛顿的监管者以及新崛起的芝加哥期权交易所的高管。他的一位密友是纽约证券交易所新任总裁鲍勃·伯恩鲍姆。

在纽约,巫术时间继续制造着不确定性和不安。在经历了 6 月的动荡之后,7 月产品到期的日子更加有序。一位交易部门高管对此做出了解释[16]:大机构投资者"似乎对降低波动性很感兴趣,因此(他们)将买盘分散在几个小时内",而不是在收盘时冲入场内。

我们无从得知在通用汽车养老基金为戈登·宾斯工作的基金经理是否属于表现克制的交易员。宾斯已经批准了标准普尔 500 期货合约的交易[17],此前他的一名高级职员邀请利奥·梅拉米德和比尔·布拉斯基到通用大厦与宾斯会面。

梅拉米德很高兴能到访通用,布拉斯基很快就喜欢上了这位热情、求知欲强的养老基金经理。他们邀请宾斯参加各种会议,介绍他如何使用期货合约。他们知道,作为全球最大的企业基金,通用养老基金的声望只会为芝加哥商品交易所的声誉增色。

金融衍生品并不是戈登·宾斯所做的唯一实验。在近一年的时间里,他一直在观察机构投资者委员会的活动,他坚持认为,企业养老基金在那里并不合适。因此,在1985年秋天,他和其他几位企业养老基金高管成立了自己的组织[18]——员工福利资产投资委员会(Committee on Investment of Employee Benefit Assets,CIEBA)。

当国会就对机构投资者有重要意义的市场发展展开调查时,这一新机构使宾斯和他在企业的同行能在谈判桌上占有一席之地。程式交易就是其中一种市场发展,宾斯认为,保留程式交易至关重要,而员工福利资产投资委员会是另一支可以向国会陈情的大机构投资者。

1985年11月,杰里·科里根亲身体会到,恐慌并不是一个市场危机可以蔓延到另一个市场的唯一途径。在一个自动化程度越来越高、运行速度越来越快的市场中,电脑故障可以起同样的作用,而且预警也更少。

11月21日周四上午8:00,纽约银行(Bank of New York)的一位副总裁打电话给纽约联邦储备银行的官员[19],报告该行前一天美国国债证券交易的电脑记录出现延迟。美联储官员没有惊慌,像这样的小问题经常发生,而且纽约银行是政府债券市场最繁忙的处理中心之一。

纽约联邦储备银行和纽约银行都是一个庞大电子网络的一部分，一定程度上这个网络可以说是美国的金融循环系统，内部人士称之为“支付系统”。这是银行业现代版的“后台办公室”，华尔街曾在“后台办公室”向合适的买家发送股票凭证，向合适卖家发送现金。所谓的“清算银行”，如纽约银行，则是大批从事美国国债交易等复杂高速活动的其他金融公司和机构的后台部门。

然而，与旧的刻印股票凭证不同，美国的国库券只存在于一个庞大的电子分类账中，作为独立的簿记条目。每一个都有唯一的识别号码，可以通过系统跟踪它。类似纽约银行的清算银行确保已经被出售的国债从卖方电子分类账里清除并进入买方的电子账本，同时买方支付的钱会从买方银行账户里扣除并添加到卖方账户。

就像 20 世纪 60 年代末“纸质交易凭证塞车”袭来时一样，“后台办公室”的工作并不引人注目，但如果工作没有完成，就可能会让市场陷入停滞。通常情况下，一组计算机从其他计算机接收信息，并自动将指令发送到另一组计算机上，纽约的联邦资金转账系统(Fedwire)是系统的主要动脉。后台工作的速度令人眩目，工作量之大令人难以置信。

杰里·科里根有时将金融支付系统比作美国的州际公路系统。[20] 电子脉冲取代了汽车和卡车，使虚拟证券和无形现金在买卖双方之间穿梭。在一个普通的日子里，大约 2 000 亿美元的交易在全国乃至全球的银行间转移。

1985 年的 11 月 21 日将不是一个普通的日子。大约在上午 10:15，纽约银行向纽约联邦储备银行发出警报，纽约银行的客户数据文件对周三的交易更新滞后，而且不知何故被破坏了。一连数小时，这家银行及其外部软件公司的程序员们都在努力寻找漏洞。

其余市场都在运转，这是周四繁忙的一天的开始。有价证券以电子方式送交纽约银行处理；卖方希望得到现金，买方期望得到所有者权益和有价证券的利息。由于其计算机系统瘫痪，纽约银行就像一座冻结在开放位置的吊桥。政府证券堆积在其账面上，不得不用银行的现金支付。银行无法将这些证券送到桥另一边的买家那里，也不能从买家那里收取现金。

但还有一些喘息的空间。纽约联邦储备银行可以通过联邦资金转账系统从纽约银行在美联储的账户中提取现金，并将其转移给证券卖家，但由于没有现金进入银行账户，账户很快就透支了，而这并不是常见的透支。到上午11:30，纽约银行在纽约联邦储备银行的账户已经透支了120亿美元。

在银行数据处理中心，一个团队在寻找和修复数据库漏洞，另一个团队在做一个临时补丁，这样可以允许纽约银行在每天下午2:30联邦资金转账系统关闭之前开始清算交易。下午2:00左右，测试第一个补丁，失败了。很快就开始了第二个和第三个补丁的工作，但都不成功。一位银行高管打电话给纽约联邦储备银行，要求转账系统在正常关闭时间过后继续开放。

到下午4:00，科里根和纽约银行主席兼首席执行官J. 卡特·博卡(J. Carter Bacot)都被告知了问题。

科里根同意在周四晚将尽可能延长联邦资金转账系统的开放时间，以给银行额外时间来修复系统，并赶上大量堆积的未被处理的业务。他做了一个幸运的决定，让他的法律团队立即准备为纽约银行提供隔夜紧急贷款的文件，以防万一。

随着下午慢慢过去，夜晚降临，美联储的纽约银行透支额度继续增长。晚上 8:00，纽约银行透支了近 320 亿美元。科里根派了一名特使将特别贷款文件亲手送到纽约银行总部。为防万一，银行的财务总监在文件上签了字。这些文件要求银行将其国内资产的每一分钱都作为贷款的抵押，这些资产总计约 360 亿美元。

终于，有一个补丁成功了，到晚上 10:00 银行处理了足够的业务，将透支金额减少了约 80 亿美元。但这些交易在计算机系统中缓慢进行，人们开始感到疲倦。

午夜刚过，科里根就在银行的作战室里给卡特·博卡打电话，两人从晚上 10:00 起已经通话无数。科里根告诉博卡凌晨 1:00 肯定是联邦资金转账系统给银行的最后期限。博卡一挂断电话，他就被告知最新的电脑补丁失败了，电脑又死机了。

11 月 22 日周五凌晨 2:15，纽约联邦储备银行正式给纽约银行提供了历史性的 236 亿美元的贷款，这是它所做的最大的隔夜贷款，这一贷款比美联储在大陆伊利诺伊银行危机的数小时内给大陆银行的贷款多了很多倍。

美国国债市场的其他部分仍令人担忧。

周五工作时间开始的时候，纽约银行系统还没有完全运行，它再次开始透支自己的账户。到上午 11:30，银行透支又增加了 20 亿美元，科里根做出了有重大影响的、几乎是灾难性的决定。

他命令美联储停止接受其他银行交付给纽约银行在美联储账户

的证券，因为纽约银行无法支付这些证券。他解释说，他想“看看在不造成市场过度混乱的情况下，防止透支进一步增加是否切实可行”[21]。

到了周五午餐时间，科里根得到了答案，“完全不(可行)”。在他做出决定后不到一个小时，庞大的美国国债市场就开始停顿。谨慎的交易员突然之间不愿进行交易。一些银行试图退出与那些已经完成、在纽约银行进行后台处理的交易。而那些无法再通过纽约银行完成交易的银行，此刻他们自己的资金转账系统也出现了透支问题，因为他们无法获得付款。

如果纽约银行不能迅速修复其电脑系统，那么任何一个处在杰里·科里根位置上的人很可能会反复做噩梦，担心这个伤脑筋的周五到底会发生什么。幸运的是，下午1:30，纽约银行的处理系统基本开始正常运作，而科里根也得以解除对纽约银行在美国联邦储备银行的账户所做的破坏性的临时冻结。

几周后，当国会委员会就这一史无前例的“银行紧急救助”问题对他进行问询时，他试图与委员会分享这一事件传递出的可怕信号。[22] 现在的情况是，科里根提醒他的批评者，没有其他选择。“‘切断’一个主要参与者的想法是不现实的，除非最终可能需要关闭整个市场。”关闭任何一个大型市场都可能导致一些严重问题，使刚刚存活下来的系统问题显得不那么严重。

显然，如果修复这个小问题意味着不只是短暂关闭金融市场循环系统的任何部分，根本就没有所谓的“小电脑问题”。如果关闭的时间更长，或者不得不在其他危机中进行——就像杰里·科里根会说的，“凯蒂，把门紧闭。”

注释：

1. 罗纳德·里根，“对纽约证券交易所经纪人和员工的讲话”，1985 年 3 月 28 日，美国总统项目网站，网址：http://www.weather.ucsb/ws/? PID＝38402。

2. Bernard Weinraub, “President Urging an Economic Shift,” *New York Times*, March 29, 1985, p. 1。

3. Erik Ipsen, “The Long Shadow of Bob Birnbaum,” *Institutional Investor*, July 1987, p. 188。

4. 2015 年 7 月 3 日对罗伯特·J. 伯恩鲍姆的采访(以下简称“对伯恩鲍姆的采访”)。

5. 在 1993 年 7 月，克林顿总统任命莱维特为证券交易委员会主席；当他在 2001 年 2 月下台时，他是该委员会就任时间最长的主席，超过了约翰·夏德。

6. 菲兰经常公开表达这种观点，包括在“公司收购的影响”听证会上，参议院银行、住房和城市事务委员会证券小组委员会第 99 届国会第 1 次会议上，1985 年 4 月 3 日和 4 日、6 月 6 日和 12 日，第 1112 页。

7. 无署名，“Drop in Final Hour Cuts Dow by 12.70, to 1,247.35,” *New York Times*, March 16, 1985, p. 33。

8. H. J. Maidenberg, “Futures/Options: Witching Hours for Investors,” *New York Times*, April 15, 1985, p. D4。.

9. 同上。

10. 无署名，“Dow Soars by 24.75, to 1,324.48,” *New York Times*, June 22, 1985, p. 35。

11. 同上。

12. Melamed, *Escape to the Futures*, pp. 322—325。

13. 同上,第 322 页。

14. 同上,第 323 页。

15. 同上。

16. 无署名,"Dow Sets Record 3d Time in a Week," *New York Times*, July 20, 1985, p. 35。

17. 对前通用基金执行官的保密采访。

18. Testimony of W. Gordon Binns Jr., "Pension Funds in the Capital Markets: The Impact on Corporate Governance, Trading Activity, and Beneficiaries" (以下简称"1986 Pension Hearing"), Hearing Before the Subcommittee on Telecommunications, Consumer Protection, and Finance of the House Committee on Energy and Commerce, 99th Congress, 2nd Sess., March 19, 1986, p. 5。

19. 这些事件是根据纽约银行提交给国会的年表得出的。见"The Federal Reserve Bank of New York Discount Window Advance of $22.6 Billion Extended to the Bank of New York," Hearing Before the Subcommittee on Domestic Monetary Policy of the House Committee on Banking, Finance, and Urban Affairs, 99th Congress, 1st Sess., December 12, 1985, pp. 105—109。

20. 同上,第 43 页。

21. 同上,第 27 页。

22. 同上,第 47 页。

15

理性的市场？

1986 年 1 月 7 日周二，道琼斯工业平均指数收盘时略低于 1 566 点。截至周三收盘时，道指已累计下跌 40 点，跌幅超过以往任何时候，超过了 1929 年 10 月股市崩盘最糟糕的一天的纪录。

“当时是一片混乱，”一家证券经纪商的高管表示。[1]

实际上，当日 2.5％的跌幅远不及 1929 年的跌幅[2]，1929 年那时的道指市值蒸发了近 13％。尽管如此，这一历史性的 40 个点的下降还是成为全国的头条新闻。

事后，交易员们就所发生的事情提出了各种各样的理论。一些人表示，他们担心美联储会限制收购贷款或推高利率。但当日股市开盘时，这些担忧就出现在新闻中，而道指历史性跌幅的一半以上都是发生在最后一个小时。这种模式在周五的“巫术时间”很常见，但 1 月 8 日并不是巫术时间。到底发生了什么？

事情是这样的:芝加哥股票指数期货的价格由于某种不明原因突然下跌[3],与当时纽约证券交易所指数中的股票价格不一致。对于那些行动迅速的人来说,这是一个套利机会。大机构投资者开始突然行动,利用纽约证券交易所的自动指令发送系统买入股指期货,同时卖出指数构成股票。这是典型的买入便宜小产品同时卖出昂贵产品以获得即时的利润的案例。当然,这种情况以前也发生过。自1982年年中以来,指数套利一直在进行,但规模没有这么大,而且从未对市场造成如此大的影响。

基德尔－皮博迪的一名机构交易员表示,“这简直难以置信。”E. F. 赫顿的首席交易员说:“恐慌可能有点言过其实,但很明显,专业交易界有一种紧迫感。”[4]

最后一小时的暴跌与套利有关的另一个证据是与期权或期货合约挂钩的指数成分股,特别是与纽约证券交易所综合指数、标准普尔500指数和道琼斯指数挂钩的指数成分股,比其他股票遭受了更多的暴跌。

整个投资生态系统都在改变;这些事件正在成为一种模式,小的震荡正在变得更强,一个边缘策略正在成为一股市场力量,一个市场的痉挛在另一个市场中立刻就能感觉到。不过,华盛顿似乎没有明白发生了什么或者该如何应对。[5]

一些监管机构预测,随着越来越多的投资者参与到套利游戏中,“巫术时间”的破坏性将减弱,而这通常会降低套利策略的利润。他们表示,理性和高效的市场最终将消除这些奇怪的套利机会。

证券交易委员会的约翰·夏德认为,越来越多的人使用电脑驱动的套利策略[6]将会培育一个流动性更强的市场,让“机构投资者能够在短时间内卖出大量股票”。他没有质疑这是一件好事的观点,也没有考虑当这些大投资者在同一时间向同一方向移动大量的股票或期货合约时市场会如何应对。

证券交易委员会已经在尽力应付收购和内幕交易这两个棘手的问题上捉襟见肘,它又被夹在夏德最新的首席经济顾问、格雷格·贾雷尔(Gregg Jarrell)的纯粹自由市场的意识形态和该机构市场监管人员的实际担忧之间。

有一种说法,“贾雷尔相信新的交易规则只会让保守派受益,那些头发灰白、没有跟上最新发展的华尔街交易员。”“当纽约和芝加哥的市场被高层交易员的电脑屏幕连接起来时,证券交易委员会的工作人员并没有真正理解到底发生了什么。”[7]

当然,贾雷尔或者他所崇拜的那些有权有势的交易员是否明白发生了什么,这一点也不得而知。他们的一些假定理性的策略建立在一个牵强附会的概念上,那就是在任何情况下、在任何市场,总是会有投资者在交易的另一方。但是像 1 月 8 日这样的日子表明,这种假设已经变得非常不切实际。

即使监管机构和议员充分认识到不同市场之间的这种联系存在新风险,但要想为此做些什么,他们仍将面临一场艰苦的斗争。夏德认为这只是计算机技术的后果,不可避免也是健康的,他对监管持谨慎态度。[8]如果没有证券交易委员会的支持[9],其他任何人都不太可能通过国会推动此类限制。

无论如何,证券交易委员会在 1985 年末宣布,对巫术时间的新规定似乎没有必要。也许这只是巧合,在1月8日的风波过去9天后的又一个产品到期日显得比较平静。不过一些交易员确实注意到[10],当天大部分时间小投资者都在观望。

约翰·菲兰越来越担心小投资者们会持续观望。[11] 前一年12月在佛罗里达州博卡拉顿举行的一次证券业会议上,他就纽约证券交易所最新的投资者调查做了汇报。在一个普通的交易日里,几乎有60%的交易量来自大型机构和华尔街公司的自营交易,更不用说巫术日了。

养老基金在股票市场上呈指数级增长。1975年,它们总共持有价值1 130亿美元的股票。五年后的1980年,这个数字几乎翻了一番,达到2 200亿美元。到1985年底,这个数字又翻了一番[12],接近5 000亿美元。这些巨额现金中的一部分掌握在基金经理手中,他们以多元化的名义积极追求各种策略,而其中一些则流入了被动指数基金。[13] 问题是这两种投资方式对市场的影响截然不同。

在任何时刻,活跃的基金经理都像兔子一样在不同的方向上跑来跑去——有些人买的是小盘股,有些人找寻国际股票,有些专门购买某一行业的股票,有些利用各种神秘的理论进出市场,有些人则依赖于有关收购的猜测。与此同时,指数基金经理像羊群一样行动,全都朝着一个方向前进。在行情好的时候,他们平静地在那里漫步;在混乱的日子里,他们在狂奔,踩踏事件总有可能发生。

学术界和华尔街那些被认为理性的"宽客"似乎并不害怕这种踩踏。他们显然认为,庞大的羊群的大规模活动会被兔子——那些做法与一般大众想法相反的投资人的交易所抵消。但富有的反向投资者的力量正在减弱，而庞大的机构投资者群体却在不断壮大。每个月纽约和芝加哥的市场都在提供更多的证据，证明根本没有足够的反向操作的兔子来缓冲机构踩踏的影响。

奇怪的是，市场上的小人物可以很清楚地看到发生了什么。“有一种几乎绝望的情绪，”一家大型零售经纪公司的高级副总裁说。“在一个越来越由机构主导的市场上，个人投资者不想受到双重打击。”[14]

到 1986 年 2 月 24 日，联邦储备委员会已经有了两名新成员，都是由里根总统任命的，他们取代了沃尔克的长期盟友。保罗·沃尔克可以轻易获得全票通过或者多数票通过的时代已经过去。

当天上午，联邦公开市场委员会开会，近期被任命的委员不顾沃尔克的反对，策划了一场降息投票。投票结果是 4 比 3，令主席大为震惊。[15]

他从椅子上站起来，低头看着委员会里那些叛逆的新成员。“从现在起你可以做你想做的事，”他告诉他们，“但是没有我。”据授权传记的记载，“他离开了会议室，砰的一声关上了通往他办公室的门，以防有人认为他会改变主意。”[16]

愤怒离席后，沃尔克“在黄色便笺本上匆匆写下辞职信”。[17] 当天，他和财政部部长吉姆·贝克按计划在贝克的办公室共进午餐，在座的还有墨西哥财长。后者离开后，沃尔克把辞职信递给贝克。

贝克在回忆录中对这一事件保持沉默，但根据沃尔克传记作者的说法，贝克敦促他不要把那天上午的投票太当回事，继续留任。沃尔克说他会考虑一下,然后回到美联储大楼。那天下午稍晚些时候,上午的一名反叛者拜访了沃尔克的办公室,并建议延迟小幅降息,以挽回沃尔克的颜面。[18]

挑战沃尔克领导地位的消息在华盛顿传开,向北扩散,华尔街对此的反应非常负面。白宫和财政部立即发表声明支持美联储主席。除非沃尔克想通过暗示白宫已经解雇他来进一步扰乱市场,否则他不能下台。

但很明显,他的任期已经接近尾声。沃尔克这位熟悉恐慌引发的危机如何跨越监管防火墙的第一反应者很快就会下台。

尽管在芝加哥有关于创新和适应新市场条件的讨论,期货市场却同样陷入了对现实的不切实际的否认,正如那些为华尔街机构投资者提供咨询的"宽客"和反对进一步自动化的纽约证券交易所交易员。他们并不真正相信他们的世界需要以任何戏剧性的方式改变,他们憎恨任何提出不同看法的人。

1986 年 3 月的第一周在博卡拉顿参加一个行业会议的高管们确实就是这样的。几天来,他们互相闲聊,享用美味的食物,对监管机构怨声载道。

他们的抱怨很快就传到了国会的耳朵里[19]:有 4 名参议员和 12 名众议员参加了这次活动,他们都做了简短的例行演讲,收取了可观的报酬,同时享受了免费的食物、住宿和旅行。

期货行业有三大抱怨。

第一,商品期货交易委员会希望交易公司拥有更大的现金缓冲,以反映大机构投资者参与的衍生产品交易的大幅增加。11 月，芝加哥期货交易所成立了一只 100 万美元的“防御基金”[20]，用以对抗美国的这些新资本规定，不管新规出自商品期货交易委员会、国会还是法庭。芝加哥商品交易所的利奥·梅拉米德曾抱怨说，新的资本标准是“因为缺乏经验或我们无法理解的动机”[21]。

实际上，商品期货交易委员会的动机很容易理解。一年前，也就是 1985 年 3 月，由于三名客户几乎一夜之间损失了 2 800 万美元，成交量投资者(Volume Investors)[22]——支持纽约商品交易所(简称 COMEX)交易的一家重要的结算公司被迫突然关门。商品期货交易委员会在随后的一份报告中警告称，在一个日益波动的市场上，机构交易的大幅增加“加大了违约的可能性，从而带来深远的后果”[23]。

受期货市场欢迎的大机构的交易规模令许多交易员持有的资本相形见绌。但一些小公司可能会被新资本规则淘汰出局，芝加哥决心阻止这种情况的发生。

对行业来说，第二个棘手的问题是商品期货交易委员会最新的一项努力，即让芝加哥最大的交易所的交易时间戳必须是显示距离交易最近的一分钟。在芝加哥商品交易所和芝加哥期货交易所，交易的时间戳显示最近的半小时。多年来，商品期货交易委员会一直知道这样是不够的[24]，它发现多达 40% 的半小时时间戳是错误的。利奥·梅拉米德抱怨说，最新的“审计跟踪”规则是“委员会在没有充分理解的领域中实施监管干预的最重要的例子”[25]。

第三个激怒芝加哥的问题不是商品期货交易委员会在做什么，而是它没有做什么。它仍未对掉期采取有效行动，而这种私下交易的衍生产品在大机构投资者中正变得非常流行。芝加哥交易所多年来一直认为这些新的衍生产品是伪装的期货合约，因此除非在交易所交易，否则是非法的。对芝加哥来说，就是这么简单。

其实并不那么简单。商品期货交易委员会面对的是三种场外交易产品，其中两种——实物商品期权和分期付款购买计划，被称为“杠杆合约”，商品期货交易委员会成立初就与这些小害虫斗争。[26] 第三种是掉期，它是生活在银行家、大经纪人和公司财务主管的精英世界里的一种巨大生物，商品期货交易委员会显然不知道该拿它怎么办。这些正是科里根警告银行界的高风险衍生品：所有异乎寻常的银行间的掉期合约或银行—经纪人间的掉期交易都像期货合约一样运作，但并不出现在任何人的资产负债表里，也不受任何人的清算所支持。

几乎所有银行界以外的人都认为，这些新产品可能符合商品期货交易委员会的法律对期货合约的模糊而富有弹性的定义。正如芝加哥的一位联邦法官所说，有什么不符合呢？因此，芝加哥商品交易所和芝加哥期货交易所认为，掉期交易应该在受到监管的交易所进行，而不是其他任何地方。

没过多久，商品期货交易委员会放弃对芝加哥期货交易所和芝加哥商品交易所实施新的审计跟踪标准[27]，并同意让这两家交易所建立自己的系统“重构”交易，而不是在交易发生时自动加盖时间戳。[28] 关于筹集更多资本的争论将更难解决，但老道的投资者们认为芝加哥也会在这个问题上占上风。

事实上，1986年3月中旬，当商品期货交易委员会主席苏珊·菲利普斯再次出现在众议院农业委员会的监督者面前时，他们给她的信息非常明确[29]：不要要求你监管的行业做任何与它所做之事不一致的事情。如果你这么要求，我们将不得不介入。

至于监管掉期和类似的“场外交易”衍生品，菲利普斯被夹在芝加哥的政治权力和华尔街银行家之间，后者是更强大的另一种现状的捍卫者，他们中几位代表在同一听证会上作证。高盛公司着装讲究的高管加里·L. 西弗斯(Gary L. Seevers)[30]——商品期货交易委员会的前官员——与其他几名市场专业人士一起作证，称他们认为没有理由开始监管给华尔街带来丰厚利润的场外衍生品。他告诉委员会，“这个场外交易的问题已经被研究得很透彻，有很多相关文章，就此也已经举行了许多次会议。”“我想说的是，今天在座的各位中，没有一个人有足够的信息，或者足够聪明，能说商品期货交易委员会在场外交易领域应有更大或更小的权力。”[31]

该委员会的一名持怀疑态度的民主党人，来自堪萨斯州的国会议员丹·格里克曼(Dan Glickman)看到了这个悖论：“你说它被研究得很透彻，但没有人对此有足够了解？”

“是的，”西弗斯坚持他的观点。“你是在处理商业现实问题。”使用这些新产品的人都是“复杂的个体，相互之间进行交易”。他的建议是“什么也不做”。

这也是一个引人注目的建议：商品期货交易委员会和国会没有足够的智慧来监管这些新的未上市的衍生产品，因此应该对它们置之不理。

格里克曼看着坐在证人席上的其他华尔街专业人士，问道，“在座的有谁持与西弗斯先生相反的看法?”

没有人。

“好吧,让我问最后一个问题,”格里克曼说。他引用了报纸上有关衍生品与股市波动之间关系的报道。“我不知道你们中是否有人想评论一下,这是否是一个准确的描述。我只是好奇。”

加里·西弗斯认为这个问题是媒体无知的指责无需理会,也不应该引起国会的任何关注。“我并不是说‘第三个周五现象’没有产生任何影响,我们将在今后三天内再次出现这种现象,”他说:“这个现象受到了密切关注,总的来说,任何与第三个周五有关的反常现象在过去的两三年里都在减少”[32]。

“第三个周五现象”于三天后的第三个周五,3 月 21 日重现,但没有证据表明市场的异常表现正在消失。广受关注的道琼斯工业平均指数前一日收盘时略高于 1 800 点,下跌 35.68 点,跌幅接近其价值的 2%,大部分下跌发生在交易的最后几分钟。这是市场历史上第四次最糟糕的下跌。

第二天《纽约时报》头版的一篇文章[33]将这一天的“疯狂交易时段”归咎于“与机构复杂策略有关的后期抛售”。第二个故事在商业板块,只用了几个字就抓住了人们的情绪[34]:“三巫时间的大破坏”。

道琼斯股票的价格涨幅都快于与它们关联的即将到期的 MMI 期权和 MMI 期货合约,这些股票大多数都在纽约证券交易所交易。指数套利者买入更便宜的衍生品,在纽约证券交易所卖出更贵的股票,而且尽可能在最后一秒卖出,迅速获利。与此同时,这些道指成分股的股票期权到期，加剧了“三巫时间”的骚动。

这些策略的证据很容易在当日交易的结果中找到。在交易的 1.992 亿股中，有 4 500 多万股发生在最后一分钟。股市收盘后半小时[35]，所有交易才得以被记录。作为大投资者的标志，大额指令的数量史无前例。

这一次，真的没有办法令人信服地证明，当日的表现反映了理性投资者看法的突然转变。总体而言，股价上涨的股票多于下跌的股票，除道指外，其他主要市场指数只下跌了几个点。美国证券交易所指数实际上上涨了近 4 点，创了新高。只有与指数套利相关的股票受到影响，但它们所受影响如此之大，在短短几个小时内就使市场损失了 2%的价值。

一位高级机构交易员说，“像这样的动作通常需要 10 天才能完成，现在只花 10 分钟。你无法理解。人们把股票当成商品来交易。”[36]

对于市场上越来越多的机构投资者来说，股票确实在成为一种商品，但它是在有着不同监管机构、不同节奏和不同规则的证券交易所进行交易的商品。

在 3 月股市大溃败的几个月后，约翰·菲兰和鲍勃·伯恩鲍姆坐在菲兰的私人餐厅里，他们怀疑的目光越过午餐桌上的瓷器[37]，投向来自加州的 LOR 首席推销员约翰·奥布赖恩。

对奥布赖恩来说，这次访问是一种善意的姿态。他曾看到媒体将纽约证券交易所交易大厅不断加剧的动荡归咎于投资组合保险。

他想解释为什么本不该发生这些动荡。

从本质上讲，约翰·菲兰和约翰·奥布赖恩并不是那么不同。他们都很聪明，坦率，有创业精神，但是他们过往的经历完全不同。奥布赖恩曾是金融理论方面的一名创业者，他接受了马克·鲁宾斯坦和海恩·利兰等学者的颠覆性观点，并为华尔街那些专注的投资巨头解释这些观点。菲兰是纽约证券交易所根深蒂固的传统文化中的一名企业家，他试图运用实用的技术和新规则，同时又不忽视人的因素，在他眼里，这是维系其市场的黏合剂。

"可以这样来看问题，"奥布赖恩说。当LOR出售股票作为其对冲策略的一部分时，"这就像是我们在进行股票的廉价交易。"[38] 他的公司之所以不出售股票，是因为担心公司的坏消息或者市场的低迷。它不知道市场的未来走向，也不知道出售股票的公司的价值；这只是对冲而已。因此，对于市场的其他部分来说，LOR的对冲交易创造了廉价品，就好像有人突然在一家满是全价、一流商品的商店里打上了快速促销的标签。

传统投资者可以在LOR出售股票时买入，以低价买入优质股票。奥布赖恩告诉菲兰，他向那些投资者传达的信息是：来参加我们的聚会吧！

菲兰没有被说服；投资组合保险交易规模不断扩大，令他担忧。[39] "如果每个人都在做同样的事情，有什么能阻止股市跌至零点呢？"他问道。

奥布赖恩对下跌的价格总能吸引买家这一点充满信心，但菲兰并不那么确定。当市场在交易的最后一个小时急速下跌时，谁会有足够的勇气去寻找便宜股票呢？

奥布赖恩的回答是：任何一个预先知道廉价股票将会在那里等待被购买的人——任何一个知道价格下跌的唯一原因是某学术对冲策略的人，任何一个知道在这种情况下买入是理性行为的人。

与菲兰一样，鲍勃·伯恩鲍姆认为奥布赖恩以为市场会适应投资组合保险的想法过于天真。[40] 伯恩鲍姆说，"要知道如果我一个普通人，某个早上我去办公室，看到股市下跌了3%或4%，我不认为拿起电话去买一堆股票是我想到的第一件事。"不，他要做的第一件事就是打电话给一个更了解市场的人，一个他信任其判断的人，去搞清楚到底发生了什么。如果他不能得到一个让人安心的解释，或者即使他能得到，他也很可能只会袖手旁观[41]，直到市场平静下来。在他看来，这似乎是"合理的"做法。

如果有足够多的人这样做，奥布赖恩廉价的股票就会无人问津，而市场就像菲兰担心的那样，可能会跌至零。

奥布赖恩坚称，现代市场的机构投资者、专业交易员和定量分析师不会像伯恩鲍姆嘴里的"普通人"那样，被突然暴跌吓走。他们会明白为什么那些股份都被抛售；他们会知道，抛售根本没有反映出任何看跌情绪，他们会平静地介入，以低价买入股票。

这些态度坚定的人不可能在午餐时间解决他们关于市场心理的分歧。不过，奥布赖恩认为那是一次深入的理论讨论。

在7月的第一周之后，一切似乎都不那么理论化了。7月1日，道琼斯工业平均指数创下新的历史新高：1 903.54点，这是当年年初以来第四次创下历史新高。一周后的7月7日，道琼斯指数再次在一天内下跌了比以往任何时候都多的点数，超过了 1 月的大跌和 6 月更大的跌幅。现代股市的新现实又一次成为头版新闻，而理性并不是一个被广泛用来描述这个新现实的词。

1986 年 8 月，两年前被联邦存款保险公司挽救了的大陆伊利诺伊银行（联邦保险公司仍是该行的大股东）决定收购第一期权公司（First Options Inc.），[42] 全国最大期权交易所交易者的最大清算公司。

20 世纪 70 年代初，芝加哥期权交易所还很年轻[43]，第一期权公司开始为期权交易者处理交易。它的所有人是斯皮尔一利兹—凯洛格公司（Spear，Leeds and Kellogg），纽约证券交易所交易大厅里的大做市商公司。在那段时间，第一期权公司已经积累了足够的资本，可以为更多客户处理更大的交易。到 1986 年，其雄心已经超过了它在纽约的股票交易母公司的融资能力[44]，它正在寻找新的所有者来为其增长提供担保。

大陆伊利诺伊银行仍在努力摆脱濒死的体验。它需要盈利的业务[45]，需要多样化经营。长期以来，第一期权公司一直是这家银行的重要客户，收购第一期权公司满足双方的需求。

收购也令一些当地银行家感到不安，他们抱怨称，联邦存款保险公司的支持使大陆伊利诺伊银行在市场上获得了不公平的优势。尽管存在激烈的抗议，联邦存款保险公司还是允许大陆银行购买第一期权公司。

就这样，期权市场运营的一家核心机构离开了纽约证券交易所一家做市商公司，与一家商业银行合并了。而两年前，联邦存款保险公司和其他监管机构曾竭尽全力拯救这家银行。考虑到那年夏天所有的合并和收购都成为头条新闻，大陆伊利诺伊银行对第一期权公司的友好收购对华尔街来说甚至一点都不重要。

但华尔街错了。

注释：

1. John Crudele, "Dow Plunges 39.10 as Stocks Retreat in Heavy Trading," *New York Times*, January 9, 1986, p. 1。

2. 同上。

3. 同上。

4. 同上。

5. 1985 年 10 月 16 日，证券交易委员会向其监管的期权交易所发去信函，提议限制投资者持有的股份规模或错开期权到期日，这些措施进一步阻止投资组合保险公司从期货市场转向期权市场，在期货市场，他们的策略会相对比较稳定。在 11 月 14 日与证券交易委员会的公开会议上，期权交易所的官员抗议现行市场规则的任何改变。基德尔－皮博迪的套利交易者非常坦率地反对证券交易委员会的提议。"我喜欢波动性，因为我是个交易员，"他说。套利交易"将市场运动压缩为较短的时间跨度，但这只是让它们做本来就会做的事。"见 James Sterngold, "Futures/Options: Arbitrage-Led Stock Volatility," *New York Times*, November 25, 1985, p. D5。

6. Vise and Coll, *Eagle on the Street*, p. 198。

7. 同上，第 197 页。

8. 同上，第 198 页。

9. 见 Khadervian, *The SEC and Capital Market Regulation*, pp. 12－13。

在 20 世纪 80 年代末，一位证券交易委员会前工作人员告诉她，“我不知道有哪一次证券交易委员会反对某项已颁布的法案。国会中太多人……认为他们必须遵从[更有专业知识的]证券交易委员会。”国会对证券交易委员会的尊重在以后的几年里被大大削弱；证券交易委员会几次要执行自己反对的不明智法律。卡德末安(Khadervian)就 20 世纪 70 年代对专业知识的尊重提供了一个特别深刻的视角，当时证券交易委员会在很大程度上击退了民主党国会的要求，即证券交易委员会更快更有力地终止纽约证券交易所的固定佣金，并创建一个称为“国家市场体系”的互联电子市场。结果，特别是证券交易委员会关于“国家市场体系”的断断续续的概念对 1980 年后市场结构发生的巨大变化产生了影响。

10. John Crudele, “Stocks End Mixed; Dow Eases by 0.92,” *New York Times*, December 21, 1985, p. 37。

11. 可以肯定的是，通过共同基金间接持有股票的人数在两年内增长了 30%以上。然而，自 1983 年以来，直接持有股票、对市场有足够信心并有足够判断力成为实际投资者的人数下降了 3%。唯一令人欣慰的是，纽约证券交易所拥有的个人投资者比其他交易所多，其他交易所的个人客户数量下降了 5%。见 James Sterngold, “Investor Rise Tied to Mutual Funds,” *New York Times*, December 5, 1985, p. D17。

12. Jay O. Light and Andre F. Perold, “The Institutionalization of Wealth: Changing Patterns of Investment Decision Making,” a chapter in *Wall Street and Regulation*, ed. Samuel L. Hayes III (Brighton, MA: Harvard Business School Press, 1987)。

13. 同上。

14. Sterngold, “Investor Rise Tied to Mutual Funds”。

15. Silber, *Volcker*, pp. 255—256。

16. 同上,第 255 页。

17. 同上,第 256 页。

18. Greider, *Secrets of the Temple*, p. 700。

19. James Sterngold, "Futures/Options: Role of the Floor Trader," *New York Times*, March 10, 1986, p. D4。国会议员的这种做法被 1991 年颁布的道德立法所禁止。

20. James Sterngold, "C. F. T. C., Exchanges Fight It Out," *New York Times*, November 21, 1985, p. D1。

21. Tamarkin, *The Merc*, p. 306。

22. 令人难堪的是,纽约证券交易所没有任何机制来拯救这家清算公司,其客户陷入了破产法庭的迷宫中,尽管它最终弥补了 1 400 万美元违约损失的一半。见 Tamarkin, *The Merc*, p. 265; and Charles R. Geisst, *Wheels of Fortune: The History of Speculation from Scandal to Respectability* (Hoboken, NJ: John Wiley and Sons, 2002), pp. 257—258。

23. Tamarkin, *The Merc*, p. 265。

24. 苏姗·菲利普斯的证词,"商品期货交易委员会的重新授权"(以下简称"众议院商品期货交易委员会 1986 年重新授权"),众议院农业委员会保护、信贷和农村发展小组委员会听证会,第 99 届国会,第 2 次会议,1986 年 3 月 18 日和 19 日,第 12—15 页。

25. Tamarkin, *The Merc*, p. 306。

26. 交易商为杠杆合约辩护,称其为允许小投资者在分期付款计划中购买实际商品(几乎总是黄金或白银)的工具,并辩称这些合约不在商品期货交易委员会的控制范围之内,因为它不监管实体商品的销售。批评人士说,杠杆合约就像旧时芝加哥的桶店(bucket shop),因为投资者主要利用杠杆合约进行投机,而不是积累黄金或白银。第二个长期存在的场外交易的害虫——商品期权,是另一个长期以来一直在引起消费者抱怨虚假销售广告和虚假销售公司的零售产品。在这里,商品期货交易委员会也花费了大量的时间和金钱与欺诈和滥用做斗争,而没有太多的证据来证明这一点。

27. Sterngold,"Futures/Options: Role of the Floor Trader"。

28. 这被称为"计算机化交易重建"系统,或CTR系统。它使用预先编号的连续交易卡和其他一些文件来"估算一分钟的交易时间"。该系统的缺陷将在随后的联邦调查中被广泛披露。见 Jerry W. Markham,"Prohibited Floor Trading Activities Under the Commodity Exchange Act," *Fordham Law Review* 58,no. 1 (1989),pp. 15—17。

29. 众议院商品期货交易委员会1986年重新授权,第13、20—21页。

30. 同上,p. 111。西弗斯是商品期货交易委员会的创始成员,在吉姆·斯通20世纪70年代末获任命之前,曾短暂担任委员会的代理主席。在高盛他与机构投资者合作,"共同基金、养老基金等等,"他说,这些投资者正开始将期货市场作为其投资策略的一部分。

31. 同上,第111页。

32. 同上,第112页。

33. John Crudele,"Dow Falls By 35.68 in a Wild Session," *New York Times*,March 22,1986,p. 1。

34. James Sterngold,"'Triple Witching Hour' Havoc," *New York Times*, March 22,1985,p. D1。

35. 同上。

36. 同上。

37. 伯恩鲍姆和奥布赖恩都无法准确地回忆起此事发生的时间,尽管两人都记得同样的细节。约翰·菲兰在2005年发表的一次采访中回忆说,那是"1986年夏天的某个时候",所以我参考了这个说法。见 Weiner,*What Goes Up*,

pp. 275—276。

38. 2016 年对 LOR 的采访。

39. Weiner, *What Goes Up*, p. 276。

40. 对伯恩鲍姆的采访。

41. 同上。

42. Jayne Jung,对 O'Connor and Associates 公司的无标题简介,Risk. net 网站,2007 年 9 月 1 日,公司成立 30 周年之际。

43. 同上。

44. Leslie Wayne, "The Secret World of the O'Connors," *New York Times*, September 12, 1982, sec. 3, p. 1。

45. 同上。

16

潘多拉的投资组合

在 1986 年 9 月动荡不安的 3 天里,约翰・夏德开始了悲伤而超现实的转向,他在证券交易委员会的职业生涯即将结束。

他的执法部门一直在与内幕交易进行漫长而艰难的斗争,内幕交易正像重感冒一样在华尔街蔓延。一些知名的中层管理人员遭到逮捕和起诉;一些人在刑事案件中认罪,并为与证券交易委员会达成庭外和解支付了巨额罚款。

然后在 5 月,联邦特工逮捕了德崇证券的投资银行家丹尼斯・莱文(Dennis Levine)[1]。莱文的通讯录中有一个是套利者伊万・博斯基,他参与了菲利普斯石油公司收购战,也是华尔街主要的收购投机者。

约翰・夏德在华尔街工作的那些年里,博斯基的影响并不是很突出,但在证券交易委员会,夏德开始尊重博斯基咄咄逼人的才智。

就在 3 个月前，也就是 2 月，夏德还邀请博斯基参加了在华盛顿举行的证券交易委员会圆桌会议，讨论如何遏制华尔街的收购传言。约翰·菲兰也出席了此次会议，他坐在同一张大圆桌旁。[2] 夏德和博斯基陈述了理由，力证当收购传言席卷纽约证券交易所交易大厅时，菲兰暂停交易是不明智的。

丹尼斯·莱文被捕后，证券交易委员会对内幕交易的调查被推进到一个新的轨道。莱文把矛头指向他的同伙中的其他人[3]，包括博斯基，他声称博斯基一年多来一直在向他购买内幕消息。整个夏天，证券交易委员会的执法人员都在调查博斯基。8 月，博斯基被捕，不久之后，他的辩护律师、前证券交易委员会总法律顾问哈维·皮特秘密提出了一项交易：作为宽大处理的交换，博斯基将供出收购游戏中一些最大的人物。经过漫长的日日夜夜[4]，双方终于达成协议——仅会有一项最高可判处 5 年监禁的刑事指控，博斯基支付 1 亿美元的罚金，包括罚款和非法利润的返还。

9 月 10 日，周三，证券交易委员会计划召开一次公开会议，就一项员工计划进行投票，该计划旨在让周五的"巫术时间"平静下来。提案要求经纪商在收盘前半小时将寻求当日收盘价的指令(即所谓的收盘市价单)发送到交易大厅，以便公布任何指令失衡的情况。在干预新的量化交易策略方面，约翰·夏德最多愿意做到这一步。[5]

然而，在那次公开会议之前，夏德召开了一次"超级执行会议"，只向委员和少数关键的执法人员开放。[6] 根据一种说法，这次会议是自那年夏天早些时候以来，夏德或任何其他委员收到的关于博斯基案件的第一次最新消息。"他们似乎被揭露的范围以及可能引发的反应所震惊，”[7] 该报道称。

与博斯基的认罪辩诉协定是前所未有的：他将一次性支付几乎相当于证券交易委员会全年预算[8] 的罚金。博斯基讲述了他与华尔街一些权贵们的腐败交易，细节令人震惊，对约翰·夏德来说尤其如此。他深信他毕生所工作的地方有着基本的诚信。

9月11日周四，约翰·菲兰来到纽约证券交易所他的办公室，那是夏末闷热的一天。对大多数投资者来说，那是令人沮丧的一周；此前一天，股市连续第四个交易日下跌。

一些市场权威人士将市场低迷归咎于货币基金经理试图在第三季度的最后几周抛售其亏损股，并粉饰其投资组合。其他人指出，自年初以来，股市上涨已经超过24％，获利回吐是意料之中的事。还有人说，投资者担心利率上升，这将降低对股票的需求。谁又真的知道到底是怎么回事呢？正如摩根大通曾经说过的那句名言，市场是波动的。

前一天约翰·夏德对巫术时间交易波动的回应是批准提前半小时的收盘交易预告，对此，菲兰并不满意。他认为，半小时的提前通知还远远不够，他也毫不犹豫地这么说了。他希望在那些第三个周五日，芝加哥股指期货的到期价值是基于纽约证券交易所的开盘价，而不是收盘价。根据他几十年在交易大厅工作的经验[9]，菲兰认为，在开盘时发现和处理大额指令失衡要比在收盘时疯狂的最后一分钟交易时容易得多。

鉴于监管系统内部存在的竞争和瘫痪，证券交易委员会无法满足菲兰的要求，只有商品期货交易委员会能做到这一点。但菲兰的提议遭到芝加哥交易所的反对，而商品期货交易委员会也没有否决这些交易所的意见。

菲兰打开办公桌后面柜子上的电脑显示器，刚开始看起来那个周四又像是一个令人沮丧的交易日。实际上它很快变成了一场灾难。

截至中午，道琼斯指数的跌幅与 7 月初的历史跌幅很相似。午餐时间后市场经历了短暂反弹，但在那天余下的时间里，价格出现逆转并大幅下跌。下午 4:00 收市铃声响起，道琼斯工业平均指数下跌 86.61 点，跌幅超过 4.6%，创下 1962 年 5 月以来最大单日百分比跌幅。

一位经纪公司高管表示："我从未见过这样的事情。我认为基金经理们惊慌失措了。"[10]

市场分析师为股市的大幅下跌寻找理性的原因，一名华尔街高管甚至将矛头指向约翰·夏德[11]，也就是证券交易委员会前一天就"巫术时间"程序进行的投票。这位高管声称"证券交易委员会采用新方式来应对"一周后的巫术时间，"这存在很多不确定性"。

一个更合理的解释与指数套利有关。

在整个 8 月和 9 月初，股指期货合约的价格要高于成分股，套利交易者卖出期货合约、买进股票——无疑促成了 9 月 4 日的市场新高。确实，那年早些时候，套利交易的单日涨幅创下了新纪录。[12]

9 月 11 日，出于某种原因，套利机会出现逆转。在芝加哥股市交易的头几分钟[13]，股指期货价格令人费解地大幅下跌，为指数套利交易者创造了一个成熟的机会。[14] 他们开始卖出股票，买进价格较低的期货合约。

从理论上讲，套利交易员对标准普尔 500 指数期货合约的突然需求本应推高其价格，使芝加哥股市重新与纽约股市持平，但奇怪的是，这种情况并未发生——套利者根本没有足够的买进来抵消当天芝加哥商品交易所上演的大量抛售。随后的调查显示，标准普尔 500 指数期货合约"几乎全天"都在打折出售。[15]

这并不是周四历史性下跌的全部原因。[16] 那天市场上有很多其他的交易员因为与芝加哥市场无关的原因抛售股票。但很大一部分是这个原因。

当收盘铃响起时，相较于纽约证券交易所的股票，标准普尔 500 指数期货合约仍在以异乎寻常的大幅折价交易。除非这种情况发生改变，否则周五将是又一个非常糟糕的日子，因为更多的套利者在卖出股票、买进期货。

情况没有改变——它变得更糟了。

当纽约还在沉睡的时候，周五的外国股市继续暴跌。[17] 东京经历了历史上单日跌幅最大的一天[18]，伦敦股市也经历了创纪录的单日跌幅，之后才开始回升。

周五芝加哥股市开盘后不久，标准普尔 500 指数期货暴跌，导致期货合约与成分股价格的差距超过了市场所见，交易员们根本不相信他们在屏幕上看到的价格。他们后来告诉调查人员，他们并没有试图锁定这种异常的套利利润，因为他们不相信自己真的能够以指数反映的价格在纽约证券交易所上卖出成分股。[19]

难怪他们表现得小心翼翼。当天上午，纽约股市从开盘起就几乎直线下跌，直到上午 10:30 左右。之后股市在中午前回升到足以弥补几乎所有损失，随后再次下跌 34.17 点，跌幅近 2%，成交量略高于 2.4 亿股，打破了前一天的纪录。

对于菲兰和伯恩鲍姆来说，唯一积极的一面就是纽约证券交易所的处理系统能够应付交易量的激增。“在过去五年中，我们在系统和通信方面投资了 1.5 亿美元，以应对这一切，”菲兰在周五收盘后表示。[20]“我们预计最高日成交量为 3 亿股，持续日成交量为 2 亿股。如果我们能做到这一点，就像我们今天一样没有碰到任何问题，我们将非常高兴。”他向交易大厅里的人点点头，并补充道：“关键是电脑和人。”

到周末的时候，人们不可避免地将道指与 1929 年最糟糕的两天进行比较。1929 年，道指跌幅超过 24%，是历史上最大的两天跌幅。这些对比有点紧张过度了；以百分比计算，9 月 11 日和 12 日 6.5% 的跌幅仅为 1929 年跌幅的 1/4。尽管如此，这仍是一种冲击，冲击一直持续到下一周，市场在周初小幅上涨、成交量平淡，随后在周五那个普通的“三巫小时”，之前的上涨又跌去了一半。

证券交易委员会的约翰·夏德的团队开始调查这起为期两天的股市大跌。为此，它必须依靠商品期货交易委员会和芝加哥交易所交易记录的帮助。得益于苏珊·菲利普斯和蔼可亲的领导，前者是可以信赖的；鉴于芝加哥两大交易所保持的审计跟踪不可靠，依赖后者就相当于是赌博。

对于股市中最大的参与者来说，甚至对夏德来说，很明显，纽约所发生事情的答案只能在芝加哥找到。总部位于芝加哥的肯珀金融服务公司(Kemper Financial Services)的首席投资官这样说:"一股股票的价格通常是在芝加哥确定,而不是在纽约证券交易所的交易大厅。"他接着说,机构"主导了游戏",但与套利相关的程序交易开始主导[21]"我们认为是正常的机构活动,即基于价值进行买卖"。

市场的公开暴跌和仍然不为人知的博斯基案证实,市场的道德和机制正在以深刻而令人不安的方式发生变化。这个新世界与约翰·夏德所认为的"正常"几乎没有什么相似之处。

在伯克利,马克·鲁宾斯坦心情沉重地注视着 9 月那些动荡的日子。

他和他的合伙人海恩·利兰和约翰·奥布赖恩从席卷养老基金行业的投资组合保险热潮中获得了巨大的成功。LOR 管理着一大笔资金,接近 50 亿美元,其中大部分是通过使用标准普尔 500 指数期货合约实现的。这些合作伙伴已经将他们的软件授权给了其他公司,包括两家最大的机构基金管理公司:安泰人寿保险公司和富国银行投资顾问公司。他们及其执照持有者的投资组合保险概念涵盖了超过 500 亿美元的资产。据一些估计,还有模仿者"承保"了同样数量的资产。这是一个令人震惊的数字,而 1982 年春天《财富》杂志刊登关于他们的报道时,他们管理的资产仅为 1.5 亿美元。[22]

因为 LOR 通过调整对冲策略以反映前一周市场的损失,它就和所有投资组合保险策略的实施者一样,是周四和周五在芝加哥标准普尔 500 指数期货交易所的主要卖家。该公司出售股票并不是因为利兰和鲁宾斯坦对经济持悲观态度或担心利率上升,而是因为其投资组合保险对冲策略要求他们出售股票。

投资组合保险策略的实施者所做的规模开始让鲁宾斯坦深感担忧。[23] 利兰虽然在性情上比较平静,也开始有点担心,特别是担心可能出现的"反馈效应",即他们的交易可能引发连锁反应、破坏股市稳定。

"从我想到投资组合保险的第一天起,我就说,'好吧,如果每个人都这么做呢?'""我不喜欢自己得出的答案,"利兰后来对一位学者说。这并不是他和 LOR 的客户们分享过的一种恐惧,但在他们的客户寥寥无几的情况下,似乎确实没有必要告诉他们他的担心。

鲁宾斯坦说,有时他觉得自己和伙伴们好像打开了潘多拉的盒子[24],或者释放了某个淘气的精灵。他回忆道:"有一个客户来找我们,他有一个庞大的养老金计划。""我们想告诉那位客户:这笔钱太多了,我们应付不过来。我们太担心这笔交易对市场的影响了。"但和他的合伙人一样,他也明白,如果 LOR 拒绝了潜在客户,他们只会去找竞争对手。事实上,即使 LOR 彻底关门[25],精灵也不可能再回到瓶子里。

鲁宾斯坦很高兴听到证券交易委员会将对市场两天的动荡进行调查,但他怀疑该机构不会触及事情的核心。"当我看到 9 月发生的事情时,"他后来说,"我想,那是我们造成的,是我们。"[26]

10 月初,国会通过了 1986 年的《政府证券法》。新法律本应解决 4 年前暴露的风险,当时不受监管的美国国债市场的违约越过监管围栏，威胁到债券经纪商、储蓄机构和银行。

自1980年白银危机爆发以来，现实一直在大声明确地说："现在只有一个市场。"一次又一次，一个市场的危机迅速蔓延，超出了该市场监管机构的控制范围。鉴于这一无可争议的现实，这部新法律是监管惰性和立法短视的典范。它给了财政部一些临时权力来为政府债券市场制定规则；规定的执行则交给证券交易委员会或任何已经对违规机构进行监管的机构。任何尚未接受监管的政府债券交易商都必须在证券交易委员会注册，但也可以要求财政部豁免。该法案完全忽略了美国国债期货和期权，而且如果国会不延长该法令，它将在五年内失效。作为国会和华盛顿监管机构该如何应对基本市场风险上升的一个范例，这是一个不祥的笑话。

在证券交易委员会，约翰·夏德曾反对对美国国债市场进行广泛监管，但他接受了这项软弱无力的法律。保罗·沃尔克对任何新的监管制度都同样感到不安，但他也满足于这种脆弱的安排。

1986年11月13日周四，夏德打电话给沃尔克，两人有一个更紧迫的问题需要讨论。[27]

问题是伊万·博斯基。夏德通知沃尔克，证券交易委员会和联邦检察官的纽约办公室将在11月14日周五纽约市场收盘后同时举行新闻发布会，宣布博斯基被捕、同意支付1亿美元以了结证券交易委员会对他有关内幕交易的指控、对唯一的刑事指控认罪，并正与政府在持续的刑事调查中合作。

几个月来，博斯基一直偷偷地录下他与华尔街各种人物的谈话，其中包括德崇证券强大的金融家迈克尔·米尔肯(Michael Milken)。

到目前为止,这些秘密录音带并没有检察官期望的内容,但是博斯基的秘密工作已经不可能再保密了。他的一家投资实体公开交易,第二天,根据证券交易委员会的规定,博斯基不得不发布季度报告。当然,该报告必须披露其首席执行官被捕的小细节。[28] 这个消息仍然是秘密的,但夏德想提醒沃尔克,以防银行系统发生余震。

夏德打给沃尔克的那通电话没有反映出对不同市场之间危险联系有更大把握;它只是突出了保罗·沃尔克是如何深受他的监管同伴的信任[29]——尤其是夏德,夏德没有与监管圈里的其他人分享他的重磅新闻,而是到第二天新闻发布会前数小时才通知证券交易委员会在国会的监督委员会的主席。

周五下午 2:45,夏德向吉姆·贝克和唐纳德·里根通报了共和党主要捐款人博斯基被捕的消息。[30] 这显然令人震惊:几天之内,两人即将讨论[31] 白宫是否应该为“套利/垃圾债券领域”制定一些政策举措。

夏德等到下午 3:30 才通知商品期货交易委员会[32],尽管博斯基例行公事地对冲了他在芝加哥商品交易所的巨额股票投资组合,商品期货交易委员会并未参与调查。随后,夏德找到了约翰·菲兰,菲兰的场内交易员将不得不应对该消息可能引发的周一抛售恐慌。

碰巧的是,菲兰当时正在中国旅行,电话打给了鲍勃·伯恩鲍姆[33]。伯恩鲍姆知道,博斯基对收购交易所涉股票的及时交易经常被纽约证券交易所的监管团队标记。

下午 4:30。当联邦检察官走上纽约的讲台时,约翰·夏德和他的执法负责人在华盛顿证券交易委员会会议室的一张桌子前就座,他们面对着一排麦克风。夏德发表了简短书面讲话。[34]

夏德说，与博斯基达成的和解“是迄今委员会在内幕交易案中获得的最大一笔和解协议”，博斯基需要返还 5 000 万美元的非法利润和另外 5 000 万美元的罚款。夏德继续说，博斯基的各种投资伙伴目前持有约 20 亿美元的证券，“在短期内，他将被允许与这些实体有关联，以保护资产，避免银行和其他贷款机构违约”。

在新闻发布会后，一种说法是，“三个谣言——都被证明是真的——在华尔街流传开来。”[35] 一个传言是，博斯基数月一直戴着监听器，另一个是他指证迈克尔·米尔肯和德崇证券；第三，“似乎最不可思议的，几乎不可能理解或接受”[36] 的是博斯基被允许在宣布他被捕之前秘密出售数亿美元的股票。

是的，证券交易委员会在 11 月初允许博斯基开始清算他的资产。这是一个非常欠考虑的决定，虽然不是夏德的第一个公关失误[37]，但肯定是他最糟糕的决定。唯一合理的理由是，夏德认为[38] 此举将有助于确保博斯基保留足够的财富，以支付 1 亿美元的和解金。

正如预期的那样，当纽约证券交易所在 11 月 17 日周一开盘时，博斯基事件之后的交易非常繁忙。当然，收购股承受的抛售压力最大。随着周末华尔街各公司纷纷接到政府传票的新闻头条发布，欧洲股市甚至在纽约股市开盘前就开始下跌[39]，并持续到整个下午。

这并不是约翰·夏德所担心的大溃败，但这也算不上什么安慰。到周五，华尔街关于博斯基起诉前出售股票的愤怒传言已经浮出水面，消息迅速传遍全国。[40]

批评的声音来源于毫无根据的猜测，那就是博斯基欺骗了监管机构，因为他的公司的利润远高于他向证券交易委员会支付的罚金。当然，博斯基的投资者获得了大部分利润；根据一个可信的说法，博斯基实际上支付了他全部净资产的一半[41] 来与证券交易委员会达成庭外和解。遗憾的是，夏德无法摆脱他让博斯基轻易脱身的不公平的指责。

后来有消息称，博斯基在被捕前几周一直在积极交易标准普尔500 指数期货合约和股票。[42] 但由于夏德一直无法堵住的法律漏洞，内幕交易在衍生品市场并不违法！

在国会对软弱的执法工作奚落了多年之后，夏德的辩护本应是他最甜蜜的时刻，却几乎立刻变成公开的指责和他私下的恼怒。夏德和他的高级职员“不明白为什么博斯基的案子对他们不利”，[43] 有一种说法这么写道。“他们无法理解怎么这么快就出了这么多问题。”

夏德的国会批评者最初和华尔街及媒体的批评者一样严厉，抨击华尔街的犯罪行为被证明是民主党成功的选举议题。[44] 然而，到 12 月，国会山的注意力已经转移，开始紧盯着很快被称为“伊朗门”丑闻的惊人细节[45]——里根总统为了赢得伊朗帮助释放扣押在黎巴嫩的美国人质，授权秘密出售武器给伊朗；然后，他手下的工作人员将武器销售所得的利润转移给了尼加拉瓜的反政府武装康特拉，该反政府武装向尼加拉瓜的左翼桑地诺（Sandinista）解放阵线政府发起挑战。这一做法违反国会关于禁止向该组织提供军事援助的一项具体禁令。

这一丑闻最终导致了里根核心圈几位人士的黯然离职，但它几乎立即开始削弱白宫办公厅主任唐纳德·里根的位置。

尽管里根有种种缺点，但他在华盛顿的政治机器中一直是一个精通金融的小齿轮[46]，他有足够的洞察力，因此会就连接股市和期货市场的新套利策略征求华尔街的意见。他明白："越来越多的人担心，太多的套利策略将严重动摇个人投资者和许多机构投资者对整个股市进程的信心。"

在银行体系的脆弱性问题上，里根并不总是与保罗·沃尔克意见一致。他在宾州广场银行危机中扮演的角色，以及他在最后一刻对联邦存款保险公司对伊利诺伊大陆银行进行救助的阻挠都是恰当的例子。但他确实了解股市。实际上，在博斯基丑闻爆发后不久，里根就在考虑总统如何可以公开表示他对约翰·夏德陷入困境的执法人员的支持[47]——在那些士气低落的几周内，这一富有洞察力的姿态肯定会受到证券交易委员会的欢迎。

但是，随着伊朗门丑闻掩盖了对博斯基调查的持续报道，里根在白宫的日子屈指可数了。[48]

1987即将到来，沃尔克也面临着不确定性。1986年12月，美联储投票通过放宽对《格拉斯－斯蒂格尔法案》的解释[49]，允许国民银行扩展到证券业务的某些领域。不管沃尔克有什么顾虑[50]，美联储的新多数派显然计划继续破坏《格拉斯－斯蒂格尔法案》，直到国会要么加固银行与华尔街之间的障碍，要么将其彻底拆除。

对约翰·夏德来说，公众和国会对博斯基案件的反应可能是压死骆驼的最后一根稻草。多年前,他写过一篇不公开的檄文,后来又将其加入针对友好听众的一些私人演讲。那篇文章让大家了解他在华盛顿任职期间所付代价的矛盾心理。

他将这篇文章命名为《考验和磨难》。[51] 文章开头是这样写的:"如果想在华盛顿工作,会得到大幅减薪,但你会有一辆公务用车,还会读到很多关于你自己的批评文章。这是一种令人谦卑的经历。出于政治动机的批评来自民主党国会议员……他们的信被送到新闻界。在你收到批评信之前,记者们会打电话给你,标准的回应是无可奉告,但自由媒体会对这些事加以充分发挥。对你的指责在偶数年——选举年——会增加。"

他接着写道:"我的一些朋友认为我是疯子才接受这份工作。有一个朋友打电话给我,说:'请你再告诉我一遍,慢慢说,你为什么接受这份工作?'"虽然夏德还不准备完全退出公共服务,但他让白宫知道,他无意在证券交易委员会再干一个任期。[52]

注释:

1. Stewart, *Den of Thieves*, pp. 66—67。

2. Vise and Coll, *Eagle on the Street*, pp. 300—302。

3. 同上,第 310 页。

4. 斯图尔特(*Stewart*)的《贼巢》(*Den of Thieves*)生动地描述了导致这一和解的紧张的秘密谈判。见第 274—289 页。

5. Nathaniel C. Nash, "S. E. C. Acts on 'Triple Witching,' " *New York Times*, September 11, 1986, D1。

6. Vise and Coll, *Eagle on the Street*, p. 321。

7. Stewart, *Den of Thieves*, p. 283。

8. Vise and Coll, *Eagle on the Street*, p. 323。

9. Nash, "S. E. C. Acts on 'Triple Witching'"。

10. John Crudele, "Stock Prices Fall by Record Amount in Busiest Session," *New York Times*, September 12, 1986, p. 1。

11. 同上。

12. Jeffrey M. Laderman and John N. Frank, "How Chicago Zaps Wall Street," *BusinessWeek*, September 29, 1986。

13. James Sterngold, "A Harrowing Day on Wall St.," *New York Times*, September 12, 1986, D1。

14. "The Role of Index-Related Trading in the Market Decline on September 11 and 12, 1986" (以下简称"SEC 1986年9月报告"),证券交易委员会市场监管司的报告,1987年3月,第9页。

15. 同上,第8页。

16. 1986年9月2日,分析人士罗伯特·布雷希特(Robert Prechter)出版了有影响力的《艾略特波浪理论家通讯》,他曾敦促投资者在股票市场上抛售以获利,但他的追随者们可能不会等上十天才听从他的建议。市场为期四天的下跌会令人沮丧,将乐观主义者转变为悲观主义者。毫无疑问,这是下跌的另一个因素。

17. Vartanig G. Vartan, "Stocks Continue to Drop Sharply; Volume Climbs to a Record Level," *New York Times*, September 13, 1986, p. 1。

18. Barnaby J. Feder, "Stocks Fall on Foreign Exchanges," *New York Times*, September 13, 1986, p. 36。

19. SEC 1986年9月报告,第8页。

20. Sloane, "Computers Keep Up with Action"。

21. Kenneth N. Gilpin,“Big Funds Caught by Surprise,” *New York Times*, September 13,1986,p. D1。

22. Kyrillos,*Cases in Financial Engineering*, p. 778。

23. MacKenzie,*An Engine, Not a Camera*, p. 176,在马克·鲁宾斯坦于2016年4月11日的一封电子邮件中得到确认。

24. 同上,第184页。

25. 同上,第183—184页。

26. 2016年对LOR的采访。

27. Vise and Coll, *Eagle on the Street*, p. 324。

28. Stewart,*Den of Thieves*,p. 289。

29. 甚至是在1987年6月他自己的告别晚宴上,夏德还是以对沃尔克的赞美开始了他的演讲:“今晚的讲话目的本是允许我说声‘谢谢’,但随后的事件已经掩盖了这个低调的场合,这在这个小镇上这并不罕见。周二,保罗·沃尔克宣布了他退出美联储的决定。我提议为保罗·沃尔克干杯,以感谢他在过去8年中对国家和世界的巨大贡献”(约翰·夏德,“6/4/87 晚餐[演讲]演讲稿”,1987年6月6日,约翰·S. R. 夏德论文,马萨诸塞州剑桥市哈佛商学院贝克图书馆)。

30. Vise and Coll,*Eagle on the Street*,p. 324。

31. Donald T. Regan,“Note for Al Kingon,” November 17,1986,#440502, FI003,Ronald Reagan Presidential Library and Museum Archives。在周末的头条新闻将博斯基与迈克尔·米尔肯和德崇证券联系在一起后,里根写道:“今天早上我和吉姆·贝克谈了纽约套利/垃圾债券市场的最新进展。他回忆说,去年[经济政策委员会]曾注意到这一领域,但决定不建议采取任何行动。然而,考虑到最近的事态发展,他同意应该重新审视这一问题。”同一天,里根与负责政治和政府间事务的总统助理小米切尔·E. 丹尼尔斯(Mitchell E. Daniels Jr.)

共进午餐。(见"Memorandum for Donald T. Regan from Mitchell E. Daniels," November 18, 1986, #448003, FI003, Reagan Presidential Library Archives, 以下简称"Daniels Memo"。) 第二天,丹尼尔斯给里根发来了一份冗长、揭露真相的备忘录,事关白宫应该如何回应博斯基/德崇证券新闻,建议"在证券业的内幕交易和其他滥用行为方面我们采取进攻的姿态……在这个问题上,我们没有必要缩在后面;事实上,这样做是危险的。听起来你在这方面已经很好了,但我的建议是(请记录下来,以备后查):

● 让总统会见约翰·夏德,或者整个委员会,或者夏德的执法人员,或者以一些引人注目的方式听取关于整体情况的简报,并对有效的服务表示祝贺。

● 指导立法举措的制定,加强证券交易委员会在这一领域的权力,并/或将其扩展到国际交易或其他未发现的领域。

● 选择一个享有盛誉的商业或金融论坛,总统发表一次强有力的演讲,谴责不正当的做法,保证继续加大执法力度,并且可能对并购/收购热潮可能对竞争力造成的损害做出评论"。

32. "商品期货交易委员会监督听证会"(以下简称"CFTC监督听证会1987"),在参议院农业、营养和林业委员会听证会,第100届国会,第1次会议,1987年7月15日,第90页。

33. 对罗伯特·J. 伯恩鲍姆的采访,2007年4月30日,"口述历史",Sechs网站,经 www. sechistorical. org 许可使用,http://3197d6d14b5f19f2f440-5e13d29c4c016cf96cbbfd197c579b45 . r81. cf1. rackcdn. com /collect ion /oral-histories/birnbaum043007Transcript. pdf。

34. 约翰·夏德,"11/14/86 下午4:30新闻发布会",约翰·S. R. 夏德论文,贝克图书馆,哈佛商学院,马萨诸塞州剑桥。

35. Vise and Coll, *Eagle on the Street* , p. 330。

36. 同上,第330—331页。

37. 同上,第 332 页。

38. 见 Stewart,*Den of Thieves*,p. 289:“特别是夏德主席,仍然担心保护证券交易委员会的 1 亿美元,这在一定程度上依赖博斯基庞大投资组合的价值。”

39. John Crudele,“Takeover Stocks Fall Sharply,”*New York Times*,November 18,1986,p. D1。

40. Stewart,*Den of Thieves*,pp. 295—296。

41. 同上,第 297 页。

42. 一些批评人士认为,博斯基希望从他被捕的消息引发的任何市场下跌中获利,但没有足够的证据证明这一点,因为他过早地解除了这些头寸,无法获得回报。他的整个交易记录在 1987 年商品期货交易委员会监督听证会(第 3—4 页)中有详细说明。见商品期货交易委员会委员沃尔特·西尔(Walter Seale)在 107—108 页的证词:“没有迹象表明博斯基先生以某种方式从这一公告中获得暴利……当然,如果博斯基先生……想从期货头寸中非法获利,他需要有人给他教训,因为他在这里没有这样做。”

43. Vise and Coll,*Eagle on the Street*,p. 330。

44. 一位白宫助理在博斯基案公开几天后写的一份备忘录中指出,“收购大师们符合新闻媒体所能接受的一种刻板印象,他们是过分贪婪、没有社会责任感的精英。民主党声称要保卫国家和它的‘小家伙们’免受这些贪婪的恶棍的攻击时,这极具煽动性。”

45. Wilentz,*The Age of Reagan*,pp. 212—233。这起丑闻将持续到 1987 年,刑事诉讼一直持续到 1988 年。有关这一复杂丑闻的全面报道,请参阅 Understanding the Iran Contra Affairs [sic],布朗大学罗斯·凯特(Ross Cheit)教授指导下创立的网站:http://www. brown. edu/Research/UnderstandingtheIranContra_Affair/about. php。

46. "Memorandum for Donald T. Regan, from Alfred H. Kingon, Subject: Program Selling," October 23, 1986, #452965, FI003, Reagan Presidential Library Archives。金根(Kingon),华尔街前投资银行家,曾是内阁秘书和里根总统亲密的白宫助手。这份冗长的备忘录显然是正在进行的对话的一部分,表明里根和金根都担心程序交易。金根写道,"我想你会想听听华尔街对我所做调查的评论,我调查了是否已经对切断场外期货/股票价格套利的自动程式卖盘采取了有效的行动。像我们一样,考虑过这个问题的人也陷入两难"(着重符号为作者所加)。金根指出,他所有的联系人"都有强烈的自由市场偏见,不希望政府干预",但他们担心,如果程序交易导致投资者信心普遍丧失,"后果将是可怕的"。

47. 见丹尼尔斯备忘录。

48. 尽管丑闻间接导致他愤怒地辞去了白宫办公厅主任一职,但里根从未被指控有任何不当行为。里根在他的回忆录中(作为记录)否认了事先知道复杂的伊朗门交易,并在很大程度上把他的离职归咎于和第一夫人南希·里根的巨大分歧。

49. Simon Kwan, "Cracking the Glass－Steagall Barriers," Economic Letters, March 21, 1997, Federal Reserve Bank of San Francisco website, at http://www.frbsf.org/economic-research/publications/economic-letter/1997/march/cracking-the-glass-steagall-barriers/。美联储允许银行控股公司承销和交易某些证券,只要来自这些活动的收入不超过5%。

50. 沃尔克对美联储委员会打开《格拉斯－斯蒂格尔法案》漏洞所采取的每一步骤的立场是什么？相关证据模糊。但美联储主席在几个关键的放松管制问题上与里根政府的态度明显不同。见 Nathaniel C. Nash, "How the White House Lost Its Big Bank Battle," *New York Times*, July 12, 1987, sec. 3, p. 8。

51. 在贝克图书馆的夏德文件中有两个版本的文档。其中一份是1984年4

月 2 日用铅笔手写,两张黄条便签纸上写得密密麻麻。另一份是 1984 年 4 月 10 日的打字版,经过严格编辑的,似乎是对一组共和党主要捐款人的演讲或发言的“第 11 页”。两个版本有差异。考虑到手写版有许多缩写和不完整的句子,这里所引用的来自打字版本。约翰 · S. R. 夏德论文,贝克图书馆,哈佛商学院。

52. Vise and Coll,*Eagle on the Street*,p. 339。

17

1 月预兆，7 月警报

在纽约这本该是痛苦的一周。

1987 年 1 月 18 日，周日，长岛铁路罢工。[1] 那个周末其他的新闻都很糟糕，有当地的种族骚乱和华盛顿的丑闻。[2] 周一的天气令人厌恶，雨雪交加，还刮着风，预报那周晚些时候还会有一场暴风雪。

这一切——或者看起来其他任何事情——都无法抑制股市的异常活跃。

1 月 19 日周一，道琼斯指数延续新年以来的涨势。从 1 月 2 日股市开盘起，已经连续 12 个交易日上涨，平了 1970 年创下的纪录。道琼斯指数在 1987 年的前五个交易日上涨了惊人的 5%[3]，并首次收于 2 000 点上方。

周二股市继续上涨，连续上涨时间创下新纪录：13 个交易日。然而，当天道琼斯指数仅小幅上涨，其他市场晴雨表小幅下跌。

此外,芝加哥商品交易所的标准普尔500指数期货价格和芝加哥期货交易所的主要市场指数期货价格都在尾盘大幅下跌。一位交易员对《纽约时报》表示,期货交易所最后一刻的暴跌是一个"闪烁的红灯",可能预示着大机构的抛售。如果发生这种情况,新年以来的连续上涨可能会被打破。

而实际情况正是这样。周三收盘时,道琼斯工业平均指数下跌约10个点。传统的市场记者寻找传统的理由,但他们的解释在第二天看起来都不可信。周四,美国股市顶住了席卷美国东北部的暴风雪的影响,上涨到新的创纪录的水平。道琼斯工业平均指数上涨51.60点,创下历史最大单日涨幅[4],收于2 145.67点的新高。

期货市场和股票交易所之间复杂的相互作用[5],以及专业投资者利用这些联系的程式交易,似乎越来越明显地成为推动当日交易的引擎。其他的解释开始显得有点荒谬。

显然,在不到五年的时间里,金融期货从根本上改变了传统股市的运作方式。

到1987年1月,利奥·梅拉米德越来越担心市场上巫术时间的疯狂波动会导致华盛顿的政治迫害。[6]

1986年12月19日的三巫小时就是一个很好的例子。据《纽约时报》报道,经纪商在下午3:30提交的自愿报告显示,"收盘时卖出股票的指令严重失衡"[7]。然而,纽约证券交易所的股票价格非但没有下跌,反而像1985年12月那样直线上升。有报道称,在最后时刻,所罗门兄弟公司购买了惊人的价值20亿美元的股票。[8] 美国证券交易委员会唯一的公开回应是抱怨[9]那些最后一刻的指令没有如它所要求的那样提前披露。

监管机构可能对试图控制巫术时间的做法持谨慎态度,但利奥·梅拉米德和约翰·菲兰则不然,甚至是他们的竞争对手也不得不在到期日危险的混乱面前低头。

梅拉米德对菲兰提出的补救措施——将标准普尔500指数期货合约到期日的价值与纽约证券交易所当天的开盘价挂钩,而不是收盘价——表示怀疑,仅仅因为这是纽约的提议。[10]值得称赞的是,芝加哥商品交易所研究了这个想法并得出结论:该提议实际上是有道理的。

因此,在12月中,芝加哥商品交易所向商品期货交易委员会申请许可,以开盘价格结算标准普尔500指数合约,1987年6月起开始生效。约翰·菲兰称赞了这一举措,但在芝加哥,人们的反应却更为勉强。芝加哥期货交易所仅表示,由于其剧烈波动的MMI期货合约,它正在"研究"这一想法,而芝加哥期权交易所则断然表示,因为广受欢迎的标准普尔100期权合约,它不会效仿芝加哥商品交易所的做法。[11]尽管如此,芝加哥商品交易所决定在其交易中心考虑菲兰的意见,这还是给了梅拉米德一点道德高地,即使它并没有解决所有潜在的巫术时间的问题。

1月23日周五是一周最后一个交易日,那周已经结束了具有历史意义的13天上涨行情、创纪录的交易量以及令道指创造新高史上最大单日涨幅。当天收盘时,这些里程碑将成为被遗忘的脚注。

当天的交易正常开始。市场开盘走强,随后企稳。中午时分,交易员们意识到,随着买入指令的涌入,程式交易的特点已经显现出来。股价开始猛涨。[12] 到下午1:39,道指上涨超过3%[13],并首次突破2 200点大关。

随后,在令人震惊的71分钟内,道指暴跌5.5%,史无前例地下跌了115点。[14]

在新闻专线就保罗·沃尔克有关放松银行监管的一些言论发表评论的几分钟内[15],指数期权价格开始下跌[16],但是这种联系似乎很薄弱。指数期货跟随期权下跌;指数套利开始出现。《纽约时报》报道称,在纽约证券交易所,股价"突然陷入自由落体状态"[17],这一暴跌"令全球最大资本市场的所有系统感受到巨大压力,不管是电子系统还是人为系统"。

同样突然的是,自由落体停止了,但疯狂仍在继续。价格再次猛涨,上涨2.8%。然后又出现了另一个令人费解的转向,道琼斯指数再次暴跌,从稍早的峰值下跌2.3%。随着股价的波动,经验丰富的纽约证券交易所做市商们多次陷入危险的境地,孤立无援。随着道指下跌接近44点,受到惊吓的机构投资者开始抛售股票[18] 并离场观望。最终,道指下跌2%,收盘于2 101.52点,创下3.024亿股的交易记录,甚至连市场老手都感到震惊。

第一波士顿公司(First Boston)一位经验丰富的资深交易员表示:"我们所经历的一切无法用语言描述,大家都目瞪口呆。"[19] 一家零售经纪公司的策略师表示:"我以为我的股票报价机器会开始冒烟。"一位零售经纪人承认:"坦率地说,我很难向人们解释到底发生了什么。”[20] 摩根士丹利的交易主管说：“我在这一行干了18年，从未见过这种情况。这完全疯了，是彻底的混乱，没人知道到底发生了什么。”[21]

他们知道发生了什么。[22] 在没有任何解释的情况下，4个小时内，股市暴涨、暴跌、再次上涨，然后稳步下跌，直到收盘，股票交易量创历史新高。他们不知道的是为什么会发生这样的事情。

约翰·菲兰出奇愤怒了。带着相当大的专业勇气，他告诉他的公关人员，他已经准备好就程式交易以及他认为程式交易对美国主要股市的影响发表更强硬的讲话。只要给他找个合适的地点，他会全力开炮。

其中一个结果是1987年3月2日出版的《投资交易商文摘》(*Investment Dealers' Digest*)的封面故事[23]，这本杂志在金融界的核心圈有很多读者，而菲兰正是想和这些人交流，文章的标题——《约翰·菲兰对阵程式交易》说明了一切。

报道指出，菲兰最近“一直在警告证券业的高级官员，说可能出现导致市场下跌数百点的程式交易的场景——他称之为‘金融崩溃’[24]。菲兰说，‘在某个时候，你会遭遇一场旷世灾难’”。

他说，为了不让这种情况发生，他在考虑一项计划，如果股市下跌25%左右，就暂停纽约证券交易所100只股票的交易。

在人们的记忆中，当特定股票的指令出现不平衡时，交易暂停是股市的传统安全阀。现在，菲兰公开提议广泛使用它们，作为一种缓冲。不然会出现大批计算机驱动的指令，导致指令过于集中在买入(或者卖出)的一方，令交易中心的做市商不知所措。他的应急计划将不可避免地破坏芝加哥商品交易所，而且也是一种默认，即市场的新力量可能会导致纽约证券交易所在高速抛售的冲击下无法继续交易。

文章举例说明了菲兰的困境[25]：他的许多会员公司从程式交易中获得了巨大的利润。文章引用贝尔斯登公司（Bear, Stearns and Company）直言不讳的首席执行官艾伦·"埃斯"·格林伯格（Alan "Ace" Greenberg）的话，格林伯格认为菲兰对公司垮台的担忧是"完全荒谬的"，并补充说，"不要修理没有坏的东西。"

菲兰承认，"从理论上讲，我们应该对此保持沉默"[26]，但他认为，"公众需求和市场需求必须超越个人需求。"

甚至在 1 月 23 日的混乱之前，利奥·梅拉米德就认为股市已经完全疯狂了。[27] 股价攀升得太高太快；下滑是不可避免的，可能是剧烈的。"让我担心的是，"他后来说，"在报应之时，标准普尔的合约将是第一个向世界发出坏消息的信号。"[28]"我也知道人们会怎样对待那些传递坏消息的人。"

如果他是担心芝加哥商品交易所的标准普尔 500 指数期货合约将不会率先传出坏消息，那他就更明智了。

1 月 23 日，芝加哥商品交易市场的交易几近混乱。指令没有被报送，或者报送延误或者错误，交易纠纷整天都在积累。3 月的合约价格出现了历史上最大的单日波动。对当日的情形有这样一个描述："忙碌的一天足以促使希尔森·莱曼（Shearson Lehman）建议其客户转向芝加哥期权交易所的股票指数期权。"[29]"人们变得暴躁易怒。”[30]

梅拉米德表现过于直白，这比较反常，他对《芝加哥论坛报》表示：“交易员们抱怨很多事情，当他们赔钱时，如果能说这是别人的错，感觉会好很多。”[31]

事实上，早在1月23日那场惊人的混乱之前，对标准普尔500交易中心的抱怨就已经在不断累积。

芝加哥商品交易所的交易量以每年25%的速度增长，而标准普尔500交易中心在发展过程中经历了巨大的痛苦。[32]《期货》杂志的一个批判性的说法是：“由于市场拥挤，交易员纷纷离场，而报价低于实际实时价格高达50点。”[33] 就连芝加哥商品交易所的一位高管也承认，近期的成交量和波动性“将该标准普尔500交易大厅的绝对产能扩大到了极限”[34]。华尔街主要经纪公司的交易席位开始抱怨，在动荡的日子里，很难执行标准普尔500期货合约的指令。研究芝加哥商品交易所历史的一位学者指出，“经纪人和交易员开始在场内和媒体上相互指责”[35]。

这些抱怨从服务差到道德败坏不等。客户的指令有时会让位于经纪人的个人交易；实际上，有时这些个人交易的时机是为了利用客户的指令，一个交易者可能通过报送一个客户的指令来偿还另一个交易者的债务，这个指令的价格牺牲客户的利益而让他的债权人受益。《芝加哥论坛报》指出，在混乱的市场中，“价格波动如此之快，消费者往往很难证明自己被骗了”[36]。交易员不得不从自己的口袋里掏出钱来掩盖的错误正变得越来越普遍、越来越昂贵，诱使更多交易员通过欺骗来获得额外现金。当然，一个可靠的审计跟踪将有助于解决所有这些问题,但由于商品交易委员会的宽大处理,芝加哥商品期货交易所仍然没有可靠的审计跟踪。

2月22日,《芝加哥论坛报》详细描述了在标准普尔500交易大厅发生的一系列令人震惊的滥用(权力)的事件,指出"甚至有一系列术语可以描述这种欺骗行为。交易员通常说'用欺诈手段处理①'或'焚烧'客户指令;受到优待的交易大厅的伙伴被称为'中间人'"[37]。

芝加哥商品交易所董事会已经在试图做出回应。2月底,几个委员会在调查交易惯例和指令处理系统,这些系统正竭力应对日益增长的机构需求。梅拉米德成功阻止了一场由数百名交易员签署的反叛公投[38],公投要求禁止所有标准普尔500指数期权和期货交易员在处理客户指令时为自己的账户报送指令。梅拉米德承诺,在董事会的研究完成后将立刻进行改革。[39]

对出售投资组合保险的LOR来说,这些市场波动也变得非常令人担忧。

一年多来,约翰·奥布赖恩一直乐于面对投资组合保险的批评者。[40] 他坚持认为,当投资组合保险公司需要出售股票时,寻求廉价交易的投资者总会做好买入准备。[41] 这是一句耳熟能详的老调:如果股价跌至非理性水平,理性的投资者就会买入,从而阻止崩盘。

奥布赖恩在公开场合听起来很轻松自信,但在私下里,他和他的合伙人越来越担心,投资组合保险的规模将很快超过市场的承受力。

不只是他们有这种担心。一位消息灵通的市场人士公开表示,

---

① 原文是 sleaze(sleazing customer orders),sleaze 多用作名词,意思是欺诈、违法行为;卑鄙的人。——译者注

一旦投资组合保险涉及的资金达到500亿美元，“这种策略就会在重压下崩溃，导致市场像自由落体一样下跌”。[42] 另一位资产经理人将自己的警戒线设定在1 000亿美元，但他补充说，他担心“套利者和其他基金经理的资产跟不上”投资组合保险公司的步伐，而这些保险公司的交易通常会被前者抵销。这些评论发表在一篇杂志文章中，该文估计有270亿美元从事投资组合保险活动。

当然，1987年初的几个月，LOR的合伙人及其授权商管理的基金已经高达500亿美元，因为不断上涨却动荡不安的股市使他们的产品更具吸引力。他们确信，来自其他公司的山寨产品至少也在以同样的速度增长。据他们保守估计，投资组合保险已经覆盖了至少800亿美元[43]，许多理智的人认为，对于股市和期货市场来说，这一步迈得太大。

还有其他令人不安的问题。在1986年9月中旬的动荡中，海恩·利兰被市场的表现严重震惊。为什么标准普尔500指数期货与纽约证券交易所的成分股走势如此不一致？为什么这种不一致持续时间如此之长？利兰从一家大银行的高管那里得到的解释是，寻求投资组合保险的资金数量与进行指数套利的资金数量之间存在暂时的不平衡，而使两个市场保持一致需要足够指数套利的资金。[44] 银行高管向他保证，越来越多的资金正流向指数套利，而且这种奇怪的事情不太可能再次发生。

1月过后，在利兰看来，情况并没有好转。1月23日的巨大价格波动，无论其原因是什么，离可能破坏投资组合保险的那种市场混乱仅几步之遥。

早在 1981 年,利兰就在他的学术论文中对他的对冲策略做了一个关键假设:“连续交易是可能的。”[45] 这就是学术理论的运作方式:你做了假设并在这些假设的基础上测试你的理论。当时,有深度、流动性强的美国金融市场一般会允许“持续交易”的这个假设似乎并不牵强,除非是对一些突如其来的危机做出短暂反应[46],如利兰所说的“俄罗斯入侵伊朗”。现在,他开始担心这个假设是否仍然有效。[47]

1987 年 2 月的第二周,约翰·奥布赖恩和史蒂文·温施在伦敦的一次销售旅行中,讨论了他们对 LOR 标志性策略的担忧。从基德尔的金融期货业务部门,温施有自己的渠道观察投资组合保险的规模和覆盖范围。他的客户中至少有一半已经开发出与 LOR 竞争的产品进行销售。[48]

奥布赖恩对约翰·菲兰广泛宣传的市场的可能崩溃表示怀疑。这真的会发生吗?

“是的,”温施回答。“这可能发生。至少有很多理由让人对此感到紧张。”[49]

温施指出了投资组合保险者面临的因果循环问题。“如果你是你所应对的市场波动的原因,那么投资组合保险这种策略就行不通了。”试图逃离因为你试图逃离市场波动而引起的波动,就像试图从流沙中跑出去一样。

几个月后的 6 月中,奥布赖恩在洛杉矶他的办公室拿起一份温施发来的市场报告,在报告的顶部看到黑体的警告:如果市场没有找到更好的方法来处理来自资产组合保险商和指数套利者的所谓的“无信息”指令,这可能面临混乱,进而“可能因为无法控制的波动使市场崩溃”[50]。

奥布赖恩立刻打电话给他在纽约的朋友:“好吧,卡珊德拉,”他说,“来洛杉矶一趟。”

他还从伯克利请来了鲁宾斯坦和利兰。在温施来访的当天,LOR 合伙人和几名员工聚集在会议室的一张桌子旁,倾听这位年轻的衍生品专家的警告。然后,他们提出了各种方法降低组合保险对整体市场的破坏性。

一种方法是使用股票指数期权进行对冲,主要是在芝加哥期权交易所使用标准普尔 500 指数期权,而不是在芝加哥商品交易所使用标准普尔 500 指数期货。如果有交易量更大、期限超过 3 个月的期权,效果会更好,交易所将不得不同意让他们建立比目前规定允许的更大的头寸。伯克利分校的合伙人认为这个想法值得一试。

谈话中,与会者开始感到市场对投资组合保险的反应的核心是恐惧。当交易员看到大量卖出指令涌入时,他们不知道是少数投资组合保险公司微调了对冲策略,还是受到负面消息推动的大量指令中的第一批。他们不知道为什么指令突然涌入,因此可以理解他们可能的过度反应。

但如果他们知道原因呢?如果像 LOR 这样的投资组合保险公司在开市前宣布,作为对冲策略的一部分他们将在当天发出买入或卖出指令呢?这将允许交易员召集买家或卖家有序进入市场。投资组合保险公司的交易将从可怕的投机活动的阴影中走出来,走向光明。当他们抛出这个想法时,温施注意到他已经把这种方法称为“阳光交易”。

温施把他这个“阳光交易”的想法告诉了市场上的重要人物。芝加哥商品交易所的利奥·梅拉米德愿意考虑这个问题。温施在纽约期货交易所也有朋友,纽约证券交易所综合指数的期货就是在那里交易,他把这个想法告诉了他们。

“他们接受了这个主意!”他向他在伯克利的朋友汇报。纽约期货交易所也开始准备材料向商品期货交易委员会说明这一概念。[51]看起来阳光交易似乎有可能在 1987 年夏天成为现实。“我们可以在固特异飞艇上登广告!”温施开玩笑说。

大约在同一时间,保罗·沃尔克决定在其第二任期于 1987 年 8 月结束时辞去美联储主席一职。他在 6 月的第一天向里根总统递交了辞呈[52],第二天就宣布了这一消息。

华盛顿监管机构的领导将迎来全面换班,他也会受到影响。3 月,经过数月的谣言,白宫任命约翰·夏德为驻荷兰大使,这让约翰能用一种体面的方式来摆脱一份不再吸引他的工作。[53] 大使的职位也是一种奖励,因为他执掌证券交易委员会的时间比任何一个前任都长。

1983 年菲尔·约翰逊离职时接手商品期货交易委员会的苏珊·菲利普斯当时正在联系艾奥瓦州大学的工作,计划在夏末之前离开委员会。

财政部和联邦存款保险公司也发生了变化。货币监理署署长托德·康诺弗和联邦存款保险公司主席比尔·艾萨克在 1985 年年中下台[54],他俩都曾在里根时代经历过一些最悲惨的金融悬崖事件。唐纳德·里根因为持续进行的伊朗门事件的调查而辞去白宫办公厅主任一职。接替他的是前参议员霍华德·贝克,他是一位和蔼可亲、政治上精明的田纳西州共和党人,他的财政经验则微不足道。

现在保罗·沃尔克也正在退出舞台。

无论下一次金融危机什么时候发生,在华盛顿总有一些新手占据着监管的重要职位。这些人不熟悉自己的工作,彼此之间也不熟悉。

其中一位新手芝加哥大学法学学者戴维·S. 鲁德,他在 1981 年就里根政府关于证券交易委员会的早期过渡报告发出了警告。在随后的多数金融危机中他都是旁观者,但是他从 1977 年开始担任芝加哥西北大学法学院院长,因此他对伊利诺伊大陆银行的看法比较接近于实施拯救。

学术会议和委员会的工作让鲁德接触到约翰·夏德所关注的法律问题,而他同样对企业收购持宽容态度,反对内幕交易。他没有大声疾呼要放松监管,但对那些他认为证券交易委员会超出其法律管辖范围的领域保持着警惕。

1987 年 5 月第三周一个工作日的早晨,鲁德正在华盛顿参加美国法律学会(American Law Institute)的一次会议,他认识的一位律师拍了拍他的肩膀。

她俯下身来小声说:“他们想在白宫见你。”她接着说,等他回到酒店时,会发现有信息在等着他。

之后不久当他给白宫助手打电话,得知白宫正考虑由他出任约翰·夏德的接班人。第二天,他受邀到白宫共进午餐,席间,两名高级助手问了他一些问题,其中包括关于他对收购的看法这些难以避免的问题,然后问他是不是共和党人[55]。他回答说,是的,但他不是一个活跃的共和党人。

午饭后,鲁德被护送到霍华德·贝克的办公室。在谈到证券交易委员会主席职位时,鲁德终于问了他一直想问的问题:“我为什么会在这里?”他说,毕竟,他在政治上并不显赫,而且与夏德不同的是,他从未向共和党大量捐款。

贝克解释说,有很多人推荐他。但鲁德很明显地感到他并不是政府的首选。[56] 意识到这一点让他有受伤的感觉,但他仍然对这个机会很感兴趣。[57]

鲁德回到酒店,然后飞回芝加哥,不知道下一步该怎么办。他等着总统或办公厅主任的消息,但事实上,是约翰·夏德在 6 月中旬打电话告诉他,他已经获得了这份工作,并建议在他去荷兰任职之前他们见一面。

鲁德飞到纽约,乘出租车[58] 来到了夏德在公园大道(Park Avenue)上宽敞明亮的复式公寓,那是一个周日,路上车流稀少。夏德告诉鲁德接下来的麻烦事——“管理方面的事情! 预算! 委员们!”夏德让这份工作听起来几乎单调乏味,但鲁德没有让前任的厌倦使他气馁。

等到鲁德最终在 1987 年 8 月 7 日搬进夏德的前办公室时,那里已经尘土飞扬。令他惊讶的是,他的任命遭到了三名有权势的参议员的反对,他们因为他对收购的善意看法以及缺乏在执法部门的经历感到不满。参议院花了将近两个月的时间才确认他的提名[59],共有17票反对。

在美联储,保罗·沃尔克的继任者是常驻曼哈顿的经济顾问艾伦·格林斯潘。格林斯潘曾任美国经济顾问委员会主席,是他的密友兼导师、哲学家艾恩·兰德(Ayn Rand)[60]倡导的自由放任经济理论的杰出而务实的拥护者。1981年,里根总统任命他为新成立的社会保障委员会主席,该委员会得到共和、民主两党的支持。1983年,委员会通过了一份广受欢迎的加强退休制度的规定。[61]格林斯潘的确认最初因其个人财产说明的复杂性而被推迟[62],最终轻松过关。7月21日举行听证会,8月3日参议院最终投票。1987年8月11日,格林斯潘宣誓就职成为他梦寐以求的美联储主席。

在格林斯潘提名确认听证会举行两天后,众议院的一个商业小组委员会召开了关于程式交易的听证会,听证会由马萨诸塞州民主党众议员埃德·马基(Ed Markey)主持。小组委员会听取了一连串对正在重塑金融市场的根本性变化的警告。这些警告将被完全忽视。

由于戴维·鲁德的任命尚未得到确认,而约翰·夏德已经在荷兰履职,证券交易委员会由其代理主席查尔斯·C. 考克斯(Charles C. Cox)代表。他和商品期货交易委员会的苏珊·菲利普斯向委员会保证,不需要采取立法行动来处理程式交易。

然而,在书面证词中,菲利普斯对1月23日的疯狂交易做出了不祥的披露[63],但她在口头发言中没有提到:“交易员们对于价格暴跌的原因没有达成共识。""一些交易员表示,那天股价波动部分原因是[纽约]股票做市商未能在巨大交易量的时候维持一个有序的市场,以及期货市场缺乏足够流动性来吸收突然发生的大量、广泛的抛售。"

这个说法提出了一个根本性的问题:在那个混乱的日子,面对大量的指令,纽约证券交易所和芝加哥商品交易所处理得如何?如果这种情况再次发生,或者更确切地说,当这种情况再次发生时,这两个机构将如何应对?

关于菲利普斯披露的这一情况,小组委员会没有任何成员向她或当天的其他证人提出进一步的问题。

另一个证人,芝加哥商品交易所的比尔·布拉斯基认为,投资组合保险只是"在旧策略里融入的新元素"[64],称为"止损指令",允许投资者提前发出指令——如果股票价格下跌到一定水平就出售,这样就可以在这些股票上"止损"。这一点至少也应该有点值得担忧[65]:止损指令在1929年股市崩盘之前就被广泛使用,而且一些历史学家认为,在1929年市场崩溃的最初几个小时,止损指令加剧了抛售压力。

布拉斯基承认,1986年9月11日市场急剧下跌时,证券投资保险公司在期货交易所大量抛售股票,但他指出,投资者最终"介入"寻找廉价股票。他说,很明显,即使价格下跌,市场也能应对组合保险的抛售。[66]

他又说:"我们相信,有一些投资者不会惊慌失措,也不会以不负责任的方式行事。""有一些非常老道的机构,他们靠理性投资吃饭,今天他们当中的一些人可能会在我后面发言。"

那个专家小组是当天第三个，也是最具启发性的一个小组，他们的讨论不亚于是一堂最晦涩难懂的新程式交易策略的辅导课，由业内一些最知名的人物牵头。

海恩·利兰从伯克利飞来，他解释投资组合保险如何运作。“阳光交易”中LOR的同盟、基德尔—皮博迪的史蒂文·温施也在场。戈登·宾斯同样在场，他旗下庞大的通用汽车的养老基金是许多正在讨论的策略（包括投资组合保险）的主要运用者。

此外还有两位华尔街内部人士，他们都是程式交易方面的专家：R. 谢尔登·约翰逊（R. Sheldon Johnson），毕业于沃顿商学院，现任职于摩根士丹利；托马斯·洛布（Thomas Loeb），梅隆资本总裁，该公司聘请了许多曾经任职于旧金山富国投资顾问公司的极具开创性的“宽客”。

约翰逊是第一个作证的人。他承认，程式交易被用于指数套利，套利交易者偶尔会在市场下跌时抛售股票。但他又解释说，这不太可能导致崩盘[67]，因为“在极度繁忙的市场环境下，套利交易不大可能通过较为经济的方式实现”。

这应该给立法者和其他证人敲响了另一个警钟。套利交易是使股指期货价格与成分股价格保持一致的因素。如果套利者在“极度繁忙”的交易中离场观望，失衡可能会持续下去，直到两个市场完全失控。[68]

没有人质疑约翰逊惊人的评论。

接下来作证的是戈登·宾斯，他坦承，投资组合保险可能引发“价格的急剧下行”。不可思议的是，考虑到他的声望，小组委员会中没有人提出进一步的问题。宾斯还担心价格下跌会让期货市场上的中小投资者破产,导致多米诺骨牌式的违约。他平静地说:“对现行做法做一些改变可能有用。”[69]

没有人问他应该做什么变化。[70]

然后轮到海恩·利兰了。首先,他解释说,如果程式交易被定义为指数套利交易的话,LOR 实际上没有做任何程式交易。他承认,要让投资组合保险发挥作用,“期货必须密切跟踪实际股指水平”,这需要进行指数套利[71],而指数套利需要程式交易。

他还表示,他的公司正在研究如何减少投资组合保险对市场的影响。他说,阳光交易是实现这一目标的一种方式,但仍在等待监管机构的批准。他接着表示,另一个缓冲是 LOR 可以利用指数期权进行对冲,这对其他市场的影响较小。但要做到这一点很难,因为对期权市场个人头寸规模有限制,他因此敦促监管机构提高这些限制。

梅隆资本的汤姆·洛布 Tom Loeb① 简要回顾了指数基金和指数套利的历史,然后表示目前有 2 500 亿美元的指数基金[72],对小组委员会来说这应该是一个发人深省的数字。接下去就轮到史蒂文·温施。

温施支持利兰的呼吁,即改变规则、允许更多利用指数期权和阳光交易。[73] 然而,在书面证词中,他对 1 月 23 日市场可能发生的情况提出了一个耐人寻味的理论,这个理论支持了他关于阳光交易的理由,但也提出了一些他没有提及的问题。

他写道,想象一下,在市场某个平静的日子里,有 2 个买家都需

① 汤姆是托马斯的昵称。——译者注

要购买价值 5 亿美元的股票，还有 2 个卖家都需要卖出价值 5 亿美元的股票；再想象 5 亿美元的交易也将使道琼斯指数上升或下降 60 点；最后，假设 4 个投资者都不知道其他人的交易计划。

"假设 1 号买家决定在上午 10:00，"他继续写道。这将使道琼斯指数上升 60 点。"1 号卖家在中午卖出股票，2 号卖家在下午 2:00 卖出"，他们共同推动道琼斯指数下跌 120 点。然后，"2 号买家在收盘时买入"，道琼斯指数上涨 60 点。"如果出现这种情况，我相信第二天的报纸会把责任归咎于程式交易。"事实上，在这个假设的日子里，价格的波动可能是由当天不同时间点的大量买卖指令"没有连续到达"造成的。

他写道，如果卖出 10 亿美元股票能在某个时候与 10 亿美元的买入相匹配，那么对市场将没有影响。[74]

当然，在一个风平浪静的日子，没有任何影响市场走势的消息，如果所有 4 位投资者都想卖出，并决定同时卖出，道琼斯指数会突然暴跌 240 点。对于史蒂文·温施来说，他的这个假设说明有理由在买家和卖家重挫市场前用电脑撮合他们交易。事后看来，这也是对大投资者类似交易可能产生的影响的有力警告。

对此，还是没有任何人提出任何问题。经过一些漫无目的的讨论后，听证会休会。

注释：

1. Richard Levine, "Strike on L. I. R. R. Stops All Service; New Talks Today; Bus Runs Planned," *New York Times*, January 19, 1987, p. 1。

2. 12 月中旬，三名年轻黑人在霍华德海滩附近游荡，结果遭到居住在那里的一群白人青少年的袭击,由此引发了种族骚乱。1987 年 1 月 19 日周一,纽约市市长埃德·科克在《纽约时报》上发表了一篇专栏文章,敦促黑人和白人摈弃"模式化的看法、歧视和暴力"。见"3 in Howard Beach Attack Are Guilty of Manslaughter; A Year of Tension and Waiting for the Verdict," *New York Times*, December 22, 1987, p. B10。

3. John Crudele, "Dow Tops 2,000 for the First Time as Wall St. Extends Latest Rally," *New York Times*, January 9, 1987, p. 1。

4. H. J. Maidenberg, "51.60 Surge Puts Dow at 2,145.67," *New York Times*, January 23, 1987, p. D1。和往常一样,与主流媒体的股市报道相比,梅登伯格(Maidenberg)对期货市场发展的反应更加灵敏。

5. 同上。

6. Melamed, *Escape to the Futures*, p. 347。

7. John Crudele, "Wall St.'s Memorable Minute," *New York Times*, December 20, 1986, p. D1。

8. 同上。进一步调查显示,这些指令反映了指数套利者在策略上的突然转变。虽然市场关注的焦点是 12 月到期的标准普尔 500 指数期货合约,但芝加哥商品交易所的交易员们意外地将 3 月到期的标准普尔 500 期货合约推高至远高于成分股的价格,最精明的套利者只需在芝加哥商品交易所出售 3 月份的商品期货合约,然后在纽约证券交易所买入股票。他们大规模的股票购买也推高了标准普尔 500 指数,从而使他们 12 月到期的合约更有价值。

9. 无署名,"'Witching' Trade Inquiry," *New York Times*, December 24, 1986, p. D12。这份非常简短的报告称,证券交易委员会对 12 月 19 日最后半小时的交易仅是"表示不满",并称"委员会略感困扰"是因为所罗门兄弟未能提前报告其大量买入指令。

10. Melamed, *Escape to the Futures*, p. 346。

11. 芝加哥期权交易所后来解释说，它担心改变热门期权的条款会带来法律上的后果；因此它修改了远不受欢迎的标准普尔500期权的条款，而这一期权的条款仍然不受欢迎。

12. James Sterngold, "Wall St. Day: Torrid Start, Sudden Chill," *New York Times*, January 24, 1987, p. 1。

13. SEC 1986年9月报告，1987年3月，第28页。

14. 同上。证券交易委员会计算的午盘跌幅为115点，而不是114点，这一数据当时广泛用于新闻报道。

15. John Crudele, "The Dow Average Swings 114 Points; Closes Down by 44," *New York Times*, January 24, 1987, p. 1。

16. 当天交易的最终研究还需要几个月的时间才能完成，而且完成时也没有定论，但当时的交易员立即注意到，芝加哥期货交易所的主要市场指数期货合约和纽约证券交易所交易的MMI 20只股票的交易量都出现了大幅上涨，这意味着存在大量的套利交易。（相比之下，标准普尔500指数期货在芝加哥商品交易所的成交量并没有那么大偏差，但是它在下午晚些时候变得比其成分股便宜得多，之后市场开始逆转和回升。）见 Kenneth N. Gilpin, "Program Trading Widens the Swings," *New York Times*, January 24, 1987, p. 37。

17. Sterngold, "Wall St. Day: Torrid Start, Sudden Chill"。

18. 同上。

19. 同上。

20. Vartanig G. Vartan, "Plenty of Orders, Few Explanations," *New York Times*, January 24, 1987, p. 37。

21. Crudele, "The Dow Average Swings 114 Points; Closes Down by 44"。

22. 1987年1月23日，道指上涨64点，下跌115点，上涨60点，然后在最后50分钟下跌50点。如前所述，现代读者应该在每一个数字后面加一个零，以了解这混乱的一天会是什么感觉。

23. Grant,“John Phelan vs. Program Trading”。

24. 同上。菲兰后来说(见 Weiner,*What Goes Up*,p. 276),他创造了这个词以呼应 1986 年 4 月在切尔诺贝利发生的事件,切尔诺贝利是位于现在的乌克兰的苏联发电厂。这可能是该术语在金融市场上的首次应用;1975 年牛津英语词典仅引用了该术语的科学用法。如果是这样,对现代读者来说很平常的这个词对菲兰的听众来说将是极其令人震惊的,因为他们只会联想到可怕的核事故。

25. 同上。

26. 同上。

27. Melamed,*Escape to the Futures*,p. 340。当时,梅拉米德并未公开承认,大型养老基金大量使用与指数相关的对冲策略,以及作为抛售计划反面的买入计划可能已经帮助将市场推高至其高位。证券交易委员会也将市场上涨归因于“投资者的认识”,而不是人为的交易策略。

28. 同上。

29. Laurie Cohen and Carol Jouzaitis,“S&P Futures Pit Giving Merc Black Eye,” *Chicago Tribune*,February 22,1987。

30. Tamarkin,*The Merc*,p. 317。

31. 同上,第 318 页。

32. 同上,第 317 页。

33. 同上。

34. 同上。

35. 同上。

36. Cohen and Jouzaitis,“S&P Futures Pit Giving Merc Black Eye”。

37. 同上。

38. Tamarkin,*The Merc*,p. 319。

39. 同上。在交易员请愿后的几天内,芝加哥商品交易所宣布对标准普尔500交易大厅几位交易员采取几项严重(而且可能早该给予)的纪律处分,其中两名交易员被开除并受到重罚。

40. 1986年6月,在纽约的一次会议上,他与布鲁斯·I. 雅各布斯(Bruce I. Jacobs)展开了正式的辩论。布鲁斯·I. 雅各布斯是前保诚高管,当时在新泽西经营自己的资产管理公司(见 Trudy Ring,"Portfolio Insurance's Merits Spur Debate," *Pensions & Investment Age*,July 7,1986)。雅各布斯不是唯一的批评者。一家主要福利咨询公司默瑟·梅丁格(Mercer Meidinger)的一位高级投资顾问公开将投资组合保险比作"在衰退的市场火上浇油"(见 Daniel Forbes, "Hidden Risks in Portfolio Insurance," *Dun's Business Month*,September 1986, p. 34)。顾问威廉·M. 莫里斯(William M . Morris)也警告说,"保险公司试图摆脱市场的抛售压力可能会扩大下跌,直到150点的跌幅。"1987年1月,和利兰一样,巴特里·马奇(Battery March)财务管理公司的一位高管在一篇论文中警告说,"当市场快速下跌时",投资组合保险将不会保护投资组合。他所举的例子是意大利在1986年5月的两天内出现的10%的跌幅。认为"对于动态对冲者来说,这将是一场噩梦"(见 William E. Jacques,"Portfolio Insurance or Job Insurance?"*Financial Analysts Journal* 43, no. 1 [January-February 1987]:7)。但是雅克(Jacques)承认,除了灾难性的市场外,通常采用的投资组合保险有"良好的运作"。不太公开的是,前富国银行投资顾问公司的"宽客们"到梅隆资本公司后,已成为投资组合保险安静但有影响力的批评人士(见 MacKenzie, *An Engine, Not a Camera*, p. 322n2)。麦肯齐(MacKenzie)认为威廉·福斯(William Fouse)和他的同事贾弗里·P. 里克(Jeffrey P. Ricker)是危机发生前投资组合保险最重要的批评者,福斯是富国银行投资顾问公司辉煌岁月的关键人物,后加盟梅隆资本。

41. Forbes,"Hidden Risks in Portfolio Insurance"。

42. 同上。

43. 布雷迪委员会(Brady Commission)后来得出结论,到 1987 年 10 月,投资组合保险涉及的金额高达 900 亿美元,并指出,自 1987 年年初,投资组合保险的金额急剧增长。Report of the Presidential Task Force on Market Mechanisms (以下简称"布雷迪报告"),January 1988,p. 29。

44. 2014 年对利兰—奥布赖恩的采访。

45. Leland,"Who Should Buy Portfolio Insurance?" 在这篇短文中,利兰插入了六倍于连续交易限制条款的内容(见第 581、586、591、593 和 594 页)。

46. MacKenzie,*An Engine,Not a Camera*, p. 182。

47. 2016 年对 LOR 的采访。

48. 例如,参见 Richard Bookstaber,*A Demon of Our Own Design: Markets,Hedge Funds,and the Perils of Financial Innovation*(Hoboken,NJ: John Wiley and Sons,2007),pp. 10—12,书中描述了温施在摩根士丹利开发同类竞争产品的工作;在一年内,该产品"覆盖"了 30 亿美元的资产。

49. 2015 年对温施的采访。

50. R. Steven Wunsch, "Stock Index Futures," *Commentary from the Financial Futures Department of Kidder Peabody and Co.*,June 9,1987。在作者的笔记中,温施主张提前公开宣布投资组合保险和指数套利指令,以便将它们和交易的另一方匹配并分别填写指令,这就是他所谓的阳光交易。温施警告称,尽管菲兰和纽约证券交易所其他官员错误地将"崩溃"风险归咎于投资组合保险和其他项目交易,他们的警告"仍应被认真对待,因为……他们制造、维护和运作了可能很快失效的机器,因此能很好地识别正在靠近的危险"。

51. 2015 年对温施的采访。

52. Silber,*Volcker*,p. 260。

53. Robert D. Hershey Jr. ,"Shad Plans to Leave SEC Post," *New York*

Times, March 21,1987,p. 37。

54. 康诺弗被得克萨斯州的一名银行律师罗伯特·L. 克拉克(Robert L. Clarke)所接替,后者在1987年试图说服顽固的国会,他需要更多的资金和额外的权力来应对标准普尔和银行日益黯淡的前景。比尔·艾萨克在联邦存款保险公司的继任者威廉·塞德曼(William Seidman)也加入了这场争论,他是一位经验丰富的华盛顿老手。

55. 2015年1月13日至14日对戴维·S. 鲁德的采访(以下简称"2015年1月对鲁德的采访")。

56. 同上。在那一天的某个时候,鲁德了解到,鲁道夫·朱利安尼(Rudolph Giuliani)和约翰·C. 怀特黑德(John C. Whitehead)都拒绝了证券交易委员会的任命。前者是曼哈顿的一位律师,以措辞强硬著称,后者是前高盛合伙人、时任副国务卿。

57. Nathaniel C. Nash,"Novice Regulator: David S. Ruder; Seeking Tighter control over the Financial Markets," *New York Times*, January 17,1988,sec. 3, p. 10。

58. 2015年1月对鲁德的采访。

59. Nathaniel C. Nash,"Business People: Ruder Is Approved as S. E. C. Chairman,"*New York Times*, August 7,1987,p. D2。

60. Soma Golden,"Why Greenspan Said 'Yes,' " *New York Times*,July 28,1974,sec. 2,p. 1。戈尔登(Golden)写道:"在不了解他与兰德长达20年的关系的情况下,要理解总统的新顾问很难,也许根本就不可能",兰德告诉戈尔登,她相信"完全自由放任资本主义的道德和可取性,以及她所说的'理性的自私'"。她说格林斯潘与她有着相同的看法,但又补充道:"他和我都不希望一夜之间发生这种事。"格林斯潘证实了这一点,说:"如果我从头开始,我知道我在这个国家希望看到什么。但是,从我们的现在发展到完全自由资本主义将是一个非常困难的分离问题,一路上存在着巨大的公平和正义问题。”

61. Justin Martin, *Greenspan: The Man Behind the Money* (Cambridge, MA: Perseus Publishing, 2000), pp. 146—147。

62. 无署名,“Briefing: Waiting for Greenspan,” *New York Times*, July 8, 1987, p. B6。

63. 1987 年计划交易听证会,第 49 页。

64. 同上,第 74 页。

65. 见 John Kenneth Galbraith, *The Great Crash 1929* (1954; repr. New York: Mariner Books/Houghton Mifflin Harcourt, 2009), p. 103。该书是加尔布雷斯(Galbraith)1954 年的经典之作,1955 年成为畅销书,1987 年仍在印刷中(事实上,直到今天还从未停止印刷)。书中描述了 1929 年 10 月 24 日袭击市场上的止损单的“连锁反应”,这是接下去一周市场崩盘的前奏。“当天早上价格下跌时,不断跨越大量止损指令……这些止损指令导致更多的证券进入市场,并进一步压低了价格。每一次清算因此保证了还有下一次清算。”经济学家罗伯特·T. 帕特森(Robert T. Patterson)也有类似的描述,他还指出,在 1929 年 10 月 28 日和 29 日两天的崩盘前的几个月里,止损指令“增加了市场压力”(见 Robert T. Patterson, *The Great Boom and Panic, 1921— 1929* [Chicago: Henry Regnery Press, 1965], pp. 62 and 71)。根据 1929 年的经验,一旦投资组合保险被视为一种新式的止损指令,就应该认识到其引发价格下降的潜在可能性。

66. 1987 年计划交易听证会,第 76 页。

67. 同上,第 126 页。

68. 如果小组委员会已经阅读并理解了约翰逊的书面证词(同上,第 143—144 页),他们会感到更加不安。他解释说,指数基金经常追求的各种套利策略要求买入期货和卖出股票,如前所述,这些基金的资产总额高达 2 500 亿美元,令人震惊。当股指期货价格低于股票价格时,指数基金可以出售所有股票,以更低的成本复制投资组合的价值，并将多余的现金投资于国库券。随着国库券利率的上升——当时已经连续数月上涨——这种套利对这些庞大的基金来说变得更加具有吸引力。

69. 同上，第170—171页。

70. 宾斯的书面证词直截了当地说明了投资组合保险可能出现的问题，尽管他同样对逢低买盘者入场、避免市场崩溃抱有很大信心（同上，第182—183页）。

71. 同上，第201页。

72. 同上，第222页。

73. 同上，第226页。

74. 同上，第227—228页。温施敦促交易所找到一种将买卖双方配对起来的方法；当他们没有这样做时，他自己开发了这样一个电子市场——亚利桑那证券交易所。

第四部分　反思

18

史上最糟糕的几周

艾伦·格林斯潘很快适应了在美联储的新职位，开始了解美联储的工作人员和理事会的其他成员。[1]

在等待参议院确认的过程中，他曾在纽约与杰里·科里根待过一段时间，毫无疑问，因此听到科里根对美国的金融现实与其监管结构之间的矛盾表示担忧。[2] 两人很快就惺惺相惜，信任对方的判断，即使他们没有像沃尔克与科里根那么融洽和谐。

尽管日益不稳定的牛市没有让格林斯潘显得恐慌，但是他明显感到不安。上任后不久，也许因为还记着科里根的警告，他同意设立一个由美联储、财政部、证券交易委员会和商品期货交易委员会高级助手组成的非正式团队，负责制定应对危机的计划。[3] 他还让美联储工作人员完成一份内部报告，涉及"美联储如何能够最好地应对各种紧急状态，包括一波剧烈的市场调整"。[4]

1987年8月18日周二,格林斯潘主持了他的第一次联邦公开市场委员会会议。[5] 与会者对可能加剧的波斯湾紧张局势导致油价上涨表示担忧,并就美元在外汇市场的强势表现发表看法。还有例行的区域经济循环评估。当大钟指向中午时,终于轮到新主席出场了。

格林斯潘说:“我想说几点。”“我们花了整整一个上午的时间开会,却没有人提到股市,我觉得这本身就很有趣。”[6]

事实上,这确实很有趣。股市已经摆脱1月的恐慌,年初以来已上涨40%左右。8月25日,联邦公开市场委员会会议召开整整一周后,道琼斯工业平均指数以2 722.42点的新高收盘。[7] 这一引人注目的牛市比五年前的1982年8月高出近1 950点,上涨了250%。

在任职两周后,格林斯潘悄悄与其他美联储理事进行了谈判,要求小幅上调短期利率,以遏制他后来所说的金融经济中的“投机性泡沫”[8]——或许是为了表明,他将保护沃尔克打击通货膨胀的成果。

与往常不同的是,格林斯潘在9月4日周五开盘时公布了加息的消息,而不是在收盘后。然后,他紧张地看着办公桌上的电脑显示器[9],跟踪加息对股市、债市和外汇市场的影响。

消息发布时,正是令人沮丧的劳工节前一周即将结束之时,在那一周,道琼斯指数每天都在下跌。在美联储周五公布消息后,道指继续下跌,相比8月25日的峰值低近6%。

劳工节过后的短暂一周,有过几次光明的时刻,但在9月剩下的时间里股市越来越不稳定:偶尔出现超大规模的反弹,然后就是连续数日的大幅下跌。截至9月30日的拉锯战结束时,道指已反弹至2 596.28点,仍较五周前市场高点低4.6%。

当然,在 5 年的牛市之后,没有人对道琼斯指数下跌的日子变得更加频繁感到惊讶。没有永远持续的牛市。

随着 10 月的到来,格林斯潘似乎对美联储抑制过度的金融投机充满信心。也许股市最终会进入一场姗姗来迟的调整,股价会跌至一个更稳定、更合理的水平。

与此同时,在证券交易委员会,戴维·鲁德面临着一个更为艰难的角色:金融监管。他立刻要面对的是证券交易委员会纽约办公室的紧急管理危机。纽约不仅是该机构最大、最重要的前哨,也是该委员会与华尔街证券交易所和经纪公司最密切的联系。

1986 年秋天,也许是被正在上演的博斯基案弄得心烦意乱的约翰·夏德为纽约任命了一位新的主任,一位在美孚公司任职多年的公司律师。这个人选非常不合适。没过几个月,纽约的员工开始抱怨新老板破坏了办公室的执法努力,但夏德没有干预。[10]

在鲁德上任的第一周,酝酿已久的不安情绪爆发了。纽约资深执法官员辞职,另外三名高级职员威胁要步她后尘辞职。这场办公室的起义成了头条新闻,引起了国会的关注和质疑。[11]

鲁德要求他的高级助手对形势做评估,并收到一份报告,报告毫不留情地指出士气"非常糟糕,只有出现奇迹才能改变这种状况"。鲁德坚决要求纽约办公室的主任辞职。[12]

他不可能凭空——或者更准确地说,在证券交易委员会微薄的预算配给之外——找到一位新的地区管理者。9 月末,鲁德要求华盛顿的两名高级职员在现有职责的基础上兼任两项职责,一项是纽约的兼职行政主管,另一项是纽约的兼职执法主管。这种安排远非理想，但至少鲁德阻止了大批经验丰富的员工离开他最关键的前哨基地。

10 月 5 日，周一，经过月初的温和上涨后，道琼斯工业平均指数站上 2 640 点。但次日反弹以一种熟悉的可怕方式破裂。道琼斯指数在开盘时大幅下跌[13]，大部分时间一直下跌，直到下午晚些时候，然后在最后半小时又从悬崖上跌落。截至收盘，道琼斯工业平均指数下跌近 3.5%，损失 91.55 点，为历史最大跌幅。

在没有任何值得关注的经济新闻的情况下，出现了很多理论解释周二的暴跌。但明显正确的是，指数套利交易在当天收盘时飙升[14]，其中大部分与芝加哥商品交易所标准普尔 500 指数期货交易大厅发生的抵销交易有关。周二投资组合保险的交易很少[15]，但随着市场近期的下跌，这些对冲可能需要很快进行调整。这意味着在芝加哥市场大量抛售。此外，华尔街一些激进的投机者已经开始先于投资组合保险公司进行交易[16]，以从预期的销售中获利。这种山寨版的卖空行为可能会给投资组合保险公司带来额外的负担。

对大多数投资者来说，那周余下的时间真的很糟糕。[17] 截至 10 月 9 日周五，道琼斯工业平均指数已跌至 2 482 点，比前一个周五低了近 159 点，跌幅达 6%。以点数计算，这是华尔街历史上最糟糕的一周跌幅。那些几个月来一直悲观地预期股市会出现回调的人，即使遭受重创，也会觉得自己的看法得到了证实。股市比 8 月的峰值低了近 9%。最糟糕的时候，肯定已经过去了。

10 月 12 日周一是哥伦布日，银行和政府部门关闭，纽约证券交易所交易清淡，道指小幅下跌约 10 点。

由于众议院一个委员会正考虑减少某些收购交易的税收减免，持续收购狂潮中涉及的股票数天来一直表现疲弱。收购投机者可能一直在减持其投资组合，但这并不是抛售压力的一个异常来源——实际上，减持并不比上周多。[18] 如果市场上的蓝筹股保持稳定，收购抛售压力就不会是个问题。[19]

周二迎来了一次反弹，令人愉悦，道琼斯工业平均指数上涨 1.5%，至 2 508 点。交易员们精神振奋，一些人说，他们正在关注第二天公布的 8 月美国贸易逆差。市场分析师对这一月度统计数据非常着迷，要从中寻找未来汇率和利率走势的线索。交易员们希望，贸易逆差的缩小[20] 将降低美联储再次加息为经济降温的可能性。

周三上午 8:30 公布了 8 月贸易逆差数据，贸易逆差确实有所下降，但远不及分析师的预期。[21] 这消息像飞镖击中气球一样击中了金融市场。

外汇交易员立即开始抛售美元，导致美元兑德国马克和日元走软。由于担心美元走软将迫使美联储加息[22]，从而压低美国国债的价格，交易员们迅速致电伦敦，要求在纽约市场开盘前开始出售美国国债。当纽约股市开盘时，他们继续抛售国债。这一抛售将长期美国国债的利率推升至略高于 10%[23]，为两年内的高点。

在股市经历了历史上最糟糕的几个日子之后，任何不安的投资者都不得不考虑利率为 10%、安全性又高的美国国债。如果你的钱能赚到 10%，且没有任何拿不回来的风险，那你为什么要投资价格连续数周下跌的股票呢？

在贸易赤字成为头条新闻后不久，有消息称，众议院筹款委员会的民主党人正在提交议案，以遏制收购公司享受的税收优惠。这几乎不是什么新闻——关于这类行动的传言已经传了好几周，针对恶意收购的立法打击也已经提了好几个月，甚至几年。这也不是一个"板上钉钉的事"：颇具影响力的证券交易委员会对这个想法持戒备态度，而且参议院掌握在共和党手中，这一立法即使能在国会通过到达里根总统办公桌，也肯定会被否决。仅仅基于这份报告，没有人能理性地认为收购税收减免注定要失败。

不过，从心理上讲，这一消息可能削弱了投资者的信心[24]，尤其是那些投机被收购公司股票的专业人士。据一些人说，周三上午纽约证券交易所开盘铃声一响，这些投机者就开始抛售其投资组合中的股票。

单就抛售而言，可能并不重要，但在芝加哥，其他新近变得悲观的交易员，以及一些正在调整对冲头寸因而无动于衷的投资组合保险公司，卖出了大量标准普尔500指数期货合约。这导致标准普尔500期货合约的价格下跌，直到最后甚至比指数中下跌的股票还要便宜，这是常见的鼓励指数套利者采取行动的情况。[25] 因此，在纽约证券交易所相对温和的抛售被收购公司股票的行为，与指数套利交易员大量抛售股票的行为融合在了一起，指数套利交易员通过纽约证券交易所的自动DOT体系直接将他们的大量交易送至交易大厅的做市商那里。

在交易的前30分钟里，道琼斯指数几乎是垂直下跌。到下午

1:15,指数下跌89点,跌幅3.5%。这种暴跌是菲兰所说的“瀑布”理论的一个经典范例:芝加哥商品交易所标准普尔500指数期货价格首先下跌,这是由于投资组合保险公司在此前的下跌中抛售所致。随后,指数套利交易员介入,在芝加哥买入价格较低的期货合约,并在纽约卖出价格较高的股票,将芝加哥商品交易所的价格下跌传导至纽约证券交易所。[26] 这些集中的指数套利交易是一股猛烈的力量,在市场动荡的一小时内,他们的交易约占所有交易的1/4。[27]

这并不是普通大众在恐慌中突然抛售股票,当天75%的抛售来自大型机构[28] 和大经纪公司,它们为了自己的利润在抛售。

这就是纽约证券交易所最后几个小时交易的情况——指数套利交易员在短时间内集中抛售,而在芝加哥期货交易所的买盘也同样集中,但没有那么多。

然而,正如之前所发生的那样,芝加哥套利者的买盘从未有力地推动期货价格与纽约证券交易所的现货价格保持一致。简单地说,时间接近3:30的时候[29],看起来这种情况会发生,但并没有持续。过了一会儿,实施组合保险策略的交易者大量卖出,而套利者的买单明显不能匹配保险策略的卖单,造成市场下跌。截至当日收盘,纽约证券交易所处理了价值14亿美元的指数套利交易[30],为正常水平的两倍,占全天交易量的17%。在芝加哥的反向交易仍不足以让这两个市场回到平衡状态。

在纽约,市场经历了史上点数下跌最大的一天——95.46点。周三收盘时,道琼斯工业平均指数收于2 485.15点,单日跌幅3.8%,为历史第三高。

以科里根为首的纽约联邦储备银行曾试图平息债券市场的担忧,即美元近期走软将导致利率攀升和债券价格下跌。他在周四早些时候宣布,纽约联邦储备银行正在通过购买美国国债向金融体系注入资金[31],这将有助于稳定债券价格。在正常情况下,这将会缓解人们对利率的担忧,但这似乎并没有奏效。

10月15日周四,纽约证券交易所开盘时情况就不好,结束时更糟,其间不时出现折磨人的反弹,这驱散了前一天市场感受到的一丝恐慌气息。成交量非常大,在前半个小时的成交量中,几乎有2/3的指令高达1万股或更多——如果还需要额外证据,这就是机构踩踏的额外证据。当日开盘时,投资组合保险公司是芝加哥期货交易所的大卖家之一。[32]

幸运的是,市场对股票的需求足以消化抛盘,道琼斯指数在下午晚些时候已经回升。下午3:30,只下降了4个点。[33]

然后,在最后半个小时,道琼斯指数惊人地下跌53点,跌幅2.2%。

尽管到目前为止,这应该是可怕的再熟悉不过的模式,但一份官方报告得出结论:"一天内在如此晚的时候出现大幅下跌并伴随着大成交量,令投资者感到困惑。"[34] 不可思议的是,在这个巨大的市场中,仅7家"激进型"机构就占了全天交易量的9%。[35] 截至周四收盘,道琼斯工业平均指数比8月的峰值低了13.5%以上,下跌近370点。

交易员和分析师将其称为"10月大屠杀"。有些人对记者说,这可能是正式熊市的到来[36],即在市场见顶的两个月内下跌20%或更多。如果是这样,这将是五年多来的第一次。

有证据表明，每一种市场——债券、货币、贵金属——都有各自的苦恼。联邦赤字问题的处理一直缺乏进展，这几乎不是什么新动态，突然之间变得让人无法忍受。至少从年初开始，围绕汇率问题展开的激烈外交就成了金融生活的一部分，现在情况看起来更危险。整个夏季市场都忽略的那些坏消息突然间似乎成了所有人能想到的唯一问题。

那天晚上，在债券市场上做了他能做的一切后，杰里・科里根登上了一架飞往委内瑞拉加拉加斯的飞机[37]。他将在那里换一架前往马拉开波(Maracaibo)的飞机。马拉开波位于美国遥远的西海岸，科里根将于 10 月 16 日周五在那里发表演讲。演讲结束后，他定于周一返回加拉加斯，与委内瑞拉总统进行磋商，下午飞回纽约。

在纽约证券交易所六楼，交易所总裁鲍勃・伯恩鲍姆正代度假的菲兰暂时负责，菲兰经常打电话询问最新消息。交易量很大，但那不是问题。问题是到达交易大厅的方式。对于 DOT 系统来说，重要的是它在任何一个时间必须处理多少个不同的指令。一张 9 万股的指令要比 100 张 900 股的指令容易处理得多，尤其是当这些指令同时涌入市场时，而这种情况更常见。

纽约证券交易所决定向越来越大的指令开放电子指令处理系统，结果就是这样意外的副作用。指数套利者和其他程式交易员希望使用 DOT 系统，但即使是 DOT 提高了的上限也太低[38]，无法容纳他们更大的指令。因此，指数套利者和其他程式交易员会故意将大笔交易拆分成许多单独的指令，每一个都刚好在 DOT 限制之下，这样就增加了系统必须处理的指令数量。

这不是一个可持续的局面。

10月16日周五的早间新闻令人不安。在波斯湾,伊朗对一艘悬挂美国国旗的油轮发动袭击,使几个月来持续发酵的紧张局势突然爆发。在华盛顿,有报道称美国财政部部长贝克对德国近期的加息感到不满,这令货币和信贷市场感到担忧。好在主要的海外股市并没有陷入混乱:东京股市微跌,而伦敦股市却因一场反常的大风导致该地区大部分地区断电而停止交易。

翻看日历,仍然有不安定因素:周五对期权市场来说是一个巫术日,这可以说是最不受欢迎的日子了。股票指数期权,尤其是芝加哥期权交易所的标准普尔100期权和美国证券交易所的主要市场指数期权,将在收盘时到期。由于期权市场拒绝向事后价格运行,本来是有助于期货市场的到期日的平稳运行,这次的巫术时间依然存在且难以预测。

由于期权市场的发展,芝加哥商品交易所又将迎来繁忙的一天。根本没有足够的指数期权合约可以反映本周大幅下跌的股票价格。期权交易商没有其他选择,只能利用期货市场对冲自己的头寸[39],将这两个衍生品市场更加紧密地联系起来。

尽管上午的新闻头条令人担忧,但股市开盘强劲,迅速上涨12点。然后,以熟悉的方式,大幅下跌,然后又小幅反弹,一遍又一遍,就像机灵鬼①从很长又很陡峭的楼梯往下掉。股市跌至新低,然后又进一步下跌。

---

① 一种螺旋弹簧玩具。——译者注

机构投资者的抛售压力来自各方——大经纪公司做空，押注价格进一步下跌；捐赠基金、养老基金和对冲基金突然变得悲观；甚至还有一些共同基金在周五一整天都接到紧张的投资者突然想套现的电话。在这个疯狂的日子里，在共同基金大举卖出之前，合计收到的赎回金额高达 7.5 亿美元。

在周五的交易完成之前，仅 4 家大机构投资者就从其投资组合中出售了至少价值 5 亿美元的股票。“做个对比，”一个官方的报道写道，“一个在正常的日子里交易 1 000 万美元的投资者会被认为是一个活跃的交易者。”[40]

下午 2:30 前的短暂反弹将道琼斯指数拉回到距中午点位不到 30 点的位置，但随后令人眩晕的指数套利舞蹈又开始了。在接下来的一个小时内，套利交易占到了交易量的近 20%。

到下午 3:30，道琼斯工业平均指数比周四收盘时低 3.4%，下跌约 81 点。在接下来的 20 分钟里，又跌了 50 点。全天损失惨重——跌幅 5.5%。

指数套利者和投资组合保险交易员共卖出了价值超过 7.3 亿美元的股票，占这短暂而惊险刺激时段交易量的 43%以上。[41] 一些交易员后来表示，感觉交易大厅好像突然要坍塌了。在过去两个月里，“自由落体”已成为一个老套的说法，但他们表示，这一次，市场确实感觉像是在空中坠落。[42]

在收市前十分钟，股票指数期权巫术小时开始，但不可思议的是，它起了良性作用，产生了足够多的买入需求，推动道琼斯指数上涨 22 点。反弹很快；价格一度稳定下来，然后开始下滑——但当道琼斯指数跌破 2 247 点时，收盘铃声响起。据一种说法，在最后一分钟的反弹中，“出现了一种奇怪的景象，人们都因为道琼斯指数仅下跌 108 点而松了一口气”。[43]

在当时的背景下，周五 4.6％的跌幅令人震惊、史无前例，为史上最大的单日点数损失，打破了两天前刚创下的纪录。这也是道指首次收跌超过 100 点。那一周所损失的 235 点抹去了前一周的惨淡纪录，成为华尔街历史上最糟糕的一周。然而，与前一周不同的是，此时没有人相信最糟糕的情况已经过去。

·

在芝加哥，股指期货和期权交易所的交易狂潮与纽约的滔天洪水遥相呼应。

期权市场一直承受巨大压力。一些公司损失惨重。作为期权市场上最大清算公司，大陆银行的子公司第一期权公司受到期权清算公司——市场上的中央清算公司——特别关注。第一期权公司为其 1 200 家客户公司的所有交易担保；而结算所为第一期权公司担保。

截至周五收盘，9 家第一期权的客户陷入严重困境[44]，而这些客户在周三晚间都处于绝对盈利状态。只有 3 家未遭受重大损失，其中一家濒临损失。不管损失有多大，第一期权要对那些账户负责。

芝加哥商品交易所在解决标准普尔 500 指数期货合约交易中心的问题上取得了一些进展，但中心仍然拥挤、混乱、喧闹。尽管如此，利奥·梅拉米德几乎整个星期都在那里疯狂赚钱。因为看空市场，他一直在囤积期货合约，如果市场下跌，这些合约的价值就会上升。

天啊，要是市场下跌了！这是一次非常有利可图的运作，梅拉米德几乎决定将他的头寸延续到下周。但他摆脱了诱惑："经历了这样的一周，你就会退出市场，拿着收益回家。"于是，他结束了自己的押注，计划在周一有个全新的开始。[45]

周五下午4:00左右，证券交易委员会主席鲁德离开了位于六楼的办公室，来到五楼的市场监管部门，查看那里电脑上的市场状况。得知当天可能出现了大量的指数套利交易，他告诉员工要与纽约证券交易所的约翰·菲兰团队保持密切联系。[46]

周五晚间，证券交易委员会的办公室一派繁忙，60名工作人员致电在华尔街和交易所的公司，了解历史性崩溃后情况如何。周末期间，鲁德将与他的市场监管主管里克·凯特姆(Rick Ketchum)①协商[47]，评估他们所了解的情况，并为周一做准备。凯特姆告诉鲁德，他被安排在周一一早参加纽约一个会议的小组讨论，但他的副手会在办公室。鲁德原本也计划在周一发表演讲，但幸运的是，演讲地点就在华盛顿另一端的一家酒店。

白宫处于一种不安的等待状态。第一夫人南希·里根不久前接受了乳房钼靶检查，还需要进一步检查。她将在贝塞斯达海军医院(Bethesda Naval Hospital)接受活检，如有必要，周末还将接受手术。可以理解总统的担心和心烦意乱。

几周来，直言不讳的银行经济学家、经济顾问委员会(Council of Economic Advisers)主席贝丽尔·斯普林克尔(Beryl Sprinkel)[48] 一

---

① 里克是理查德的昵称。——译者注

直在敦促白宫办公厅主任霍华德·贝克就美联储不明智的加息举措和财政部在美元汇率问题上笨拙的外交行为提醒总统。

周五下午,艾伦·格林斯潘被召集到白宫的家庭区与总统会面。[49] 里根到达时,格林斯潘、斯普林克尔、霍华德·贝克和吉姆·贝克都已经在场。尽管在那一周,确切地说在那天,股市发生了历史性事件,似乎没有人想到过邀请证券交易委员会的戴维·鲁德。他们也没有邀请商品期货交易委员会的新任代理主席卡洛·希尼曼(Kalo Hineman),一位和蔼可亲的堪萨斯牧场主,他们显然认为期货市场与他们的讨论无关。

这次会议上到底发生了什么?对此存在几个略微不同的版本,但共同点是:在霍华德·贝克礼貌的询问下,吉姆·贝克和艾伦·格林斯潘向里根总统保证他们当前的政策合理稳妥,而且没有理由要过分关心动荡的金融格局。随后,斯普林克尔强烈反对他们两人的观点,敦促格林斯潘放松利率以安抚市场,并告诉吉姆·贝克不要干预货币市场。不管怎样,一份详尽的报告是这样说的,"经过相当长时间的争吵,会议最终无果而终"[50]。

按计划,格林斯潘将于周一飞往达拉斯,向美国银行家协会发表演讲。吉姆·贝克会在周日早上出现在《新闻面对面》(Meet the Press)的节目里;然后他计划飞往斯德哥尔摩与瑞典国王一起打猎。霍华德·贝克将继续执掌白宫直到下周,因为总统将重点放在了妻子和自己的焦虑上。

10月17日周六晚,在伯克利的家中,海恩·利兰和妻子在挑高的餐厅里举行一场晚宴。嘉宾是经济学家杰勒德·德布鲁(Gerard Debreu),他于 1962 年加入伯克利分校教师队伍,并在 1983 年获得诺贝尔经济学奖。

餐桌上的谈话很快转到那周市场上发生的历史性事件上,德布鲁注意到他平常从容自信的东道主表现得非常心烦意乱。前一天晚上,利兰得知 LOR 在洛杉矶的首席(也是唯一的)交易员未能在周五下午卖出足够多的期货合约以完全对冲 LOR 的客户账户。芝加哥的标准普尔 500 交易大厅极其混乱[51],交易员无法完成所有的指令。

约翰·奥布赖恩似乎并没有那么惊慌失措,但利兰觉得市场出了严重问题,而且这种感觉挥之不去。周日早上,马克·鲁宾斯坦在他位于马林县的家中接到一个电话,他对利兰的语气感到震惊——他从未见过他如此沮丧过。利兰解释了他的担忧,并说决定周一早上搭乘 6:30 飞往洛杉矶的航班,飞机起飞时,纽约证券交易所刚好开市。

鲁宾斯坦决定坐稍晚的飞机去洛杉矶[52],到 LOR 位于第一州际大厦的办公室与利兰见面。他认为他的同事反应过度,但相信他的直觉。

前一周的市场溃败很大程度上是机构性的,但正迅速成为公众的恐慌。一些主要共同基金公司和折扣经纪公司的呼叫中心整个周末都异常繁忙。周六整天,因广告而家喻户晓的嘉信理财(Charles Schwab)公司的客户致电公司时听到的都是忙音。有一个报道这样写道:"电话正在熔化,但真正接通的电话里 99%是为了卖出。"[53]

10月18日周日，吉姆·贝克来到NBC的华盛顿工作室参加《新闻面对面》节目，他得知在一段节目结束时将与所罗门兄弟的著名经济学家亨利·考夫曼(Henry Kaufman)一起出现。记者们再三要求考夫曼对市场做预测，但他仍保持着安抚和不置可否的态度。他事后表示："上周五已经让投资者感到不安，我无意进一步加剧市场动荡。"[54]

离开访谈区域后，考夫曼在演播室的电视屏幕上继续观看节目，贝克被问及美国与其盟友在货币政策上存在的明显敌意。贝克表示，"我们不会坐视(贸易)顺差国家提高利率、挤压全球经济增长、指望美国……会以某种方式跟着他们提高利率。"

考夫曼不由打了一个冷战；他认为市场不会做出贝克预期的反应；他们听到的将是武力恐吓，因而会更担心货币危机、美元贬值和外国投资者的逃离。节目结束后，他礼貌地对贝克表达了自己的想法。财政部部长坚定地回答说："亨利，有些事情需要直说。"[55]

每个市场都有一种不祥的预感：周一将很艰难。这些传言在芝加哥和在纽约感觉不同，因为这两个市场的工作时间表不同。在纽约证券交易所周五疯狂的交易时段买入或卖出的投资者要等到下一个周五才需要拿出股票或现金，因为交易将在五个工作日后正式"结算"。而期货和期权交易员必须连夜结清账户，否则第二天就无法交易。

芝加哥商品交易所的清算所，就像它在其他市场上的对应机构一样，是每一笔交易的"对手方"——它从每一个卖家手中购买，卖给每一个买家,从而确保交易者不用担心违约。这种安排暗含着一种期待,即清算所有足够的资源来弥补任何损失。清算所必须知道每个人的财务风险,才能计算出自己的风险。

周日晚间,芝加哥商品交易所总裁布拉斯基在芝加哥北部郊区的家中得知亚洲市场大幅下跌的消息,那时候的亚洲已是周一。他给市场监督主管打电话[56],后者将监控在芝加哥商品交易所开展业务的公司的财务稳定性,布拉斯基要求他在第二天尽早到达办公室。

周五收盘时,道琼斯指数已经比前一个周五下跌近 10%;自 8 月达到峰值以来,该指数已下跌 17.5%,下跌 475 点。

周五收盘前的短暂反弹只是给外行带来了一些安慰。专业人士知道,这一天"本可以——本应该——糟糕得多"[57]。街上人们都在窃窃私语,谈论着被压抑的抛售已经蓄势待发,就等着周一席卷市场。根据一项计算,在周五卖出了期货市场相当于 21 亿美元股票的投资组合保险公司,还有相当于 80 亿美元的股票要出售[58],这相当可怕。

很容易就能看出谁会在周一重返市场进行抛售。但谁会回来买入?

注释:

1. Justin Martin, *Greenspan: The Man Behind the Money* (Cambridge, MA: Perseus Publishing, 2000), pp. 171—172。

2. 对科里根的采访。

3. Steven K. Beckner, *Back from the Brink: The Greenspan Years* (New York: John Wiley and Sons, 1996), p. 35。

4. 同上,第36页。

5. 联邦公开市场委员会会议记录,1987年8月18日,第1页。

6. 同上,第23页。

7. 这一时期的一些后续报告说道指8月25日的峰值是2 746.65点,这是当天的高点。与大多数官方的事后分析一样,这一说法把道指当天收盘价作为随后下跌的基准,因为它总被用来与其他收盘价相比较,而不是与道指当天的高点或低点比较。

8. Alan Greenspan, *The Age of Turbulence: Adventures in a New World* (New York: Penguin Press, 2007), p. 102。

9. Bob Woodward, *Maestro: Greenspan's Fed and the American Boom* (New York: Simon and Schuster Paperbacks, 2005), p. 33。

10. 无署名,"Top New York Official Resigns from S. E. C.," *New York Times*, September 30, 1987, p. D1。美孚公司的律师在法学院毕业后不久曾在证券交易委员会短暂工作过一段时间,但在接下来的20年里一直在公司任职。参见"Paid Death Notice: Warwick, Kathleen Ann," *New York Times*, October 10, 2010。

11. Letter to SEC chairman David S. Ruder from Senator William Proxmire, August 13, 1987, SECHS website, used with permission from www.sechistorical.org, http://3197d6d14b5f19f2f440-5e13d29c4c016cf96cbbfd197c579b45.r81.cf1.rackcdn.com/collection/papers/1980/19870813_RuderComplaint.pdf。议员普罗克斯迈尔(Proxmire)写道,"我希望清理被报道的纽约地区办事处的混乱局面将是你的当务之急。"

12. "Top New York Official Resigns from S. E. C."。这位官员写道:"我真诚地希望,任何由内部事务或新闻报道引起的争议或误解,无论我认为它们是多么错误,都不会给证券交易委员会作为一个机构的职责带来不好影响。"

13. SEC Crash Report, p. 2.4。

14. SEC Crash Report, Appendix A, p. A.2。报告指出:“虽然道琼斯工业平均指数在一天的大部分时间都在下跌,但最剧烈的波动是在开盘和收盘时,当天 66%的跌幅和大部分套利交易也发生在这两个时间段。”

15. Lawrence J. De Maria, “Market Place: Stocks Face New Pressures,” *New York Times*, October 8, 1987, D10。

16. 华尔街的许多大公司对投资组合保险公司在做什么了如指掌,许多公司粗略计算了道琼斯指数下跌一定幅度后出售投资组合保险公司的规模。见布雷迪报告,第Ⅴ页。报告指出,“这些[投资组合保险]投资者的抛售以及他们进一步抛售的前景,鼓励了一些激进的以交易为导向的机构在市场进一步下跌的预期中抛售。”换句话说,这些“激进”交易员所做的是卖空(在下跌的市场中,对于经纪公司和大型机构交易员来说,这要比个人容易得多),期望当投资组合保险公司进一步推动市场下跌时,他们会获利。

17. 值得注意的是,在长期牛市中尤其是夏季的极端反弹中遭受巨大损失的卖空者欢迎每一次的市场下跌,包括“黑色星期一”的崩溃。然而,他们只是市场中的一小部分,而市场 9 月和 10 月的波动对绝大多数股票投资者的整体财务影响是极为不利的。

18. SEC Crash Report, pp. 2.11—2.12。证券交易委员会承认,“媒体的报道和布雷迪报告都把风险套利者的抛售行为”作为“10 月 12 日这周的一个重要因素”(同上,第 2.11 页),风险套利者就是人们熟知的收购投机者。白宫和证券交易委员会的首席经济学家办公室很快就指责民主党控制的众议院筹款委员会(House Ways and Means Committee)不明智地对市场指手画脚从而引发危机。证券交易委员会从 13 家活跃于风险套利领域的大公司处获得数据,发现 10 月 12 日这一周的风险套利者的卖出量几乎与前一周的卖出量完全一致。证券交易委员会报告明确指出,“风险套利者的抛售量似乎不足以压低市场价格,但特定收购证券除外。这些实体的销售在 10 月 5 日和 10 月 12 日的几周内也没有明显不同”(同上,p. 2. 12)。

19. 10 月 5 日的那周收购事件相关股票的抛售量,包括 10 月 6 日出售的 260 万股 和 10 月 9 日出售的 430 万股,在该周短暂的历史性下跌的报道中没有被广泛引用为特别重要的信息。这也进一步支持了证券交易委员会的结论。

20. Lawrence J. De Maria,“Dow, Reversing Slide, Rises by 36. 72,” *New York Times*, October 14, 1987, p. D12。不寻常的是,对 10 月 12 日和 13 日周一和周二的股市报道出现在《纽约时报》的商业版。

21. Robert D. Hershey Jr. ,“Trade Gap Shrinks Less Than Hoped; Markets Plunge,” *New York Times*, October 15, 1987, p. 1。

22. Brady Report, p. 15。这背后的基本原理是美联储将提高利率以避免外国投资者抛售美元,而他们购买美元对财政部正变得日益重要,对股市也是如此,虽然程度较轻。

23. 同上。

24. 同上。

25. Brady Report, p. 1。

26. Metz, *Black Monday*, p. 89。

27. 同上。

28. SEC Crash Report, p. 2. 8。

29. 同上, Appendix A, pp. A. 8, 26。

30. Brady Report, p. 17。

31. Metz, *Black Monday*, p. 89。

32. Brady Report, p. 21。

33. 同上。

34. 同上。

35. 同上。

36. 截至1987年10月15日收盘时,股市已从8月25日的峰值下跌51天,跌幅达13%。

37. Metz, *Black Monday*, pp. 37—39。

38. 当时,DOT系统将接受高达30 099股的市价指令(无论当前市场价格如何,这些指令将被执行)和高达99 999股的限价指令(这些指令将以与"限制"的价格持平或略高的价格被执行)。参见Brady Report, p. 47。

39. Brady Report, p. Ⅲ—12。报告解释说,在到期日,期权投资者要么必须购买未来几个月的新合约(称为向前"滚动"头寸),要么在收盘前通过买入或卖出基础证券清算头寸。然而,本周股价的大幅下跌意味着未来数月没有反映新的较低价格的期权合约。由于无法在期权市场进行对冲,这些交易员在期货市场设置了对冲。这样,通常不属于期货交易中心交易流的投资者在到期日突然活跃起来。

40. 同上,第25页。

41. 同上,第Ⅲ—12。

42. 2015年12月1日对斯坦利·肖普科恩的采访(以下简称"对肖普科恩的采访");以及对两家大型华尔街公司的其他两名高级交易员的保密采访。

43. Metz, *Black Monday*, p. 91。

44. SEC Crash Report, pp. 5. 39—5. 42。这些陷入困境的公司主要是标准普尔100期权(OEX)的做市商,这是芝加哥期权交易所中最深度交易的期权。

45. Weiner, *What Goes Up*, p. 281。梅拉米德后来对他的谨慎表示赞许:"在指控和调查、分析和审查之后,阅读到有关芝加哥商品交易所领导如何做空市场……以及在黑色星期一赚了很多钱的故事对我的利益没有好处"(Weiner, *What Goes Up*, p. 282)。

46. 2015年1月对鲁德的采访。

47. 对前证券交易委员会官员的保密采访。

48. Melamed, *Escape to the Futures*, pp. 351—352。

49. Beckner, *Back from the Brink*, p. 42。这次会议的两个说法明显来源于斯普林克尔,但梅拉米德显然认为会议是在椭圆形办公室举行的,而贝克特地把会议安排在家庭区,这似乎更像是考虑到第一夫人的处境。

50. 同上,第 43 页。

51. 2016 年对 LOR 的采访。

52. 同上。

53. John Kador, Charles Schwab: *How One Company Beat Wall Street and Reinvented the Brokerage Industry* (Hoboken, NJ: John Wiley and Sons, 2002), pp. 150—151。

54. Weiner, *What Goes Up*, pp. 282—283。根据自己评论的文字记录,考夫曼对他所说的贝克在节目中的讲话稍稍做了编辑。

55. 同上。

56. Carol Jouzaitis and Laurie Cohen, "The Crash and Chicago's Markets: How Markets Survived Crash," *Chicago Tribune*, January 3, 1988, p. 1。

57. Metz, *Black Monday*, p. 91。

58. Brady Report, p. 29。这些估计是基于众所周知的投资组合保险公司使用的公式。

19

508 点

1987 年 10 月 19 日周一，上午 8:30 之前，约翰 · 菲兰要求秘书找到芝加哥商品交易所的利奥 · 梅拉米德。[1] 之前菲兰缩短了假期，并于周六乘飞机回家。他可以看到这一天的进展，这让周五晚上最糟糕的恐惧看起来也很乐观。

交易员对上周五纽约股市的大幅下跌做出反应，东京股市在美国时间周日夜间大幅下跌。而中国香港股市的深度快速暴跌让当地官员决定休市，以防止全面恐慌和普遍违约。伦敦股市已经下跌 10%，部分原因是来自波士顿富达投资（Fidelity Investments）高达 9 000 万美元的抛售指令[2]。富达投资了 90 亿美元的麦哲伦基金，它是美国最大的股票共同基金；试想一下纽约证券交易所开市时，富达投资会卖出多少，这令人不寒而栗。[3] 交易员们当时预计，道指当天上午可能至少下跌 9%，这是一个令人震惊的百分比，是上周五创纪录的108点跌幅的两倍，几乎接近1929年10月历史性的单日跌幅。

纽约证券交易所的DOT系统正被大量指令所淹没[4]，其中许多指令显然来自指数套利者[5]。交易大厅的做市商正在努力寻找一个价格可以使他们的蓝筹股开盘交易，这项任务突然变得和处理收盘时涌入的大量指令一样困难。菲兰联系上了梅拉米德，向他简要介绍了堆积在DOT系统中的严重不平衡的指令。“我们看到了前所未有的‘卖出’指令。”[6]“市场看起来非常糟糕。”他接着又说，“每个人都喜欢自由市场，但我们需要减缓市场的下行波动。如果不采取行动，这个行业有可能会失去它想要的东西。”[7]

目前尚不清楚菲兰认为梅拉米德对市场剧烈波动能做些什么。不管当地的交易员在标准普尔500交易大厅市场做什么，投资组合保险公司都将出售股票。如果这样的抛售使得期货比纽约证券交易所的现货市场更便宜，指数套利者就会继续抛售股票、买入期货。只要这两个相互关联的市场处于营业状态，梅拉米德和菲兰就都无法阻止这种情况的发生。

菲兰查看了他的日程表[8]：白宫的一名年轻助手预定在那天到访，菲兰计划带他四处看看；他预计中午左右会回到办公室。

很多当天要应付事态发展的人分散在从瑞典到委内瑞拉的各个国家，其中一些人在监管方面还是新手。

美联储主席艾伦·格林斯潘周一在华盛顿的办公室，但已经整理好行装准备中午飞往达拉斯。证券交易委员会主席鲁德也在他的华盛顿办公室，但他到委员会工作的时间还不到10周，而他那位经验更丰富的助手里克·凯彻姆已经坐一早 6:45 的航班飞往纽约。财政部部长吉姆·贝克正飞往斯德哥尔摩,途经法兰克福。白宫办公厅主任霍华德·贝克以前从未在椭圆形办公室处理过金融危机。纽约联邦储备银行总裁科里根则在加拉加斯访问。

烟雨蒙蒙中,约翰·奥布赖恩沿着 18 号公路的弯道,穿过圣贝纳迪诺以北的山区。当时大约是太平洋时间 10 月 19 日周一早上 7:00,整个周末他都在帮妻子整理箭头湖(Lake Arrowhead)的新家。[9]

在下山的路上,他打开汽车里的收音机收听新闻。股市一开盘就大跌,目前仍在下跌。他心里一惊,把车停在一家路边餐馆,用投币电话给办公室打电话。他事后回忆说,他被告知市场下跌了 200 点;很多忧心忡忡的客户给公司打来电话。他回到车里,向南向西朝着洛杉矶疾驰而去,距离洛杉矶还有一个小时的车程。

当伯克利大学教授海恩·利兰登上早上 6:30 飞往洛杉矶的航班时,纽约股市还没有开盘。飞机起飞前,一名空乘人员宣布股市下跌了 60 点[10]——利兰认为,“情况很严重,但还不是灾难性的”。飞机着陆后,他上了一辆出租车,并让司机把收音机调到股票报道节目。那时市场已经下跌了数百点。[11]“哦,上帝,”利兰叫了起来。出租车穿过不断增加的车流,驶往第一州际大厦[12]。

在马林县北部,马克·鲁宾斯坦在股市跌了 200 点时叫了一辆出租车,直奔机场。上午 10:00 左右(纽约时间下午 1:00)到达洛杉矶 LOR 公司办公室,当时股市持续一个小时的脆弱反弹已经消耗殆尽。

利兰已经到了办公室,焦急地在公司忙碌的交易员周围转来转去。这位交易员两手各拿着一个电话听筒,他面前的电脑显示器正显示着这场愈演愈烈的灾难。过去一个小时,他和其他投资组合保险公司在芝加哥的卖出量超过了平时整个上午的量。

上午11:00左右(纽约时间下午2:00),交易员抬头看了看海恩·利兰。

"我落后了,"他说。为了执行对冲策略,他仍需要在芝加哥大举卖出,"但我认为如果我这样做,市场将会跌至零。"

利兰备感震惊,他立即回答说:"不! 别干那事!"[13]

接到员工有关上午股市抛售的报告,科里根立即预订了一班更早从加拉加斯回国的班机。[14] 出发去机场前,他在委内瑞拉总统府一间办公室里给纽约和华盛顿打电话,他原本计划第二天在总统府与委内瑞拉总统共进早餐。

在芝加哥,标准普尔500指数期货交易准时开盘,气氛非常紧张。通常沸腾的交易所里人比平日少。梅拉米德等着开盘铃响。[15] 当他看到开盘价格的时候,一开始简直不敢相信。交易所在第一笔交易中就下跌了7%,这是一个惊人的跌幅。

芝加哥商品交易所的一位高级交易员事后回忆说,"在场的人们神情茫然,没人能相信这是真的。一些人开始离开交易所。"[16] 投资组合保险公司在前30分钟内卖出3 000多份标准普尔500指数期货合约,期货价格似乎比标准普尔指数本身下跌得更剧烈。

这是一种幻觉。当芝加哥股市在上午 8:30(纽约时间上午 9:30)开盘时,很多标准普尔 500 指数成分股还没有在纽约证券交易所的场内交易,因为没有买家。在那段时间里,标准普尔 500 指数是用前一个周五的旧价格计算出来的,这使得股票看起来比期货合约贵得多——实际情况是期货合约比股票的实际价格贵得多。

尽管如此,指数套利者还是开始了他们熟悉的舞动,虽然只有轻微变化,但破坏性极大。和往常一样,他们在纽约大量抛售股票[17],在最初的 90 分钟内,道琼斯指数下跌 208 点,跌幅超过了 9%,这是当天预计的跌幅。但他们并没有立即买入标准普尔 500 指数期货,他们什么也不做[18],等待芝加哥市场更低的价格。当然,因为不买入,他们帮助确保芝加哥的价格会继续下跌。

到纽约时间上午 11:00,纽约证券交易所的多数股票都开放交易,并出现了短暂的反弹。然而,40 分钟后,反弹被扑灭。由于芝加哥的标准普尔 500 指数期货仍在下跌,道指在各种专业投资者一波又一波卖出指令的冲击下又开始下跌,这些投资者包括共同基金经理、指数套利者和华尔街自己的自营买卖机构。

那时,证券交易委员会主席鲁德已经结束在美国证券交易所主办的一场会议上半小时的演讲,并从五月花酒店(Mayflower Hotel)回到办公室。

不用说,他的听众表现得都很不安;人们溜到大厅里打电话了解市场情况。一走下演讲台,他就被一群记者团团围住。他们想知道是否已经采取任何措施来关闭暴跌的市场——也许是因为两周前，鲁德在一次演讲中[19]曾提到市场混乱崩溃时短暂的交易停止也许是明智的做法。他以教授般的谨慎解释说，还没有就此进行任何讨论，但“一切皆有可能……在某个时候，不知道什么时候，我有兴趣和纽约证券交易所就交易暂停、非常短时间的暂停展开讨论”[20]。

暂停个别股票交易是约翰·菲兰保护纽约证券交易所最后一搏的基石。[21]那天早上，他与鲁德通电话时提到了这个计划[22]，几个月前在一篇杂志文章中也谈到这个计划。然而，在那一刻，菲兰本人并没有建议关闭整个交易所。在如此紧张的时刻，一个比鲁德更有经验的监管者在公开场合提及此事时会更加谨慎。15分钟的问话之后，鲁德匆匆离开，走向等候他的车子。

回到办公室，他几乎立刻接到里克·凯彻姆的电话。凯彻姆一早在曼哈顿中城参加讨论，结束后迅速赶往市中心的纽约证券交易所，与纽约证券交易所董事会主席菲兰会面，而菲兰也刚刚结束与华尔街最大公司的首席执行官们的会谈。

凯彻姆说，菲兰告诉他，高管们“似乎完全不知道情况到底有多糟”[23]。

戈登·宾斯的办公室位于曼哈顿通用汽车公司大楼的第25层。办公桌后书柜上的电脑显示器上的大盘行情是他见过最阴冷压抑的——市场崩盘已经和1929年差不多了。

宾斯也许回想起了他在里士满的童年，想起母亲讲过的一个震撼人心的故事。[24]他母亲在地下室里发现了一张纸条，在上面他们家忧心忡忡的管家仔细地列出了她 12 美元预算的每一分钱。备受日益严重的大萧条所折磨的她坐在通往地下室的台阶上,为管家更加绝望的处境哭泣。她下定决心,家人会尽一切可能避免让这位女士在未来的艰难时期离开。宾斯是一个热心公益的人,从小就被教育要为别人着想。[25] 他从来没谈过他在那个“黑色星期一”下午所做的决定,但是事实是很有趣的。

整个上午,富国银行投资顾问代表宾斯的基金,每时每刻都在向纽约证券交易所的 DOT 系统发送大量卖出指令。公司并没有在混乱的芝加哥商品交易中心出售期货合约,而是开始出售通用汽车 330 亿美元投资组合中的实际股票,分别进行了 13 次交易,每次 200 万股,总计近 11 亿美元。

纽约证券交易所交易大厅的做市商永远不会忘记那次无情的轰炸。一位监管者回忆起一位做市商对他的描述:“嘣,又一个卖出指令,接着又是一个卖出指令,好像永远不会停止一样。”[26]

在下午 2:00。由于某种原因,它停止了。

富国银行的投资组合保险专家从未承认有过任何担忧[27];数十年来,这家公司的高管一直认为,投资组合保险是这场危机中无辜的替罪羊。通用汽车投资组合所需的对冲卖出不太可能在下午 2:00 前已经完成,因而无需进一步抛售。事实上,根据一种说法,在收盘前,富国银行还需要为通用汽车抛售 2 700 万股股票[28]。

然而,纽约时间下午 2:00,就在 LOR 在洛杉矶的首席交易员担心市场会“归零”的同一时间,这一波袭击纽约证券交易所接二连三的抛售指令出人意料地……停止了。

下午1:00刚过,一家新闻通讯社发表了一篇报道,报道了鲁德有关“非常短暂”暂停交易的评论。在接下来的一个小时里,道琼斯工业平均指数下跌112点。证券交易委员会很快否认曾对关闭交易所做过讨论,但市场上已经有足够的不确定性。指数套利者停止了在芝加哥的买入,他们担心如果纽约证券交易所关闭,将无法执行交易的另一边。结果,现金指数和期货价格之间的差距现在扩大到了前所未有的水平——实际上是难以想象的水平。在纽约和芝加哥,交易员们眼中闪烁着恐慌。在两个交易大厅之间呼啸而过的惊恐八卦,正变得像把它们绑在一起的投资策略一样危险。任何交易的停顿都无法阻止这个闪电般的谣言工厂。这两个市场都在各个方面的抛售中进一步下跌。[29] 下午2:30,道指跌去了13%,超过1929年大崩盘最糟糕的一天。现在,市场正经历着史无前例的下跌,没有人知道新的底部会在哪里。

根据新泽西州反种族隔离的撤资法,罗兰·麦克霍尔德必须在1988年中期之前卖掉价值60亿美元与南非相关的股票。他的员工每天均匀卖出价值1亿到2亿美元的股票。“我们一直在努力工作”[30],他后来回忆说。但他对市场越来越警惕[31],并将这些出售所得现金做更安全的投资。

10月19日周一下午2:00过后,麦克霍尔德的一位同事走进他办公室,告诉他纽约证券交易所发生的事。麦克霍尔德匆匆走进他的基金交易席位所在的房间,角落里的一个脆弱三脚架上放着的一台小型奈特·里德(Knight Ridder)新闻专用机正一刻不停地喷出四英寸宽的新闻纸条。

股市下跌近 300 点。

麦克霍尔德看着机器喷出的个股价格，立刻问道："我们有多少现金?"

他的团队发现了大约 2 亿美元可以迅速部署，开始试图通过经纪人购买一些廉价的蓝筹股。他们争分夺秒，投入了全部 2 亿美元，以最快的速度抢购低价股票。

他们是伯克利大学的教授们一直指望的逢低买进的对象，但由于无法知道大量的卖出指令即将到来，与那些排队以任何价格卖出的大机构相比，他们的时间和现金都很有限。"没什么能让市场的下跌放缓，"麦克霍尔德说。

当时钟慢慢指向 4:00 时，股市像一块弹跳的大石头一样下跌，冲破了 300 点的损失线，跌破了 400 点的损失线。麦克霍尔德和他的员工突然有了一种反常的欢闹，他们开始反常地为每一个新的负面里程碑喝彩[32]，尽管这意味着他们的股票投资组合的价值正在缩水。

当指数下跌 492 点时，又反弹了一点，交易室里的员工发出了叹息声。但在最后的冲刺中，道指下跌突破 500 点，以惊人的下跌 508 点收盘。"我们都欢呼起来，"麦克霍尔德说。"不然，我们还能做什么?"[33]

下午早些时候，当约翰·菲兰把他在华盛顿的来访者送出门外回到办公桌前时，道琼斯指数已经跌了创历史的 200 点。接着，在他的注视下,市场“崩盘了”。收盘时,道琼斯工业平均指数为 1 738.74 点;自开盘指数已下跌 22.6%。这一损失 2 倍于可怕的 1929 年大崩盘中最糟糕的一天,点数损失几乎是前一周周五惊人跌幅的 5 倍。前所未有地有 6.04 亿股股票被交易,是上个周五的 2 倍,速度和规模是市场有史以来最具灾难性的单日崩盘。1987 年 10 月 19 日周一从此被称为“黑色星期一”。

表面看起来菲兰很平静,但很严肃,他在股市收盘时召集他的工作人员说:“我想知道哪里出了问题,而不是哪里没出问题。先说坏消息。”[34]

然后他往大厅走去,来到富丽堂皇的董事会会议室,在那里,他和他的高级助手们坐在一张摆满麦克风的小木桌前,面对他们的是他所见过的最大的一群记者、电视摄像机和摄影师。

新闻发布会上,菲兰表现得泰然自若,讲了很多安抚人心的话,之后他给戴维 · 鲁德打电话,告诉他一个更令人担忧的最新消息。收盘时,他没有看到“一丝购买兴趣的迹象”,但根据交易所的“综合判断”,周二上午照常开市。[35]

交易大厅遭到了抛售的狂轰滥炸。做市商持有大约 13 亿美元的库存股票——他们是唯一的买家,他们必须用借来的钱购买这些股票。DOT 系统不堪重负,打印机出现故障、系统出现故障,超过 100 万股的指令还没有执行。

崩盘远超出了纽约证券交易所的范围——确实,在恐慌的投资者寻求安全的时候,唯一能看到的反弹只有黄金和国债。在芝加哥,标准普尔 500 指数期货合约录得 28.6%的历史性跌幅;美国证券交易所下跌 12.6%,与 1929 年持平;纳斯达克市场当天大部分时间都处于冻结状态,下跌 11%——由于一些交易商直接停止交易,没人相信这个数字。期权市场同样是一场灾难,由于价格剧烈波动,其交易量仅为上周五的 1/3。美元在外汇市场暴跌。从伦敦到东京的股市都受到重创。就连小麦和猪肉等农产品的期货价格也对忧心忡忡的场内交易员的担忧十分敏感,大幅下跌。

杰里·科里根从机场直接去了他在纽约的办公室,耐心听着由艾伦·格林斯潘从达拉斯酒店房间里召开的漫长的电话会议。美联储的文化要求人们达成共识。在会议某个时候,一位美联储理事说:“也许我们反应过度了。为什么不等几天看看会发生什么呢?”

通常以外交辞令著称的格林斯潘反驳道:“我们不需要等着看会发生什么。我们知道会发生什么。”[36]

这场历史性的、几乎不可思议的崩盘所引发的恐惧——简单非理性的恐惧——影响美国所有的银行高管。正当市场最需要信贷的时候,信贷却像夏季的水坑一样即将干涸。如果不能借款,市场就无法运转。为经济提供润滑的日常交易——出售商业票据、通过隔夜贷款扩大信贷、对冲在国外进行的大宗交易——都将停止。

对格林斯潘来说,很明显,美联储不仅要向金融体系注入现金,还要注入信心[37],而且必须在周二市场开盘前做到。

10 月 20 日周二凌晨 2:00 左右,约翰·菲兰醒了。他从床上起身走到他曼哈顿公寓的窗口[38],工作日他就在那里过夜。股市在三个交易日内下跌了近33%。他想知道:这对人们意味着什么?它将如何影响美国其他地方?如果整个系统在周二失控该怎么办?

用海军陆战队的话说,纽约证券交易所是先头部队,它将首当其冲,它必须挺过去。

“你明天早上开门吗?”

艾伦·格林斯潘在午夜从达拉斯打来电话,他平静地提出了这个问题。10月20日周二凌晨,当梅拉米德从芝加哥商品交易所结算所负责人那里听到25.3亿美元这个惊人的数字时[39],他脑海中回响起格林斯潘的问题。那是在周一股市暴跌后损失惨重的期货交易员所欠他们那些更幸运的交易伙伴的钱。

与所有期货市场一样,芝加哥商品交易所也采用“预付”的运作方式。新交易日开盘之前,前一天的交易必须结算(反复核对、清点和付款)。在一个典型的早上,这意味着大约有1.2亿美元易手。这一规模令梅拉米德感到震惊。[40]

芝加哥商品交易所的外汇交易员对欧洲的交易日非常熟悉,他们本应在周二早上芝加哥时间7:20开始测试当天的报价和出价。那时,芝加哥商品交易所必须开门,准备营业。

全世界都知道纽约证券交易所周一遭受重创。虽然公众并不关注关芝加哥商品交易所的新闻,但如果它未能在周二营业,那将是灾难性的。专业投资者会很快意识到周一的输家无法完全偿还赢家的债务,而赢家可能因此无法完成自己的义务。怀疑会像多米诺骨牌一样席卷市场——由炸药制成的多米诺骨牌。

一些传统主义者看到芝加哥勇于创新的麻烦制造者被羞辱时也许会欢呼雀跃,但这对金融系统来说是一个沉重的打击。这一体系由无形的信任链维系着;人们相信债务会得到偿还、交易会执行、机构会运转、货币会流通。信任之网被撕破,这个系统就无法维系。芝加哥商品交易所要做的只是在周二准时开门;因为世界必须看到它和它的交易公司是可信的。

这些不是芝加哥标准普尔 500 指数期货合约交易大厅里信用存在风险的小散户。摩根士丹利欠芝加哥商品交易所约 10 亿美元[41];而芝加哥商品交易所有义务向高盛支付 6.7 亿美元,向基德尔—皮博迪支付 9.17 亿美元。

机器里已经有沙子了[42],就像杰里・科里根近两年前在纽约银行遇到的那种电脑故障——那种突如其来的机械故障可以在任何高速危机中发生。由于软件缺陷,芝加哥商品交易所结算系统在周一收盘后发出的报告未能反映当天早些时候收集到的追加保证金通知,结果,看上去芝加哥商品交易所要求追加 25 亿美元,而不是总计 25 亿美元。这完全吓坏了许多本已紧张不安的银行,信贷也急剧紧缩。

在银行间转移现金的关键电子高速公路——联邦资金转账系统因不得不应付的空前流量而不堪重负[43],周一上午纽约时间 11:00 至下午 1:30 之间,它遭遇完全崩溃,这进一步加剧了银行业的紧张情绪。因此,芝加哥的银行必须先向清算所付款,然后纽约的银行才能提供现金支付这些款项。这需要很大的信心,而当时缺的就是信心。

芝加哥的市场在周一晚间已经躲过了一场潜在的毁灭性危机[44],这在一定程度上要归功于芝加哥商品交易所疲惫不堪的总裁比尔・

布拉斯基。一家主要的交易公司[45] 在芝加哥商品交易所遭受了巨大损失,但在芝加哥期权交易所赚了一大笔钱。遗憾的是,在向芝加哥期权交易所收取资金之前,它不得不先向芝加哥商品交易所付款。如果两家交易所不同意该公司的头寸轧差,违约就不可避免。在此之前,布拉斯基与负责期权市场中央结算机构的一位老朋友达成了一项特别支付协议。[46] 这一协议几乎就是握手达成的[47]。"没有书面文字,没有律师," 布拉斯基说,"那是在半夜。"该交易避免了可能令两个市场陷入瘫痪的一系列灾难性的违约。

现在,芝加哥商品交易所面临另一个违约威胁。

芝加哥时间早上 7:00,摩根士丹利仍未完全付讫。[48] 那天上午,比尔·布拉斯基曾多次与芝加哥商品交易所清算账户所在的大陆伊利诺伊银行财务总监威尔玛·斯梅尔策(Wilma Smelcer)进行核对。时间一分一秒过去,利奥·梅拉米德站在交易大厅楼上一间会议室的墙上电话旁,等待银行的最新消息。

斯梅尔策报告说,还少 4 亿美元。

"你是说我们从 25 亿美元降到了 4 亿美元? 这太棒了,"梅拉米德说。

"是的,利奥,但还不够好。"

梅拉米德越来越心烦意乱,坚持认为大陆伊利诺伊银行可以将这 4 亿美元作为短期贷款预付给芝加哥商品交易所;他们知道贷款将在几小时甚至几分钟内偿还。

"利奥,我无能为力。"这笔贷款太大,她无法批准。梅拉米德觉得她听上去像是要哭了。[49]

就在那时，斯梅尔策看到该行新任首席执行官汤姆·西奥博尔德(Tom Theobald)[50] 就在她办公室外，急忙与他商量。当梅拉米德和他芝加哥商品交易中心的同事们又一次在电话那端等候的时候，他看了一下时钟。他后来回忆说，大概是在早上 7:17 左右，斯梅尔策才回来继续通话[51]，她以一种胜利的口气说："利奥，我们没事了。汤姆说可以，你有钱了。"

三分钟后，芝加哥商品交易所开始营业。

不到半小时后，艾伦·格林斯潘向全国的银行家保证，有足够的资金提供类似这样的贷款。

纽约时间 8:41，美联储公布了一份简短的消息[52]："美国联邦储备委员会今日声明它已经准备好作为流动性资源支持经济和金融体系，这符合其作为国家中央银行的责任。"这一消息的措辞是格林斯潘和科里根在周一晚间反复讨论后确定的。

当然，如果银行家像吓坏了的土地神①那样把钱囤积起来，美联储把钱交给他们也没有任何用处。银行需要把钱借出，立即借给维系市场的金融机构。科里根越来越担心他们不会这么做。

他的担心是对的。[53] 在那些惊恐的时刻，美林公司的一位银行家"打电话给我说，'你需要 X 美元来弥补你的头寸，我们需要 10 分钟之内拿到这笔钱——否则的话，哼'"，美林公司的总裁被激怒了。"'我永远不会忘记'，我说，'嘿，狗娘养的，冷静点、放松点。这是美林证券。你会得到你的钱的。'"

---

① 原文 gnome，指儿童故事里在地下守护金子、珠宝等的土地神。——译者注

在他纽约铺着木质镶板的宽敞办公室里，科里根忙着打电话，一个接一个地哄骗着大银行的主席，向他们保证，美联储理解他们的困境，并准备提供帮助。当然，他不能命令他们提供华尔街所需的贷款，但他希望他们在未来关键的几个小时和几天内考虑"大局、金融体系的福祉"[54]——简言之，考虑金融全面陷入僵局的巨大危险。

芝加哥联邦储备银行也在给当地银行的首席执行官打类似的电话，但大陆银行的汤姆·西奥博尔德不需要他人鼓励他放贷。他疯狂地放贷，试图挽救他的子公司第一期权，后者正面临着一场老一套的挤兑。[55] 交易员们听到有关这家大型结算公司陷入困境的传言后，纷纷撤出现金，总量大到不可思议。

不难想象，如果为全美最大的期权市场——芝加哥期权交易所——处理近一半交易账户的公司突然倒闭，将会发生什么。它的客户几乎没有机会在这场风暴中找到一家新的清算公司；他们别无选择，只能停止交易。流动性将会枯竭，为美国所有期权交易所服务的中央结算所将遭受沉重打击，从而可能在其他地方引发恐慌。

大陆伊利诺伊已经化解了芝加哥商品交易所的危机。现在，如果可能的话，它必须拯救其子公司第一期权[56]。

在纽约证券交易所周二上午9:30开盘前不久，菲兰要求会员公司不要在程式交易中使用DOT系统，以便为小投资者的指令提供服务。无论意图多么美好，这一决定命运的举措基本上都是让指数套利机器脱离困境。菲兰可能希望能止住纽约的套利卖出指令，但这一举措也将限制芝加哥的套利买入指令,而芝加哥迫切需要这些买入指令来抵销投资组合保险商的卖出。

尽管有这么多的担忧,周二还是以反弹开始。道琼斯工业平均指数比周一收盘时上涨11.5%(或200点),涨幅创下历史新高。敏锐的做市商得以抛售他们在夜间持有的部分股票[57],但不出半小时,抛售压力又以前所未有的力度卷土重来。上午的所有涨幅都被抹去,市场继续下跌。到下午12:30。道指在1 700点上方徘徊[58],比“黑色星期一”的最低点还低38点。

芝加哥没有足够的指数套利买家,以及有关芝加哥商品交易所清算所危机的不可避免的传闻导致标准普尔500指数期货直线暴跌。[59] 上午9:00到11:15之间,也就是纽约时间上午10:00到12:15,标准普尔500指数期货合约的价格下跌近27%,意味着道指实际点数为1 400点。[60]

标准普尔500指数期货合约的交易员们开始离场——有些出于纯粹的恐慌或自我保护的本能,有些是因为他们的清算公司坚持减少损失。梅拉米德夸耀多年的流动性[61] 在他眼前逐渐枯竭。

芝加哥期货价格与纽约现货价格之间的巨大价差成为专业投资者的“广告牌”,预示股价可能进一步下跌。蓝筹股的买盘踌躇不前,等待更好的买入机会[62],因此购买纽约证券交易所股票的需求与卖出压力大不相同。

到周二中午,约翰·菲兰和利奥·梅拉米德肯定都很担心,他们一生所熟悉的世界正在他们眼前毁灭。[63]

纽约时间上午 11:00,道指下跌约 100 点,菲兰离开办公室,来到交易大厅。大厅挤满了人,但出奇地安静,就像飓风眼一样。[64] 由于缺乏买方出价,IBM、柯达和其他 10 只占道指 54%的股票[65] 已经停止交易。在反常的寂静中,菲兰召集交易大厅四名高层管理人员,带他们走到一个帆布盖后面,这个帆布盖挡住了在交易大厅一边进行的一些建筑工作。[66]

“让这些股票开始交易,”他告诉他们。[67]“让我们提高这些股票的价格,然后继续交易。我们必须通过交易摆脱目前的困境。”[68] 他补充说,“我们不会关闭这个地方,但我们会继续关闭股票交易。”[69]

超过 80 或 90 只股票已经停止交易或即将停止,菲兰被告知。在接下来的几分钟里,做市商将成功使大部分股票开始交易,只有 15 只股票将停止交易,但随着抛售压力的加大,另外 60 只也将停止交易。

菲兰回到他的办公室,接了几个电话,其中一个可能是利奥·梅拉米德打来的。然后大步走到接待处,让他的秘书[70] 给“贝克、鲁德、科里根”打电话。当时时间是下午 12:05。[71]

戴维·鲁德中午与菲兰进行的简短谈话时所做的记录显示,这位纽约证券交易所主席表示,“没有买方出价”,他“非常担心流动性”。记录上的下一个短语是:“考虑一下短时间休市。”[72] 据报道,菲兰还出人意料地表示,“芝加哥商品交易所有兴趣停止交易”。[73] 目前尚不清楚他是如何或何时得到这种印象的。

菲兰告诉鲁德,“他一直与白宫保持接触,会再次致电白宫寻求对暂停交易的支持”。白宫椭圆形办公室的留言条和电话记录[74] 显示,霍华德·贝克在下午 12:15 与菲兰通话,而后在 12:22 又有一次通话。

数十年后,菲兰坚持说,他在中午到 12:30 之间的某个时间召集他的员工到他办公室,告诉他们,“不管发生什么事,我们都不会关门”。他的备用计划是继续关闭个股交易,而不实际关闭交易所。共有 1 500 多只股票在纽约证券交易所交易,“它们不可能同时都承受巨大的(抛售)压力,”[75] 他想。

然而,据鲁德说,菲兰告诉他,他“觉得需要 10 分钟来获得更多的支持,但他预计 10 分钟后发布一份新闻稿,宣布休市”。基于这番言论,证券交易委员会迅速警告其他交易所[76] 和商品期货交易委员会,纽约证券交易所可能会关闭。

菲兰后来说他被误解了。“当我向证券交易委员会和白宫提到一个备用计划时,他们似乎认为我要关闭市场。当然,这不是真的。”他说,他办公室里的每个人都通过扬声器听到了电话,知道“我决心不关闭市场”[77]。

在华盛顿和芝加哥,这令人惊惶的几分钟里与菲兰通话交谈的人显然会觉得纽约证券交易所很可能会被迫关闭,至少得关闭一小段时间。他们对这一点非常确定,以致在并未寻求进一步澄清或证实的情况下就按此印象行事。这是周二中午约翰·菲兰所遭遇可怕局面的最好反映。

在芝加哥,依赖于纽约证券交易所实时股价却无法获得的芝加哥期权交易所已经停止交易，美国证券交易所的期权市场和其他地区的期货市场都在关闭。现在，利奥・梅拉米德的监管机构告诉他，纽约证券交易所正"考虑关闭"。他慌乱地说，"如果纽约证券交易所关闭，将会出现无法控制的恐慌[78]。在这种情况下，如果芝加哥商品交易所继续营业，我们将见证史无前例的抛售狂潮。"

按照梅拉米德的说法，他在上午11:00左右(纽约时间中午)，用比尔・布拉斯基办公室的免提电话给菲兰打了电话，问菲兰纽约证券交易所是否真的要关闭。

"菲兰的声音听起来像是病得不轻，"梅拉米德后来说。据他的说法，菲兰的回答是："情况正在接近那个……没有买家……我们要开会决定。我们很可能休市。布拉斯基办公室里芝加哥商品交易所的高管们面面相觑。"梅拉米德回忆道："当时几乎确定纽约证券交易所很有可能会关闭。"[79]

在纽约证券交易所关闭的消息传出之前，芝加哥商品交易所的管理人员决定先关闭标准普尔500交易大厅。梅拉米德是不是在某种程度上向菲兰传递了这种绝望的意图？这就是为什么菲兰会跟鲁德说那些话吗？这有可能，但没有相关记录。

在菲兰第一次给鲁德打电话之后的某个时候——不知道过了多久——菲兰又打来电话告诉证券交易委员会主席，纽交所"不会关闭；市场已经回暖，它将努力保持开市"。纠正电话很快打给了几分钟前接到鲁德办公室电话的人。

这显然提出了一个问题：如果菲兰之前的电话是宣布交易所不会关闭，为什么他又要打这个电话？

在芝加哥,上午11:15(纽约时间下午12:15),利奥·梅拉米德和其他几位芝加哥商品交易所的高管离开电话,来到交易大厅,宣布芝加哥商品交易所中心将立即关闭[80],等待明确纽约证券交易所将采取何种行动。

芝加哥期货交易所的特点是,它与芝加哥商品交易所领导的交易暂停毫无关系。其人口稀少且极不稳定的MMI合约继续交易。芝加哥期权交易所的著名交易员布莱尔·赫尔(Blair Hull)认为多亏是这样,他还是他的小交易公司里唯一一位同时还在芝加哥期货交易所占有一席之地[81]的交易员。

赫尔需要满足追加保证金的要求。在芝加哥期货交易所关闭后,他匆忙赶到期权交易所的交易大厅,走进MMI交易场内,开始买入,以弥补让他损失惨重的一只空头头寸。卖家蜂拥而至,他很快就买到了他需要的东西。

在他买盘的影响下,MMI期货合约突然反弹,暴涨超出了合理的水平。在各地的交易台上,红色代表下跌、绿色代表上涨的电脑显示器上突然出现了意想不到的绿色火花。

绿色的闪光出现在曼哈顿所罗门兄弟公司的交易席位上。到那时,交易桌上已经是一片繁忙的景象。在那个可怕的周二中午的某个时候,该公司股票交易部门传奇人物斯坦利·肖普康恩结束一个电话就匆匆走出了他那间玻璃墙办公室。他让手下大批交易员开始出价买入,很快他们就忙碌了起来。

肖普康恩刚与他在高盛的同行罗伯特·姆努钦(Robert

Mnuchin)进行了交谈，他们决定双双介入，大量购入在纽约证券交易所暂停交易的主要股票。[82] 很明显，他们想要盈利，但他们也不得不考虑“金融体系的利益”[83]。

大量的股票被停止交易，一度超过160只。纽约证券交易所的常规做法是，交易中断会立即报告给新闻通讯社。今天，由于某种原因，他们没有这么做。因此，当某些股票价格似乎已经稳定下来时，人们并不是立即清楚它们是否是停止交易了。事实上，纽约证券交易所的一名员工公开否认了有关道琼斯股票已被停止交易的报道[84]，这后来被称为一个错误。

时间接近下午12:30时，道指较黑色星期一灾难性的收盘点位低了38点，菲兰和几名高级职员只是盯着办公桌后面的大电脑显示器。“市场必须反弹，”他想。[85]

他们看到MMI期货闪着绿光，看到开放交易的道琼斯股票的数量[86] 开始上升。很多大公司宣布他们正在回购自己的股份——戴维·鲁德已经放弃了证券交易委员会的某些规定来加速这一进程——所以这也许终于奏效了[87]。

菲兰的第六感告诉他市场感觉更强劲。由于没有芝加哥期货价格严峻的“广告牌”效应，由于许多股票价格处于停滞状态，市场完全准备好应对开始慢慢流入的买入指令，无论这些指令来自哪里。随着交易的复苏，在这个疯狂的市场回归理性之前，更多的人开始争相抢购廉价股票。

这很可能是约翰·菲兰拿起电话告诉戴维·鲁德纽约证券交易所不会关闭的那一刻。[88]“我们还在坚持，”他说。

纽约证券交易所继续营业，不久之后，在关闭了49分钟后，标准普尔500指数期货交易大厅重新开市。随着美国证券交易所和纳斯达克市场继续下跌，截至下午3:30，道琼斯工业平均指数上涨了创纪录的200点，在收盘前半小时又失去了一半的收益。当天收盘报1 841点，上涨102点，涨幅近6%。

几周前的某一天，102点的增长是历史性的，值得庆祝。今天，它仅仅意味着生存，至少多了一天。

在周二那些严峻的时刻，到底有多少股票可以交易？在这点上纽约证券交易所是否故意误导了市场？它是否因此坚持到了所罗门兄弟和高盛等大买家的介入？或者还是有更大的阴谋[89]：除了芝加哥期货交易所，所有的股指期货市场故意停止交易，这样芝加哥期货交易所的交易员们可以哄抬交投清淡的主要市场指数期货合约直到比道指成分股更贵，从而引发纽约证券交易所与套利相关的购买兴趣？

芝加哥期货交易所和商品期货交易委员会调查了有关MMI操纵的指控，并得出结论，这些含糊不清的报告没有根据。此外，有无数常识性原因来怀疑所谓的更大的阴谋。这需要天敌之间的闪电般的协调，包括叛逆、不合作的期货交易所作为市场的先头部队愿意在其他期货市场闭市的时候继续交易。芝加哥期货交易所也许会和芝加哥商品交易所联手击败纽约证券交易所，但它似乎不太可能与芝加哥商品交易所联手以拯救纽约证券交易所，因为这给它自己带来很大风险。正如布莱尔·赫尔在当时乃至几十年后都一再表示的那样，没有必要继续掩盖一个阴谋，他开始交易纯粹是为了自我保护。

众所周知，MMI 交易场缺乏流动性，周一和周二的剧烈波动就证明了这一点。因此，在少量买入的情况下，不需要进行任何操纵就能实现大幅飙升。此外，由于 DOT 系统不允许程式交易，许多指数套利交易员当天都离场观望，因此，很难确定 MMI 的上涨是否真的会在纽约产生套利买盘。当时，华尔街执迷于标准普尔 500 指数期货，对他们是否会注意到或者关心波动的 MMI 的上涨，甚至还存在一些争议[90]；如果他们并没有，那就注定了阴谋论不成立。

那么，市场在 10 月 20 日周二中午至下午 1:00 之间出现的"奇迹"是由什么导致的呢？鉴于所罗门兄弟和高盛公司以及这两家公司主要股票交易员的传奇地位，他们向纽约证券交易所股票注入资金(据几家消息来源估计为数亿美元)的力量将会发挥极大的心理作用。如果他们大举买进，纽约证券交易所的做市商和其他摇摇欲坠的交易部门肯定会受到鼓舞，就像那天公司股票回购的消息越来越多一样。当然，在布莱尔·赫尔发出买入指令后，MMI 的飙升可能有助于缓解绝望情绪。如果有什么"阴谋"的话，那就是一个机会主义的阴谋，其核心是掩盖纽约证券交易所交易暂停的普遍程度。

事实依然如此：尽管股市周一下跌，但周二却几乎崩盘。拯救它的只是一张由信任、勇气和即兴发挥拼凑而成的临时网络——也许还有不时出现的一些有创意的花招。

只有不了解情况的后见之明认为，周二中午的转折点是 1987 年崩盘的"终点"。对菲兰和梅拉米德，对鲁德、科里根和格林斯潘，对于震惊的加利福尼亚的投资组合保险公司来说，这仅仅是一个脆弱的反弹，使市场跌跌撞撞地走向周二美好的收盘钟，也没有摧毁世界对美国金融系统的信心。

纽约证券交易所阳台上的钟声将在周三上午 9:30 再次响起,他们谁也不知道那一天结局如何。

注释:

1. 关于这通电话发生在什么时候、内容是什么存在一定的不确定性,但据所有说法,至少在上午 8:30 之前。梅拉米德在回忆录中说,当天早上 6:30(纽约早上 7:30)他在前往芝加哥商品交易所的高速公路上疾驰,在车里接了电话(见 *Escape to the Futures*, p. 348)。在其他地方(Tamarkin, *The Merc*, p. 325),梅拉米德回忆早上 7:00(纽约早上 8:00)打来的电话。在市场崩盘后的两个月内,他告诉《芝加哥论坛报》,他是在早上 7:30(纽约时间上午 8:30)接到电话的,这是离事发最近的一次回忆,是本书作者觉得最可取的。这也最符合纽约证券交易所的时间安排,纽约证券交易所的工作人员在纽约时间早上 7:00 开始统计 DOT 指令。菲兰似乎不太可能在前 30 分钟看到足够多的指令流来做出如此悲观的评估。至于内容,一份机密的证券交易委员会备忘录显示,菲兰在电话结束一小时内向证券交易委员会主席戴维 · 鲁德讲述了谈话内容;这是目前可用的同一时期说法,似乎与菲兰的观点一致。

2. Diana B. Henriques, *Fidelity's World: The Secret Life and Public Power of the Mutual Fund Giant* (New York: Scribner, 1995), pp. 283—284。

3. Brady Report, p. 30。另外一两只规模小得多的基金在"黑色星期一"出售,但富达投资代表了当天大部分共同基金的卖出指令。

4. 如前所述,与其提交的指令数量相比,交易的股票数量与 DOT 系统的容量相关性更小。Brady Report, p. VI—32:"1987 年 10 月 19 和 20 日,收到了 470 100 和 585 000 份系统指令,而同年 1 月至 9 月的日均指令为 143 000 份。在 10 月 19 日之前,一天内收到的系统指令数量最高纪录为 27 万。"因此,'黑色星期一'的指令数量至少是正常指令数量的三倍;星期二的数量是正常指令数量的四倍。"

5. Metz, *Black Monday*, pp. 42—43。

6. Tamarkin, *The Merc*, p. 325; and Jouzaitis and Cohen, "The Crash and Chicago's Markets"。

7. 机密备忘录是鲁德所述菲兰对早先与梅拉米德通话的描述,这发生在那次电话后不久。梅拉米德不记得菲兰在电话中说了这些具体的话,但承认在这些动荡的日子里菲兰可能在其他对话中向他传达了这一信息。梅拉米德在2017年2月17日的一次采访中说:"这当然是菲兰的感受。"

8. "October 1987: A Retrospective," p. 4。

9. 2016年对LOR的采访。

10. MacKenzie, *An Engine, Not a Camera*, p. 187,经利兰确认。

11. 同上,第188页。

12. 2016年对LOR的采访。

13. 2016年对利兰—奥布赖恩的采访。

14. 对科里根的采访。

15. Melamed, *Escape to the Futures*, pp. 353—354。

16. Tamarkin, *The Merc*, p. 330,引述了Rufenacht、Bromagen和Hertz的芝加哥商品交易所清算成员公司大厅业务主管Alan Ross的话。

17. Brady Report, p. III—20。

18. 同上。

19. David S. Rudor, "The Impact of Derivative Trading and the Securities Markets," Remarks to the Bond Club of Chicago, October 6, 1987, p. 15。预发文本可登录网站sec. gov/news/speech/1987/100687ruder. pdf获取。

20. Brady Report, p. Ⅲ—20。

21. Metz, Black Monday, p. 98。梅茨观察到，诡异的交易员“没有意识到纽约证券交易所在(黑色星期一)开盘时的拖延是有目的的。他们认为这些延迟是开盘不可能的迹象，而不是不可取的迹象。他们的误读……梅茨断言，这些诡异的交易员也对纽约证券交易所做市商在芝加哥出售期货合约的“广为人知”感到不安，以对冲他们不断增长的股票库存，这是纽约不断增长的警报信号。正如布雷迪委员会后来观察到的那样，两个市场之间的感知塑造信息的流动不能停止，甚至是暂时的，很快就成为“自我强化”(布雷迪报告，第Ⅲ－26 页)。

22. David S. Rudor, “Partial Chronology of Chairman’s Office Participation in the October Market Break,” prepared by Chairman Rudor’s staff at the SEC,” p. 2，出自鲁德教授个人档案。

23. Metz, *Black Monday*, p. 98。

24. 阿曼达·宾斯．梅勒尔(Amanda Binns Mellar)访谈。梅勒尔说，她父亲告诉她这个故事，是为了向她展示人们相互之间的责任。宾斯不会公开谈论通用汽车在 1987 年大崩盘中的角色。据广泛报道，通用汽车是这些抛盘的买方，这一点未被否认过(例如，Glenn Kessler and David Henry, “The Power to Drive the Market Down,” *Newsday*, January 17, 1988, p. 93; Q&A, “Interview: General Motors’ W. Gordon Binns,” *Intermarket magazine* 5, no. 10[October 1988])。他在 1987 年计划交易听证会上的观点，特别是在他的书面证词中，表明他敏锐地意识到大多数专业和期货交易公司的资本缓冲不足，投资组合保险还没有在衰退的市场中进行过测试，过去投资组合保险的表现模式并不能解释其广泛扩散的原因。宾斯是一个实用主义者而不是绝对主义者，他清楚地知道隐忧在哪里，到下午 2:00，市场已经接近自由落体的边缘，所有的断层线都让位了。不难想象他插手了，但无法确定他是否真的插手了。

25. 作者采访了 6 位熟悉宾斯的人，他们对宾斯的看法是一致的，都反映在这里了。作者还阅读了宾斯从通用汽车退休之际世界各地的人写给他的几十封信,这些信证实了他的形象。

26. 2015 年 7 月 7 日对戴维 · S. 鲁德的采访(以下简称"2015 年 7 月对鲁德的采访")。

27. Elaine S. Povich, "Market Crash Brings Battle over Changes," *Chicago Tribune*, January; 4, 1988, p. 1。另见 Reuters, "Big Investors Defend Programmed Trading," *New York Times*, November 19, 1987, p. D。

28. Tamarkin, *The Merc*, p. 328。

29. Melamed, *Escape to the Futures*, p. 357。

30. 麦克霍尔德访谈。

31. 麦克霍尔德特别记得当时雷曼兄弟有影响力的战略家伊莱恩 · 加扎雷利(Elaine Garzarelli)的早期预测。她后来回忆说,"我在 9 月底开始看跌,然后在股市崩盘前一周,我上了 CNN,说会发生像 1929 年那样的崩盘"(Weiner, *What Goes Up*, p. 280)。

32. 他们的反应虽然古怪,但并不独特。帮助开发获得诺贝尔奖的期权定价理论的天才费雪 · 布莱克在金融危机期间是高盛的员工。有一个说法,一位交易员冲进来报告说,由于价格下跌如此之快,一个卖出指令从未被报送。据说布莱克回答说:"哇,真的吗? 我们在见证历史!" 参见 Patterson, *The Quants*, p. 51。

33. 麦克霍尔德回忆录,第 187 页;和麦克霍尔德访谈。

34. Phelan, "October 1987: A Retrospective," pp. 4—5。

35. Ruder, "Partial Chronology," p. 5。

36. Greenspan, *The Age of Turbulence*, p. 106。

37. 同上。

38. Phelan, "October 1987: A Retrospective," p. 7。

39. Melamed, *Escape to the Futures*, p. 360。

40. 同上,第 359 页。

41. 同上,第 361 页。

42. Peter Norman, *The Risk Controllers: Central Counterparty Clearing in Globalised Financial Markets* (Chichester, UK: John Wiley and Sons Ltd., 2011), p. 137。作者为了撰写此书做了深入细致的研究。诺曼(Norman)提到,由芝加哥商品交易所清算公司执行官福平德·吉尔(Phupinder Gill)于 2008 年提供给他的这个说法在商品期货交易委员会 1990 年 1 月对 GAO 报告的回复中得到了确认:"问题主要是由于结算银行在通常的时间没有收到准确的指令单,因为在 1987 年 10 月 19 日支付的某些非现金日内变动付款不适用于当时的软件,因此没有反映在 10 月 20 日的变动计算中"(第 137、12ff 页)。

43. Brady Report, p. VI—71。"黑色星期一"的营业时间比正常时间晚,但是布雷迪委员会批评纽约联邦储备银行没有提前宣布它将营业至处理完所有的电汇交易。"随着每一个预期的收盘时间接近,而有线通信仍不完整,美联储宣布将延长收盘时间。因此,结算银行不知道其假定的日间信贷延期是否会在业务结束时得到补偿。"

44. 2015 年 7 月 27 日对威廉·布拉斯基的采访(以下简称"对布拉斯基的第二次采访")。

45. 塔马金(Tamarkin)的《芝加哥商品交易所》(*The Merc*, p. 335)详细描述了此次救援,诺曼(Norman)的《风险控制师》(*The Risk Controllers*, p. 142)也提到了这一点。但两个说法都不能确认相关公司。无论是布拉斯基还是参与其中的朋友,包括票据交换所主席韦恩·卢思林斯豪森(Wayne Luthringshausen)都无法清楚地回忆起获救公司的名字。

46. 期权结算公司一直在芝加哥期权交易所交易股票指数"看跌"期权,在芝加哥商品交易所交易标准普尔 500 指数期货合约。它在期货市场的损失完全被看跌期权的巨大收益所抵消。这个最后时刻的"交叉保证金"安排允许一个市场的利润通过票据交换所应用于另一个市场的亏损。几年内,两家市场将建立正式的交叉保证金安排,很大程度上是按照“黑色星期一”晚上两个好朋友之间的特别协议。

47. Norman, *The Risk Controllers*, pp. 141—142。

48. Tamarkin, *The Merc*, p. 334。这个说法依赖于梅拉米德在梅拉米德的回忆录和第一次对梅拉米德的采访中的叙述,以及鲍伯·塔马金(Bob Tamarkin)授权的芝加哥商品交易所历史。据塔马金表示,比尔·布拉斯基那天早上和威尔玛·斯梅尔策(Wilma Smelcer)通了电话,但梅拉米德可能参与了同一个电话对话,用会议室的电话,或者他给她单独打了一个电话。塔马金还将摩根士丹利的支付归功于芝加哥商品交易所主席杰克·桑德尔(Jack Sandner),他说:“让我告诉你事实。这是一个无债务体系……你的公司是唯一一家没有付款的公司。如果这笔钱还没有到位,明天报纸的头条会说你的公司违约了。”这笔钱就此解决了,塔马金报告说,“45 分钟内。”梅拉米德多年来一直坚持他的说法,其他人也没有公开质疑。但是出于公平,以及对梅拉米德戏剧性的天赋的欣赏,必须承认布拉斯基和桑德尔在那天早上拯救芝加哥商品交易所的行动中有功劳。

49. 2015 年 7 月 29 日对梅拉米德的采访(以下简称“对梅拉米德的第二次采访”)。

50. 当时是花旗银行(Citibank)高管西奥伯尔德(Theobald)对加入“安全网”(Safety Net)集团犹豫不决,该集团在 1984 年夏天帮助拯救了大陆伊利诺伊银行,有报道说他问“我为什么要帮助竞争对手?”(见 Silber, *Volcker*, p. 245)“黑色星期一”期间和之后紧接着围绕大陆伊利诺伊的假设问题是深刻的,从“如果它在 1984 年被允许破产怎么办?”到“有没有其他银行能为芝加哥商品交易所提供便利?”

51. 对梅拉米德的第二次采访。

52. SEC Crash Report, p. 5. 27。

53. Weiner, *What Goes Up*, p. 294。

54. 2015 年 6 月 16 日对 E. 杰拉德・科里根的采访。

55. Jouzaitis and Cohen, *The Crash and Chicago's Markets*。根据《芝加哥论坛报》的报道,交易员们在那两天里从第一期权提取了超过 3 亿美元的现金。周一和周二,在芝加哥期货交易所大厅的哈里斯银行(Harris Bank)支行,"交易员们排队取钱"。有人看到一个商人往马歇尔・菲尔德(Marshall Fields)的购物袋里塞现金;据报道其他人租用了保险箱,并在里面装满现金。其中一个,《芝加哥论坛报》说,带了一辆装甲车到银行,以支取 30 万美元现金,这是"在从清算公司兑现支票后获得的"。《芝加哥论坛报》稍微夸大了这个事情。证券交易委员会发现,1987 年 10 月 14 日至 30 日期间的提款总额为 3.645 亿美元,其中 24 280 万美元是"黑色星期一"的提款总额(SEC Crash Report, p. 5.43)。这些数字显然支持第一期权出现挤兑的说法。

56. 如果第一期权仍然在前老板,纽约证券交易所做市商斯皮尔—利兹—凯洛格(Spear, Leeds and Kellogg)手中,考虑到当时所有的做市商都面临很大的压力,它可能无法在"黑色星期一"中幸存下来。如果它没有幸存下来,这个严峻的星期二会更糟。

57. Brady Report, p. 36。

58. 同上,第 40 页。

59. 同上。布雷迪委员会的报告称:"这一自由落体现象的主要原因是缺乏指数套利买盘,这通常是由于期货对股票的巨大折价所引起。"

60. 同上。如果道指周二收盘真的达到这个点数,1987 年 10 月 19 日和 20 日的两天跌幅将远比 1929 年 10 月的两天大崩盘还要严重。如果收盘于 1 400 点,道指在两天内下跌将是 38%,而 1929 年,两天跌幅略低于 24%。

61. Tamarkin, *The Merc*, p. 344。

62. Brady Report, p. 40。

63. 两天后的机密报告显示,监管机构担心,“如果周二市场收盘下跌 200 点,大量做市商可能会流失。”

64. Weiner,*What Goes Up*, p. 295。

65. Metz,*Black Monday*, p. 194。

66. 同上。

67. Weiner,*What Goes Up*, p. 295。

68. Metz,*Black Monday*, p. 193。

69. 如前所述(又如 Metz,*Black Monday*, notes at p. 195 所述),菲兰有一个计划,要求“如果计划交易导致市场下跌超过 25%,立即停止多达 100 只股票的交易”。菲兰当时说:“停止交易会给市场喘息的时间。”做市商可以说最后一次卖出是在 X,最接近的出价是 Y。“我们不是让股市下跌,而是试图通过联系所有的买家和卖家来建立一个新的平衡,”他解释道(见 Grant,“John Phelan vs. Program Trading”)。

70. Metz,*Black Monday*, p. 209。梅茨说这一场景的描述出自《纽约时报》记者罗伯特·J. 科尔(Robert J. Cole)所做的记录,当时他正在菲兰办公室外等待继续当天早些时候被打断的采访。

71. 十分钟后,梅拉米德将关闭芝加哥商品交易所的标准普尔 500 期货交易中心,这是他在纽约时间中午与菲尼克斯公司交谈后所采取的行动。他的年表有点模糊,他在回忆录一开始说标准普尔 500 期货交易中心关闭了“大约 35 分钟”,而精确的记录显示关闭了 49 分钟。

72. David S. Rudor,“Notes: October 19, 1987, to October 30, 1987”(以下简称“Rudor,‘October 19—30 Notes’”), p. 31。在他的私人档案中,鲁德教授有 132 页关于这一时期市场事件的手写笔记,他慷慨地允许作者为撰写此书查阅笔记。

73. 同上。

74. 日志来自田纳西大学诺克斯维尔分校的霍华德·贝克档案馆,也显示了早上8:20与菲兰的电话交谈,那发生在和格林斯潘和鲁德对话后15分钟内。

75. Phelan,"October 1987: A Retrospective," p. 10。

76. Rudor,"Partial Chronology," pp. 10—11,对鲁德的采访,2016年12月。

77. Phelan,"October 1987: A Retrospective," p. 10。

78. Melamed,*Escape to the Futures*, p. 365。

79. 同上,第365—366页。

80. 同上。梅拉米德报告说,这一行动发生在芝加哥时间上午11:30,但根据布雷迪报告的说法,发生在11:15。菲兰中午给证券交易委员会打了电话;梅拉米德说,消息通过商品期货交易委员会传到芝加哥,在那个时候,他给菲兰打了电话,然后前往芝加哥商品交易所标准普尔500期货交易中心。然而,这一切仅仅在15分钟内就完成了。当然,可能梅拉米德在菲兰打电话给证券交易委员会之前和他交流过——他告诉商品期货交易委员会,他在那天上午和菲兰谈过几次,他的回忆录中并没有描述所有的电话沟通。

81. 对布莱尔·赫尔的采访,2016年3月31日。

82. 尽管没有一个参与者证实这一点,但很可能所罗门和高盛在不到一个小时后重新开张时,也将购买指令转向了芝加哥商品交易所的标准普尔500期货交易中心。

83. 对肖普康恩的采访,对高盛和所罗门兄弟退休高管的保密采访。《纽约时报》前专栏作家弗洛伊德·诺里斯当时是《巴伦》(*Barron's*)的专栏作家,当此事发生时,他就在肖普康恩的办公室外,并在他的Economix博客中详细描述了这件事("It Never Happened,"*New York Times*,October 24,2007)。该专栏的网址是 https://economix.blogs.nytimes.com/2007/10/24/it—never—occurrent/? r=0。

84. Metz,*Black Monday*,pp. 225—226。这确实是这个动荡的日子里最令

人费解的事情。纽约证券交易所职员的老板理查德·托伦扎诺后来告诉梅茨，工作人员“不知道”为什么她会发表错误的声明。当然，有一种可能性是，如果没有向通讯社报告交易暂停，也就没有向员工告知。不过，按规定，在做出声明之前应该先检查声明的准确性。在2016年被问及此事时，托伦扎诺说，这个错误很可能只是动荡时期附带损害的一部分。

85. Phelan，“October 1987：A Retrospective，” p. 8。

86. 同上。

87. Brady Report，p. III—26：“目前影响股市的另一股力量是越来越多的美国公司宣布愿意从投资者手中回购自己的股票。周一和周二，宣布了大约62亿美元的股票回购。”据布雷迪委员会称，这些购买可能并没有全部完成，但这些公告起到了有益的作用，因为它们“可能使市场参与者相信，回购将维持稳定的底价。”逢低买盘者蜂拥而至购买[，]而卖家最终可以将大量股票直接出售给公司买家。”

88. 确切的评论是在当天下午3:00左右给鲁德的后续电话中做出的，但这反映出参与者可以回忆出菲兰在之前电话里所做的评论。

89. 蒂姆·梅茨，一位优秀的财经记者，在他1988年的优秀著作《黑色星期一》(*Black Monday*)第11章中，为“大阴谋”理论提出了最详细的理由。本书作者并不认为它有说服力，但其他人可能会。

90. 梅茨在《黑色星期一》第217页上写道，“大多数投资者甚至连专业人士都不会注意到”MMI的反弹，这个观点与他的其他观点不符。所罗门兄弟的知名技术分析师拉兹洛·比林伊(Laszlo Birinyi)表示不同意这一观点，他说该指数是华尔街交易席位每台电脑显示器上仪表盘的一部分，其上涨肯定会有影响，比他的公司和高盛带来的大量买入指令的报道更有影响力。他认为，这样的进展主要是对绝望的纽约证券交易所做市商有重要意义，给了他们足够的希望，让他们继续战斗，直到道指反弹。

20

杂耍手榴弹

1987 年 10 月 21 日周三凌晨，高盛本应向处境艰难的大陆伊利诺伊银行支付 7 亿美元，以偿还部分交易债务，但在收到别人的欠款之前，高盛一直在拖延。艾伦·格林斯潘后来回忆道："然后，高盛改变了想法，付款了。"[1] 他说，如果不这样做，"就会在整个市场引发一连串违约"。

这将是那种每一天都有可能比前一天更糟糕的一个星期。

就在那个周三上午将近 9:00 的时候，高级员工对那天可能出现的问题在做简要陈述，戴维·鲁德坐在办公桌前专心地听着，做着笔记。

在下面一层楼，证券交易委员会市场监管部门的工作人员在搜集华尔街有公司陷入破产的谣言[2]；有些是真的，有些不是——或者还没有。不过，一位重要的助手对鲁德说，市场形势可能会很严峻。

他指出,“总数很糟糕。”[3] 这位助手补充说,如果有大公司“搞砸了,我们就会有问题”。

最主要的担忧是一家大公司会倒闭。[4] 周三凌晨[5],纽约证券交易所一家做市商悄悄与美林(Merrill Lynch)合并了;三家小型交易公司和一家中西部经纪公司都举步维艰,但很少有人听说过他们。尽管位于芝加哥的第一期权令人绝望——公司在周二的交易中“破产了”[6],一名助手报道——但它并不是一个家喻户晓的名字。

对于嘉信理财公司来说,情况并非如此。这家激进的折扣经纪公司拥有 180 万个客户账户,多年来一直在大肆宣传,每个月都有成千上万的新客户签约。在 1982 年 8 月开始的长期牛市中,嘉信理财体现了大众对股市日益增长的痴迷。[7]

1987 年春天,查克·施瓦布(Chuck Schwab)从美国银行手中买回了他的公司,9 月中旬,他把公司的股份卖给了公众。该股票最初以每股 16.50 美元的价格在纽约证券交易所上市,而嘉信理财的客户是最热心的买家之一。

但到周三上午,嘉信理财完全处于混乱之中。由于紧张的投资者周末打来的电话风暴,电话系统已经瘫痪。现在打电话的人如果能听到忙音就很幸运了。公司股价已经从最初的价值下跌了 30%,它的计算机系统也终于崩溃了,而一些指令还没有被执行,这使得嘉信理财难以摆脱随后的价格下跌。

在没有计算机系统的情况下,公司正在努力计算自己的财务状况。[8] 不过,即使没有这些计算,高管们也知道,公司陷入了可怕的困境。事实上,由于美国银行不再为其纾困,它的生存也受到了质疑,因为在中国香港，一个自以为是的投机者积累了 1.24 亿美元的保证金债务。[9]

如果在金融危机之后，嘉信理财不得不关门，那么对个人投资者的心理影响将是可怕的。

周一和周二，普通大众已经在大声抱怨纳斯达克市场的崩盘[10]，这些抱怨得到了专业投资者的响应。到周三上午，把自己标记为“明日的市场”的纳斯达克仍在努力从泥潭中爬出来。在此期间，它已经下跌了近 20 个百分点。报价的更新量和通过其电子系统的查询已经是正常量的 20 倍。投资者在通过电话联系他们的经纪人时遇到了麻烦，交易平台无法应付大量业务的重压，而且通过该系统的指令速度已经从几分钟放缓到一个多小时。报价的快速波动使得电子市场在周一的大部分时间里都被冻结。纳斯达克总裁约瑟福·哈迪曼(Joseph Hardiman)上任仅三周，正试图解决不断上升的投诉，并让他那些饱受惊吓的交易商们团结起来。[11]

至于期权市场，由于交易员难以确定开盘价格，交易仍连续几个小时缩减。接连两晚，结算公司和期权结算公司所依赖的自动定价服务[12] 出现故障，价格必须由人工输入系统。因此，第一期权周二上午开始营业时并不确定其实际财务状况。它的母公司大陆伊利诺伊银行一直在稳定地借钱给它，到目前为止，它已经避免了违约。但每个人都知道还有很多不确定因素。[13] 艾伦·格林斯潘后来指出，在第一期权现金危机的重压下，“芝加哥期权市场几乎崩溃”。

更糟糕的是，对第一期权的拯救行动遇到了一个超现实的障碍。

大陆伊利诺伊银行的主要监管机构——货币监理署——对该行

拯救其子公司的努力犹豫不决。周二,当市场在混乱的边缘摇摇欲坠时,监理署的工作人员曾抱怨称,该行周一向第一期权提供的1.3亿美元贷款超过了1984年联邦存款保险公司为大陆伊利诺伊银行纾困时设定的上限。[14] 不过,坚决果断的大陆伊利诺伊银行周二又向其陷入绝境的子公司发放了1.38亿美元贷款,避免了一场违约,不然会在那个糟糕的日子将期权市场撕开一个大伤口。[15]

现在,与受过危机考验的前任托德·康诺弗相比,现任货币监理署署长缺乏经验,但他坚持自己不会放弃贷款限额。大陆伊利诺伊银行对第一期权的支持不得不迅速通过该行的控股公司进行调整[16],而这家控股公司正是唐纳德·里根在1984年想要扼杀的,作为拯救该行的代价。如果货币监理署的阻挠公之于众,可能会加剧期权交易员的恐慌,并加剧对清算公司的挤兑。

货币监理署的单边行动肯定已经让纽约的杰里·科里根目瞪口呆。[17] 如果这个国家最大的期权清算公司——而且是一家大银行所拥有的公司——破产了,它无疑会损害期权市场,冻结它所欠活跃在其他市场的公司的现金,并进一步重创芝加哥的每一个交易员。这也可能让欧洲大陆的储户感到恐慌,使该行来之不易的金融稳定面临风险。

如果这一切是因为一个监管机构不允许伊利诺伊大陆银行去做其他监管机构迫切希望它做的事情?这是荒谬的。在未来几天任何一家关键的金融公司的倒闭都可能是灾难性的。自银色星期四危机以来的每一场金融危机都清楚地表明,一场金融危机可以不受监管控制很快蔓延,且不可预测。

在周三上午的新闻发布会后，鲁德呼吁其他监管机构与相关人士谈谈。[18] 然后，他联系了证券交易委员会的其他委员们，为约翰·菲兰的一个请求得到他们的同意。纽约证券交易所董事会主席希望获得许可在接下来的几天提前几个小时关闭交易所，这样纽约证券交易所及其会员公司可以处理上周五上午以来已经转手的 15 亿股股票。市场未表达的担忧是，在历史上最混乱的交易日中，大量积压的书写潦草或是敲击键盘录入的指令掩盖了一些错误，这些错误将给交易某一方带来财务上的损失。在所有这些交易都被统计和支付之前，没人真正知道哪些公司陷入了困境，以及这一问题有多严重。

周三上午，将嘉信理财——可能是整个市场——解救出来的任务落在了罗伯特·罗索(Robert Rosseau)的身上，他是一位好辩的越战老兵，被从旧金山派遣到地球另一边催收所欠嘉信理财的债务，这些债务威胁公司的生存。

这笔债务的欠债人是嘉信理财中国香港办事处的最大客户王德辉。[19]

王德辉是一个富有的商人，有着可怕的经历：六年前，他被绑架并被释放，因为他那令人敬畏的妻子龚如心平静地支付了 1 100 万美元的赎金[20]。龚如心扎着时髦少女的辫子，对空头陷阱有敏锐的直觉。王德辉的股指期权交易规模巨大，一次交易成千上万的合约，而当时典型的情况是几百张合约。近年来，他通过在嘉信理财的保证金账户借钱，押注股市上涨，获利巨大。

自 8 月以来市场的持续下跌，以及前一周的历史性崩溃，让王德辉损失惨重。在前一个周六的早晨，香港日出之时，王德辉欠嘉信理财1.24亿美元，如果他不付款，嘉信理财将背负全部损失。[21] 作为对嘉信两次追加保证金通知的回应，王德辉支付了4 000万美元。然后，保证金债务仍高达8 400万美元的他不再回复嘉信的电话了。

王德辉的失踪增加了嘉信的压力。作为一家公开上市的公司，根据美国证券法，嘉信在10月29日周四前有10天的时间披露其财务状况的任何重大变化。

鲍勃·罗索在"黑色星期一"一早飞往中国香港，他发现香港的整个金融界都处于动荡之中[22]，证券交易所和期货市场已经关闭。他请求法院下令冻结王德辉的资产，但被拒绝，然后他很快聘请一家新律师事务所来修改这一请求。[23] 罗索进入了"特别行动"模式[24]——根据一种说法，他在租来的办公室窗户上贴上纸，防止望远镜的窥视，他不停地检测他的电话是否被安装了窃听器，雇用私人侦探，并用非传统的方法追踪王德辉分布很广的银行账户。

嘉信的调解员最终与难以捉摸的王德辉联系上，并安排周三召开会议。王德辉很清楚事情进展到哪一步。[25]"好吧，罗索先生，"他说，"看来嘉信的价值是7 200万美元，我欠贵公司8 400万美元。"然后他走了出去，把剩下的谈判留给了龚如心。这不会是一件容易的事。

在同样的周三，10月21日，股市突然开始紧张地反弹[26]，缓解了纽约证券交易所的财务压力，道指上涨了近187点。但这次反弹极大地增加了海恩·利兰、约翰·奥布赖恩和马克·鲁宾斯坦的财务压力。

伯克利大学的教授们在"黑色星期一"坐飞机前往洛杉矶,之后留在那里,努力维持他们为保护客户的投资组合所实施的部分对冲措施。周二下午之后,他们在期货市场上成功建立了一些保护措施,但周三的反弹意味着他们必须拿出更多的现金保证金来维持这些头寸。在客户的账户中筹集这些现金的唯一方法[27]是卖出股票,但由于这两个市场的结算时间不同,他们必须在期货市场上额外支付现金,然后才能在股票市场上获得现金。

约翰·奥布赖恩仔细地向客户做了解释:他们要么必须从另一个来源获得现金,要么他们必须卖出股票以立即支付,这意味着他们会得到更低的价格。

事实上,利兰估计,客户资产的80%可能得到保全,但损失了20%。[28]他和他的伙伴们推断,这总比没有任何保护好,但这不是他们所宣传和期望的。

鲁宾斯坦对媒体的报道感到愤怒,在此次危机的众多原因中,它们单单把投资组合保险挑出来讨论。他和利兰认为,那些在周一和周二有效禁止或放弃指数套利的人同样负有责任。早在1986年9月,他们就明白,他们和其他投资组合保险公司坐在市场的一端,而指数套利者则坐在另一端。导致标准普尔500指数期货交易大厅的价格远低于现货市场价格不仅仅是因为投资组合保险的实施者的抛售,指数套利者没有购买也是原因。如果试着向记者解释这一点,他们中很少有人能掌握这两种策略中的一种。

更难以解释的是,在一个高效的市场中,"黑色星期一"究竟是如何发生的[29]，在高效的市场上，价格因为对未来股票价值“理性预期”的变化而发生调整。这种市场运作模式，即“有效市场假说”，已经深深扎根于传统的量化金融领域，以至于“黑色星期一”和星期二的经历就像把一块石头扔出窗外，看着它浮起来，让人觉得不真实。

嘉信理财命运取决于香港那边的发展，华尔街其他四家核心公司命运的决定权在伦敦，同样只有一周时间，对市场脆弱的稳定同样是巨大的心理风险。

10月15日，前一周的周四，一个由伦敦、纽约和多伦多投资银行组成的财团急切地接受了英国政府出售其英国石油公司股份的提议。120亿美元承销是历史上规模最大的股票发行之一，共21亿股上市，计划每股价格为证券承销商确定的5.45美元。然后发生了美国史上最严重的股市崩盘，在全球市场造成了连带损害。现在，英国石油公司的股价肯定比投资银行同意支付的要少得多。如果英国政府没有取消或修改这笔交易，承销商的全球亏损约为8.4亿美元——其中大约5亿美元的损失将发生在纽约股市最糟糕的时刻。[30]

高盛和其他三家在华尔街的旗舰公司[31]——所罗门兄弟、摩根士丹利和希尔森雷曼兄弟——被困在交易中。私营合伙企业的高盛将遭受最严重的打击，损失高达1.5亿美元；另外三家在纽约证券交易所上市的公司，将各面临约1.2亿美元的损失。

伦敦股市周二依然疲软，部分原因是担心英国石油公司的交易。英国的银行家们正在游说政府寻求救济，但保守党政府却处境艰难。[32] 在玛格丽特·撒切尔(Margaret Thatcher)首相的领导下，在那些造成大量工人失业的问题上，保守党援引自由市场原则，那么现在它该如何放弃这些原则来拯救大量富有的银行家呢？政府坚称，该交易将于 10 月 30 日周五以商定的价格达成如期完成。

在华尔街，那周经纪行业的股票已经比道指下跌了很多，陷入英国石油公司交易的这三家公司的股价开始进一步下滑，谣言也开始酝酿。在纽约联邦储备银行，杰里·科里根知道哪怕是一点点怀疑，也可能很快让一家经纪公司失去赖以生存的隔夜贷款。[33] 他也加入了敦促英国当局修改协议的声音。

10 月 22 日周四上午，在开盘前不久，约翰·菲兰和三名董事会成员走上了俯瞰纽交所交易大厅的石头阳台。菲兰给他们读了来自里根总统的信[34]，称赞他们在那周的工作中表现出“冷静而专业的态度”。交易员、专家和职员们充满感激地聆听着。

接着，菲兰敲响开市钟，纽约证券交易所陷入了另一个可怕的日子。

做市商们看到了来自大机构的大量卖出指令，但几乎看不到买家，这种似曾相识的感觉令人难受。对一些人来说，这像是周一那样的大灾难的前奏，许多人毫无疑问地知道，如果危机来临，他们的公司可能无法生存。一位交易员告诉《纽约时报》：“当我不能交易 IBM 时，我知道遇上大麻烦了。”[35]

那天早上，在拥挤的交易大厅里，交易员们全力应付他们的指令，还有他们的命运。在低点时，道指跌至 1 837.86 点[36]，比周三收盘低 9 个百分点。随后，该指数收复了上午的部分失地，收于

1 950.43点，下跌77.42点，跌幅3.8%。就在几周前，这天的损失就像周二的收益一样，看起来将是史诗般的；在黑色星期一之后的三天，它看起来像是一个缓刑。事实上，纽约证券交易所综合指数和标准普尔500指数在抛售中受到的打击比道指更大。

在周四收盘后的新闻发布会上，菲兰宣布，从周五起一直持续到下周，该交易所将在下午2:00关闭。记者招待会上的气氛很紧张，但菲兰和他的团队并没有失去他们的幽默感。在那令人沮丧的日子里，工作人员和场内交易员都戴着橙色的徽章，上面写着："不要惊慌。"[37]

到周四，监管机构的一大担忧是标准普尔500期货合约与标准普尔500指数之间存在的史上最大且最顽固的价差为什么并没有消失。

商品期货交易委员会的监管者认为，这是因为约翰·菲兰[38]曾告诉纽约证券交易所的公司不要使用他的DOT系统进行程式交易，这抑制了指数套利。周四上午，商品期货交易委员会代理主席卡洛·A. 希曼与证券交易委员会的戴维·鲁德就此事进行了交谈。[39]

鲁德理解希曼的观点，即期货市场从股市中脱离出来[40]会让投资者对市场价值产生错误的印象。但它所造成的损害远比这要严重得多：它将阻止套利使这两个市场重新回归一致。投资组合保险策略的实施者继续在标准普尔500指数期货合约交易大厅大量抛售[41]，因此那里也必须有买家。这些潜在的买家包括指数套利者，他们依靠DOT系统来进行股市交易。没有DOT系统，他们中的许多人在这两个市场都没有交易，而期货价格的差距也没有缩小。其结果是潜在的股票买家一直在踌躇不前，他们认为芝加哥的折扣预示着纽约证券交易所的价格将很快下跌。

当然，希曼是对的。随着一些大型机构交易员开始采用指数套利策略，这两个市场被捆绑在一起。如果没有这种套利活动，两个市场的价格都无法保持平衡。而且，对 DOT 辅助程式交易的禁令阻止了很多现在有必要的交易。

但是，甚至当指数套利不受约束的情况下，标准普尔 500 指数期货合约交易大厅的价格也大幅偏离了常态，这可能会让人们对希曼的观点产生怀疑。更重要的是，菲兰想要为个人投资者保留 DOT 系统，他们是菲兰所相信的股票市场的基石，也是鲁德监管的市场。鲁德没有命令纽约证券交易所撤销对程式交易的禁令。

因此，价差还在持续——又一次证明了尽管纽约和芝加哥的市场被投资策略连在一起，它们对市场如何运作、市场为谁服务这两个问题的看法依然大相径庭。

还有其他的跨界争论。由于市场在周四暴跌，证券交易委员会还在纠结是否要求商品期货交易委员会[42]“敦促甚至逼迫”期货市场推迟日常股指交易，直到纽约证券交易所能够得到所有的股票公开交易，以缓冲开盘时销售的影响。周四，证券交易委员会的委员们进行了热烈的讨论，但没有达成任何协议，芝加哥坚决反对这一改变。

但芝加哥商品交易所主席比尔·布拉斯基，一位不知疲倦、努力寻找共识的外交官，已经能够帮助说服芝加哥商品交易所至少暂时对标准普尔 500 指数合约施加每日价格限制[43]，这是利奥·梅拉米德在8个月前没有成功的那一步。芝加哥商品交易所理事会在周四晚上召开会议,批准价格限制,称之为"紧急行动"。

周四晚8:00,在一天的市场暴跌之后,里根总统在白宫东厅登上了讲台,这是他七个月来的首次新闻发布会。听到在场记者的苦笑,他若有所思地说,"一切就像昨天一样,"他的开场白跟他妻子有关,手术后南希回到了白宫。[44] 他说:"南希回家肯定是件好事,她的情况不错。"

所有人都注意到南希·里根的健康状况让里根分心[45],或者他对华尔街金融危机并不了解。在"黑色星期一"发生时,他乘直升机去看望妻子,登机前,在直升机的巨大噪音中他巧妙地回答了记者的提问。[46]

弄清楚记者的问题后他说,"什么?哦,股票市场。""我认为每个人都有点困惑,我不清楚这意味着什么,因为所有的商业指数都在上升。经济没有任何问题。"他的助手们心下一惊:这听来太像是1929年大崩盘后赫伯特·胡佛总统的乐观声明。[47]

下一个问题是关于恐慌。这对总统来说是司空见惯的。"也许有些人看到了获利的机会,我不知道,"他说。他几乎明显地表现出了对史上最大的市场崩盘的不屑一顾。带着要送给南希的一件包装鲜亮的礼物,他登上了直升机。

周三,随着市场上涨超过186点,里根总统被问到是否认为华尔街危机已经结束,这次他又是在直升机上被噪音包围。

"嗯,看起来是这样的,"里根漫不经心地说。"当然,当超过一半的损失已经恢复时”。[48]

周四股市的暴跌再次震动了白宫西翼的每一个人,而总统的晚间新闻发布会则是为了努力传递一个更加连贯的信息。[49]

里根在电视摄像机前认真地看着镜头说:“虽然在几天的损失后股市出现了几天的上涨,但我们不应该认为股市的过度波动已经结束。现在仍有理由感到担忧,但也有理由采取行动。今晚我计划采取以下措施来迎接这一挑战。”

他说,他将与国会领导人坐下来讨论减少预算赤字的方法,他还将敦促国会拒绝任何可能使国家陷入衰退的保护主义政策。最后,他将成立一个特别工作组,“在未来 30 至 60 天内,审查股票市场程序,并就任何必要的变化提出建议。”这个团队的领导人将是尼古拉斯・F. 布雷迪,他是新泽西州的前参议员,华尔街的保守派。

到纽交所周五上午开盘时,外国市场已经对里根总统有关金融危机的反应表现出不满。[50] 中国香港股市仍处于关闭状态,东京股市开盘时正值里根新闻发布会开始的时候,价格立即暴跌。澳大利亚股市下跌近 7 个百分点;新加坡和中国台湾地区也累积了巨额亏损。欧洲同样不稳定——瑞士的主要指数创下了当年新低,伦敦股市大幅下跌,直到强劲的国内贸易数据刺激了中午的小幅反弹,将当日的跌幅缩小了一半。

纽约证券交易所交易的前 30 分钟,股价大幅下跌。在证券交易委员会的办公室里,戴维・鲁德与一位高盛高管在交流[51],希望了解市场的情绪,他被告知:“一切都好。”的确,在接下来的半个小时里,市场确实大幅反弹，但在缩短了的下午交易时段，价格逐渐走弱。

鲁德决定在这动荡的一周结束时召开新闻发布会，他利用这一机会来指责所谓他关于“黑色星期一”可能暂停交易的即兴评论导致那天最后的暴跌的说法。他说：“如果我这样的评论就可以引起股市的大幅下跌，那就太神奇了。”[52]

在回答问题时，鲁德描述了周二中午与约翰·菲兰的谈话，声称菲兰距离关闭纽约证券交易所的决定仅“一步之遥”，并断言如果他采取这一行动，证券交易委员会将会支持他。[53] 纽约证券交易所立即对这一说法提出异议，菲兰坚持称：“我们还没有到要闭市的地步。”他补充说：“我们让股票交易。关闭纽约市场相当于雪上加霜。”

在芝加哥，芝加哥商品交易所的交易员第一次面临对标准普尔500指数期货合约的价格和相关期权价格在一天内波动幅度的限制。根据新规，如果期货或期权价格上涨或下跌相当于标准普尔500指数的30点，交易将在当天结束。[54] 比尔·布拉斯基对记者说：“价格限制是自由市场的诅咒，但我们这是在对非常极端的情况做出反应[55]，是负责任的事。”其他期货交易所也纷纷效仿。

周五纽约证券交易所收盘比周四早了两个小时，道指报收1 950.76点，比上一个周五低了近300点，但与周四收盘时的点数几乎持平。这是一个扫兴的结局，那一周的周一目击了史上最糟糕的交易日。然而，对于疲惫不堪的约翰·菲兰来说，这是“理想的剧本”，市场需要时间喘息。[56]

纽约证券交易所外的人行道上的景象非常壮观。[57] 有一说法是，“小贩、人行道上的传教士、艺术家、抗议者和观众”与电视摄像人员和来自华尔街公司的工作人员混在一起，他们在“纽约证券交易所最后交易的时刻从办公室里涌出来，走上街头”。

一名华尔街工作人员说：“我们来这里是为了看看发生了什么。毕竟，这是一个历史时刻。”[58] 另一个人说：“每个人都在说 1929 年(的大崩盘)，而这也将会和 1929 年一样一直被提到。”

但是，任何期待收盘后看到疲惫不堪的交易员蜂拥离开的人都感到失望，正如一名即将离职的交易所工作人员所说的那样：“每个人都还留在交易所里，他们会待很长一段时间。交易停止了，但工作没有结束。”[59]

最紧迫的工作是 10 月 16 日周五那场残酷而短暂的历史性交易的最终统计。该交易所的交易必须在 5 个工作日内结算并结清。对于黑色星期一的交易来说，周末之后就是清算日。

利奥·梅拉米德对“黑色星期一”引起的政治反响非常担忧。在几天内，芝加哥的期货交易所曾经默默无闻，是不为公众关注的小市场，如今已经吸引了全球的目光，也引起华盛顿的争议。[60]

梅拉米德天生擅长进攻。当戴维·鲁德从华盛顿回到芝加哥时，他和布拉斯基前去拜访。之前，比尔·布拉斯基通过中间人向鲁德提出过拜访请求。[61] 10 月 24 日周六下午 3:30，两人到了鲁德位于芝加哥北部湖畔郊区高地公园的家。

对证券交易委员会主席来说，这是一个多事的日子。几个小时前，他接到了里根总统的电话[62]，事关几个积压指令的问题，里根总统同时也感谢鲁德和证券交易委员会的工作人员“本周在非常困难的情况下所做的大量工作”。总统的赞美让他们感到高兴，不过听来有点生硬不自然。

鲁德对客人表示欢迎并请他们入座，随后拿出一个便笺簿，坐下聆听。在近 90 分钟的时间里，梅拉米德和布拉斯基从他们的角度回顾了这一周[63]——解释了周二为什么决定暂停交易，并坚称如果没有期货市场吸收如此多的机构抛售，纽约证券交易所的压力将会更大。

他们认为，对大机构投资者来说，芝加哥正在成为纽约证券交易所股票价格被“发现”的市场，而且没有办法把精灵放回瓶子里。鲁德听着，但他对此表示怀疑。[64] 几百年来股票价格在股市设定。难道标准普尔 500 指数期货合约在芝加哥开始交易以来的 5 年里情况发生了变化？

布拉斯基认为对话是积极有益的，他决心保持沟通的畅通。他和梅拉米德计划于 10 月 28 日周三在华盛顿与国会的主要委员会私下会面，说明芝加哥市场在黑色星期一的崩溃中是无可指责的。[65] 布拉斯基建议，鲁德和里克·凯彻姆在周二和他们共进晚餐。鲁德接受邀请后，芝加哥商品交易所的领导人就离开了。

那天下午的访问标志着芝加哥商品交易所坚持不懈的宣传活动的开始，它将持续几个月——事实上，持续了好几年。正如该交易所的官方历史所言，“就像一个沮丧的少年对父母大喊大叫‘你不明白’，芝加哥商品交易所试图解释自己”[66]。

戴维·鲁德于周日晚回到华盛顿，因为他知道第二天的后台工作将是许多华尔街公司面临的严峻考验，这个工作就是结算“黑色星期一”完成的交易。

10 月 26 日周一早上，亚洲股价又一次开始直线下跌，而随着太阳西行，西方的股价也开始下跌。

周一中国香港开盘时正值曼哈顿周日晚间，这是香港 10 天来的第一个交易日。股市的下跌令人震惊——跌幅超过 30%，一些人认为这是世界上股市单日跌幅最大的一次。[67] 中国香港期货市场表现更糟，下跌 44%。在东京，日本股市下跌了 4 个百分点[68]，为有史以来第三大跌幅，此前的纪录是前一周暴跌的两天里创造的。德国股市下跌 6 个百分点。巴黎股市剧烈波动，收盘下跌近 8 个百分点。

当周一上午纽约开市时，约翰·菲兰准备好迎接一场灾难。灾难如期而至。

在详细描述了全球动荡之后，一名工作人员在当天上午对戴维·鲁德说："情况不妙，还是不妙。"[69] 一位经济学家在那天晚上这样告诉《纽约时报》："世界范围内的恐慌性抛售"[70]。道指下跌 8 个百分点(略低于 157 点)，收于 1 793.93 点，与"黑色星期一"收盘时的点位相差不到 56 点。

在接近收盘时，菲兰跟鲁德通话，给了他一些安慰："黑色星期一"的交易已经完成结算，没有任何灾难性的问题。至于市场，菲兰说："这令人伤感，但还不至于恐慌。""市场正在做它的事情，我们只需要不断卖出创新低。"

这些全球性的、自东向西的市场大跌令人不安。菲兰知道，纽约任何一家大公司都在中国香港有业务[71]，而且在伦敦、东京和欧洲同样如此。

10月27日，周二，对交易员们来说伦敦股市的交易依然低迷，但它给纽约带来了一个窄幅而受欢迎的反弹，上涨的股票数量略高于下跌股票的数量。10月28日，周三，股市波动加剧。道指收盘时微升，但大多数其他市场指标（包括中国香港在内的大多数外国市场）都出现了下跌。

嘉信理财的纠纷调解员鲍勃·罗索周三仍在香港，距离与王德辉的交易只有几英寸之遥。由于嘉信创始人查克·施瓦布将于周四早间亲自宣布公司的财务业绩，该公司的公关人员已经准备了两份讲稿，截至周三深夜，这位创始人仍然不知道他将使用哪一个讲稿。

其中一个版本宣布公司亏损高达2 200万美元，这将抹去该公司当年的大部分利润，并使其股价比现在跌得更低，这是查克·施瓦布热切希望他能够用到的讲稿。

另一个讲稿宣布亏损1亿美元[72]，这将抹去公司的净资本、违反其银行贷款的条款、迫使其寻求紧急买家或关门。这正是消息灵通的监管机构所担心的，这会引发大众恐慌，并再次将华尔街推回"黑色星期一"的境地。

10月29日周四早上5:00，在旧金山[73]，查克·施瓦布接到了罗索的电话，报告说王德辉已经提出以八折偿还他的8 400万美元的保证金债务，实际支付6 700万美元。施瓦布艰难地接受了。他拿起了将宣布2 200万美元损失的讲稿前往他在早上6:00的新闻发布会。这其中大部分损失要归功于王德辉。

"我非常不高兴，"他告诉记者。[74] 而如果另一种情况发生，他会更不高兴。

几分钟后，纽约股市开盘，上演了真实的反弹。市场表现强劲，并全天保持这种势头，即便是遭受重创的纳斯达克股票也在上涨。下午 2:00 收市时道指上涨超过 91 点，这是连续第三天上涨——尽管周三的涨幅微乎其微。但道指仍比 8 月的峰值低了近 30%，人们依旧很紧张，但随时可能出现新危机的情况似乎已经缓解。

那天下午 4:00，约翰·菲兰在华盛顿众议院商业委员会金融小组的一次闭门会议上作证。这是一个非常有先见之明和诚挚的讲话。

在那次秘密会议上[75]，菲兰承认，如果个股普遍暂停交易在黑色星期一和星期二都没有奏效，"我认为作为一个备用计划，我们将不得不休市。"他没有粉饰他从周二上午 10:30 到下午 1:00 所面对的恐惧。[76]

他还谈到市场在投资组合保险方面的经验教训。他说："其中一条是，当每人都想同时离开房间时，就不可能离开。"另外一点是，当你健康的时候，保险是很容易得到的："而当市场处于极度压力之下，你就无法得到他们所希望的那种保险。"

最有洞见的是，他对新的衍生产品发出了警告，这些产品就像杠杆和支点一样，允许投资者提高利润或者扩大自己的损失，超出使用现金时的可能。

"我不认为问题的根本在芝加哥交易大厅或[一家]纽约期权交易所交易大厅，"菲兰表示。他说："看到客户管理 3 万亿美元的资金时我看到了问题。直到两年前，他们拿出一美元购买一美元的股票。现在，他们可以拿出 5 美分来购买一美元的股票。市场的机构投资者已经获得了不可思议的影响力。”

他说，无论如何，必须解决杠杆和规模这两个至关重要的问题。

菲兰表示：“我们必须在未来一年至18个月里决定在这个国家想要什么样的股票市场。”[77] 股票市场正迅速接近大宗商品市场早已司空见惯的波动水平和机构主导性，在那里，设计之初，高杠杆就引入期货合约。“如果波动性这样继续下去，”他警告说，“我们将赶走所有投资者，最后只剩专业投资机构，而我不认为这对这个国家会有什么好处。”

国会小组成员礼貌地聆听着，但没有迹象表明他们实际上听懂了这位经历各种市场风云变化、饱经沧桑的市场老兵所说的话。他的警告几乎是对华尔街和世界未来的预测。

到周四中午，戴维·鲁德在几个月的时间里第一次感到放松。在宣布季度亏损后，嘉信理财的股价已跌至6.50美元。这大约是9月份的1/3，但公司——更重要的是市场——能够挺过来。第一期权也会蒙混过关[78]，但这不应感谢美国货币监理署。第一期权满足了所有追加保证金的要求，它的现金储备已经稳定下来，它的母公司，伊利诺伊大陆银行，正在悄悄与美国货币监理署署长协商解决紧急救援的方式。

此外还有一项协议在酝酿中，以处理英国石油公司的承保损失。在周四5:00左右，就在最后期限到来的时候，终于从伦敦传来达成妥协的消息：这笔交易不会被推迟，但英国央行将回购任何未售出的股票[79]，买入价会减少，但不能消除企业面临的亏损。

股市在10月30日周五再次上涨，比开盘时高55点，收于1 993.53点；已经收回在黑色星期一所遭遇损失的一半。这是危机爆发前以来第一次连续四天上涨。这并不是1987年股市崩盘的结束，但这可能是崩盘之后的新"常态"的开始。

这次股市大跌的代价巨大。自8月市场见顶以来，已经有超过1万亿美元的财富损失，其中一半发生在黑色星期一，同时投资者的信心也大受打击。疲软的华尔街公司的裁员已经威胁到纽约市和其他金融中心的经济[80]，一场更大的衰退似乎很有可能。

灾难性的10月已经过去，华尔街也已结算好账目，除了监管机构和市场内部人士以外，几乎没有人知道，尽管情况已经很糟糕，但黑色星期一可能造成比"糟糕"更严重的损失。

灾难得以避免，不是因为谨慎的政治监督和精明的监管远见，而是纯粹的运气：在最后一刻与中国香港的一名期权交易人达成交易、英格兰银行迟来的妥协意愿、纽约联邦储备银行的一位极具说服力的爱尔兰人、一位也许已经表现出罕见克制力的养老基金经理、曼哈顿两个临时合作的股票交易竞争对手，以及在芝加哥一些久经考验的友谊、一些愿意违抗监管者和自身恐惧的银行家们、高盛的及时支付，还有，在芝加哥期货交易所的主要市场指数中，有一次幸运而及时的购入。

少了其中任何一个要素，黑色星期一的后果对美国的金融体系来说都将是灾难性的。

要顺利进入11月，市场需要最后一点运气，即英国石油公司交易的修订条款。但遗憾的是，这意味着官方的承销声明必须尽快修改，以便经纪公司可以开始出售他们的风险库存。

周五晚，戴维·鲁德负责公司金融的主管琳达·奎因(Linda Quinn)走进他的办公室，把修改后的文件交给了他。鲁德很惊讶文件这么快就到了，他拿起文件，寻找新的条款，然后露出了微笑。

奎因亲自用正楷改写了文件相关部分，披露了这笔交易的新条款。

鲁德批准了这份文件，一个几乎被高科技交易拖垮的市场正在进行的自我纠正一定程度上是凭借一份公司的文件，这令他惊叹。在证券交易所早期历史中也是这样产生一份公司文件。

注释：

1. Greenspan, *The Age of Turbulence*, p. 109。格林斯潘将此称为黑色星期一之后“六次近似灾难性的事件之一，主要涉及支付系统”。令人担忧的是，他补充说，高盛的一位“高级官员”后来向他透露，如果高盛预见到接下来几周的困难，它将不会支付。他怀疑，在未来的此类危机中，高盛会重新考虑是否要做这种单方面的支付。

2. 约翰·夏德的前雇主E. F. 赫顿是这些毫无根据的谣言的第一个话题，之后就是贝尔斯登和摩根士丹利。见无署名文章，“Brokerage Stocks Fall; Large Losses Rumored,” *New York Times*, October 21, 1987, p. D20。

3. Ruder, “October 19—30 Notes,” p. 50。

4. 市场也有同样的担忧：即使在10月20日周二下午的市场反弹中，一些经纪类股比黑色星期一下跌得更多。遭受最严重打击的是赫顿，尽管公司宣布更高的利润，但周二该公司的股价下跌超过27%。摩根士丹利在黑色星期一下跌近 1/3 后，周二下跌近 14%。第一波士顿在周二损失了超过 11%的市值，交易价低于其净值。

5. 这家做市商是 A. B. 汤姆潘恩公司(A. B. Tompane and Company)，于 1987 年 10 月 21 日周三凌晨 4:00 完成了与美林的合并(Metz, *Black Monday*, p. 150)。密歇根州的零售经纪人是大急流城的 H. B. 谢恩(H. B. Shaine)公司；10 月 20 日周二，纽约证券交易所还暂停了另外三家小型交易公司的营业：威廉·D. 迈耶公司(William D. Mayer and Co.)，大都会证券(Metropolitan Securities)，以及与同名保险公司无关的美国国际集团公司(AIG Inc.)(SEC Crash Report, pp. 5. 8—5. 9)。

6. 鲁德，"10 月 19—30 日的笔记"，第 50 页。

7. Joe Nocera, *A Piece of the Action: How the Middle Class Joined the Money Class* (New York: Simon and Schuster, 1994), pp. 359—62。卡多(Kador)引用了他的说法并做了略微扩展(*Charles Schwab*, at pp. 152, 157)。

8. Nocera, *A Piece of the Action*, p. 362。

9. Kador, *Charles Schwab*, p. 163。

10. 这一评估出自 National Association of Securities Dealers, *Report of the Special Committee of the Regulatory Review Task Force on the Quality of Markets* (Ann Arbor, MI: NASD, 1988); the Brady Report (pp. 48—50); the SEC Crash Report 的第九章，报告中提到(第 9. 2 页)"在所有主要市场中，完成布雷迪工作组问卷调查的人们对场外市场提出了最严厉的批评"。76%的受访者认为纳斯达克在 10 月 19 日和 20 日的表现"非常糟糕"。

11. SEC Crash Report, pp. 8. 6—8. 9。

12. 同上，第 8. 7 页。为了公平对待卖方，这项任务变得无比艰难，因为交易所发布了数以万计的新期权交易合约，以反映股票市场新的较低价格。定价公司的软件容量并非无限制，并且必须放弃一些较旧的期权以容纳新的期权。

13. Greenspan, *The Age of Turbulence*, pp. 109—110。

14.《格拉斯—斯蒂格尔法案》在国会的维护派将抓住这一事件作为不允许银行从事证券业务的证据，并强烈批评大陆伊利诺伊银行对第一期权的拯救。见 Steve Labaton, "Market Turmoil: Major Infusion of Cash Kept Key Options Clearinghouse Afloat," *New York Times*, October 25, 1987, p. A24。

15. 大陆伊利诺伊银行的控股公司最终将在 1987 年 10 月向第一期权提供 3.125 亿美元的资本，通过出售债券为注入资金提供资金。见 SEC Crash Report, p. 5.42。

16. 母公司向第一期权提供的 3.125 亿美元贷款中，约有 2.77 亿美元是在 1987 年 10 月 14 日至 21 日内完成。

17. 鲁德，"10 月 19—30 日的笔记"，第 69—71 页和第 85 页，于 1987 年 10 月 22 日上午 10:25 和下午 2:30 与科里根进行电话会议。虽然这些笔记清楚地表明，在这些电话会议期间讨论了第一期权的问题，但具体评论的归属并不清楚。笔记暗示，科里根被敦促或打算与货币监理署署长罗伯特·克拉克(Robert Clarke)进行干预，但科里根和鲁德都不能证实这一点。尽管如此，大陆伊利诺伊银行因通过银行而不是控股公司发放初始贷款而受到货币监理署处罚，克拉克表示这一行动表明"系统起作用"。事后，科里根在 1987 年 12 月 10 日参议院银行委员会听证会上公开反对货币监理署署长的这一做法(Robert Trigaux, "Corrigan Endorses Proxmire-Garn Bill; NY Fed Chief Says Glass-Steagall Repeal Is Just First Step," *American Banker*, December 11, 1987)。科里根呼吁"监管的灵活性"，他问道，"在 10 月 19 日那一周，如果允许甚至是迫使第一期权破产，这是否符合公众利益，或符合整个[母公司]的利益……？从我的角度来看，如果一个立法或监管框架非常僵硬，即使可能有其他更可接受的替代方案，仍然要强加一种可能有高度破坏性的'解决方案'，无论是公共利益还是母公司及其银行或其他子公司的利益，都不一定会得到很好的保证。"

18. 有记录显示,鲁德在黑色星期一之后的几个星期里,一直是各种交易所、监管机构、华尔街公司和国会议员的不倦的特设通讯中心。参见 Tamarkin, *The Merc*, p. 346:"在金融危机中以及事后一段时间,鲁德和证券交易委员会处于一个通讯网络的中心,该网络遍布金融界的各个角落。"

19. 嘉信与王德辉的经历细节摘自 Kador, *Charles Schwab*, pp. 160—168; and Nocera, *A Piece of the Action*, pp. 360—365。卡多引用诺切拉(Nocera)的叙述,诺切拉的叙述是基于对罗索和其他九位嘉信高管的采访(Nocera, p. 441)。

20. Judgment from the High Court of the Hong Kong Special Administrative Region Court of Appeal, Criminal Appeal No. 233 of 2013 Between HKSAR and Chan Chun Chuen Before the Honorable Lunn SP, Poon and Pang JJA, October 30, 2015。该案是 1983 年绑架案中被定罪的一名男子提出的上诉,它提供了最初事件的细节。王德辉在 1990 年第二次被绑架;尽管龚如心为获释支付了 3 400 万美元,但他从未被找到,并于 1999 年被宣布死亡。

21. 根据 Kador, *Charles Schwab* 的说法,嘉信在其新上市公司的股份在首次公开发行时价值 1 亿美元。见第 146 页。

22. Norman, *The Risk Controllers*, p. 144。

23. Nocera, *A Piece of the Action*, pp. 363—364。

24. Kador, *Charles Schwab*, p. 166。

25. 同上,第 165 页。

26. Lawrence J. De Maria, "Wall Street Rebound Widens with Gains for Most Stocks; Dow up 186 on Heavy Trading," *New York Times*, October 22, 1987, p. 1。

27. Kyrillos, *Cases in Financial Engineering*, p. 776, 20ff。

28. 同上。事实上,后来麦肯齐(MacKenzie)引用的研究(*An Engine, Not a Camera*, p. 190)表明,由 LOR 提供的保护比利兰担心的要好。该公司兑现了约

60%客户的对冲保护承诺,其余客户的投资组合价值比 LOR 预期维持的最低价值低 5%~7%。麦肯齐援引一位客户的话称:“拥有(投资组合保险)总比没有好。”

29. MacKenzie, *An Engine, Not a Camera*, p. 191。麦肯齐指出,“很难确定上周末的‘新消息’,‘新消息’将证明对股票进行如此大规模、突然的重新估值是合理的。”他解释说,前几天和前几周的头条新闻和事态发展“肯定已经被考虑在周五的价格中”。因此,只有周五收盘后的事件才是周一“理性”下跌 508 点的理由。一些理论家认为,周五历史性下跌的真正原因是“新消息”,提醒理性投资者市场的风险程度达到了新的水平;但这并不能解释周二午后出现的历史性大反弹,当时业内人士知道市场实际上比周一的风险大得多。

30. Kurt Eichenwald, “Many Wary on Impact of B. P. Offering Now,” *New York Times*, October 26, 1987, p. D1。

31. 同上。

32. 同上。

33. Beckner, *Back from the Brink*, pp. 57—58。

34. Lawrence De Maria, “Stocks Fall, but Avert Plunge; Reagan Says He'll ‘Negotiate’ with Congress on the Deficit,” *New York Times*, October 23, 1987, p. 1。

35. 同上。

36. 同上。

37. Robert J. Cole, “Market Turmoil: The Professionals' Day; Specialists Man the Ramparts,” *New York Times*, October 22, 1987, p. D14。科尔说这些徽章是作为一种“促销”在附近不同的联邦快递公司发放的,并出现在“整个证券交易所”。

38. 几周后,希曼在国会证词中提出了这一论点。见“Review of Recent

Volatility in the Stock Market and the Stock Index Futures Markets," Hearing Before the Subcommittee on Conservation, Credit, and Rural Development of the House Committee on Agriculture, 100th Congress, 1st Sess. , November 4, 1987, p. 14。

39. Ruder, "October 19—30 Notes," p. 67; and Ruder, "Partial Chronology," p. 17。

40. 同上。

41. 周二,LOR 卖出了 5 000 多份期货合约,成为当天第二大投资组合保险卖家。周一和周二,所罗门兄弟、安泰、富国银行和"通用养老基金"(由戈登·宾斯监管的基金)也被证券交易委员会确定是标准普尔 500 指数期货合约交易大厅的大型投资组合保险卖家。见 Ruder, "October 19—30 Notes," p. 92。当然其他人也在大量抛售,其中包括投机大鳄索罗斯。参见 MacKenzie, *An Engine, Not a Camera*, p. 198。

42. 证券交易委员会会议的报告基于鲁德的《部分年表》(Partial Chronology),第 21—22 页。

43. Julia M. Flynn, "Market Turmoil: Merc Puts Daily Limits on Stock Index Futures," *New York Times*, October 24, 1987, p. 42。

44. 罗纳德·里根,"总统的新闻发布会",1987 年 10 月 22 日,美国总统项目网站,网址: http://www. penather. ucsb. edu/ws/index. php? PID = 33594&ST=ST1=。

45. 罗纳德·里根,"总统新闻关系助理(马林·菲茨沃特)关于股市下跌的声明",1987 年 10 月 19 日,美国总统项目网站,http://www. cessary. ucsb. edu/ws/index. php? PID=33582&ST=&ST1=。

46. 罗纳德·里根,"与记者的非正式交流",1987 年 10 月 19 日,美国总统项目网站,网址: http://www. cessary. ucsb. edu/ws/index. php? PID =

33581&ST=&ST1=。

47. 加里·L. 鲍尔(Gary L. Bauer)给小霍华德·H. 贝克的备忘录,主题:股票市场,1987年10月20日:"总统只说这不是1929年、目前经济状况良好是不够的。我附上了胡佛总统在10月大崩盘后的声明,请注意他就是那么说的。我们不需要给新闻界和自由主义者一个机会,把1929年的崩盘和现在相提并论。国会的民主党人正在建立胡佛与里根的这种联系。在这种联系扎根于普通老百姓脑子里时,我们必须迅速采取行动(FI003, FI004, FG006－07, 615488PD, Ronald Reagan Presidential Library Archives)。

48. 罗纳德·里根,"与记者的非正式交流",1987年10月21日。美国总统项目网站: http://www. presidency. ucsb. edu/ws/index. php? pid=33591&st=&st1=。

49. 罗纳德·里根,"总统新闻发布会",1987年10月22日。美国总统项目网站, http://www. presidency. ucsb. edu/ws/index. php? pid=33594&st =&st1=。

50. Associated Press, "Foreign Markets Remain Uneasy," *New York Times*, October 24, 1987, p. 46。市场对没有宣布采取更有力措施来减少美国预算赤字感到失望,这一看法也反映在日本的一篇报道中:Clyde Haberman, "Japanese Stocks Show Slight Gains," *New York Times*, October 24, 1987, p. 46。

51. Ruder, "Partial Chronology," p. 22。这是1987年10月23日上午9:55,高盛执行官罗伯特·姆努钦打来的电话。

52. Nathaniel C. Nash, "Market Turmoil: S. E. C. Was Ready to Support a Halt," *New York Times*, October 14, 1987, p. 45。

53. 同上。

54. Flynn, "Market Turmoil: Merc Puts Daily Limits on Stock Index Fu-

tures”。限额(limits)是根据“指数点”或标准普尔 500 指数的价值来计算,这一价值由标准普尔 500 指数期货合约价格所反映。因此,只要期货价格反映的是基础指数价值的涨跌 30 点,限额就开始生效。该规则还认为,如果交易连续两天达到限额,限额将扩大,允许高达 45 个指数点的波动。

55. 同上。

56. Lawrence J. De Maria, “Market Is Steady and Tension Eases in Shorter Session,” *New York Times*, October 24, 1987, p. 1。

57. Kurt Eichenwald, “Market Turmoil: T. G. I. F. on Wall St.: Time to Recover,” *New York Times*, October 24, 1987, p. 45。

58. 同上。

59. 同上。

60. Tamarkin, *The Merc*, pp. 344—345。

61. 芝加哥商品交易所董事唐纳德・雅各布斯(Donald Jacobs)、西北大学凯洛格管理学院院长同时也是鲁德朋友和前同事,是芝加哥商品交易所的中间人,他安排并参加了此次会议。

62. 题为“Recommended Telephone Call for the President to: David Ruder, Chairman, Securities and Exchange Commission”的备忘录和附件,编号 497960SS,第四系列,3/12/87—2/1/88,罗纳德・里根总统图书馆档案。备忘录的日期是 1987 年 10 月 23 日,但显示电话是 10 月 24 日打给鲁德在芝加哥的住宅号码。这个叫作“谈话要点”的附件实际上是一个简短的文字稿,其中有一些特定的问题,比如“戴维,我打电话来是想让你评估一下文书工作积压的情况”。

63. Tamarkin, *The Merc*, p. 346。代表芝加哥商品交易所的除了梅拉米德、布拉斯基和雅各布斯,还有研究部高级副总裁里克・基尔克林(Rick Kilklin)。关于此次会议,鲁德提前告知了里克・凯彻姆,并在事后向他汇报了会议的情况。

64. 对鲁德的采访,2015年1月。

65. Bruce Ingersoll, "Chicago Merc Says Futures Trading Didn't Cause Crash," *Wall Street Journal*, October. 30, 1987。与参议院银行委员会证券小组委员会和众议院商业委员会金融小组委员会成员的会议是秘密的,但布拉斯基在中午举行了一次记者招待会,会上他重申了一个论点,即指数套利对黑色星期一的市场几乎没有影响,而且期货市场的抛售阻止了道指继续下跌,不然其下跌点数会更大。

66. Tamarkin, *The Merc*, p. 345。

67. Nicholas D. Kristof, "Market Turmoil: Hong Kong Suffers Wild Fluctuations," *New York Times*, October 27, 1987, p. D14。

68. Lawrence J. De Maria, "Market Turmoil: Stocks Fall 156, Loss of 8%, After Big Sell Offs Abroad; Joint Talks on Deficit Begin," *New York Times*, October 27, 1987, p. 1。

69. 鲁德,"10月19日至30日笔记",第109页。这些笔记来自1987年10月26日下午1:20与菲兰的一次谈话,比新的、更早的收盘时间早40分钟。

70. De Maria, "Market Turmoil"。

71. 约翰·J. 菲兰的证词文本,"纽约证券交易所简报",1987年10月29日星期四,华盛顿特区众议院银行业委员会(*sic*)(以下简称"菲兰私人证词"),第8页。纽约证券交易所档案馆,新泽西州马瓦(Mahwah)。

72. Kador, *Charles Schwab*, p. 162。

73. 同上,第168页。

74. Nocera, *A Piece of the Action*, p. 359。

75. 菲兰私人证词,第5页。

76. 同上,第9页。

77. 同上,第28—29页。

78. 第一期权子公司从未恢复其崩溃前的盈利能力，这在很大程度上是因为期权市场的交易持续低迷。1991 年，它的前所有者，纽约证券交易所的做市商斯皮尔—利兹一凯洛格仅以 1 500 万美元的价格就回购了它。

79. James Sterngold, "Market Turmoil: U. S. Underwriters Relieved by London Accord," *New York Times*, October 30, 1987, p. D9。

80. Mahar, *Bull*, p. 73。马哈尔(Mahar)指出："股市崩溃一年后，各种类型的证券交易量下降了 22%，大约 15 000 名华尔街人士失业。"

21

推卸责任，逃避现实

1987 年 11 月 5 日周四，在纽约证券交易所约翰·菲兰的私人餐厅里，本该是和平烟斗式早餐①却爆发了口水战。[1]

菲兰阴暗的爱尔兰人脾气与芝加哥期货交易所总裁汤姆·多诺万(Tom Donovan)红发火爆脾气形成了鲜明对比，两人相互辱骂。芝加哥商品交易所总裁比尔·布拉斯基和他的老友、纽约证券交易所总裁鲍勃·伯恩鲍姆对此感到沮丧，并试图平息这场不断升级的争论。

多诺万对纽约证券交易所在股市崩盘期间的表现极为不满，并表示出强烈的蔑视：你不休市是什么意思？也许只是空调开着！但你在那个周二并没有交易！我们倒是开着——我们从未关门！[2] 而芝

---

① 原文为 peace pipe breakfast，peace pipe 是美洲印第安人在庆典上使用的作为和平象征的精美烟斗。——译者注

加哥商品交易所关闭只是因为你谎称准备关闭。[3] 我们的人做了他们的工作,而你的人没有!

利奥·梅拉米德敬重约翰·菲兰[4],他不会坐在那里吃着菲兰的早餐时对菲兰说这些话,但他同意多诺万的大部分抱怨。梅拉米德最近对一位友好的议员说[5],"股票经纪人正在寻找替罪羊"来解释他们自己市场的失败。在芝加哥的市场领袖们看来,菲兰声称纽约证券交易所所有做市商都曾在炮火下表现英勇[6] 的说法根本不正确。他们是对的;那不是事实。

梅拉米德自己的口号变成了"我们的市场在崩盘期间表现完美无瑕"[7]。当然,这也不是真的。

纽约证券交易所数十只指数相关股票的频繁、长时间停牌,无疑给芝加哥标准普尔 500 指数期货合约交易大厅和指数期权交易大厅带来很大的问题。一些做市商,可能多达 30%的做市商,在本应买进的时候抛售股票,导致了不稳定的开盘价。纽约证券交易所的各种电脑系统和指令打印机都被超大的量压得喘不过气来。菲兰禁止通过 DOT 系统进行程式交易的措施在纽约和芝加哥两个市场都产生了反作用。

至于芝加哥,商品交易所周二上午最后一刻的现金危机因软件故障和通信故障而加剧,有关交易所碰到麻烦的传言无疑加剧了恐慌的蔓延。芝加哥的期权市场已陷入停滞,其主要结算公司也差点遭遇灾难性的溃败。在危机期间,标准普尔 500 交易大厅失去了至少 1/4 的交易员。然而,不管事后关闭市场的决定后来是如何被合理化的,标准普尔 500 指数期货交易中心被关闭了 49 分钟。

难以理解的是，在数十家大投资者以近乎全面恐慌的速度、以一种让任何市场都无法消化的规模催生出一波抛售指令潮的时期，为什么有人会期待完美的表现？纽约和芝加哥都无法应对如此规模的机构抛售潮。事实上，这两个市场的大多数人都说服了自己：这是不可能发生的，菲兰关于崩盘的警告是毫无根据的。

尽管如此，在市场大跌的传说中，芝加哥商品交易所"完美无瑕"的表现与约翰·菲兰坚定拒绝考虑关闭纽约证券交易所一样，已经成为一种信念。

由于在公共场合的互相谩骂，芝加哥和纽约之间长期存在的对抗已经变成了一个过热的反应堆。这顿早餐本该是朝着冷却反应堆的方向迈出的一步，但事与愿违。

"听着，"芝加哥期货交易所主席卡斯滕·"现金"·马尔曼(Karsten"Cash"Mahlmann)说，"互相扔手榴弹对谁都没有好处。我们必须团结起来。"[8]

梅拉米德表示同意。这种公开的尖酸刻薄"对整个行业有害"[9]，是时候减少那些煽动性语言了。

尽管股市的表现存在明显的错误，但菲兰凭借和蔼可亲、令人心安的态度以及手下一流的公关人员，在影响股市崩盘后纽约证券交易所相关头条新闻方面表现得游刃有余。尽管期货市场表现也存在不足，但来自芝加哥的人能言善辩、咄咄逼人；而且由于他们慷慨的政治献金[10]和在白宫的强大盟友，他们有很大影响力。这种情况完美地导致僵局，也是双方和整个国家最终都会得到的结果。

让所有参加早餐会的人都松了一口气的是[11]，这次会议被媒体描绘成“对开启对话有建设性意义”的会议，尽管“有时充满火药味”。“在有关新的市场监管规定的辩论开始之际”，官员们至少同意努力展现“一个更团结的阵线”。

正如 1982 年宾州广场银行倒闭后一位国会议员所评论的那样，监管机构理应具有远见卓识，这句话令人印象深刻，但国会委员会却是事后诸葛亮。到 1987 年 11 月，他们的后见之明表现得蒸蒸日上。

10 月底国会举行了闭门听证会，公开听证会将在未来几个月举行。专家正开展对银行问题的各种反思性研究：利奥·梅拉米德将四位著名的芝加哥经济学家纳入他的调查团队，戴维·鲁德让里克·凯彻姆负责证券交易委员会的庞大调查。商品期货交易委员会没有等待全面研究，而是在周一喧闹的纽约证券交易所早餐后，发布了第一份初步报告，坚称目前还没有证据表明期货市场交易对此次崩盘负有责任。

在所有正在筹备的报告中，最有声望、可能也是最有影响力的报告将来自布雷迪委员会。该委员会是里根总统在“黑色星期一”之后几天任命的[12]，由一位在华尔街工作了一辈子的共和党人领导。

尼古拉斯·F. 布雷迪，富四代[13]、毕业于常春藤盟校，因为这两个背景，他一直敢于说出自己的想法，而不用太担心后果。他在狄龙·里德公司(Dillon，Read and Company)这一老牌公司崭露头角，并曾担任美国政府两个委员会的负责人。作为副总统乔治·布什和财政部部长吉姆·贝克的好朋友，他能干、人脉广，是领导新委员会的不错人选。

为了填满这个特别委员会，布雷迪招募了[14] 两名公司高管和两名机构投资者，但他需要一位经历丰富的人事主管帮助他在白宫的60天期限内完成任务。

布雷迪在狄龙·里德公司的合伙人之一提到了罗伯特·R. 格劳伯(Robert R. Glauber)，哈佛商学院一位戴眼镜的年轻金融学教授，他曾向狄龙·里德公司游说过一只投资基金。[15] 这只基金并没有获得成功，但布雷迪记得它敏锐的创始人。[16] 他让秘书去找罗伯特·R. 格劳伯。

格劳伯被顺利雇用了，他随后聘请哈佛商学院的同事小戴维·W. 马林斯(David W. Mullins Jr.)担任副主任，并迅速安排了自己的生活，以便在接下来的两个月里可以几乎不间断地为尼克·布雷迪(Nick Brady)①工作。[17] 11 月初，他的小团队从布雷迪公司一间不起眼的办公室搬到了纽约联邦储备银行 11 楼的一间大房子里[18]，这是布雷迪的朋友杰里·科里根为他提供的。四天之内，纽约联储的工作人员建好了临时小隔间，并安装了电话、桌子、椅子和电脑。布雷迪、格劳伯和马林斯挖掘他们的通讯录，从华尔街顶尖公司和精英大学教师里招募免费劳动力。

里根总统的一些白宫工作人员反对任何新的针对股市崩盘的市场监管；在幕后，他们悄悄地嘲笑委员会是"布雷迪家族"(Brady Bunch)[19]，那是 20 世纪 70 年代初一部无足轻重的电视节目。一些人建议白宫无视该委员会提出的任何建议。"还有其他几项调查正在进行，"一名助手指出。"如果我们不把太多注意力引到布雷迪委

① 尼克为尼古拉斯的昵称。——译者注

员会上,它就会被忽略掉。”[20]

委员会的工作人员迅速增加[21]到 50 多人,他们广撒网,采访了海恩·利兰,拜访了芝加哥商品交易所的利奥·梅拉米德和他的团队,并从通用汽车养老基金的戈登·宾斯那里得到了对纽约证券交易所表现的批判性评估。他们调查了指数套利;采访了纽约证券交易所的做市商、其他交易所的官员、学术理论家、机构投资者和监管机构;分析了这次股灾的全球范围。他们要求并最终得到了包含纽约证券交易所黑色星期一和第二天交易数据的笨重的计算机磁带[22]。然后他们利用影响力借用分析这些数据所需的计算能人。[23]

股市暴跌之后,期货市场成交量大幅下降,考虑到其压力,商品期货交易委员会最终屈服于芝加哥的不断要求,打击大银行和华尔街的交易员们在私下(而非在期货交易市场)交易的掉期和其他类似期货产品。长期以来,这些私人交易一直在榨干那些本可以在芝加哥市场投资、增加市场流动性的业务。黑色星期一的记忆使这两种损失更难以承受。

布雷迪委员会于 12 月 11 日采取行动,就在一周前,白宫任命了一名解除管制倡导者[24]温迪·格拉姆担任商品期货交易委员会主席。格拉姆是得克萨斯州参议员菲儿·格拉姆(Phil Gramm)的妻子。遗憾的是,商品期货交易委员会在《联邦登记册》(Federal Register)上公布的提议的规则既模糊[25]又混乱。新规定可能会使大量场外掉期交易变得非法[26],除非它们在期货交易所进行交易,但目前尚不清楚这些衍生品是否会被完全禁止,或者只是需要逐一获得豁免。

监管备案在银行家和经纪人圈子内掀起轩然大波，他们将掉期交易视为利润的巨大来源[27]，在黑色星期一之后，他们无法承受失去掉期交易。他们向监管机构强烈抱怨。在华盛顿尽在口头上表示需要监管合作之际，商品期货交易委员会内部却出现了重大分歧。

1988年1月8日周五，对布雷迪专责小组来说，这并不是一个亲自向美国总统提交报告的理想日子。

一场暴风雪席卷了华盛顿[28]，积雪将近一英尺。34万多名联邦工作人员被提前遣送回家。从华盛顿到纽约的穿梭航班被推迟，然后又被取消。

专责小组的员工主管鲍勃·格劳伯和他的团队只吃外卖比萨和中餐，晚上、周末和假期都在工作，但他们在最后期限前完成了工作。在政府印刷办公室装订成册的350页的报告令人印象深刻，封面是闪亮的蓝色，上面印着总统印章。信使们冒着严寒，把报告送到门可罗雀的国会办公室、因天气原因提前截稿的报社和完全被暴风雨所占据的电视台。

这都没有关系。此前一天的《华尔街日报》刊登了一篇关于被泄密的该报告建议的不实报道。[29] 当天上午的《纽约时报》头版刊登了一篇报道，未具名的政府消息来源详细描述了(在某些情况下，还歪曲了)报告的结论，并淡化了专责小组与总统的会面。一位政府消息人士表示："目前的做法只是感谢专责小组的努力，并小心不要让人觉得我们对报告本身表示支持。"

在布雷迪的团队给白宫打电话之后，白宫派出两辆适合当天恶劣天气的车辆[30],穿越宾夕法尼亚大道上的雪堆将他的团队送到白宫。经过短暂的等待后,他们被带进了椭圆形办公室。[31] 在那里,总统里根、副总统布什、美联储主席艾伦·格林斯潘和一些白宫助手正等着他们。

办公室里,两张淡金色天鹅绒沙发中间的茶几上放着一株鲜红的开花植物,高高的壁炉的黄铜壁炉挡板后面闪烁着欢快的火光。此景与外面寒冬的景象形成了温暖的对比,也与报告在媒体所受到的冷遇形成了鲜明的对比。

总统邀请布雷迪坐在火炉前两张白色锦缎扶手椅中的一张上,然后他坐在另一张椅子上。专责小组成员和两名高级职员坐在沙发上,布什和其他官员坐在靠近总统办公桌的木椅上。里根称赞专责小组在"严格的时间限制下"出色完成了工作,并表示该报告"对我们理解 10 月中旬发生的事件做出了重大贡献"。摄影师来来往往。布雷迪与总统交谈。布什热情地和周围的人握手。不到 20 分钟,他们都起身离开了。

约下午 3:30,当布雷迪团队的大多数成员返回酒店时,纽交所的价格开始急剧下跌。收市前,尽管没有任何解释性的消息,道指已经下跌 140.58 点,几乎是其价值的 7%,大部分下跌发生在最后 30 分钟的交易中。[32] 这是自黑色星期一以来的第二大跌幅,当然,这意味着这是历史上第三大跌幅。[33]

布雷迪专责小组对当日的下跌弧线很熟悉,他们认为这进一步证明了这些巨头及其新的交易工具对美国市场的影响。专责小组至少可以这样安慰自己:周三时报告被泄露,他们因此可以免受任何他们导致周五股市暴跌的指控。

正如布雷迪拜访白宫椭圆形办公室后向记者们解释的那样，这个专责小组的关键结论是：技术和金融创新已经将曾经是各自独立的市场融合为一个单一市场，但政府、金融界和学术界未能看到这一切，也未能适应它。

布雷迪表示："在很大程度上，10月份的下跌可以归咎为不同的市场部分未能统一行动。"

他说，这个统一的市场需要提前弄清楚清算所的付款和保证金问题将如何处理，以及交易将如何以及何时停止。一个单一的机构应该负责协调[34]这些"关键的监管问题"，而布雷迪委员会已经提名美联储来执行这项任务，因为它是一个对整个金融系统有着最广泛视角的监管机构。

布雷迪专责小组的成就再怎么强调也不为过，尽管该小组的提议在选举年到来时就已夭折。它的报告最终为华盛顿和普通民众提供了一个机会[35]，让他们像华尔街一样看这个新兴的金融市场：一个拥有许多房间却没有房门的巨大的整体结构。

这个结构容纳了一小群大投资者：养老基金、捐赠基金、激进的投机者、共同基金、对冲基金，以及大经纪公司和银行的内部交易员。每天、每时每刻，这些巨人都以惊人的速度从一个房间飞奔到另一个房间。在其中一个房间里，他们交易股票；在其他房间，他们交易外币、政府债券、股票指数期货和指数期权。他们繁忙的交易基于相似的由计算机引导的策略；有时，他们中的很多人想在同一时刻离开或进入同一个房间。

如果他们这么做——实际上,每次他们这样做的时候,他们的踩踏事件就会给市场带来突然巨大的震动。如果震动像 1987 年 10 月那样令散户和大银行足够恐惧,就可能引发威胁整个金融体系的危机。

尽管华盛顿内部人士将布雷迪报告拆分,看谁的地盘受到威胁以及被指责,一些观察人士意识到该报告的结果中真正值得注意的内容:相对少数的超大投资者在推动市场下跌中扮演了一个非常重要的角色。

一位分析师表示,"不到 10 家大型金融机构就能让金融体系崩溃……是一个可怕的前景"[36]。更值得注意的是,领导这些庞大机构的杰出人士没有意识到,如果他们几乎同时决定用数千亿美元做同样的事情,所有的市场——不,这个单一的市场——就无法运转。

布雷迪报告与市场价格无关;它与市场力量有关,前所未有、能够颠覆国家和任何国家金融引擎的市场力量。颠覆一个国家金融引擎所需要的就是让世界上最大、最富有的投资者中的很大一部分同时朝着同一个方向前进。

挑战是建立一个能够应对这种新现实的市场结构,将美国杂乱无章的监管机构编织成一个单一的安全网,然后以某种方式削弱可能撕裂它的力量。这将需要华盛顿监管机构表现出更加互相尊重的合作。

艾伦·格林斯潘对承担布雷迪报告中概述的职责毫无兴趣,而白宫对在国会推动该报告的改革提议的兴趣更小。但在 1988 年初,市场仍在大起大落，为此政治上必须做点什么。3 月，里根成立了总统金融市场工作组，成员包括美联储主席、商品期货交易委员会主席、证券交易委员会主席和财政部一名高级官员。工作组第一个任务是决定是否有必要因为黑色星期一而做出一些改革——这是对布雷迪专责小组一记无礼的耳光——如果需要改革，那么怎么改。专责小组的辩护者指出，它也可以提供布雷迪报告和许多其他官方研究报告所建议的协调。

然而，总统的工作组既不是一个幸福的家庭，也不是一个有效的市场监督机构。格林斯潘更关注自己作为央行行长的职责[37]，对这个工作组并不注意。商品期货交易委员会新任主席温迪·格拉姆远比前任更意识形态化，更坚定地倡导放松监管，这容易激怒证券交易委员会主席戴维·鲁德，因为鲁德越来越相信[38] 市场需要更多而非更少的监管。受到储蓄和贷款行业迅速恶化困扰的财政部的银行监管者几乎没有时间进行全面的市场改革。

1988 年 2 月初，鲁德促成了利奥·梅拉米德和约翰·菲兰与商品期货交易委员会官员的讨论，当价格上升或下降到一个极端的程度时，他们如何可以协调"熔断机制"来停止这两个市场的交易。那年夏天晚些时候，纽约证券交易所和芝加哥商品交易所将出台一项协调暂停交易的计划，但没人确信这真的会有帮助。

在商品期货交易委员会试图监管掉期和其他场外衍生品的问题上，工作组成员之间的这种薄如蛋壳的合作关系几乎破裂，这一监管努力对布雷迪报告的反应比对报告本身提出的任何建议的反应都要快。价值数千亿美元的掉期交易市场正是跨越监管边界的集中的金融力量的代名词。与期货交易所和期权市场不同，掉期市场没有中央清算机构来降低多米诺骨牌效应的风险。如果一个主要的掉期交易机构违约，证券交易委员会和银行监管机构甚至都难以确定还有谁面临风险。

简言之，掉期交易在黑色星期一榨干期货交易市场的流动性，除此之外它并没有起到关键作用，但是如果掉期交易和其他混合衍生品必须在受到监管的期货交易所交易，整个金融系统将会更加安全。一股巨大的市场力量将被拉出阴影，进入阳光下——在更明智的时期，投资组合保险也可能就是这样。

温迪·格拉姆承认："法律非常明确，规定期货在交易所出售。"不过，她也闪烁其词："我们知道存在一定程度的监管不确定性，因此我们正试图把一些想法摆到桌面上，以听到不同的反映。"[39]

对商品期货交易委员会将于 4 月 11 日公布的计划，市场反应非常负面。最严厉的反驳来自格拉姆的监管同僚。[40] 财政部高级助手、总统工作组主席乔治·D. 吉尔德(George D. Gould)警告称，商品期货交易委员会有关掉期交易的提议将"严重阻碍金融市场的有效运作"。货币监理署署长抱怨称，该提议"相当于对银行活动及其监管的不必要的干预"。

证券交易委员会的反应异常激烈[41]，它抱怨提议的规则将对金融创新产生"寒蝉效应"，并指责商品期货交易委员会"妄图扩大其管辖权"。

这些观点与美国顶级银行家们的观点一致。[42] 他们表示，这不是一个零售市场，专业投资者能为自己考虑——这在黑色星期一之后是个可笑的断言。他们警告称，庞大的掉期交易市场可能会转移到海外。他们还抱怨商品期货交易委员会的“权力攫取”将摧毁“急需的”市场。私下里，他们窃窃私语，谈论着商品期货交易委员会少得可怜的预算和在市场大跌期间的糟糕表现。

也许其他监管机构最厚颜无耻的论点是商品期货交易委员会在没有咨询他们的情况下就在12月出版了他们有关掉期交易规则的提议，“这背离了市场暴跌时制定的监管原则，即市场体系的各个机构之间必须有协调”[43]。遗憾的是，各机构似乎唯一有能力协调的就是维护功能失衡的现状。

最终，由于黑色星期一削弱了商品期货交易委员会的影响力，以及随之而来的监管争论，商品期货交易委员会放弃了这一努力，为混合型产品创造了豁免[44]，这就使几乎所有掉期市场都超出了监管范围。这些不受监管的衍生品将在随后的几次金融危机中扮演重要角色，其中最具破坏性的一次是在2008年，当时隐性的掉期损失威胁到一家大型保险巨头以及被该公司欠下数十亿美元的一家投资银行的生存。

1988年5月4日，周三，海恩·利兰飞往洛杉矶，深夜才到达。他计划在巴尔的摩酒店的大厅里会见约翰·奥布赖恩。[45]

在市场崩盘后，LOR的咨询业务萎缩了80%，现在只有100亿美元的资产被投资组合保险所覆盖，而1987年8月这一数字为500亿美元。一些客户承认，LOR的对冲策略减轻了他们的损失[46]，但该策略也将他们拉出了市场[47]，使他们无法从随后反复无常的反弹中获益。

当然，这种宣传是可怕的，投资组合保险已成为媒体的出气筒。奥布赖恩和利兰曾勇敢地与记者交谈，奥布赖恩平静地解释说，他们的策略一直假定市场会正常运转——但很明显，在黑色星期一和接下来的几天里，市场运作不正常。他对《洛杉矶时报》表示，在无法交易的市场中，你无法对冲。[48]

马克·鲁宾斯坦并没有参与这些早期谈话。市场崩盘后，他经历了他后来所认为的“临床抑郁症”[49]。一篇报道称[50]，“他无法摆脱一种恐惧：美国市场的疲软可能会诱使苏联（对美国）发起类似于引发古巴导弹危机的挑战，随之而来的可能就是核战争”。他很快摆脱了他的非理性恐慌中最糟糕的想法，但毫无疑问，黑色星期一对他和他的合伙人来说是很大的创伤。

除了媒体的攻击，鲁宾斯坦和利兰也面临着友好的攻击，因为一些著名学者认为投资组合保险是一种威胁。知名金融理论家哈里·马科维茨（Harry Markowitz）曾说过：“我认为，10 月 19 日价格暴跌的一个重要原因——如果不是主要原因——就是投资组合保险。”学术界的其他人仍在辩论和研究这个问题。

其中一个就是利兰本人。他当时正在撰写论文来验证他的一个假设，即市场对投资组合保险反应过度是因为市场根本不知道会发生什么。在 10 月的危机中，“阳光交易”是否有可能改善[51] 投资组合保险的效果？利兰认为这不仅可能，而是很有可能。[52]

在去巴尔的摩的路上，这种想法可能一直在他的脑海里盘旋。但当他接近目的地时，他所看到的场景使他脑子里的每一个想法都消失了。第一州际大厦挂着一条火带。

现场挤满了数十辆消防车和紧急救援车辆，玻璃和燃烧的碎片撞向周围的街道。利兰的出租车无法接近现场。火焰从第十三层的碎玻璃中喷射而出[53]，LOR在那里有自己的办公室和交易记录。

直到凌晨2:00，消防员才扑灭了大火，火势最终在这座62层建筑的16层停住了脚步。[54]

当利兰和奥布赖恩在酒店见面时，奥布赖恩已经确认他们的员工都是安全的。利兰一直坚持让公司的一名年轻电脑分析师每天晚上把电脑磁带带回家。得知他在周三晚上确实这么做了，LOR的合伙人们大大地松了一口气[55]。

奥布赖恩很快就在附近的一栋大楼里找到了一间不起眼的办公室，并租了一台电脑。公司恢复得很好，可以继续为生存而战。甚至第一州际大厦最终也将被修复并重新使用。

要修复这么多现代市场理论和放松监管举措所依赖的思想基础并不容易，但它会发生的。

"理性市场假说"一直受到学术界越来越多的怀疑，黑色星期一也鼓励了其批评者。[56] 有一份报告称，他们"觉得这次市场崩盘证明他们是正确的"。毕竟，如果在10月16日和19日如此突然地抛售股票是理性的，那么在10月20日和21日回购股票、然后在10月26日将股票以几乎黑色星期一的价位卖出怎么会是理性的呢？对于1987年1月23日的疯狂过山车之旅，或者是1988年1月8日的最后一分钟暴跌，理性的解释是什么呢？

然而，支持理性市场假说的人并没有这么快就放弃。他们找到了解释黑色星期一的方法,而且不违背他们的理论,有些人甚至认为那天的自由落体仅仅证明了有效市场能快速处理新信息的速度——尽管对于这些新信息是什么存在不少分歧。在金融危机后的多年时间里,市场是理性高效的并不断将新信息注入市场价格中的这一理论,仍将是一些学术界和金融界的试金石。

由此理论产生的概念一直坚持到了今天,即政府监管机构搅乱理性而高效的市场,因此不应该实施监管。

1988 年夏天,证券交易委员会主席戴维·鲁德对总统工作小组中不情愿的监管机构做出反抗[57],并向国会提出了自己的一套市场改革方案,但未获成功。实际上,他的提议并没有设法解决"黑色星期一"出错的重大问题;因为不可能禁止大机构在同一时间的抛售。

不过,鲁德比大多数人更清楚金融体系是多么勉强地躲过了灾难。1987 年 10 月 20 日(周二)的中午是他在证券交易委员会任职期间最难忘的时刻[58],当时"美国证券市场濒临崩溃,可能带来灾难性后果"。

而其中一些危险的产生是因为监管机构对彼此的地盘知之甚少,而对自己的地盘则过分保护。快速沟通不容易,有时也不可能。没有人能同时看到整个市场;没有人能识别出最严重的火灾,并确保它们被扑灭。几乎没人看到一些潜在的引火点,包括掉期市场、期权定价服务、海外交易员,以及影响美国金融巨头的贷款决策的银行家。这些都是保罗·沃尔克能够理解的抱怨;它们呼应了 6 年前吉姆·斯通提出的论点。这些都反映在布雷迪报告对市场崩溃事件本身的描述中。而且在未来的几十年里，它们对未来的金融危机依然适用。

然而，1988年是选举年。那年8月，在吉姆·贝克辞去财政部部长的职务去帮助其朋友乔治·H. W. 布什的总统竞选后，尼克·布雷迪被里根总统提名为财政部部长。很快，布雷迪就会深陷储蓄和贷款危机，这让他几乎没有时间进行之前他自己的委员会建议的改革。随着股市逐渐、断断续续地复苏，国会的紧迫感也烟消云散了。

1988年9月，戴维·鲁德的执法人员对德崇证券及其明星高管迈克尔·米尔肯(Michael Milken)提起了具有里程碑意义的民事诉讼。[59] 当德崇证券与证券交易委员会和美国司法部协商寻求庭外和解时，德崇证券向证券交易委员会前主席约翰·夏德[60] 求助，请求他在德崇证券正努力重建业务的时候担任公司新的独立董事长。

芝加哥也需要重建。

1989年1月，利奥·梅拉米德决心享受乔治·H. W. 布什就职典礼的五天盛典。[61] 芝加哥为布什成功的竞选活动投入了数十万美元，许多期货市场高管也在华盛顿参加庆祝活动。[62]

1月18日周三晚，当选总统和他的妻子在林肯纪念堂点燃奥运风格的火焰时，联邦调查局特工正在芝加哥及其郊区散开[63]，向芝加哥商品交易所和芝加哥期货交易所的数十名交易员发出传票。午夜过后不久，《芝加哥论坛报》就开始投递；当天头版主要是联邦政府对芝加哥腐败交易行为进行全面调查的新闻。[64]

据《芝加哥论坛报》报道，联邦特工进行了卧底调查[65]，据称他们观察到交易员以牺牲客户利益为代价进行场外交易，预先安排交易以使彼此受益，并对交易所本应保持的审计跟踪进行嘲讽。

芝加哥商品交易所和芝加哥期货交易所面临艰巨的任务，在这次腐败调查之后，清除腐败的工作需要数年时间。

商品期货交易委员会也将因丑闻而受损。最初，新闻报道称该机构对调查"不知情"。事实上，商品期货交易委员会并没有像报道的那样不了解情况[66]——它的执法主管从一开始就与联邦调查局合作，芝加哥的一位重要职员也是如此。但是，对这次调查最完整的描述显示，温蒂・格拉姆的两位前任都不知道这项长期的调查[67]，而格拉姆本人直到收到传票的一个星期前才知道这件事。[68]

商品期货交易委员会在其他监管机构中的声望随着芝加哥每一个新的被揭露的内情而逐渐褪去。

令人惊讶的是，没有人质疑这起丑闻所揭露的芝加哥存在缺陷的审计跟踪是否会让人怀疑黑色星期一之后各种研究使用的交易数据的可靠性。市场大崩盘事件似乎已经太过遥远，与眼下爆发的新丑闻无关。

事实上，到 1989 年 1 月为止，市场大跌造成的灾害仍未得到修复。标准普尔 500 指数要到 1989 年 7 月才会重拾崩盘前的高点，也就是"黑色星期一"过去整整 600 天之后。[69] 如果你在 1987 年 8 月购买了股票，你的投资组合在近两年内都没有回到盈利状态。毫无疑问，市场在崩盘一年后依然萎靡不振。[70] 尽管如此，"没有后果的崩盘"的神话已经成形。

1989年1月20日周五,乔治·H.W.布什总统高高兴兴地宣誓就任美国总统,而里根总统则离开了白宫。

一个多星期前,里根在电视上向全国发表告别演说。他敦促美国人珍惜对国家历史的了解,仔细研究并吸取其教训。

"如果我们忘记我们曾经做过的事,"里根说,"我们就不会知道自己是谁。"[71]

注释:

1. 这一插曲的主旨和内容来自对三名参加者所做采访的重建和改写:对梅拉米德的第二次采访、对伯恩鲍姆的采访和2015年7月27日对布拉斯基的采访。在一本回忆录中,梅拉米德简要描述了那次早餐(*Escape to the Futures*, p. 382):"当菲兰邀请我和其他芝加哥商品交易所官员坐下来与纽约证券交易所官员会谈时,他起初并不考虑芝加哥期货交易所。但我坚持自己的立场,并确保芝加哥期货交易所也获得邀请。最终,芝加哥期货交易所总裁托马斯·多诺万(Thomas Donovan)和主席卡斯滕·马尔曼在纽约证券交易所与我、布拉斯基、桑德纳(Sandner)和菲兰会面。唉,纽约证券交易所和芝加哥期货交易所之间由来已久的敌意再次浮出水面,两家机构为各自的面子、尊严发生了冲突,那次会面没有取得什么成果。"

2. 事实上,那就是芝加哥期货交易所第二天早上在《纽约时报》上刊登的一则整版广告的吹嘘:"每一分、每一秒,我们都在坚持。在创纪录的交易量和波动性期间,我们的市场表现没有中断。"

3. 一些参与者特别回忆说,双方都指责对方"捏造事实"。

4. 对梅拉米德的第一次采访。

5. Scott McMurray and Bruce Ingersoll, "Post-Crash Damage Control at the Merc," *Wall Street Journal*, November 5, 1987。

6. Brady Report, pp. 49—50。报告承认,在黑色星期一的前 90 分钟,“面对前所未有的抛售压力”,大多数做市商都在逆市大量买入,但从黑色星期一的最后几个小时到星期二的交易日,做市商的表现更加不平衡。根据布雷迪报告,“相当多”的做市商没有履行他们的义务,成为“制衡市场趋势的重要力量”。报告承认,“做市商对价格稳定贡献有限,可能是由于他们的购买能力”在前一天的黑色星期一上午“试图稳定市场后已经耗尽”。

7. Melamed, *Escape to the Futures*, p. 373。梅拉米德把这称为“芝加哥商品交易所的官方路线”。

8. James Sterngold, “Exchanges Seek Ways to Heal Split,” *New York Times*, November 7, 1987, p. 37。

9. 对梅拉米德的第二次采访。

10. Steve Coll and David A. Vise, “Stock Futures Market Is Flexing Its Muscle,” *Washington Post*, October 16, 1988, p. 1。

11. “Exchanges Seek Ways to Heal Split”。

12. 官方名称是“总统市场机制专责小组”。

13. 布雷迪的曾祖父是一名爱尔兰移民,在电力行业创造了家族的第一笔财富;他的祖父创立了一家早期的汽车制造商,后来与克莱斯勒合并;家族也在普罗莱托(Purolator)公司拥有创始股份。见 Susan F. Rasky, “Man in the News: Blue-Chip Leader for Task Force: Nicholas Frederick Brady,” *New York Times*, October 23, 1987, p. D10。

14. 委员会本来有三名成员,包括布雷迪,但他告诉白宫,他需要一个由五名成员组成的小组。白宫提出了一份备选成员清单,其中包括前证券交易委员会主席约翰・夏德和哈罗德・威廉斯、前商品期货交易委员会主席吉姆・斯通以及通用养老基金经理戈登・宾斯。但是布雷迪做出了自己的选择,他招募了芝加哥航星国际(Navistar International)的长期首席执行官詹姆斯・C. 科廷

(James C. Cotting)、IBM 的退休董事长兼技术专家约翰 · R. 奥佩尔(John R. Opel)、洛杉矶保卫者信托公司(Capital Guardian Trust Company)的董事长罗伯特 · G. 柯比(Robert G. Kirby),以及驻纽约的德莱弗斯家族共同基金(Dreyfus family of mutual funds)的主管霍华德 · M. 斯坦(Howard M. Stein)。

15. 几年前,格劳伯说服布雷迪的公司投资一只基金,该基金的投资组合将通过计算机驱动的统计分析进行选择。该基金领先于时代,但遗憾的是,它也领先于当时可用的计算能力和市场数据,很快就失败了。

16. 对尼古拉斯 · F. 布雷迪的采访,2014 年 9 月 25 日。

17. 对罗伯特 · R. 格劳伯的采访,2015 年 1 月 8 日和 19 日(以下简称"对格劳伯的采访")。

18. William Glaberson, "A Task Force Plays Beat the Clock," *New York Times*, February 14, 1988, sec. 3, p. 4。

19. Christopher Ladd, "Agency File: The Brady Bunch," *Legal Times*, December 1, 1987, FG258-24, 548495CW, Ronald Reagan Presidential Library Archives。这篇文章报道了 8 月加入白宫的前遗产基金会(Heritage Foundation)经济学家布鲁斯 · 巴特利特(Bruce Bartlett)在保守派智囊团会议上发表的看法,他"显然认为'他的讲话'是私下说的"。巴特利特称布雷迪的华尔街公司是一家"守旧的"投资公司,并敦促忽略该委员会。在里根的档案中,这篇文章附在总统法律顾问小阿瑟 · B. 卡尔弗豪斯(Arthur B. Culvahouse Jr.)给霍华德 · 贝克和其他三位白宫高级助理的备忘录上。这份备忘录称这篇文章是"一份非常令人不安的报告"。一个月前,巴特利特曾警告他的老板加里 · 鲍尔(Gary Bauer),说"布雷迪是过去十年几乎所有金融创新的著名反对者,包括垃圾债券、期权、金融期货、抵押贷款支持证券等。如果他可以随心所欲,我们会倒退到 50 年代"。巴特利特报告说,里根总统的副顾问、后来乔治 · W. 布什总统的证券交易委员会主席克里斯托弗 · 考克斯(Christopher Cox)"知道我所关心的问题,并试图解决这些问题”。Memorandum for Gary Bauer from Bruce Bartlett, November 3, 1987, FG999/FI003, FG006－07, 54666480, Ronald Reagan Presidential Library Archives。

20. 布鲁斯·巴特利特给加里·鲍尔的备忘录,主题:布雷迪委员会,1987年10月29日,FI003,编号611055 PI,罗纳德·里根总统图书馆档案馆。

21. Anise C. Wallace, "Pension Fund Group Links Specialists to Stock Plunge," *New York Times*, December 8, 1987, p. D1。一个月前,宾斯出席了商品期货交易委员会金融产品咨询委员会在华盛顿举行的一次会议,为程式交易辩护(Reuters, "Big Investors Defend Programmed Trading")。富国银行投资顾问公司总裁弗雷德里克·格劳尔(Frederick Grauer)也参加了这次会议。格劳尔抱怨说,华尔街公司在投资组合保险公司的销售前进行交易,以锁定利润,从而加剧了期货市场的销售压力。事实上,布雷迪委员会证实了这种怀疑的正确性。该委员会表示,10月16日,周五,7家公司出现了大量卖空行为,他们预计投资组合保险公司将在周一进行销售。不可思议的是,格劳尔告诉《纽约时报》,他认为市场上的其他基金经理本应等待投资组合保险公司先进行交易!(Anise C. Wallace, "Portfolio Insurers Reject Blame," *New York Times*, January 13, 1988, p. D1)

22. Nicholas F. Brady, *A Way of Going*, a privately published and undated memoir, p. 112。据布雷迪称,纽约证券交易所曾表示,它无法提供交易数据的计算机记录,但他和格劳伯发现,这些磁带实际上由华尔街中央票据交换所存款信托和清算公司保管。“我们请了总法律顾问乔尔·L. 科恩(Joel L. Cohen)打电话……并指示其官员,如果[磁带]在当天上午10:00之前没有送到我们的办公室,我们会悄悄地告诉《纽约时报》,说磁带被扣留了。两小时之内,十盒电脑磁带就到了我们的门口。”

23. Glaberson, "A Task Force Plays Beat the Clock"。这些协助来自布雷迪

委员会委员约翰·R. 奥佩尔的IBM团队,该团队也注意到财政部已经为委员会配备了“IBM克隆”计算机,并安排用IBM设备替换这些计算机。

24. Robert D. Hershey Jr. ,“Business People: Deregulator Chosen for Commodity Post,” *New York Times*,December 4,1987,p. D2。

25. Harris,“The CFTC and Derivative Products,” p. 1125。

26. 富国银行提议发行利率与黄金价格挂钩的大额存单,促使商品期货交易委员会采取行动。商品期货交易委员会于1987年秋季起诉该行,称新的大额存单是非法的期货合约。该行放弃了该产品,但与其他大银行联手抗议商品期货交易委员会的行动。见 Nathaniel C. Nash,“A Chill over the Hot New ‘Hybrids,’ ”*New York Times*, April 10,1988,sec. 3,p. 1。

27. 当然,这些场外掉期之所以如此有利可图,正是因为它们没有公开交易。掉期的买家不知道其他人当时为类似安排支付多少,所以这是一个卖方市场。

28. Robert D. McFadden,“Storm Hits East Coast After Burying South in Snow,” *New York Times*,January 9,1988,p. 1。

29. Nathaniel C. Nash,“Task Force Urges a Major Overhaul of Stock Trading,”*New York Times*,January 8,1988,p. 1。文章错误地报道说,基于恶意泄密,委员会将要求限制每日股票价格变动,类似于有时在期货市场施加的每日限制。第二天基于实际报告的文章解释了之前的错误:“然而,委员会显然放弃了对所有股票每日价格变动施加限制的激进提议。”见 Nathaniel C. Nash,“Task Force Ties Market Collapse to Big Investors’ Program Trades,”*New York Times*,January 9,1988,p. 1。(事实上,布雷迪和格劳伯在接受采访时都表示,股市价格限制甚至都没成为建议草案。)多亏他俩,各大报纸并没有像政府泄密者所希望的那样,将该报告的实际发布作为“第二天新闻”。

30. Glaberson,“A Task Force Plays Beat the Clock”。

31. 对格劳伯的采访。似乎没有人记得格林斯潘出席了这个简短的会议,所以可以假设他没有扮演重要的角色,但布雷迪的照片清楚地显示了格林斯潘坐在两个沙发中的一个上,在格劳伯旁边。

32. Kenneth N. Gilpin, "Dollar Falls as Stocks Plummet," *New York Times*, January 9,1988,p. D1。

33. 排名第二的损失是 1987 年 10 月 26 日的 156. 83 点。

34. Nash, "Task Force Ties Market Collapse to Big Investors' Program Trades," p. 1。

35. 30 年后,这份报告仍然是 1987 年大崩盘研究中最为突出的一篇,当然对于普通读者来说,也是最容易理解和最具吸引力的一篇。在 1988 年 2 月 2 日写给里根总统的一封信中,查克 · 施瓦布称这份报告是"出色的"(见白宫信件追踪工作表,FI003,544319,罗纳德 · 里根总统图书馆档案,第 2 页)。布雷迪本人随后自豪地报告说,投资者沃伦 · 巴菲特告诉他,这份报告是"他所见过的最优秀的金融事件的报告"(参见"Remembering Black Monday: Nicholas Brady," *Fortune*,网址为 http://archive. fortune. com/galleries/2007/fortune/0709/gallery. black_monday. fortune/10. html)。

36. James Sterngold, "Panel's Concern: Power, Not Panic," *New York Times*, January 9,1988,p. 39。斯特恩戈尔德(Sterngold)继续说:"报告强调的基本事实是,这些机构的行为不像个人。通过使用计算机和复杂的交易策略,他们能够一次扫描几个不同的市场,同时在这些市场中操作。"他指出,国会在近 20 年前就研究了机构财富日益集中的问题,但得出的结论是,大型基金当时并没有采取一致行动,因此不构成威胁。这显然不再是真的了。

37. 无论是格林斯潘这些年的回忆录,还是那些与他关系密切的人的传记,都没有将"总统工作组"列为索引项,这反映了真实情况。

38. 糟糕的是,温迪 · 格莱姆的丈夫,得克萨斯州共和党参议员菲尔 · 格莱姆,很看不上鲁德要求为证券交易委员会提供额外资金的请求。1988 年 2 月 3 日,鲁德在黑色星期一向参议院银行委员会提交了证券交易委员会的长篇报告时,格拉姆参议员以罕见的形式说:“任何一个有手下写这篇报告的人,他的员工都不算太少。事实上,我认为这将是一个考虑裁员的沃土。还有,26 页的执行摘要? 也许你需要一份总结执行摘要的首席执行官摘要[笑声]。”(“ ‘Black Monday’: The Stock Market Crash of October 19, 1987,” Hearings Before the Senate Committee on Banking, Housing, and Urban Affairs, 100th Congress, 2nd Sess., February 2—5, 1988, p. 133)

39. Nash,“A Chill over the Hot New ‘Hybrids’ ”。

40. Harris,“The CFTC and Derivative Products,” pp. 1126, 61ff。

41. 同上。

42. Nash,“A Chill over the Hot New ‘Hybrids’ ”。

43. 同上。

44. 见 Wendy L. Gramm and Gerald D. Gay,“Scams, Scoundrels, and Scapegoats: A Taxonomy of CEA Regulation over Derivative Instruments,” *Journal of Derivatives* (Spring 1994), pp. 6—24。

45. 2016 年对 LOR 的采访。

46. Kyrillos, *Cases in Financial Engineering*, p. 778。

47. 当然,这正是利兰的兄弟在 20 世纪 70 年代对他客户的命运所做的控诉,这使得利兰走上了投资组合保险的道路。

48. Douglas Frantz,“Leland O’Brien’s Image Marred in ‘Meltdown’: Pioneer Portfolio Insurers on the Defensive as Role in Market Skid Is Questioned,” *Los Angeles Times*, November 2, 1987。

49. MacKenzie, *An Engine, Not a Camera*, p. 206。作者请鲁宾斯坦审阅了麦肯齐的手稿,他对这一段没有异议。

50. 同上。

51. 见 Gerard Gennotte and Hayne Leland，"Market Liquidity，Hedging，and Crashes，" *American Economic Review* 80，no. 5 （December 1990），pp. 999—1021。这篇论文认为，"相对较小的未观察到的供给冲击(即突然的抛售潮)，能观察到的供应冲击对当前市场价格的影响可能大 100 倍以上……这是因为投资者从价格中推断信息。供给冲击导致价格下降，反过来(由于冲击没有被注意到)导致未知情的投资者下调他们的预期。这限制了这些投资者吸收额外供应的意愿，并导致价格反应扩大。" 该文基本上承认，"未预料到的对冲计划可能导致'崩盘'的局面。一个小的信息变化可能引发价格下跌，这是因为对冲导致了更大的供应过剩和价格进一步下跌"。但它得出的结论是，"市场组织的一些变化可以显著降低崩盘的可能性……预先公布交易要求可以将此类交易的影响降低 100 倍以上"。

52. Mackenzie，*An Engine*，*Not a Camera*， p. 196。利兰告诉麦肯齐，"如果每个人都知道我们是不知情的交易者，那么当价格下跌时，人们不会下调他们的预期。他们只是说东西在打折。然后他们会更愿意接受对方。如果每个人都认为价格下跌是因为有人掌握了信息，那么他们就不会选择另一方"。这种分析不允许开始预测投资组合保险交易并持有头寸的华尔街公司从中获利。

53. 火灾发生在 LOR 套房下面一层，第一州际银行在那里有一个大型的政府债券交易席位。火灾造成一名维修工人死亡，一些人受伤。起火原因从未被确定。见 Robert Reinhold，"Survivors Recall Terror of Tower Fire，"*New York Times*，May 7，1988，p. 36。

54. Robert Reinhold，"Los Angeles High-Rise Fire Kills One；Officials Cite Lack of Sprinklers，" *New York Times*， May 6，1988，p. A20。

55. 2016 年对 LOR 的采访。

56. Fox，*The Myth of the Rational Market*，p. 232。

57. David S. Ruder, "An SEC Chairman's Recollection," June 2, 2004, pp. 5—6, SECHS网站,经www.sechistorical.org许可使用,http://3197d6d14b5f19f2f440—5e13d29c4c16cf96cbfd197c579445.r81.cf1.rackcdn.com/collection/papers/2000/20040602 Sechs rtchruder.pdf。

58. 同上,第4页。

59. SEC Litigation Release No. 11859, September 7, 1988。

60. Kurt Eichenwald, "Drexel Talking to Shad on Chairman's Job," *New York Times*, January 12, 1988, p. D1。根据艾兴瓦尔德(Eichenwald)的说法,他最初曾试图招募白宫办公厅主任霍华德·贝克担任这项工作。德崇证券将于1990年申请破产。

61. Michael Oreskes, "Transition in Washington: Lights! Action! Inauguration Is Underway," *New York Times*, January 19, 1989, p. 1。

62. Melamed, *Escape to the Futures*, p. 390。

63. Greising and Morse, *Brokers, Bagmen, and Moles*, pp. 19—20。

64. 同上,第220页。

65. 同上,第230页。

66. 同上。

67. 同上,第231页。

68. Nathaniel C. Nash, "C. F. T. C. Insists It Had Role All Along," *New York Times*, January 24, 1989, p. D11。格莱姆召开了一次新闻发布会,纳什(Nash)称之为"非同寻常",以反驳商品期货交易委员会在此案中没有发挥作用的报道。她解释说,她披露该机构在调查中的作用,目的是增强投资者对商品期货交易委员会监管期货市场的信心。

69. Birinyi and Rubin, *Market Cycles III*, p. 304。

70. 截至1988年11月,与1987年9月相比,纽约证券交易所交易量下降了 24%,芝加哥商品交易所标准普尔 500 指数合约的交易量下降 54%,芝加哥期货交易所标准普尔 100 指数期权合约的交易量下降了 48%,纽约证券交易所大宗交易量下降了 20%。见 Seligman, *The Transformation of Wall Street*, p. 591。

71. R. W. Apple Jr. ,"Reagan, in Farewell, Warns Against Loss of Spirit," *New York Times*, January 12, 1989, p. 1。当里根在 1994 年透露他被诊断出患有阿尔茨海默病时,这句告别致辞的辛酸就变得更加清晰了,而阿尔茨海默病正逐步抹去他在白宫的岁月中所积累的记忆。他于 2004 年 6 月 5 日去世;南希·里根于 2016 年去世。

后　记

遗憾的是，我们不能像翻书那样简单地翻过 1987 年市场崩盘的那一页，因为我们仍然生活在黑色星期一向我们揭示的世界中。

1929 年之后，面对 1987 年危机的人们从未面临过破坏性如此之大的市场灾难。今天，美国任何一个处于劳动年龄的人都经历过许多令人困惑的市场失灵[1]、四次极端破坏性的市场危机[2] 和一次严重的崩盘①，即 2008 年 9 月雷曼兄弟破产为顶峰的毁灭性金融危机。在那次崩溃之后，美国经历了自大萧条以来最艰难的时期。

在雷曼兄弟破产两个月后，市场仍在动荡之中，证券交易委员会主席向一个国会小组表示，“监管机构之间的协调非常重要，但在当前各自为政的监管系统下极其困难。”[3] 他的警告得到一位财政部前部长的支持，这位财政部前部长表示，“我们的监管体系支离破碎，没有一个监管机构对体系固有的风险有一个清晰的、360 度的全面把握。我们需要改变这一点。”[4]

我们并没有改变这一点——事实上，两人甚至都没有提到，布雷迪委员会在 1987 年崩盘后给出了完全相同的诊断。相反，所有主要

① 原文 five-alarm meltdown。英语中的火灾按严重程度分六个等级，one-alarm fire 到 six-alarm fire。——译者注

的突变，也就是黑色星期一危机的中心元素，已经变得更加根深蒂固，成为华尔街的遗传密码。

- 计算机驱动的交易已经加速，1987 年的人类中间人已经被电子市场的电路所取代。

- 大投资者的规模和速度在 1987 年震惊了监管机构，如今它们的规模、速度和实力都呈指数级增长，最终以毫微秒的速度衡量市场竞争，而且拥有价值数万亿美元的全球投资组合。

- 分散和长期不和的监管机构继续捍卫自己的政治地盘，得到了左右两派意识形态僵化的议员的支持。当他们争吵不休时，20 世纪 80 年代不受监管的金融衍生品发生了变异，并扩散到世界各地，而那些加速黑色星期一进程的神秘投资策略变得更加晦涩难懂。

1987 年的崩盘毋庸置疑地证明，实用主义是唯一能够应对大规模现代金融恐慌的意识形态。这场危机本应产生一个更灵活、更协调的监管框架，但它没有，甚至在 2008 年金融危机进一步深化了其惨痛教训之后也没有。甚至是 1987 年最明显的政策教训——不要让一家处于核心地位的关键公司在恐慌中崩溃——在 2008 年也被无视了，尽管市场情绪已经很紧张，而且危机一触即发，监管机构允许雷曼兄弟破产。随后恐慌在全球蔓延，基本市场冻结，只有极具创造性的干预才阻止了 1987 年慌乱的监管机构所担心的那种引发熔断的崩盘。

作为对 2008 年金融危机的反应，国会实际上增加了未来监管机构对金融体系进行务实、特别救助的难度。它已经通过法律，极大地限制使用那些被嘲讽为政府“救助”的措施，并且在已经拥挤不堪、缺乏协调的阵容中增加了新机构,这些新机构的使命被严格界定,而所有机构都束缚于有违现实和常识的规则。

通往"黑色星期一"道路上的前线老兵们走自己的路,总结了自己的教训。

1987年股灾发生时,证券交易委员会前主席约翰·夏德在荷兰任大使,他于1994年去世,享年71岁。他的遗产包括他在1987年3月捐赠的3 000万美元[5],用于资助哈佛商学院的一个伦理学项目。

纽约证券交易所主席约翰·菲兰于1990年退休。他于2012年去世,享年81岁。他在黑色星期一的领导地位被誉为"他的光辉时刻"[6]。他的副手罗伯特·J. 伯恩鲍姆于1988年3月离开交易所,他在纽约的一家律师事务所度过了余下的职业生涯。

1987年之后的数十年里利奥·梅拉米德和比尔·布拉斯基仍然是芝加哥衍生品市场的支柱。在作者撰写本书的时候,现年84岁的梅拉米德还住在芝加哥商品交易所大楼的一套漂亮的套间里。大楼俯瞰着交易大厅,但交易厅基本已经空无一人。[7] 芝加哥商品交易所在2007年兼并了芝加哥期货交易所,两个期货市场几乎完全电子化。在黑色星期一之后,布拉斯基离开芝加哥商品交易所,成为芝加哥期权交易所主席和首席执行官。[8]1997年,他任命老朋友鲍勃·伯恩鲍姆为芝加哥期权交易所的董事会成员。

离开美联储后,保罗·沃尔克曾在华尔街投资公司沃尔芬森公司(Wolfensohn and Company)工作过一段时间,但他把大部分时间都花在了其他形式的公共服务上——尤其是作为一个跨国委员会的负责人，该委员会负责处理对瑞士银行纳粹大屠杀时期行为的索赔。2009年，他以特别顾问的身份回到华盛顿，帮助奥巴马总统处理2008年金融危机留下的烂摊子。

在“黑色星期一”过后的几年里，沃尔克的前纠纷调解员杰里·科里根不知疲倦地工作，以加强全球金融清算所网络。1994年，他加入高盛，继续敦促提高有潜在危险的衍生产品的透明度。他于2016年从高盛退休。

1989年，戴维·鲁德辞去证券交易委员会主席职务，回到了西北大学法学院，继续教授证券法，并在多个监管工作组和市场咨询委员会任职超过25年。

商品期货交易委员会的领导人中，菲尔·约翰逊继续著书立作，并就衍生品的法律为客户提供顾问服务，最终定居在佛罗里达州的杰克逊维尔市外。苏珊·菲利普斯从1991年至1998年担任美联储委员会委员，后来重返学术界。吉姆·斯通回到波士顿，做了很长时间的保险业高管。2016年，他出版了一本书，名为《五个简单命题：美国最大经济挑战的常识性解决方案》。该书的防尘封套上印有保罗·沃尔克的推荐语。[9]

在通用汽车工作40年后，养老基金经理戈登·宾斯于1994年7月退休。当时，他的员工管理着550亿美元的投资。他回到了家乡里士满，在那里他担任了四年的弗吉尼亚公共养老基金的首席投资顾问。他于2002年去世[10]，享年72岁。他留下了一批珍贵的老式旅行指南，这些旅行指南填满了宾斯所租的一套专门用于存放这些指南的三居室公寓。罗兰·麦克霍尔德一直担任新泽西州投资部的负责人,直到1998年。在他任职期间,新泽西州的养老基金一直被评为全美表现最好的国家养老金计划之一。[11]

在“黑色星期一”之后,海恩·利兰、马克·鲁宾斯坦和约翰·奥布赖恩试图推出另一种新的金融产品:“超级信托”,这是如今广受欢迎的交易所交易基金的复杂前身。他们招募了一个包括所有顶级华尔街公司在内的推销集团,但遇到了令人畏惧且代价高昂的监管延误——也许是因为他们的想法新颖而复杂[12],也许是因为他们是“饱受诟病”的投资组合保险的责任人。随着时间的推移和法律障碍的堆积,其他有竞争力的产品相继被开发出来,华尔街对超级信托概念的兴趣也减退了。

这家小咨询公司也随之衰落,但这三名合伙人在几十年里保持着朋友和盟友关系。约翰·奥布赖恩成为伯克利分校的兼职教授,海恩·利兰和马克·鲁宾斯坦继续在伯克利任教,领导开创性的研究,并获得奖项。利兰于2008年退休,鲁宾斯坦四年后退休。

史蒂文·温施,LOR争取阳光交易的盟友。1990年,他将自己的想法付诸实践,创办了亚利桑那证券交易所,这是一家电脑驱动“单一价格”拍卖市场,通过电脑将大买家和大卖家匹配,但它没能吸引到足够的大机构的交易量,最终还是倒闭了。

在1987年金融危机的一线反应者中,或许没人比艾伦·格林斯潘对金融市场演变的影响更大。格林斯潘在2006年1月之前一直担任美联储主席,并多次被誉为国家经济管理的大师。1998年,《时代》杂志的封面故事将他与财政部部长罗伯特·鲁宾(Robert Rubin)及其副手劳伦斯·萨默斯(Lawrence Summers)一起描述为“华盛顿最强大的经济三角”，在这个封面故事里，三人还被称为“拯救世界的委员会”[13]。

但在他任职期间，美联储在金融监管方面也倾向于采取更加自由放任的方式[14]，未能维护美联储遏制掠夺性次级贷款的权力，为导致 2008 年金融危机的鲁莽行为埋下了种子。他后来承认，他相信华尔街能够谨慎行事[15]，这是一个巨大的错误。经过深思熟虑，他得出结论，他长期依赖的预测模型根本没有给原始的人类本性赋予足够的权重[16]——“恐惧和狂喜”、厌恶风险、羊群效应，以及其他一系列影响市场的情绪。

“黑色星期一”30 年后的今天，我们现在处于什么情况呢？准确地说，我们就在 30 年前我们所处的位置：在一艘暴风骤雨中的救生艇上，所有的乘客都被捆绑在一起，是船上讨厌的船员不小心把我们的船带进了风暴中。可以的话，想象一下，愤怒的乘客投票把船员扔进水里惩罚他们愚蠢的错误。这是当前应对美国金融体系未来危机的方案。

这种疯狂计划的借口是，把鲁莽的船员留在救生艇上是不应该得到的“救助”，这可以摧毁一个国家和个人——除非乘客身上的枷锁首先被除去。但是没有人设计出任何有一丁点实际价值的方案来做到这一点，因为它需要一定程度的联邦政府对私营企业的干预或一定程度的市场自我约束。前者在政治上似乎是不可能的，而后者将是历史上前所未有的。

当市场仅仅是遭遇下跌时，它通过再次上升到其先前的价格水平得以“恢复”。这当然发生在 1987 年之后，尽管没有黑色星期一神话所宣称的那么快、那么没有痛苦。

但当一个市场因为危险的压力和看不见的、前所未有的冲击而崩盘时，它应该通过自我重建来“恢复”，以便在未来能够承受这些冲击和压力。这在 1987 年之后肯定没有发生。

它仍然没有发生——除非我们最终从黑色星期一中吸取正确的教训，否则它永远不会发生。

1987 年的崩盘揭示了市场监管与市场结构之间的钢铁般的联系。在夜间巡查迷宫远比在白天管理开阔的田野困难得多。允许一个市场变成一个黑暗和不透明的迷宫就确保了它不会受到任何人的充分监管，即使是在那里交易的大投资者。

然而，这正是 1987 年后全球范围内发生的事情。被放任塑造自己未来的华尔街创造了利润驱动的电子市场，以满足其最富有和最强大的客户的需求。今天公司化的交易所甚至口头上都很少表示他们只为自己的股东服务。现在大量的“暗池”(私人的“仅限会员”的计算机网络)处理着世界上大量的机构交易活动。在监管对话中，个人投资者不仅变得无关紧要，而且几乎如同隐形。近年来，即使是个人投资者的代理人、共同基金和养老基金，也被庞大的高速交易员和使用运用算法的投机者大军的需求所淹没，他们都试图从一个日益动荡、由机器人驱动的市场中榨取利润。

在每一步，这种根本性转变的理由都是它降低了交易成本，就好像在一笔交易上节省一分钱就能弥补全球范围内结构性不稳定所造成的不可估量的社会损害。

当然,这些钱是从纽约证券交易所的做市商和芝加哥标准普尔500指数期货合约交易中心交易员的口袋里掏出来的。尽管总体来看这是一场失败的战争,他们为了挺过1987年的灾难所做的个人努力是一次次胜利的战役。今天,纽约证券交易所已经消失在一个巨大的全球集团里,随之消失的是有深度和流动性的中央市场的最后记忆。其他证券交易所,美国的和国外的,也纷纷效仿。毫不奇怪今天分散的公共市场通常是任何明智的企业家最不希望为新企业融资的场所——而在公共市场筹集资金是市场存在的根本原因。

华盛顿的政策制定者和华尔街的大投资者认为“黑色星期一”的教训是市场的机器太慢、太小、太狭隘、太受制于过时的规则和传统。他们着手解决这个问题,去废除对市场的技术和法律限制。

但这不是1987年的教训。实际的教训是,当人类面临危机,当其速度、复杂性、保密和恐惧同时打击我们的情感时,我们不能很好应对。我们,或者说大部分人,变得恐慌。我们不是,也永远不可能是学术理论假定的冷静、理性的投资者。

根本就没有办法废除由人性和人类所有混乱的情感包袱给市场带来的限制。

从黑色星期一出发可以导致不同的结果,引发一个更广泛、更深刻、更连贯的为公共利益运作的市场,其技术应用能提高稳定性、流动性和透明度。相反,它将我们引向了一个全球市场,其脆弱的机器有一百万移动部件但几乎没有杠杆来控制其大小或速度。

想象一辆脆弱易损但动力强劲的跑车在黑暗中飞驰着穿越迷宫。会出什么错呢?

注释：

1. 2012年8月，骑士资本集团(Knight Capital Group)的一台故障计算机开始“喷出”大量无意中发出的指令，给公司造成4.4亿美元损失，扰乱了市场的其余部分；2013年8月，纳斯达克突然关闭了3个小时，当时其电子收件箱中充斥着来自纽约证券交易所自动化市场的错误信息；2015年7月，纽约证券交易所因电脑故障被冻结数小时。这些只是近年来的一些技术故障。每一次都损害了投资者的信心，大多数故障至少给一些投资者带来损失。

2. 1989年10月13日，周五，道琼斯指数突然下跌了近7%，部分原因是华尔街公司大量抛售股票，试图通过出售基于期权的新型投资组合保险来对冲他们所承担的风险(Office of Technology Assessment of the U. S. Congress, “Electronic Bulls & Bears: U. S. Securities Markets & Information Technology,” OTA－CIT－469[Washington, DC: U. S. Government Printing Office, September 1990])。1998年9月，欠华尔街巨头数十亿美元的康涅狄格州一大型对冲基金面临违约，不得不接受拯救。当时的问题是本应确保其交易对手免受市场损失的私人衍生产品产生适得其反的效果(Bruce I. Jacobs, “Risk Avoidance and Market Fragility,” *Financial Analysts Journal* 60, no. 1 [January/February 2004], pp. 26－30。有关基金长期资本管理(Long Term Capital Management)崩盘的详细信息，请参阅 Diana B. Henriques, “Billions and Billions: Fault Lines of Risk Appear as Market Hero Stumbles,” *New York Times*, September 27, 1998, p. 1)。2010年5月6日，在蓝筹股神秘的20分钟“闪电崩盘”期间，损失估计达1万亿美元，反弹之前，几秒钟内蓝筹股股价暴跌至每股几分钱(见证券交易委员会主席玛丽·L. 夏皮罗(Mary L. Schapiro)的证词，“探究5月6日市场暴跌的原因和教训”，在众议院银行、住房和城市事务委员会证券、保险和投资小组委员会的听证会，第111届国会，第2次会议，2010年5月20日，第3－5

页)。2014 年 10 月 15 日,类似的和前所未有的"闪电崩盘"冲击了本该有深度又高效的美国国债市场;分析人士随后把矛头指向算法驱动的大型机构交易员计算机化交易的失控作用("Joint Staff Report: The U. S. Treasury Market on October 15,2014," produced by the Treasury, the Federal Reserve, the Federal Reserve Bank of New York, the SEC and the CFTC, July 13,2015)。2015 年 8 月 24 日,道指开盘时即大跌创纪录的 1 089 点,然后在剧烈震荡中反弹,最后在收盘时下跌 6.6%,588 点。当天极端的波动引发市场"熔断"超过 1 200 次(Matt Egan, See Matt Egan, "After Historic 1,000-Point Plunge, Dow Dives 588 Points at Close," CNN Money website, August 25,2015)。

3. 证券交易委员会主席克里斯托弗·考克斯的证词,"金融危机和联邦监管机构的作用"(以下简称"2008 年韦克斯曼(Waxman)听证会"),在众议院监督和政府改革委员会听证会,第 110 届国会,第 2 次会议,2008 年 10 月 23 日。这些听证会的在线版本没有分页,但在 https://www. gpo. gov/fdsys/pkg/chrg-110hhrg55764/html/chrg-110hhrg55764. htm 有可供查找的文本文件。在这个版本中,考克斯的声明在第 12 页。

4. 财政部前部长约翰·斯诺的证词,2008 年韦克斯曼听证会,案文第 15 页。

5. lison Leigh Cowan, "Harvard to Get ＄30 Million Ethics Gift," *New York Times*, March 31,1987, p. D1。

6. William Alden, "Dealbook: John Phelan Jr. , Ex—Head of Big Board, Dies at 81," *New York Times*, August 7,2012。

7. 截至本书撰写之日,部分期权交易仍在该场所继续进行。

8. 2013 年,布拉斯基辞去首席执行官一职,但继续担任主席,直到 2017 年初退休。他是芝加哥期货交易所史上任职时间最长的主席。

9. 斯通提到的挑战之一是"控制华尔街"。

10. 无署名,“Gordon Binns Jr. dies—advised VRS”。副本可以在 genlookups. com 的讣告在线档案中找到,网址是 http://www. genlookups. com/va/webbs-config. pl/noframes/read/434。

11. 对麦克霍尔德的采访,2017年2月11日。

12. Kyrillos,*Cases in Financial Engineering*,p. 804。

13. 这是1999年2月13日《时代》周刊的封面。

14. Testimony of Alan Greenspan, Waxman Hearing 2008, pp. 17—18 in the searchable text file。

15. 同上。

16. Alan Greenspan, *The Map and the Territory 2.0: Risk, Human Nature, and the Future of Forecasting* (New York: Penguin Books, 2013/2014), pp. 8, 18—34。

致　谢

再次感谢我的幸运星为我带来的四位守护天使，他们帮助我完成了又一本书。我那活力四射的经纪人弗雷德里卡·S. 弗里德曼(Fredrica S. Friedman)陪我走过了写作旅程中的坎坷，向我提供了不少极好的建议。我在亨利·霍尔特公司(Henry Holt)的编辑保罗·格路普(Paul Golob)又一次施展他通常(但绝对不是普通)的魔法极好地处理了我的手稿。更重要的是，自 2013 年那次午餐时的“头脑风暴”起，他一路帮助我塑造本书的主旨。我的助手芭芭拉·奥利弗(Barbara Oliver)无疑是最执着坚定的档案研究者和网络研究者，她再次运用自己高超的技能挖掘出三四十年前的“秘史”。最重要的是，我的丈夫拉里·亨里奎斯(Larry Henriques)，如天使长般用不懈的慷慨、爱心与耐心支持着这个项目，以及我职业生涯中的每一个项目。

另一位天使，乔迪·霍奇基斯(Jody Hotchkiss)也加入了团队。他作为我的代表，出色地售出了《谎言巫师》的电影版权。当我为这个复杂的故事挣扎时，他分享了他的电影直觉，让我大受启发。他的帮助增强了我的信心，他的热情时常为我带来新的活力。

我也非常感谢“20 世纪 80 年代的经济崩溃”中站在第一线的人们，他们与我分享了他们的经历和记忆。他们中的一些人要求保持匿名，但他们知道自己是谁。我永远不会忘记他们的帮助。在那些未匿名的人当中，有几位贡献卓著，我将在下文一一鸣谢。

首先要感谢的是戴维 · S. 鲁德博士，他是美国西北大学威廉 · W. 格利(William W. Gurley)法学荣誉退休教授。除了与我分享他的记忆，鲁德博士还让我查阅了他担任证券交易委员会第 23 任主席期间的个人档案，那些都是珍贵的历史资源，我希望有一天它们能有一个归宿，在那里学者们能比我更深入地挖掘它们。我也十分感谢他的助手玛丽安娜 · 马丁内斯(Maryanne Martinez)的帮助。

芝加哥确实是一个属于金融巨头的城市，我幸运地得到了一些最优秀、最聪明的人的帮助。威廉 · J. 布拉斯基在市场大崩溃期间是芝加哥商品交易所的总裁，他热情周到、幽默风趣。而他的助手图迪 · 戈麦斯(Tudy Gomez)也在去芝加哥的旅途中用不同方式为旅途增添了乐趣。杰出的利奥 · 梅拉米德半个多世纪以来一直是金融界的风云人物，他为这个故事增添了光和热，我永远不会忘记我们的对话。

尼古拉斯 · F. 布雷迪花了几个小时同我分享他在华尔街和华盛顿的光辉岁月；罗伯特 · R. 格劳伯博士作了补充。格劳伯博士曾领导布雷迪委员会的工作人员撰写了一份报告，对美国的金融史做出了不可估量的贡献。保罗 · 沃尔克和 E. 杰拉尔德 · 科里根都是银行业监管领域的巨头，他们乐于助人，充满睿智。上世纪 70 年代末，当我还是《特伦顿(Trenton)时报》的一名年轻记者时，每每遇到金融问题，我总是首选致电罗兰·麦克霍尔德求助。迪安·勒巴伦(Dean LeBaron)、戴维·P. 费尔德曼(David P. Feldman)和阿曼达·宾斯·梅勒(Amanda Binns Meller)让我想起了阿曼达的父亲——已故的W. 戈登·宾斯，他在这个故事中是一个温柔而绅士的存在。理查德·托伦扎诺(Richard Torrenzano)和沙伦·甘辛(Sharon Gamsin)在本书涉及的年份内主要都在纽约证券交易所与约翰·菲兰并肩工作。他们不仅与我分享了他们的记忆，还分享了他们的剪贴簿和通讯录。已退休的美国金融业监管局首席执行官理查德·凯彻姆的职业生涯则延续到了这个故事后，他和他的公关主管南希·康登(Nancy Condon)一样，一直为我提供帮助。詹姆斯·M. 斯通博士、理查德·L. 桑德尔博士和菲利普·麦克布莱德·约翰逊博士对20世纪70年代末和80年代初那个黑色星期一的"序言年代"有着深刻的见解。芝加哥商品交易所集团主席兼首席执行官特伦斯·A. 达菲(Terrence A. Duffy)在我开始进行研究的关键时候慷慨地提供了公司的档案。

我还要感谢令人敬畏的蒂姆·梅茨(Tim Metz)，他是《黑色星期一》(*Black Monday: The Catastrophe of October* 19, 1987 ... *and Beyond*)一书的作者。他在10月股市崩盘后的几周乃至几个月里进行了细致的研究，这为我提供了很大的帮助，尤其是其中对黑色星期一和星期二发生在纽交所的事件所做的细致重构。

加州大学伯克利分校的海恩·利兰、马克·鲁宾斯坦和约翰·奥布赖恩教授也为本书提供了帮助。他们三位完全有理由对这个探索他们在20世纪80年代塑造美国市场的重大变革中所扮演角色的项目保持戒心。尽管如此,在我需要短时间内掌握量化知识的时候,他们对我频繁提出的问题慷慨地给予了回应,在准确性上表现了充分的学术关怀,也展现了始终如一的耐心。他们愿意分享他们的故事,无论是成功还是失败,这极大地丰富了我的研究。

感谢档案管理员和图书管理员!

卡拉·罗萨蒂(Carla Rosati)在2017年初之前一直是证券交易委员会历史学会一位干练的主任,她是一位宝贵的人才,我希望每一位喜欢这本书的人都能像我一样为证券交易委员会历史学会捐款。同样感谢美国金融博物馆,它是位于曼哈顿的史密森尼学会的一个分支机构,也是美国历史金融这一重要方面的资料库,而这些资料往往会被送进企业的碎纸机或垃圾箱,得不到应有的重视。

很难将这么多给予我帮助的人们按贡献排序,因此下面就按字母顺序排列。我还要感谢斯蒂文斯技术学院塞缪尔·C. 威廉斯(Stevens Institute of Technology Samuel C. Williams)图书馆的临时主任琳达·贝宁霍夫(Linda Beninghove);位于诺克斯维尔的田纳西大学贝克中心的助理教授劳拉·克里斯蒂娜·布朗斯塔德(Laura Kristina Bronstad);梅甘·凯勒(Megan Keller),伊利诺伊大学芝加哥分校芝加哥商品交易所集团收藏项目档案管理员;哈佛商学院贝克图书馆的特藏图书管理员劳拉·莱纳德(Laura Linard);罗纳德·里根总统图书馆和博物馆的档案管理员珍妮弗·曼德尔(Jennifer Mandel);商品期货交易委员会图书馆员戴维·梅(David May);乔治华盛顿大学法学院雅各布·伯恩斯(Jacob Burns)法律图书馆的图书管理员赫希·萨默斯(Herb Somers);伊利诺伊理工学院芝加哥肯特法学院图书馆员斯科特·范德林(Scott Vanderlin);位于新泽西州马赫的纽交所档案馆的档案管理员斯蒂芬·惠勒(Stephen Wheeler),该档案馆如今是洲际交易所(Intercontinental Exchange)纽约子公司的一个单位。

我在金融新闻领域的朋友们,以及他们一些重要的朋友,都鼓励并影响了我的研究。特别感谢 CNN 资深记者苏珊·利索维茨(Susan Lisovicz)和迈克·坎德尔(Mike Kandel)以及我在《纽约时报》的前同事利斯利·伊顿(Leslie Eaton)和她的丈夫马克·瓦英斯(Mark Vamos)教授,还有我以前在《巴伦周刊》的同事杰伊·肖勒(Jaye Scholl)和她的丈夫小查尔斯·E. 波伦(Charles E. Bohlen Jr)。他们是我这本书的首批读者之一。我也十分感谢我的其他朋友和家人,尤其是我的姐姐/妹妹佩姬·范德斯瓦格(Peggy van der Swaagh),嫂子诺埃尔·希拉肯霍夫(Noel Brakenhoff)和蒂基·韦尔蒂(Teakie Welty)。我对上世纪 80 年代长达三年的痴迷,以及写作过程中对她们的种种干扰和要求,她们都表现出了极大的耐心。谢谢你们每一个人。

最后,我要向我的同事弗洛伊德·诺里斯表达无限的感激。他起初任职于《巴伦周刊》,后来在《纽约时报》工作了近 25 年。弗洛伊德在其漫长的职业生涯中对金融新闻做出了不少贡献,彰显了他的正直的品性、勤勉的研究和朴素的才华。对此,我们都应该心存感激。但我欠他的更多是私人恩情:1986 年,当我来到《巴伦周刊》时,我对该报传奇编辑艾伦·埃布尔森(Alan Abelson)所要求的金融研究强度毫无准备。若不是弗洛伊德不厌其烦的指导,我坚持不到一个月。1989年,他推荐我去《纽约时报》工作,这影响了我后来的职业生涯。与他的友谊也丰富了我的个人生活,我们的话题与共鸣不仅仅局限于市场崩盘或会计丑闻。除此之外,他还帮助我在出版时避免犯错误,帮助我解决会计难题,给我在新闻编辑室的岁月带来欢笑。

弗洛伊德和我都热爱金融史,我很荣幸能将这本书献给他。它无法言尽我深深的谢意,但这是我最起码可以做的事。